公铁两用桥梁公路主桥维修改造设计理论与计算分析

——以南京长江大桥为例

熊　文　刘　华　叶见曙　编著

人民交通出版社
北　京

内 容 提 要

本书从公铁两用桥梁公路主桥病害分析、维修改造方法、公路桥面系维修改造过程仿真与安全分析、铁路层车致振动对公路桥面系维修改造影响分析、维修改造施工设计与现场实施五部分，系统介绍连续钢桁架结构体系的双层式公铁两用桥上层公路混凝土桥面系维修改造的最新研究成果，及其在维持与提升南京长江大桥服役性能中的应用实践，为我国同类桥梁维修改造工作提供理论支撑与技术参考。

图书在版编目(CIP)数据

公铁两用桥梁公路主桥维修改造设计理论与计算分析：以南京长江大桥为例 / 熊文等编著. -- 北京 ：人民交通出版社股份有限公司，2024.11

ISBN 978-7-114-18630-1

Ⅰ.①公… Ⅱ.①熊… Ⅲ.①铁路公路两用桥—桥面系—改造—南京②铁路公路两用桥—桥面系—设计—南京 Ⅳ.①U443.32

中国国家版本馆 CIP 数据核字(2023)第 029810 号

Gong-Tie Liangyong Qiaoliang Gonglu Zhuqiao Weixiu Gaizao Sheji Lilun yu Jisuan Fenxi——yi Nanjing Chang Jiang Daqiao Weili

书　　名：公铁两用桥梁公路主桥维修改造设计理论与计算分析——以南京长江大桥为例
著 作 者：熊　文　刘　华　叶见曙
责任编辑：袁倩倩　卢俊丽
责任校对：赵媛媛
责任印制：刘高彤
出版发行：人民交通出版社
地　　址：(100011)北京市朝阳区安定门外外馆斜街 3 号
网　　址：http://www.ccpcl.com.cn
销售电话：(010)85285911
总 经 销：人民交通出版社发行部
经　　销：各地新华书店
印　　刷：北京建宏印刷有限公司
开　　本：787 × 1092　1/16
印　　张：14.75
字　　数：350 千
版　　次：2024 年 11 月　第 1 版
印　　次：2024 年 11 月　第 1 次印刷
书　　号：ISBN 978-7-114-18630-1
定　　价：96.00 元

前　言

随着我国经济和交通事业的迅速发展,特别是公路交通量的日趋增大,以南京长江大桥为代表的一批早年建成的公铁两用桥梁承受了远超当时的设计荷载,再加上服役年限长导致的材料疲劳老化,使其出现了一定程度的损害损伤,产生了一系列安全隐患。公铁两用桥梁区别于一般公路桥梁,由于结构形式、材料与荷载特殊,在病害类型、数量与程度上既与公路桥梁有一定相似性,又呈现出铁路桥病害与公路桥病害相互影响的特点。原始设计的不足和双层式公铁两用桥梁特殊的结构形式,使得常规的桥梁维修改造技术难以有效保持结构的安全性、耐久性和适用性。

传统一般仅采用桥面铺装维修、伸缩缝更换等局部修补,未能从桥面系整体角度出发,不仅造成一定程度资源浪费,更无法根本上满足功能改造提升的急迫需求。因此,为彻底解决桥面系长期反复病害困扰的难题,针对南京长江大桥公路桥维修加固工程,笔者提出了双层公铁钢桁梁桥桥面系一体化整体改造技术,不仅可彻底消除安全隐患,且与既有结构匹配度高。同时对不中断铁路运营下涉铁公路桥的防护隔离与施工保障技术、大扰动环境下涉铁公路桥改造安全与材料制备等进行了创新研发,全面保障全过程施工质量与效率。

本书针对双层式公铁钢桁梁桥,首次提出了一种新旧桥面结构体系协同共生的维修改造设计理论。采用钢结构正交异性板整体替换原有混凝土桥面板,大幅减轻自重并减少伸缩缝数量,显著提高结构整体性与行车舒适性,从源头遏制了桥面系病害的产生与发展;创新发明了一种拉压支座,全面重构桥面-支撑系统,彻底保障了"公、铁""新、旧"协调受力。重点针对以下核心方向展开了研究:

(1)双层公铁钢桁梁桥高性能公路桥结构体系

采用钢结构正交异性板替换原有混凝土桥面板,实现钢桁梁公路桥面系改造,其纵梁与原有横梁支撑位置保持不变,总体恒载降低8%;消除原有桥面45道小型伸缩缝,仅在主体结构联间保留5道大伸缩缝,显著提高其整体性。改造后公路桥面系使用铸钢拉压支座,适用于公路与铁路两类荷载,与钢桁梁整体同步变形。所提出改造方案不影响原有传力途径和改造后杆件局部受力,实现了公铁桥梁双层协同受力,消除了原有公路层桥面系自身安全隐患与铁路层桁架结构长期运营安全问题。

(2)不中断铁路运营下维修改造结构响应与安全控制技术

建立了不同施工阶段公铁双层结构体系精细化仿真模型,分析了南京长江大桥维修改造结构静动力行为演变机理。使用自编程序,针对改造前、中、后三个阶段,分别计算列车经过大桥时桁架挠度、变形和应力响应时程;基于列车不同运行工况,分析了桁架杆件关键节点疲劳损伤与剩余寿命,评估了车致振动对大桥施工进程的安全性影响,论证了所提出改造方案的准确性与合理性,保障了不中断铁路运营下施工全程桥梁整体静动力响应安全可控。

本书重点聚焦公铁两用桥梁公路桥维修改造设计理论与计算分析,第一章为“绪论”,第七章为“结论与展望”。第二章“公铁两用桥梁公路主桥病害分析”与第三章“公铁两用桥梁公路主桥维修改造方法”,主要介绍公铁两用桥梁公路主桥常见病害、特征、产生原因以及对结构与桥面系的影响,并分析其维修加固改造方法。第四章“公路桥面系维修改造过程仿真与安全分析”,主要通过改造前后桥面系受力行为对比,研究上层公路混凝土桥面系改造的可行方法,并对其施工全过程结构受力行为模拟分析,证明其改造方案的合理性与安全性。第五章“铁路层车致振动对公路桥面系维修改造影响分析”,主要从振动分析角度评估其维修改造时结构动力安全,研究上层公路混凝土桥面系改造方案的可行性与合理性,并对其维修改造全过程铁路层车致振动行为进行模拟,分析该振动对施工安全、疲劳性能以及服役寿命的影响。第六章“主桥维修改造施工设计与现场实施”,主要介绍南京长江大桥主桥公路桥面系改造过程与具体实施成效,并对其施工工艺、方法、关键技术难点等进行详细阐述,也充分验证了前述理论分析的科学性与合理性。

本书诸多研究成果在2016—2018年历经26个月的南京长江大桥公路桥性能提升改造中得到直接应用,缩减施工工期10个月,节约民众出行成本约1.2亿元,减少日后公路桥养护经费约650万元/年,避免铁路中断带来的经济效益损失无法估量。南京市公共工程建设中心对本书研究成果在该项改造工程中的成功应用提供了大力支持,笔者在此表示衷心感谢!

由于笔者水平有限,书中难免有错漏之处,恳请读者批评指正。

熊　文

2024 年 1 月于东南大学

目　　录

第一章　绪　　论

第一节　背景与意义

2000年建成的芜湖长江大桥拉开了我国大跨径公铁两用斜拉桥的建设帷幕。在此之前，20世纪共修建约10座公铁两用桥梁，包括钱塘江长江大桥、武汉长江大桥、衡阳湘江公铁大桥、九江长江大桥等。其中，南京长江大桥是长江上第一座由我国自行设计和建造的双层式公铁两用特大桥梁，1968年9月铁路桥（京沪线控制工程）通车，同年12月公路桥通车运营。维修改造前已运营使用了48年（至2016年），其间公路桥部分曾多次进行桥面铺装维修和伸缩缝装置更换，但并未达到预期效果。

南京长江大桥等公铁两用桥梁作为城市连接枢纽，对交通与经济发展起到至关重要的作用。同时，这些桥梁的运营时间均在16年以上，经济的快速腾飞也给它们带来了远超最初设计荷载的交通量。因此，上层公路桥部分的安全、适用与耐久性亟待重视，亟须科学合理的维修改造技术给予支撑。

南京长江大桥于20世纪五六十年代设计建造，基于当时计算手段、技术水平、施工工艺以及因对交通量预估有限，其上层公路混凝土桥面板通过垫块搁置在下层铁路钢桁架纵、横梁处，设计计算时并不参与主体钢桁架受力，即其厚度不参与截面验算，故桥面板结构设计尺寸均相对偏小。上述设计问题使得混凝土行车道板极易出现受力裂缝，桥面板抗弯刚度下降，支点位置负弯矩峰值陡增，托架处出现行车道板上边缘开裂、下翼缘压碎等现象，若不及时维护，甚至存在混凝土碎块掉落至铁轨引发重大事故的风险。由于运营近50年，服役环境复杂，腐蚀、开裂、渗水、碳化等现象严重，构件实际有效尺寸减小，混凝土保护层剥离、脱落导致主要受力钢筋锈蚀。2015年11月，已进行了一次全桥封闭检测，结果表明，公路桥面系普遍存在上述病害，且部分位置问题严重；与2007年检测结果相比，存在进一步加剧的趋势，亟须全面处置。

本书重点介绍连续钢桁架结构体系双层式公铁两用桥梁服役性能提升的最新研究成果，为南京长江大桥上层公路桥面系维修改造设计方案、计算分析与现场实施提供成套技术支撑。

（1）上层公路混凝土桥面系是连续钢桁架双层式公铁两用桥梁服役期的重点关注对象，不仅需考虑原桥面板自身承载力、病害程度与技术状况，还应考虑其与连续钢桁架间的连接构造及其损伤程度，更需考虑全过程施工与铁路列车运营间的相互影响。因此，上层公路混凝土桥面系加固或改造方法是总体设计的基础。

（2）基于南京长江大桥技术状况检测数据，采用上层公路桥面系整体改造方案。从技术角度，更换原桥面板受力体系为全新结构体系，其结构类型、材料尺寸，与连续钢桁架间连接构造、施工方法等,均需进一步研究。

(3)采用上层公路桥面系整体改造方案,除解决桥面板本身问题外,还需考虑结构体系改造后,对双层式公铁两用桥梁的整体受力、服役性能与运营状态等是否有不利影响。

第二节　公铁两用桥梁简介

自20世纪初至中华人民共和国成立初期,为适应社会发展与人民生活需求提升,在西方发达国家的干预与触发下,我国在众多江河上开始了公铁两用桥梁的建设探索。其中不乏一些具有代表性且影响深远的优秀作品,例如我国第一座公铁两用桥梁——哈尔滨新市区三棵树松花江桥;我国第一座自行设计并建造的公铁两用桥梁——杭州闸口六和塔附近浙赣线杭州钱塘江桥;新中国成立后跨越长江修建的第一座复线公铁两用桥梁——武汉长江大桥(也被称为"万里长江第一桥");长江上第一座由我国自行设计并建造的双层式公铁两用桥梁——南京长江大桥等。这些伟大的公铁两用桥梁在中国桥梁史乃至世界桥梁史均具有重要意义,是中国桥梁建设的重要里程碑,是近现代中国经济建设的重要成就,具有极为重要的政治意义。

改革开放以来,随着国家对基础工程建设的大力投资,我国桥梁建设以前所未有的高速度向前发展,尤其是跨越江河的大跨径桥梁。进入21世纪后,既有线路的全面提速和高速铁路的大力发展,使得跨江铁路桥的需求不断增加。然而在新建桥梁中,大部分桥梁为公铁分建,公铁两用桥梁屈指可数(例如淮南淮河大桥、九江长江大桥、肇庆西江大桥等),造成有限的桥位资源浪费。究其原因,一方面当时铁路属于原铁道部管理,原交通部仅考虑公路,各自占据桥位;另一方面铁路桥梁规范与公路桥梁规范由不同部门发布,各成体系。

一、布置形式

公铁两用桥梁,按公路与铁路支承结构是否分离,可分为公铁共建与公铁分建。

1. 公铁共建

公铁共建为公路和铁路共用上下部结构,使用单一主梁,是目前世界上公铁两用桥的主要形式。公铁共建可最大限度利用桥位,充分体现其空间共用优势。按公路与铁路布置相对位置,公铁共建又可分为公铁分层共建和公铁同层共建。

(1)分层共建

分层共建为公路和铁路分别布置于桥梁上下两层。由于铁路要求纵向坡度平缓,一般铁路布置下层,公路布置上层,如南京长江大桥。然而也有部分桥梁采用相反布置,将铁路布置上层,如法国 Cize-Bolozon 高架桥;其原因在于位处山区,需连接的铁路隧道处于较高位置。

分层共建的主要优点如下:

①从结构角度。分层共建梁体较高,目前广泛采用板-桁组合结构,上下板件均参与受力,梁体刚度较大,利于满足铁路行车要求;同时竖杆和上下横杆形成封闭结构,可提高主梁抗扭刚度;较高的抗弯与抗扭刚度均对施工有利,如连接丹麦哥本哈根和瑞典马尔默的厄勒大桥。

②从构造角度。双层布置使得行车空间显著增加,例如同样是双铁路线、四公路线布置,

厄勒大桥桥宽为30.5m，而连接西西里岛墨西拿市和意大利本土雷焦卡拉布里亚的墨西拿海峡大桥设计桥宽则为61.8m。

③从养护角度。分层设计可实现铁路公路分离养护，建立独立系统互不干扰。

分层共建的主要缺点在于上层桥面布置较高，会增加平原地带引桥规模，且在合建与分建过渡区域构造复杂。同时与同层合建相比，其梁高大、宽跨比小、受风面积大、横向刚度小，为横向设计带来困难。

(2)同层共建

同层共建为公路和铁路位于同一平面，公路布置于铁路两侧，或公路布置于一侧、铁路布置于另一侧。前者适用于桥面较宽的情况，由于铁路荷载较大，铁路布置于中轴线附近并不会引起较大横向扭矩，如墨西拿海峡大桥。后者由于横向荷载分布不均，常使用桁架梁或提篮拱以形成稳定横向结构，如枝城长江大桥。

同层共建的主要优势在于较宽桥面可提供较大横向刚度，适用于对横向刚度要求较高的大跨径桥梁。

同层共建的主要缺点一方面在于公路单侧行车可能引发扭转振动问题，另一方面在于公路铁路养护位于同一平面，可能会相互制约与限制。

2. 公铁分建

公铁分建实质为并列布置的两座桥梁，结构上相互独立，按公路和铁路桥梁规范分别设计，也称平行分离式公铁两用桥，如马房北江大桥、钱塘江二桥等，公铁分建的主要优点如下：

(1)分建桥梁可采用相同跨径布置甚至相似结构，大幅简化设计与施工程序。相隔较近的两座桥梁可共用基础，减少基础造价，如连接丹麦西兰岛和菲英岛的大贝尔特西桥(图1-1)。

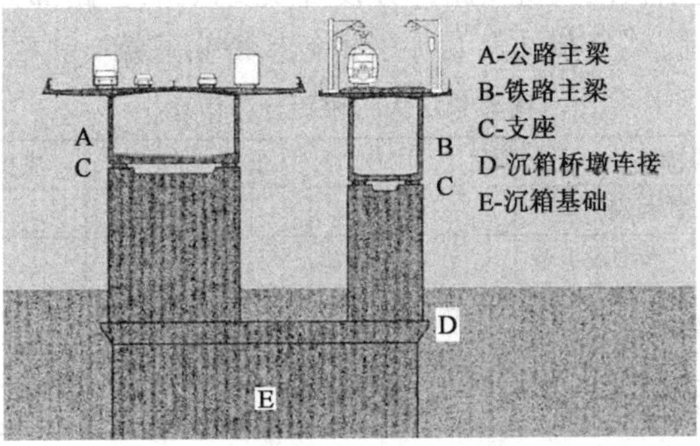

图1-1　公铁分建桥示例(丹麦大贝尔特西桥)

(2)由于公路桥和铁路桥控制要求不同，共建会造成部分设计浪费，而分建互不影响，可按公路和铁路特点单独设计。

公铁分建的主要缺点在于公路桥与铁路桥距离过近，使公路桥只能向一侧展线，若必须向另一侧展线，则必须先向外侧偏离，用小半径立交形式通过铁路，不仅影响美观，也会增加接线里程。

二、运营现状

我国早期建设的公铁两用桥梁，常出现设计标准偏低、施工技术受限、材料疲劳老化、交通压力过大、检修难度较大等问题，且具有跨径较大、全长较长、分层共建等布置特点，大多运营状态不甚理想。

随着经济发展，特别是公路交通量日趋增大，这些公铁两用桥梁承受的交通量已远超当时的设计荷载，相关管养部门也不断采取各种不同程度措施，包括规模较大的公路主桥维修加固或改造工作。例如，2000 年钱塘江长江大桥更换了全桥行车道板，2008 年衡阳湘江公铁大桥对公路桥进行了全面加固，九江长江大桥分别于 2000 年、2008 年和 2014 年对公路桥进行了全面维修。由于各座大桥公路交通量、重车混入率、大气环境与结构技术状况不同，所采取的维修改造方案也不尽相同且效果各异，部分甚至成效不明显。

第三节　南京长江大桥简介

一、总体情况

南京长江大桥铁路桥是京沪铁路大干线跨越长江的关键工程，公路桥既是华东地区重要的过江通道，也是南京市长江两岸的交通纽带。大桥自 1968 年全面建成通车至今，在公铁、城市交通中发挥了巨大作用，为国家、区域及地方的经济发展作出了卓越贡献。

南京长江大桥始建于 1958 年，1967 年主体完工，1968 年 9 月铁路桥（全长 6772m）通车运营，同年 12 月公路桥（全长 4589m）正式投入使用。公路桥部分由北岸引桥、主桥、南岸引桥、回龙桥四部分组成。其中，主桥为公铁两用桥，桥长 1576m，结构采用钢桁梁，上层为公路通道，下层为铁路通道。南京长江大桥铁路部分设置双线铁路，公路部分双向共设四车道及两侧人行道。全桥共计 261 孔，其分布见表 1-1（引桥包括桥头建筑）。

南京长江大桥桥跨分布信息　　表 1-1

桥跨特征			北岸（浦口）	主桥（跨江）	南岸（鼓楼）
主桥（公铁两用）			—	10 孔	—
引桥	涉铁段引桥		5 孔	—	5 孔
	公铁分离	铁路桥	104 孔	—	45 孔
		公路桥	33 孔	—	48 孔
分岔落地公路桥（回龙桥）			—	—	11 孔

注：除上述孔跨外，桥头建筑的大堡处有一孔跨径 14.1m 的 T 梁，小堡处有一孔跨径 7.35m 的 T 梁。

南京长江大桥原设计主要技术标准如下：

（1）铁路：双线，主桥部分中-24 级，引桥部分中-26 级。

（2）公路：双向四车道，汽-18 级。

（3）人群：主桁设计 $3kN/m^2$，仅承受人群质量结构设计 $4kN/m^2$。

（4）纵横曲线：桥上铁路线最大坡度 4‰，最小弯道半径 1200m；公路桥面最大坡度 3.17%，最小弯道半径 250m。

（5）宽度：公路桥面净宽 19.5m，行车道宽 15m，两侧各另设人行道净宽 2.25m；其中主桥公路位于钢桁梁上弦。

(6)铁路限界:净高 6.55m,净宽 8.88m(适用于电力牵引双线铁路)。

(7)通航净空:宽 120m,高为最高通航水位 +8.27m 以上 24m。

二、结构体系

1. 公路主桥概述

公路主桥位于跨江区域,全长 1576m,位于两大桥头堡之间,共有 10 孔钢梁,桥墩编号为 0~10 号,其中 0 号为北岸大桥头堡、10 号为南岸大桥头堡。自北向南依次为 1 孔 128m 简支钢桁梁和 3 联 160m 三等跨连续钢桁梁,整体布置见图 1-2。

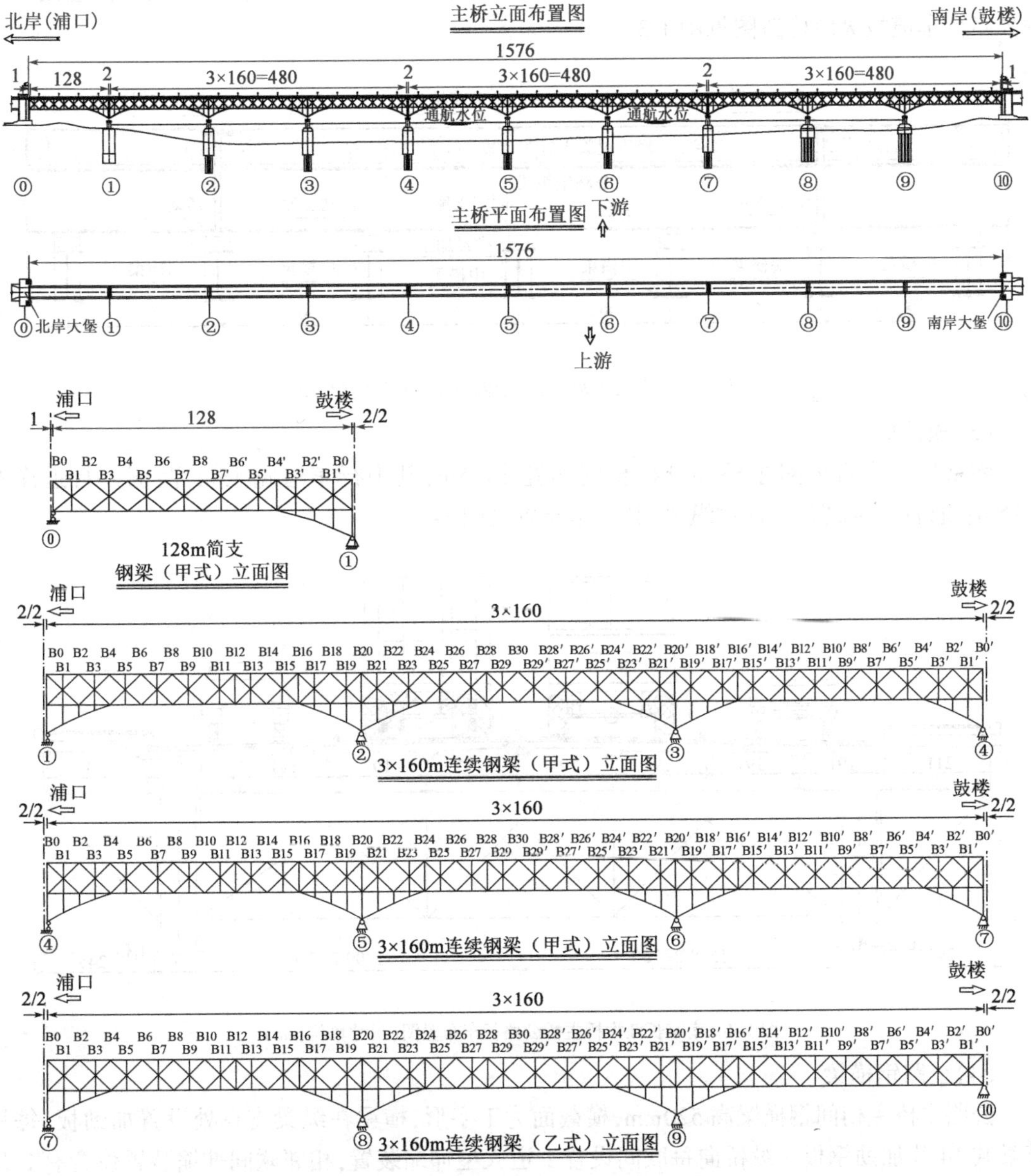

图 1-2 南京长江大桥主桥总体布置图(尺寸单位:m)

2. 原主桥上部结构

主桥主桁为菱形桁架，桁高 16m，间距 14m，支点处桁高 30m，支点 32m 范围内设有加劲弦。

(1)纵桥向总体布置

公路主桥节间长度 8m，每 4 ×8m 设置 1 道伸缩装置，共设 5 道梳齿形铸钢伸缩装置于相邻联间，其余位置布设 45 道小型伸缩装置(BX-80 型)。

(2)立面构造型式

主桁上弦杆间横梁处设钢垫块支座，公路钢纵梁支承于该支座处；采用预制陶粒轻质混凝土行车道板架设于公路纵梁，并利用水泥砂浆填充其间，达到调平目的，并设置螺杆连接。主桥公路行车道板纵向构造图见图 1-3。

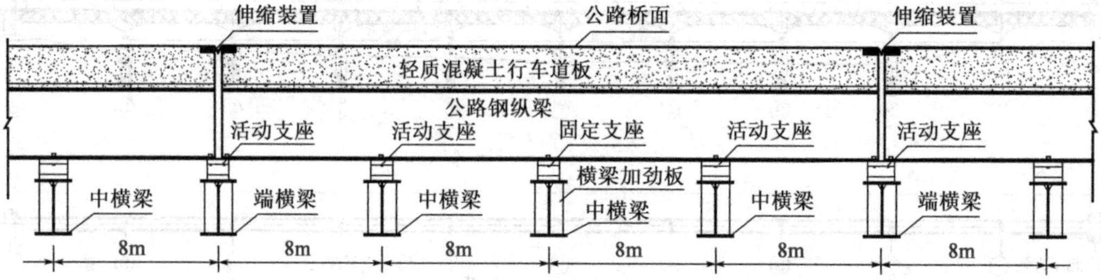

图 1-3 南京长江大桥主桥公路行车道板纵向构造图

(3)横截面布置

南京长江大桥公路主桥部分横桥向净宽 19.5m，其中行车道宽 15m，两侧人行道净宽 2.25m；横桥向共布置 11 片钢纵梁，其行车布置见图 1-4。

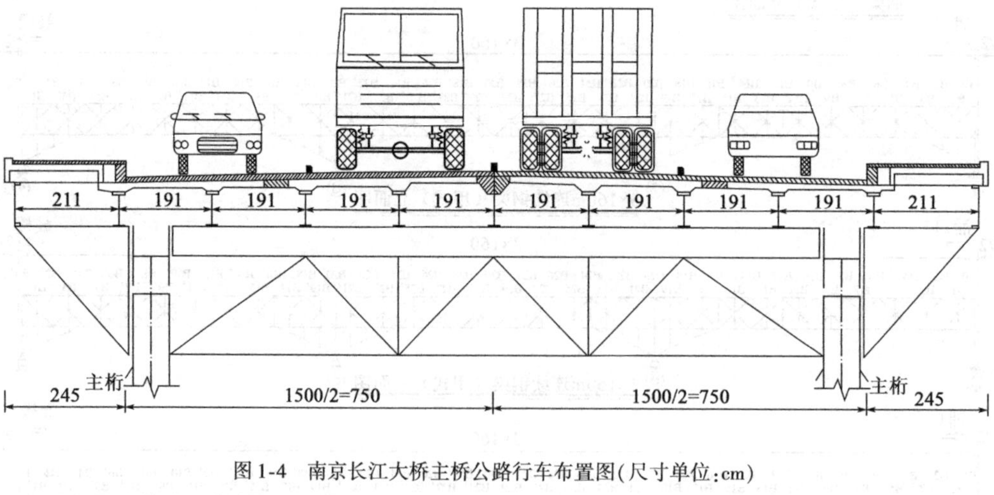

图 1-4 南京长江大桥主桥公路行车布置图(尺寸单位：cm)

(4)公路钢横梁

公路主桥主桁间钢横梁高 520mm，横截面为工字形，横梁在纵梁支点处设置加劲板，每片横梁共 14 片加劲钢板。纵桥向每联间设置 1 道大型伸缩装置，相邻联间伸缩装置位置有 2 片横梁,即全桥主桁内共有 201 片公路钢横梁。

(5)公路钢纵梁

横桥向共布置 11 片钢纵梁,除人行道下方钢纵梁为槽形外,中间钢纵梁均为工字形截面。主桥行车道所有钢纵梁高 620mm,钢纵梁沿纵桥向共 197 个节段,划分方式全桥一致,以相邻横梁间 8m 长作为节段;主桥两侧人行道横桥向各布置纵梁 1 片,横桥向行车道共布置纵梁 9 片。人行道纵梁与行车道纵梁截面形式有所区别(图 1-5)。

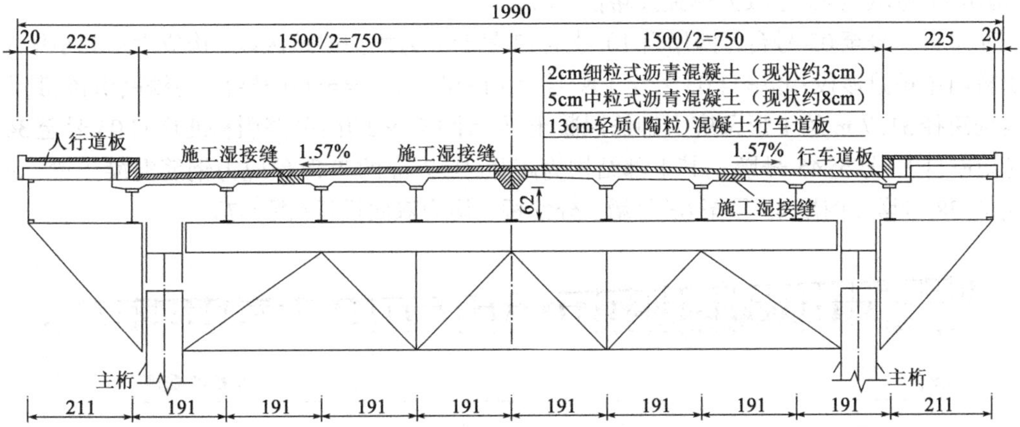

图 1-5 南京长江大桥主桥公路行车道板横截面构造(尺寸单位:cm)

(6)行车道板

公路主桥行车道板为 4×8m(纵桥向)、8×1.91m(横桥向)轻质(陶粒)钢筋混凝土单向板,厚 13cm,在支点位置(钢纵梁)加厚。行车道板为预制构件并预留钢筋,在现场浇筑混凝土并完成行车道板拼接(图 1-6)。

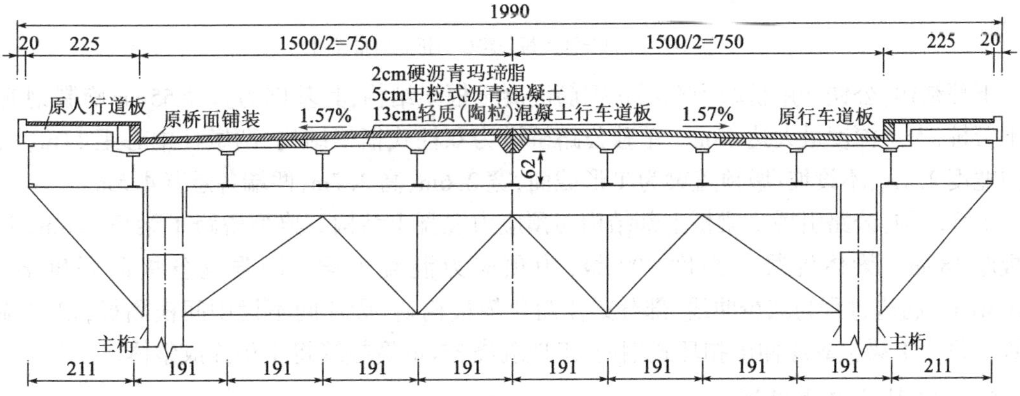

图 1-6 原设计行车道板一般构造图(尺寸单位:cm)

3. 原主桥下部结构

主桥基础采用沉井和管柱两种不同结构形式。桥墩均为实体结构,横桥向宽 17.4m,纵桥向顶部长为 5.4m。各墩底高度相同,墩主体部分混凝土为 150 级(C15),墩帽混凝土为 300

级(C30)。

主桥上部结构为10孔铆接米字形钢桁梁,固定支座分别设置在0号台、2号墩、5号墩、8号墩,其余均为活动支座。

4. 引桥T梁桥

公路引桥T梁桥紧邻桥头建筑,另一端与双曲拱桥相接,根据交通功能可划分为以下两个区段:北岸自0号台至07号墩、南岸10号台至17号墩为涉铁区段,北岸07号墩至34号墩、南岸17号墩至45号墩为单独公路桥区段。

北岸自0号至03号台(南岸自10号至13号台)为桥头建筑区段,构成大堡和小堡及其间引桥向主桥过渡段;北岸自03号至109号台(南岸自13号至60号台)为铁路引桥,其上部结构为跨径31.7 m的T形预应力钢筋混凝土梁,计153×2孔;公路引桥北岸自03号至34号墩(南岸自13号至45号墩),其上部结构为跨径31.7 m的T形预应力钢筋混凝土梁,北岸34号至38号墩(南岸45号至63号墩,分岔桥)均为双曲拱桥(图1-7)。

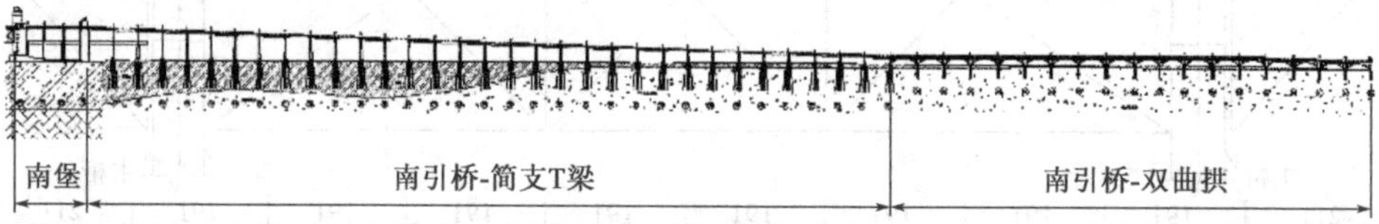

a)南京岸引桥

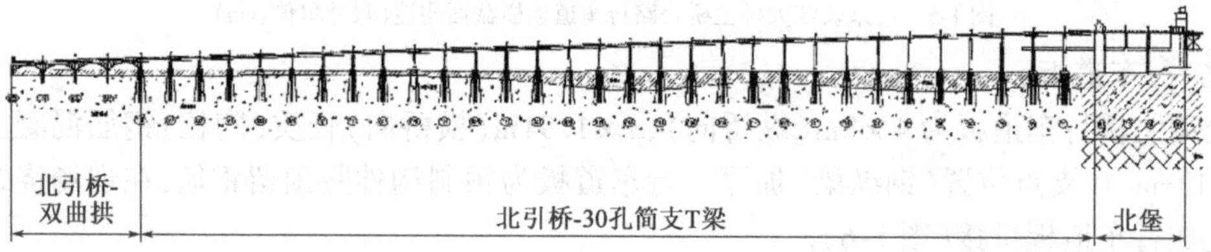

b)浦口岸引桥

图1-7 南京长江大桥公路桥引桥立面布置图

下部结构:公铁共用桥墩为双层式钢筋混凝土框架结构,其基础为直径55cm旋制钢筋混凝土管桩,入土深度最大达48m。单独公路桥墩为双柱式框架结构,两墩柱中心距11m,墩柱横向宽度2.4m,不设坡;墩顶盖梁为T形截面,宽2.6m,高2.7m,两端各悬臂4.5m。

上部结构:公路引桥T梁桥上部结构为预应力混凝土结构。典型桥跨T梁高1.8m,上翼缘板厚18cm。梁体混凝土强度400级,为预应力混凝土梁。高强钢丝极限强度σ_P = 1470MPa。制造过程为减少曲线,部分梁体简化模板构造,梁片间不设中间横隔板,仅梁端部设置。每片T梁上翼缘伸出扣环式钢筋,工地现浇35cm宽接缝将T梁连成整体。

5. 公路引桥双曲拱桥

引桥双曲拱桥位于主线桥端部,内侧与T梁桥相接,外侧连接引道,共计22孔,其中北岸4孔,南岸18孔,各孔均为等截面悬链线无铰拱,矢跨比1/5～1/4。南、北岸引桥跨径27.68～34.9m不等。

下部结构:引桥双曲拱桥均采用群桩基础,在南岸54号墩、56号墩设有止推墩;桥墩均为实体结构,并采用灌注桩基础。

上部结构:引桥双曲拱桥主拱圈由16根拱肋、15个拱波组成,主拱圈高78.5cm;拱肋为250级钢筋混凝土预制构件,中心间距1.3m;拱波为200级混凝土预制构件,系圆弧拱,拱波厚6cm,净跨径1.04m,矢跨比1/3;拱板为填平式现浇构件,与拱波形成整体;拱肋间横向连杆为预制构件,断面8cm×11cm,连杆最大间距1.8m,抗震加固时增设截面为25cm×38cm大拉杆(每孔三道)。

6. 回龙桥

回龙桥始于南岸引桥T梁桥和引桥双曲拱桥交会点,同新建匝道桥相连,终于宝塔路东街,与南京长江大桥主线桥同时期建造。目前基本已无社会车辆通行,本次对其实行与引桥双曲拱桥相同程度的维修改造。

下部结构:回龙桥H0~H5墩台为灌注桩基础,其余为扩大基础。

上部结构:回龙桥共计12孔,跨径分为22m和32.7m两种,各孔均为等截面悬链线无铰拱;因桥面较窄,回龙桥双曲拱桥仅设10根拱肋、9个拱波。

7. 桥头建筑

南北各有一组桥头建筑,位于公路主桥和引桥T梁桥之间,包括大堡、小堡以及连接它们的三等跨T梁桥三部分。

三、维修改造总体方案

鉴于南京长江大桥存在较严重病害,主桥与引桥公路桥部分均需维修改造。考虑到大桥为京沪铁路大干线,运输繁忙,此次公路桥维修改造工程在不中断铁路运营情况下进行。

1. 防护棚架

为不影响铁路正常运营,施工前须在涉铁公路桥和铁路桥面间搭设防护棚架对铁路进行全面隔离和防护,同时该防护棚架作为公路桥维修改造施工平台。铁路防护棚架防护范围为主桥与引桥涉铁区域,包括主桥0号墩至10号墩、北侧引桥0号墩至07号墩、南侧引桥10号墩至17号墩,防护区域总长2030.3m,其中铁路主桥1576m,南北两侧引桥各227.15m。

主桥防护棚架:由两部分组成,包括主桁外侧吊挂平台和主桁内侧平台,内外侧平台错台布置;主桁外侧吊挂平台由上下锚梁、吊杆、下横梁、纵向分配梁、两侧栏杆及面层组成,主桁内侧平台由纵向分配梁和面层组成;防护棚架面层分层铺设,自下而上分别为50mm厚杉木板、防水透气膜、1.5mm厚花纹钢板;杉木板与纵向分配梁通过钢结构卡件连接为整体。

引桥防护棚架:小堡处吊挂防护平台吊挂于公路引桥T梁下方桥墩盖梁处,除小堡外,其余吊挂防护平台吊挂于公路引桥T梁马蹄处。

2. 公路主桥维修改造

拆除既有陶粒轻质混凝土行车道板与钢纵梁,将行车道板改造为正交异性钢结构行车道板;将公路主桥纵横梁间钢垫块拆除,更换为抗拉拔铸钢支座,支座布置位置与既有钢垫块布置位置保持一致;钢桥面铺装要求具有变形随从性、抗疲劳开裂性能、耐高温性能、优良力学性能等;改造后主桥设置5道大型伸缩装置,人行道采用整体钢结构形式。详细介绍见后续各章节。

3. 引桥 T 梁桥维修

根据引桥 T 梁桥目前存在病害，按维修设计原则，重点消除潜在安全隐患，以耐久性维护、功能性恢复为主，并提高行车舒适性。

4. 双曲拱桥维修加固

改造后大桥维持原设计技术指标。通过维修加固恢复其功能，增加其安全耐久性，具体方案如下：

拱肋外包混凝土：根据主拱圈病害特征，采用增大截面法加固，对所有拱肋外包钢筋混凝土，增加结构刚度，提高承载能力，同时提高原结构耐久性。

拱肋横系梁加固：考虑在抗震加固基础上进行加强，以增强结构横向整体性，提高各拱圈共同受力能力，对每跨拱肋跨中附近 6 根横向连杆进行截面增大，增大后横向系梁截面尺寸与原拱肋湿接头处接近。

拱上填料：主拱圈与腹拱圈均采用泡沫混凝土浇筑，浇筑高度较高时应分层填筑；浇筑前应按设计图纸预埋有关构件，最后一层泡沫混凝土浇筑时应埋设镀锌钢丝网。

拱桥基础抗推力加强：南岸引桥第 46 孔墩台间设置长 50cm、高 110cm 的矩形钢筋混凝土底梁，底梁中心距 4m，每孔横向共 6 根。

本章小结

本章阐述了本书背景意义与主要内容，并简要介绍了我国公铁两用桥梁和南京长江大桥服役现状与维修改造总体方案。

第二章 公铁两用桥梁公路主桥病害分析

第一节 概 述

在设计上,我国早期建设公铁两用桥梁时,一定程度上受到苏联、日本及部分欧洲国家影响,设计标准层次不一,且设计理论相较于当前尚不完善。即便在当代中国,由于原铁道部与原交通部长期分管铁路与公路桥梁建设运营,设计标准与规范也不同步,给公铁两用桥梁的设计建造带来很大障碍。

在施工上,受近现代我国经济发展水平限制,早期建设的公铁两用桥梁在施工专业技术、施工进度与质量控制等方面难以有效保证,施工缺陷导致的长期隐患普遍存在。对服役长达几十年的武汉长江大桥、南京长江大桥等诸多桥梁,桥面铺装常出现车辙、拥包、坑槽、裂纹等现象,混凝土桥面系渗水、蜂窝麻面、露筋、锈蚀等更是普遍存在。

在运营上,多数公铁两用桥梁由于其地理位置重要,交通总量大,超重、超载现象严重,铁路电气化改造提速引发火车活载冲击显著变化,常常导致严重的疲劳损伤。

在检修上,铁路桥不如公路桥通行灵活,在公铁两用桥梁检修时常需保持铁路的正常运营,即重大检修也需面临施工时间空间受限和施工组织复杂的难点。

本章将根据我国多座典型公铁两用桥梁完整检测报告与相关资料,归纳公路主桥部分常见病害及其原因分析,为今后类似公铁两用桥梁提供检测与维修改造技术指导,也有利于新建公铁两用桥梁的设计、施工与长期运维。

第二节 常见病害与成因分析

公铁两用桥梁区别于一般公路桥梁,结构形式、材料与荷载均特殊,在病害类型、数量与程度上,既与一般公路桥梁有一定相似性,又呈现铁路桥病害与公路桥病害相互影响的特点。因此,对于公铁两用桥梁公路桥部分的病害,桥面铺装、伸缩缝与支座等薄弱部位依旧是关注重点;同时,由铁路活载引起的全桥振动对公路桥梁病害的影响也应重视。

一、桥面系病害

桥面系包括桥面铺装、桥面板、伸缩缝、人行道与其他附属设施等。桥面系主要病害:桥面铺装、桥面板与伸缩缝等在荷载与环境作用下的疲劳老化,以及人行道与其他附属设施等年久失修而造成的外观损伤。同时,伸缩缝与排水系统破损也会进一步加剧桥面铺装、桥面板及公路主梁的水致病害,形成整体状况劣化的恶性循环。

1. 桥面铺装

为保证车辆安全舒适通过桥面,保护钢筋桥面板不受车轮直接磨耗和剪切作用,并分散车辆轮重集中荷载,以及防止雨水及其他液体侵蚀,需在桥面铺筑铺装层。桥面铺装层直接承受行车荷载、梁体变形与环境作用,其变形和应力特征与主梁及桥面结构形式密切相关。一方面,桥面铺装可分散荷载,参与桥面板受力;另一方面,能联合各主梁共同受力,既是桥面保护层又是桥面结构的共同受力层。因此,桥面铺装层要求具备足够的强度和整体性,以及足够的抗裂、抗冲击和耐磨性能。

根据南京长江大桥、芜湖长江大桥与九江长江大桥等大桥沥青路面检测分析数据,公铁两用桥的桥面铺装病害类似于一般桥梁形式,主要为路面裂缝、路面车辙、松散剥落、表面磨光、波浪、拥包、坑槽、啃边等,以下将进行详细介绍。

(1)路面裂缝

裂缝是沥青路面最主要破损形式,按表观形态不同,可分为横向裂缝、纵向裂缝、网状裂缝、块状裂缝以及不规则裂缝。

纵向裂缝一般由于路面分幅摊铺时接缝未处理好、桥面板湿接缝劣化导致沥青面层竖向剪切受力不利而产生(图 2-1、图 2-2)。

图 2-1　纵向裂缝(芜湖长江大桥)

图 2-2　纵横向裂缝(九江长江大桥)

横向裂缝分为荷载型和非荷载型(图 2-3、图 2-4)。荷载型因拉应力超过材料疲劳极限而引起,从下向上发展;非荷载型又分为沥青面层缩裂和基层反射裂缝,沥青面层缩裂因冬季沥青材料收缩应力大于材料强度而引起;网状裂缝一般因上述裂缝未及时处理、水渗入、结构强度不足、沥青老化等所致。

(2)路面车辙

路面车辙主要指路面结构在行车荷载作用下补充压实、结构层与路基材料侧向位移产生的累积永久变形,以及轮胎磨耗引起的材料缺省。车辙是沥青路面的主要破坏形式,其主要原因包括:沥青混合料高温稳定性不足,塑性变形累积,路面结构变形累积,交通荷载磨耗等(图 2-5、图 2-6)。

图 2-3　块裂(芜湖长江大桥)

图 2-4　网状裂缝(九江长江大桥)

图 2-5　车辙(芜湖长江大桥)

图 2-6　车辙(芜湖长江大桥)

(3)松散剥落

松散剥落主要指沥青从矿料表面脱落,在荷载作用下面层呈现松散现象;沥青层出现松散剥落后将继而出现坑槽破坏。其主要原因包括:沥青与矿料黏附性差(沥青黏性差、集料黏附等级低、集料潮湿、沥青老化后性能下降、冻融等),水作用长期剥蚀,施工中沥青过度加热老化等(图 2-7、图 2-8)。

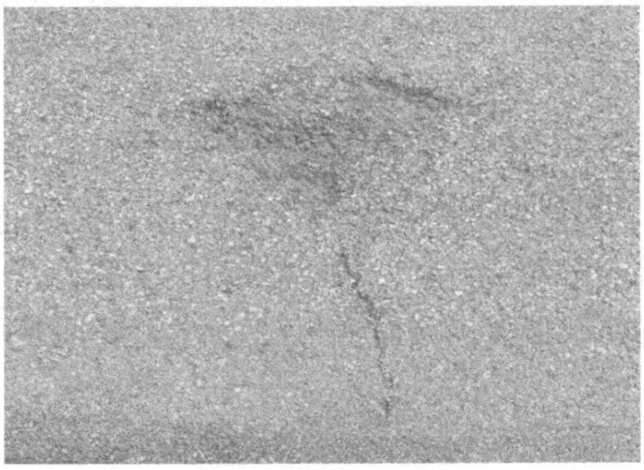

图 2-7　松散剥落(九江长江大桥)

图 2-8　松散剥落(芜湖长江大桥)

(4)表面磨光

表面磨光主要指沥青路面在使用过程中,表面集料被逐渐磨光,或者出现沥青层泛油,使得沥青表层出现抗滑能力不足的现象。其主要原因包括:集料软弱、宏观纹理和微观构造小,粗集料抵抗磨光能力差(有磨光值、棱角性、压碎值等表示),级配不当、粗料少、细料多,用油量偏大或出现水损害,沥青稠度太低,车轮磨耗严重等(图2-9、图2-10)。

图2-9　磨光(九江长江大桥)

图2-10　磨光(芜湖长江大桥)

(5)波浪、拥包、坑槽、啃边等

路面波浪指路面上形成有规则的低洼和凸起变形;拥包指在行车水平力作用下,沥青面层材料抗剪强度不足产生推移拥包;坑槽指沥青路面由于网状裂缝未及时养护而逐渐形成坑洞(图2-11、图2-12);啃边指在行车和自然作用下沥青路面边缘缺损、参差不齐且宽度减小。

图2-11　坑槽(九江长江大桥)

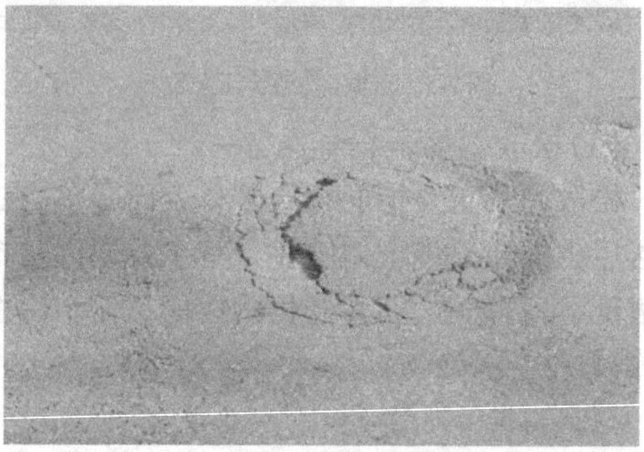

图2-12　坑槽(南京长江大桥)

2. 桥面板

已有检测报告中,公路桥面系退化较为普遍。其主要病害包括:横向裂缝、纵向裂缝、斜向裂缝、网状裂缝、蜂窝、麻面、剥落、渗水、露筋、孔洞、断裂、析白等。针对桥面板混凝土强度及保护层厚度的检测显示,其强度基本均满足设计要求,但保护层厚度相对偏小,对桥面板耐久性不利。

(1)桥面板裂缝

桥面板裂缝的成因复杂而繁多,甚至多种因素相互影响,每一条裂缝均有其产生的一种或几种原因,见图2-13~图2-16。在钢筋混凝土桥面板上所能看到的损伤,均由构造上或与荷载条件相关的种种原因造成。

横向裂缝一般位于行车道板梗腋处或靠近梗腋处,裂缝较细,一般在 0.2mm 以下(图 2-13～图 2-15)。行车道板底面存在大量网状裂缝,性质上属于收缩裂缝,其分布和长短较为随机,其宽度一般在 0.2mm 以下(图 2-16)。

图 2-13　桥面板横向裂缝(九江长江大桥)

图 2-14　桥面板横向裂缝(南京长江大桥)

图 2-15　桥面板纵向裂缝(芜湖长江大桥)

图 2-16　桥面板网状裂缝(南京长江大桥)

钢筋混凝土桥面板裂缝产生的主要原因共分为以下几类:

①静、动荷载过大或产生次应力。在设计阶段,计算模型不合理,设计断面不足,结构计算部分荷载漏算,构造处理不当,钢筋设置偏少或布置错误,设计图纸交代不清等;在施工阶段,不加限制堆放施工机具、材料,不了解预制结构受力特点,随意翻身、起吊、运输、安装,不按设计图纸施工,擅自更改结构施工顺序,改变结构受力模式,缺少机器振动下疲劳强度验算等;在运营阶段,超出设计载荷重型车辆频繁过桥,受车辆、船舶接触、撞击等,上述情况均会使桥面板在荷载作用下应力集中而出现微裂缝。其中由常规静、动荷载或次应力产生的荷载裂缝,通常沿主拉应力方向开展增宽,走向与主拉应力方向垂直,多出现在受拉区、受剪区或振动严重部位。

②温度变化频繁或温差过大。混凝土热胀冷缩,当外部环境或结构内部温度发生变化导致混凝土变形时,若变形受到约束,结构内将产生应力,当应力超过其抗拉强度时即产生温度裂缝。

③混凝土干缩。混凝土中的水以结合水、层间水、物理吸附水和毛细水等状态存在。当这些水在混凝土硬化过程中失去时,水泥浆体便会收缩;当收缩受限而产生收缩应力时,便会产生裂缝。干缩裂缝是最常见的裂缝之一,其大部分位于表面,宽度较小,且纵横交错,呈龟裂

状,形状无规律。

以南京长江大桥为例,桥面板裂缝主要有两类(图2-17)。第一类是区域性网状裂缝或横向裂缝,该类裂缝集中于边行车道板和伸缩缝周围。主要由于边行车道重车较多;伸缩缝周围存在高差,车辆通过伸缩缝时,对桥面冲击作用较大;部分混凝土桥面板施工质量较差,重车作用下易形成裂缝。第二类是桥面板与钢纵梁连接处裂缝(承托处裂缝),特别位于螺栓连接处,全桥范围内均普遍存在。主要由于连接螺栓布置稀疏,荷载作用下钢纵梁与桥面板变形不协调,螺栓处产生较大集中应力,进而混凝土产生裂缝;同时,温度荷载作用下,混凝土和钢结构线膨胀系数不同,两者存在变形差。

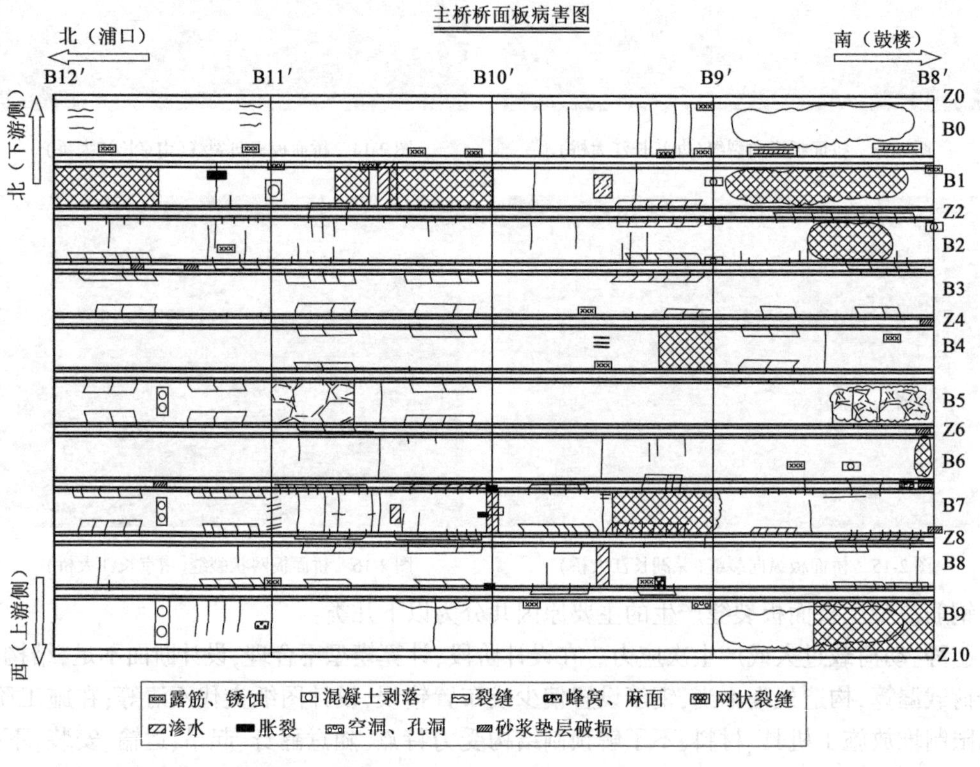

图2-17　南京长江大桥公路主桥桥面板裂缝分布示例

(2)蜂窝、麻面、剥落、露筋、孔洞

桥面板蜂窝主要是指混凝土局部酥松,砂浆少、碎石多,碎石间出现空隙,形成蜂窝状孔洞。产生主要原因包括:下料不当或下料过高,未设串筒使石子集中,造成石子砂浆离析;混凝土未分层下料,振捣不实或漏振或振捣时间不够;模板缝隙未堵严,水泥浆流失;钢筋较密,石子粒径过大或坍落度过小;基础、柱、墙根部未稍加间歇连续灌注上层混凝土(图2-18)。

桥面板麻面指混凝土表面局部缺浆粗糙,或有许多小凹坑,但无钢筋和碎石外露。产生主要原因包括:模板表面粗糙或黏附水泥浆渣等杂物未清理干净,拆模时混凝土表面被粘坏;模板未浇水湿润或湿润不够,构件表面混凝土水分被吸去,失水过多出现麻面;模板拼缝不严,局部漏浆;模板隔离剂涂刷不均匀或局部漏刷或失效,混凝土表面与模板黏结造成麻面;混凝土振捣不实,气泡未排出,留在模板表面形成麻点。

桥面板混凝土剥落主要原因包括：混凝土碳化作用、表面裂缝扩张、碱集料反应等（图2-19～图2-21）。

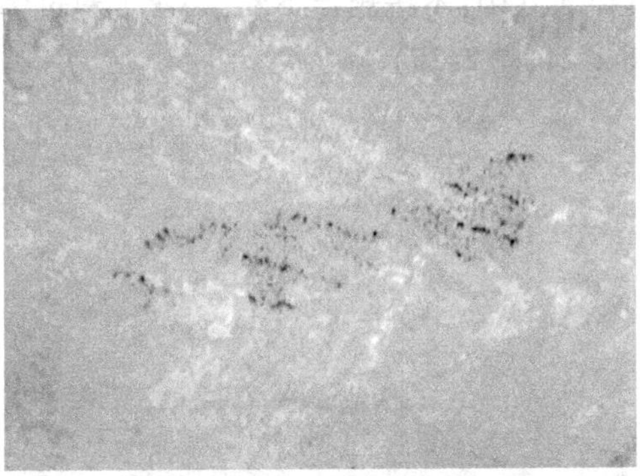

图2-18　桥面板蜂窝（九江长江大桥）

图2-19　桥面板混凝土剥落（芜湖长江大桥）

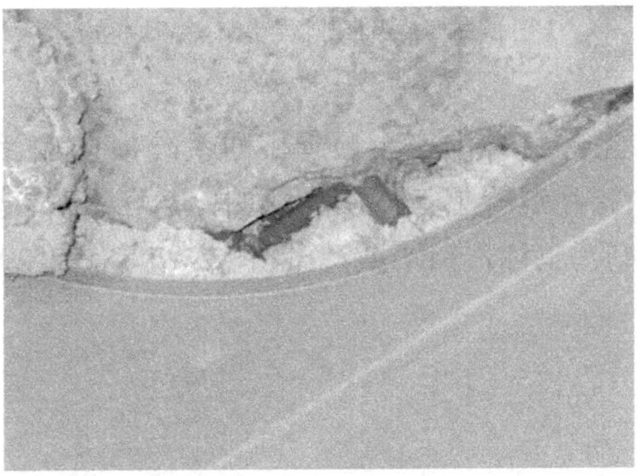

图2-20　桥面板混凝土剥落露筋（芜湖长江大桥）

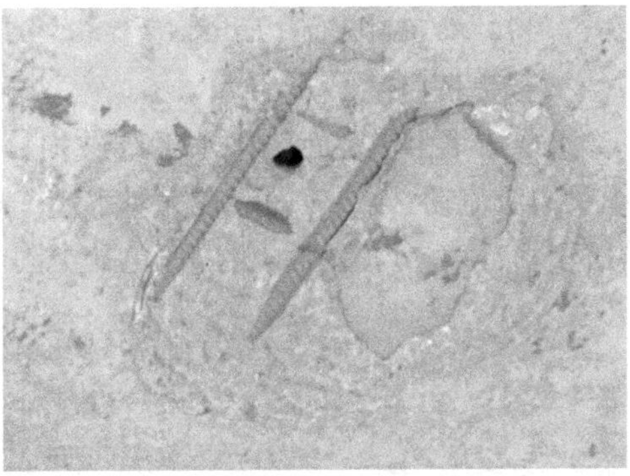

图2-21　桥面板混凝土剥落露筋（芜湖长江大桥）

露筋主要原因包括：灌筑混凝土时，钢筋保护层垫块位移或垫块太少或漏放，致使钢筋紧贴模板外露；结构构件截面小，钢筋过密，石子卡在钢筋上，使水泥砂浆不能充满钢筋周围，造成露筋；混凝土配合比不当，产生离析；模板部位缺浆或模板漏浆，混凝土保护层太薄或保护层处混凝土振捣不实；振捣棒撞击钢筋或踩踏钢筋，使钢筋位移，造成露筋；木模板未浇水湿润，吸水黏结或脱模过早，拆模时缺棱掉角，导致露筋（图2-22、图2-23）。

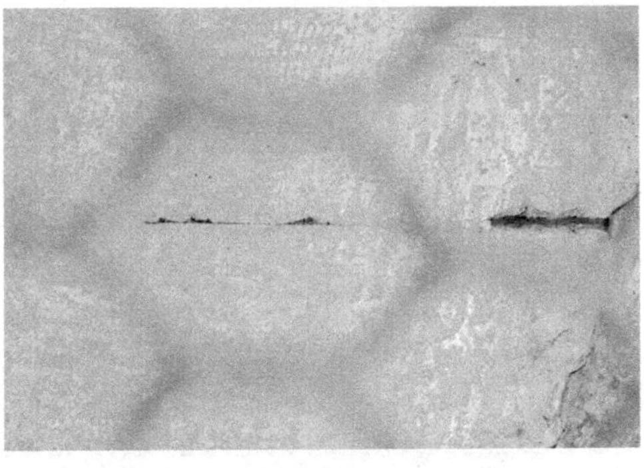

图2-22　桥面板露筋（九江长江大桥）

图2-23　桥面板露筋（南京长江大桥）

孔洞主要原因包括：钢筋密集处或预埋件处，混凝土浇筑不畅通，不能充满模板间隙；未按顺序振捣，产生漏振；混凝土离析或严重跑浆；施工组织不好，未按施工顺序和施工工艺认真操作；混凝土有硬块和杂物掺入，或木块等大件料具掉入其中；不按规定下料，一次下料过多，下部因振捣器振动作用半径不足，形成松散状态（图2-24、图2-25）。

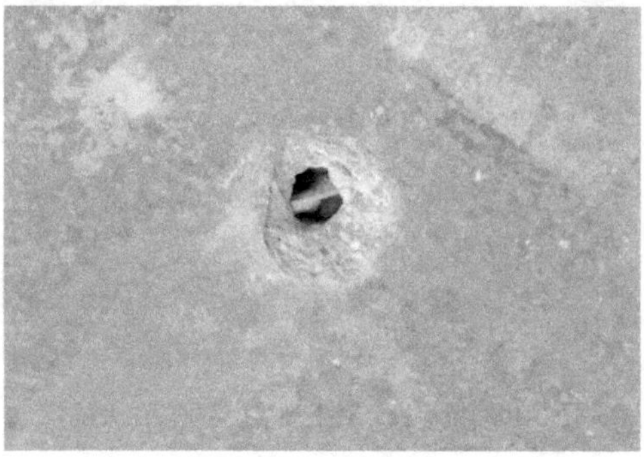

图2-24　桥面板孔洞（九江长江大桥）

图2-25　桥面板孔洞（南京长江大桥）

（3）渗水、析白

渗水现象多由于桥面系排水系统破损，雨水无法及时排出而顺延桥面系破损排水管、裂缝、纵梁边缘流动，导致表面存在大量水迹。析白指在混凝土、砖块等材质中，可溶解硅酸盐成分溶解于水，待水分蒸发后，析出白色盐类附着物质，也称作白华或泛碱（图2-26～图2-29）。

图2-26　桥面板渗水（九江长江大桥）

图2-27　桥面板渗水（南京长江大桥）

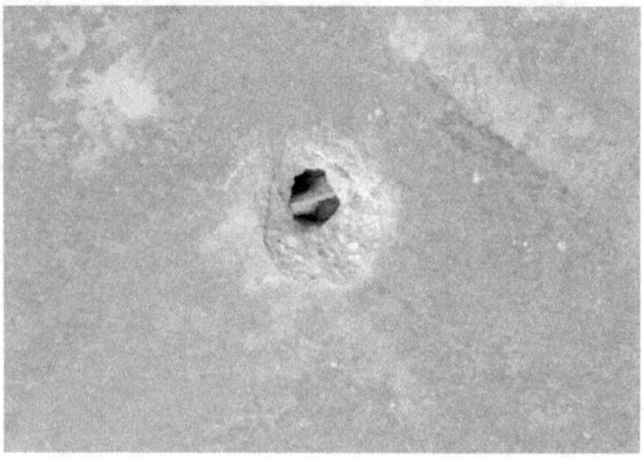

图2-28　桥面板孔洞析白（芜湖长江大桥）

图2-29　桥面板析白（芜湖长江大桥）

3. 伸缩缝

伸缩缝缺陷与病害可能由于设计、制造、施工或运营任何一种因素，或是各种因素的综合作用而产生。设计方面，原因包括对桥面板端部局部刚度考虑不周、伸缩装置刚度设计不够、锚固件强度不足等；施工方面，原因包括桥面板浇筑不良、伸缩缝设置间距有误、预制构件长度偏差、伸缩缝安装不妥等；运营方面，原因包括超载车辆车轮荷载非正常反复作用、接缝两侧桥面不平造成冲击作用等。上述原因均会促使伸缩缝性能恶化，使用功能下降，继而发生损坏。

已有检测报告数据显示，伸缩缝常见病害在多数公铁两用桥梁中均有呈现。其中钢桥伸缩缝漏水会显著削弱钢结构涂料防腐能力，加速钢结构锈蚀，严重影响其耐久性。而行车不平顺（重车驶过冲击力），会使车辆荷载冲击效应增强，促使公路桥面系主要构件工作性能恶化，提高病害发生概率（图 2-30 ~ 图 2-43）。

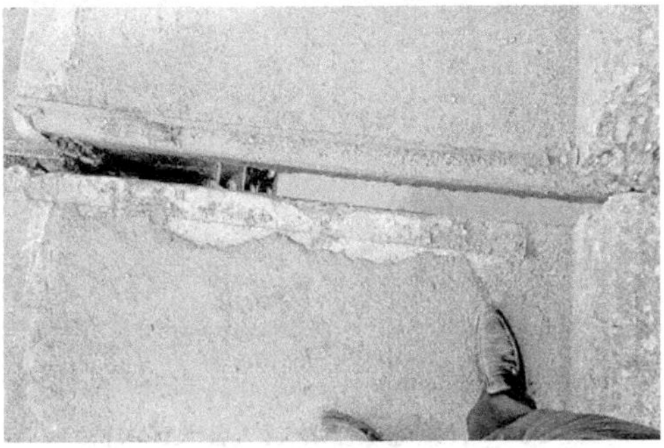

图 2-30　伸缩缝钢板缺失（枝城长江大桥）

图 2-31　伸缩缝局部破损（枝城长江大桥）

图 2-32　伸缩缝两侧高度差明显（芜湖长江大桥）

图 2-33　伸缩缝锚固区裂缝（芜湖长江大桥）

图 2-34　伸缩缝锚固区裂缝（芜湖长江大桥）

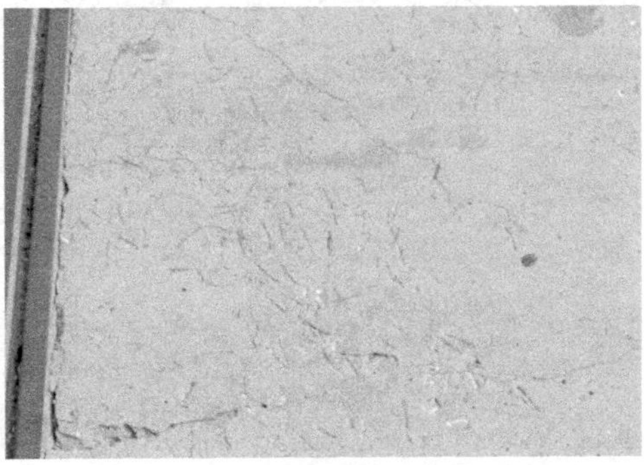

图 2-35　伸缩缝锚固区裂缝（芜湖长江大桥）

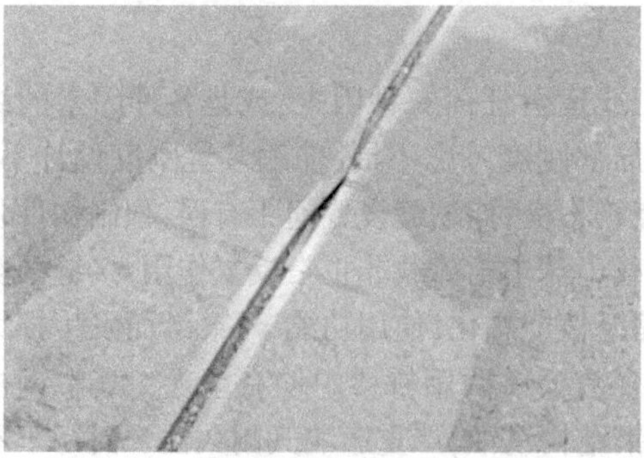

图 2-36　伸缩缝变形堵塞(南京长江大桥)

图 2-37　伸缩缝梳齿板缺失(南京长江大桥)

图 2-38　伸缩缝梳齿板杂物堵塞(九江长江大桥)

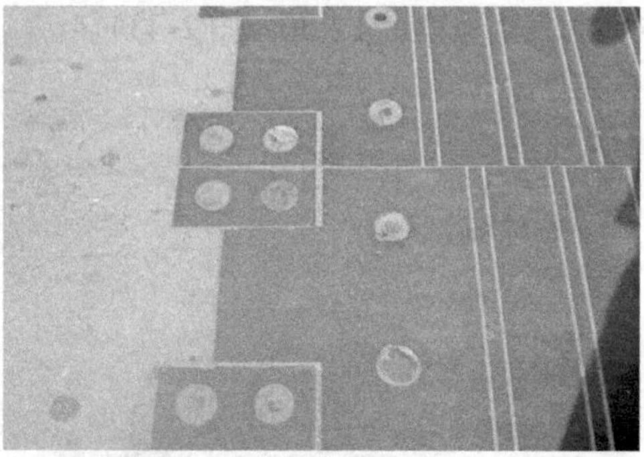

图 2-39　伸缩缝螺栓缺失(九江长江大桥)

图 2-40　梳齿板伸缩缝泥沙堆积(南京长江大桥)

图 2-41　梳齿板伸缩缝锈蚀(南京长江大桥)

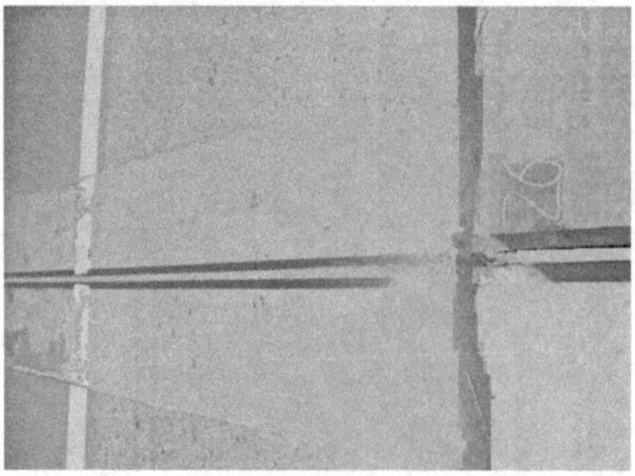

图 2-42　伸缩缝积满杂物(九江长江大桥)

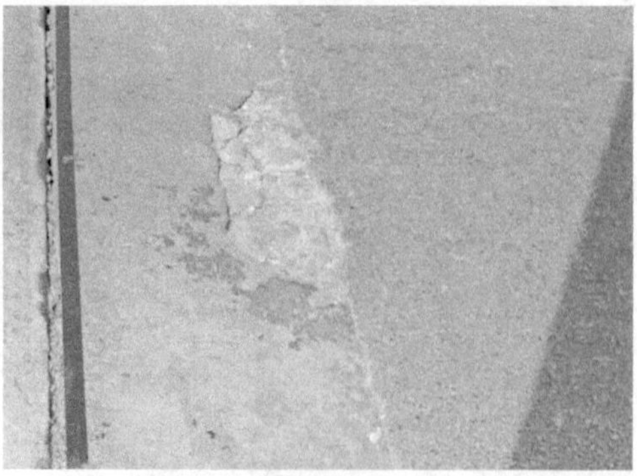

图 2-43　伸缩缝锚固槽混凝土破损(九江长江大桥)

4. 人行道及其他附属设施

人行道构件包括人行道板、栏杆及基座、路灯及基座、分隔带护栏、分隔带盖板等。其病害主要形式包括：构件撞坏、断裂、接头错位、缺件、油漆和混凝土剥落（风化）、钢结构锈蚀、路缘石破损等（图2-44～图2-51）。

图2-44 人行道栏杆缺失（九江长江大桥）

图2-45 栏杆基座破损、露筋（南京长江大桥）

图2-46 人行道混凝土开裂（九江长江大桥）

图2-47 人行道面砖破损、缺失（南京长江大桥）

图2-48 排水管堵塞（南京长江大桥）

图2-49 桥面积水严重（南京长江大桥）

排水系统的主要病害为排水孔局部堵塞和排水管锈蚀、缺失，桥面积水现象等。

图 2-50　排水孔损坏(九江长江大桥)

图 2-51　排水管缺失(芜湖长江大桥)

以南京长江大桥为例,约 20% 人行道板存在面砖缺失或开裂现象,约 80% 栏杆存在基座破损开裂现象;约 20% 栏杆存在锈蚀、立柱端头松动现象;约 95% 排水孔堵塞、排水不畅,约 5% 排水孔盖板缺失。

二、主梁病害

公铁两用桥梁由于跨径较大、火车活载较重,为减轻全桥自重,诸多公路桥主梁采用钢梁形式,不可避免存在钢结构锈蚀、焊接残余应力、钢结构疲劳等问题。另外,不同大桥公路钢主梁结构形式选择不同,重点病害的类型与分布形式也不尽相同,在此仅选择典型病害介绍。

1. 公路桥纵梁

(1) 钢纵梁锈蚀

钢梁锈蚀均发生在渗水处,主要位于桥面板与纵梁连接处、渗水裂缝处和伸缩缝位置。当钢梁锈蚀后,如未及时养护、处理,锈蚀会进一步加重;另外,冬季积雪后,桥面撒盐作业也会加剧钢梁锈蚀。

以南京长江大桥为例,钢纵梁锈蚀发生在纵梁与桥面板连接处以及伸缩缝处,主要由于钢梁处桥面板开裂渗水以及伸缩缝破损渗水导致。另外,两侧主梁区域,尤其人行道主梁处,锈蚀情况最为严重,主要由于桥面铺装横坡设置以及两侧排水设施破坏,导致路面两侧易积水;同时,人行道桥面板损坏渗水,也加剧了两侧钢梁锈蚀(图 2-52、图 2-53)。

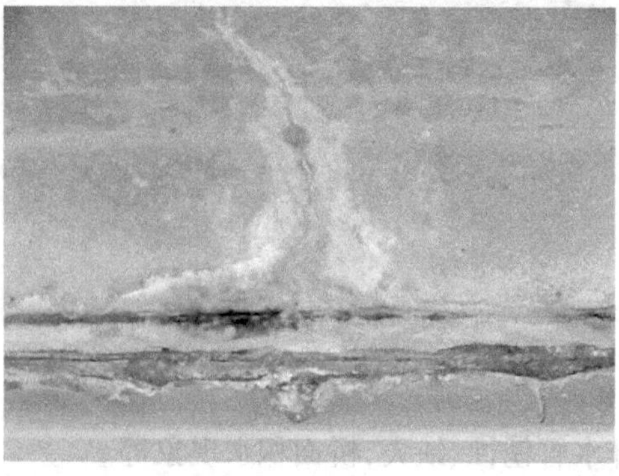

图 2-52　承托渗水、纵梁锈蚀(南京长江大桥)

图 2-53　钢纵梁锈蚀(南京长江大桥)

(2)钢纵梁裂纹

由于多数公铁两用桥梁公路桥钢梁布置形式不同,钢纵梁裂纹分布也不完全相同,但诸多大桥检测数据显示,钢梁裂纹主要分布在钢梁端头处(此处常设置伸缩缝)。自 1995 年 1 月起,南京长江大桥公路主桥 1078 根钢纵梁中,共发现 34 处纵梁端头(腹板加劲板)长度不等的纵向裂纹(均分布在小伸缩缝位置),但多数已进行粘贴钢板或钻孔处理,且状况稳定(图 2-54、图 2-55)。而九江长江大桥公路主桥钢纵梁所发现的 7 处裂缝,均为梁端下翼缘自螺栓孔至外侧横向水平贯穿裂缝,且部分梁已完全断裂(图 2-56)。

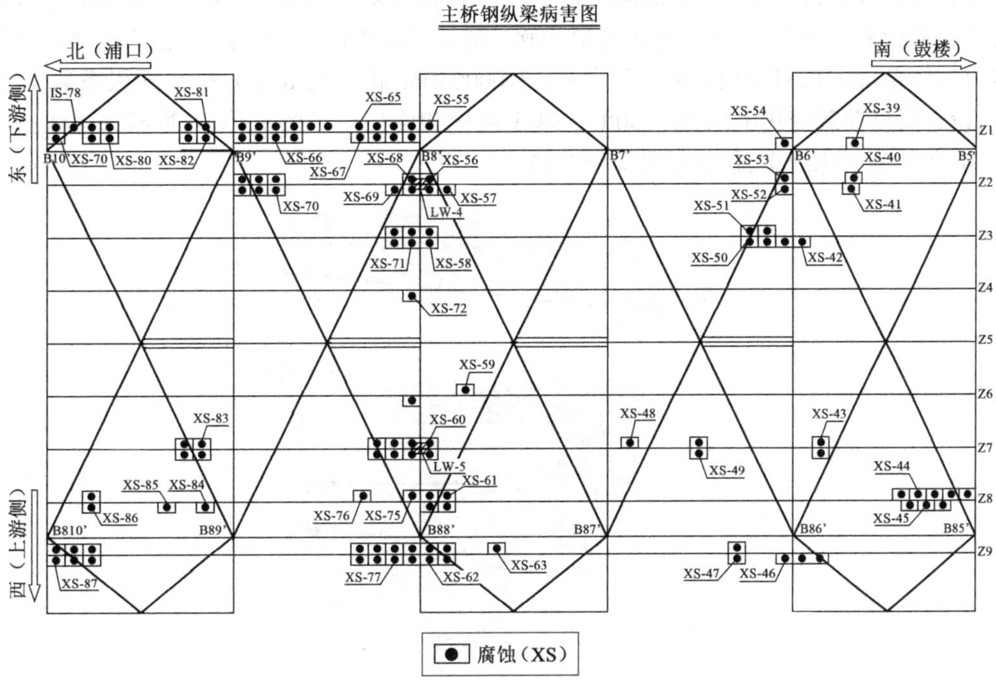

图 2-54　南京长江大桥主梁病害图

图 2-55　腹板加劲板处纵向裂纹(南京长江大桥)

图 2-56　梁端下翼缘螺栓孔贯穿裂缝

对于南京长江大桥,钢纵梁裂纹均发生在小伸缩缝处,且位于靠近人行道侧行车道下方四片纵梁上(2 号、3 号、7 号、8 号纵梁)。由于纵梁梁端设有横向连接槽钢(浦口方向设置,南京方向未设置),当相邻纵梁间变形不一致时,便在横向连接槽钢和纵梁连接处形成裂纹;其次,连接槽钢加劲肋与纵梁腹板焊接,存在较大焊接残余应力,使该处结构相对薄弱,当重车通过伸缩缝时,在纵梁梁端反复造成冲击,易在该处形成疲劳裂纹。

对于九江长江大桥,锈蚀等原因导致钢纵梁端部转动及纵向位移受限,所设计的活动端接近固定约束,边界条件改变引起受力体系变化,使得与钢垫块支座接触的翼缘板长圆孔处产生相对较大的内力与局部应力。同时,钢纵梁端部钢垫块为硬度较高的 35 号铸钢,而钢纵梁本身材质为硬度较低的 16Mnq,两者长期接触变形,导致接触处形成“刻槽”,造成应力集中,萌生疲劳裂纹。

以九江长江大桥为例,分析梁端锈蚀与否(纵向位移限制与否)对钢纵梁梁端处温度疲劳应力分布的影响。基于 Abaqus 通用有限元软件的接触分析模块,采用 8 节点六面体线性非协调模式实体单元 C3D8I;材料弹性模量 $E = 210000\text{MPa}$,泊松比 $\mu = 0.3$,线膨胀系数 1.35×10^{-5};设定温度荷载变化范围 20 ~ 50℃。基于结构和施加荷载的对称性,取模型 1/4 进行分型,边界条件为对称约束,仿真模型见图 2-57。

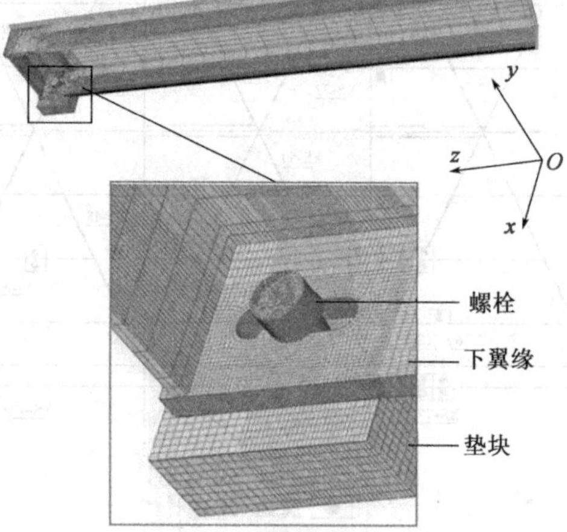

图 2-57　仿真模型

无锈蚀尘土堆积情况下应力状态见图 2-58,可见钢梁端部几乎不存在应力集中现象。

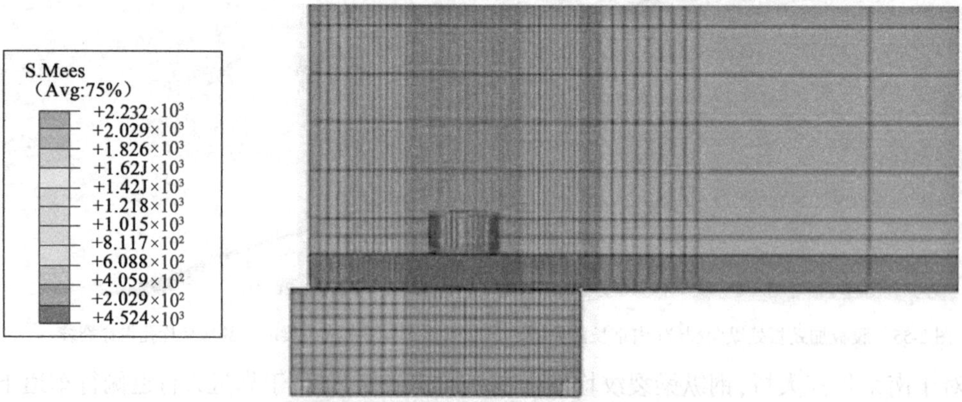

图 2-58　无锈蚀情况下的应力状态

完全锈蚀下，梁端纵向移动被限制，完全固定在垫块上，垫块与纵梁下翼缘接触区域有明显应力集中现象。另外，铸钢与钢梁下翼缘接触处形成的刻槽以及锈蚀造成的缺陷，使此处应力集中更加明显（图2-59）。随着荷载不断循环，最终导致梁端长圆孔处裂缝产生。

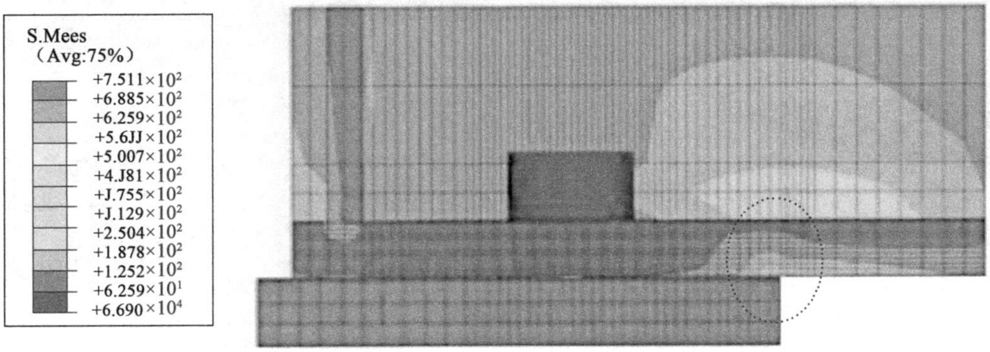

图2-59　完全锈蚀情况下梁端应力集中

2. 公路桥横梁

（1）刚横梁锈蚀

与钢纵梁锈蚀类似，钢横梁锈蚀一般集中在伸缩缝附近，主要由于临近桥面系渗水及养护不及时。锈蚀是南京长江大桥与九江长江桥钢横梁的主要病害形式。

（2）钢横梁裂纹

我国公铁两用桥梁常在钢纵梁端部或中间设置钢横梁以增强主梁受力整体性，但不可避免存在焊缝残余应力及钢结构疲劳问题。伸缩缝位置横梁疲劳、横梁加劲肋边角处应力集中，均是钢横梁裂纹产生的常见原因。

以九江长江大桥为例，检查的全桥70处横梁裂纹均为横梁腹板竖加劲肋下端焊趾疲劳裂纹（全桥除3E18和4E0间伸缩缝外，所有邻近伸缩缝横梁竖向加劲肋均已加固处理，检测结果不包含该部分横梁竖向加劲肋），见图2-60。裂纹最大长度210mm，其中，长度大于150mm裂纹10处；长度大于100mm小于150mm裂纹10处；其余50处裂纹小于100mm。对于裂纹纵向位置统计如下：1号纵梁处15处，2号纵梁处22处，3号纵梁处4处，4号纵梁处16处，5号纵梁处12处。其中，2号和4号纵梁分别位于上、下行处车道下方，受汽车荷载影响最为严重，所以2号和4号纵梁连接处横梁竖向加劲肋处裂纹最多。1号和5号纵梁处于桥面板两侧，靠近主桁上弦杆，受太阳直射，温差相比受桥面板遮盖的纵梁更大，伸缩不一致导致1号和5号纵梁连接处横梁变形，横梁竖向加劲肋应力集中明显，因此极易出现疲劳裂纹。而3号纵梁处于桥面板中央位置下方，车辆和温度影响均较为轻微，故3号纵梁所连接处横梁竖向加劲肋裂纹较少。

由于原公路横梁腹板开裂处均在2009年桥梁维修加固时进行了处治，现公路横梁腹板裂纹均为新产生裂纹，说明在桥梁运营多年后，近年来裂纹数量增加较快。所有公路主桥横梁裂纹源均位于横梁腹板竖向加劲肋端部焊趾处。根据裂纹发展过程和开裂特点分析，公路横梁腹板裂纹性质均属于疲劳开裂。主要由于加劲肋刚度大于腹板面外弯曲刚度且差异较大，腹板面外弯曲变形集中发生在加劲肋焊纹端部与受拉翼缘间，即在该间隙处产生小变形大应变。

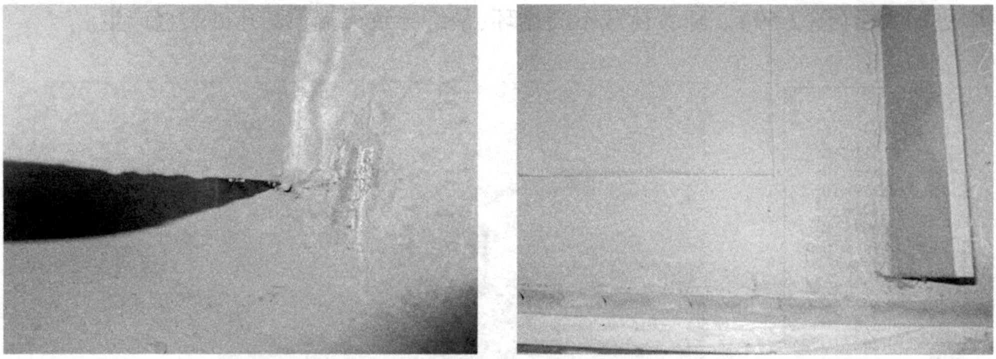

图 2-60　横梁腹板竖加劲肋下端焊趾裂纹

三、支撑系统病害

南京长江大桥、九江长江大桥、枝城长江大桥等公铁两用桥梁公路桥立面构造均类似。图 2-61给出了南京长江大桥构造示例，主桁上弦杆间横梁处设钢垫块支座，公路钢纵梁支承在钢垫块支座处；公路纵梁放置预制陶粒轻质混凝土行车道板，行车道板与公路钢纵梁间用水泥砂浆调平填充，并用螺杆连接；行车道板分别铺设防水层、粗粒式沥青混凝土、中粒式沥青混凝土和细粒式沥青混凝土。

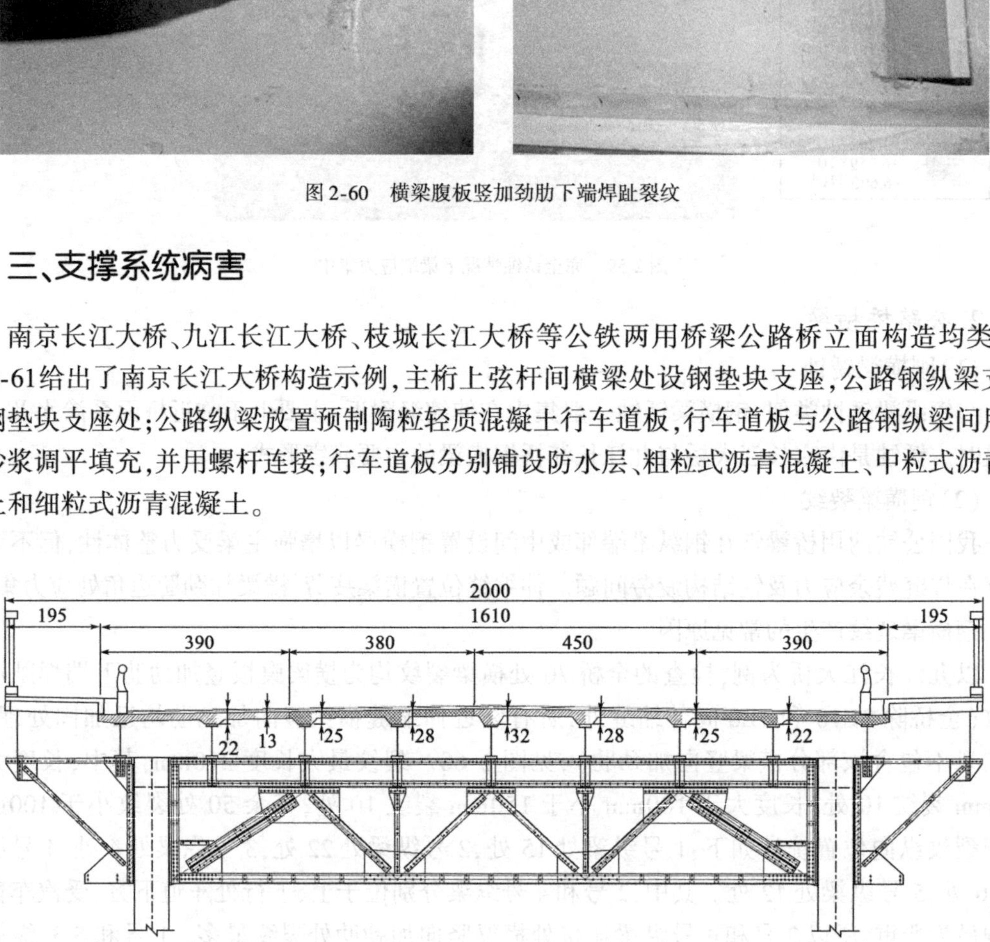

图 2-61　南京长江大桥主桥公路行车道板横截面构造(尺寸单位：cm)

1. 桥面板垫层及连接件

在上述公铁两用桥中，普遍存在桥面板混凝土垫层开裂、破碎、脱落及连接螺栓裸露等现象(图 2-62 ~ 图 2-69)。

南京长江大桥行车道钢纵梁砂浆垫层共计 200 处破损、掉块；枝城长江大桥行车道板与纵向钢梁结合处出现大量脱空，对桥面行车扰动较大；九江长江大桥公路桥面系在公路纵梁上翼缘处混凝土垫层普遍开裂、破碎和脱落，使桥面板受力状态严重劣化。

图 2-62　桥面板垫层开裂漏水(九江长江大桥)

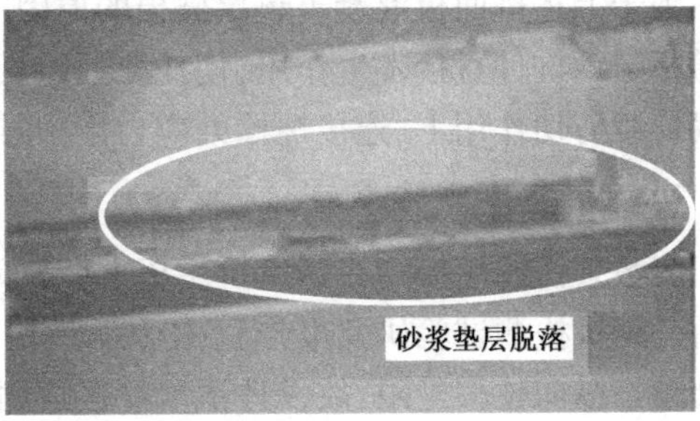

图 2-63　行车道板砂浆垫层脱落(南京长江大桥)

图 2-64　垫层破碎连接螺栓裸露(南京长江大桥)

图 2-65　承托处裂纹(南京长江大桥)

图 2-66　行车道板与纵梁脱空(枝城长江大桥)

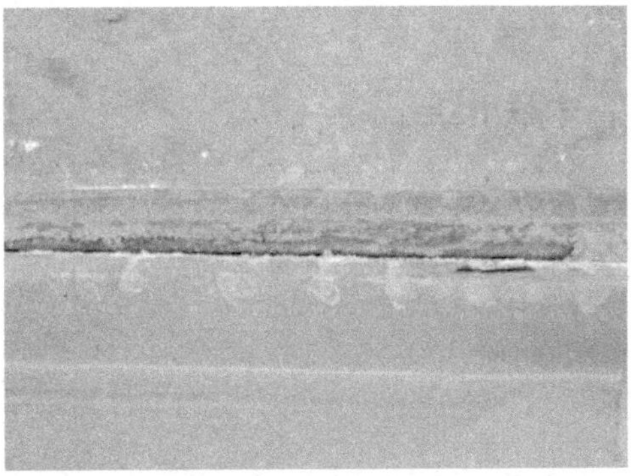

图 2-67　桥面板垫层混凝土脱落(芜湖长江大桥)

图 2-68　行车道板与纵梁脱空(芜湖长江大桥)

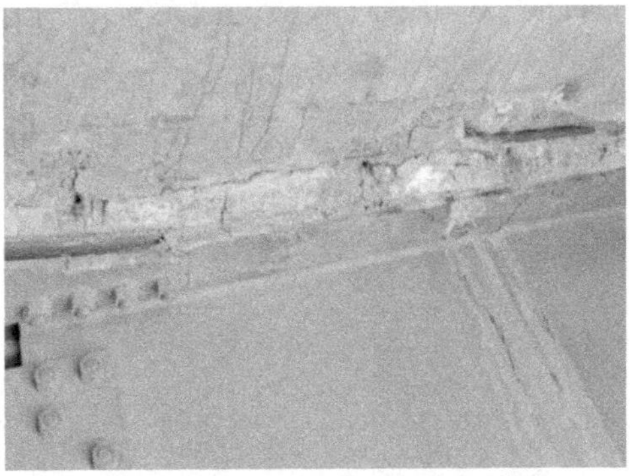

图 2-69　桥面板垫层混凝土破碎(芜湖长江大桥)

关于上述桥面板混凝土垫层破损的原因，有观点认为受铁路振动影响，支撑于钢托架处公路道板与钢构件直接发生作用，使托架处道板混凝土破碎；也有观点认为公路桥面纵坡垫层在车辆荷载剪切作用下，连接螺栓处应力集中导致混凝土破碎。

2. 公路主梁支座系统

多数公铁两用桥均在铁路桥主桁上弦杆间横梁处设置钢垫块支座。根据《九江长江大桥主桥公路桥检测试验研究报告》，由于钢垫块支座自身刚度较大，变形较小，锈蚀后钢纵梁端部转动与纵向位移受限，故设计活动端接近固定约束；钢垫块与钢梁两者长期接触变形，导致接触处易形成“刻槽”，造成应力集中，使钢梁端头处萌生疲劳裂纹（图 2-70）。

图 2-70　钢垫块支座处锈蚀诱发钢梁裂缝（九江长江大桥）

本章小结

本章节阐述了公铁两用桥梁公路主桥各类病害形式、特征与病害产生原因，说明了各类病害对结构受力和运营使用的影响。

第三章　公铁两用桥梁公路主桥维修改造方法

第一节　概　　述

公铁两用桥梁公路主桥维修改造非常复杂,应重点注意以下几点:①遵循安全、可靠、经济的基本原则;②考虑到实施过程客观条件和困难,改造设计应尽量减少对后期施工的负面影响;③为减少交通影响,应尽量采用便捷的施工工艺,缩短桥面施工时间,并充分利用大桥既有空间作业;④改造方案应充分考虑桥面施工区段的连续性;⑤单幅构造物改造时,应尽量不影响另一幅运营路段的交通安全,并减少社会影响。

本章将首先介绍公铁两用桥梁公路主桥维修改造的基本原则以及所适用的标准与规程;进而分别从铁路防护棚架、桥面系、托架/钢纵梁连接构造、主桥伸缩缝、公路桥支座、行车道桥面铺装、托架/钢纵梁防腐蚀涂装,以及栏杆/护栏及其他附属设施等介绍维修改造基本思路与方法,最后以南京长江大桥为例,对大桥既有病害、修复历史、原桥面系设计,以及新桥面系设计进行重点阐述。

第二节　维修改造基本思路与方法

一、基本原则

1. 改造设计原则

在充分掌握结构外部条件(气候、地质状况、交通状况)和现状(各加固结构构造状况、受力状况及已发现病害)的基础上,正确分析病害产生的根本原因,充分比选国内外经实际验证处理效果较好、经济合理、施工方便的维修改造成熟方法,综合考虑社会与经济效益。

2. 施工原则

解决公路桥目前存在病害,消除安全隐患,提高行车舒适性。根据不同技术标准,提出不同改造方案,以满足公路交通量的发展需求,并确保铁路运营安全。

以南京长江大桥为例,其施工原则可分为以下几类:

(1)外观不变:“修旧如旧、外观出新”。如大小堡外观风格、栏杆形式及浮雕、灯杆灯饰造型、双曲拱外形、结构外观等保持不变。

(2)桥面布置不变:维持既有桥面宽度,并保持既有4车道与人行道布置。

(3)荷载标准不变:维持原设计荷载等级汽车-18级。

(4)恒载不增加:改造后结构恒载与原设计(当前)基本相当。

(5)消除安全隐患:消除公路桥结构自身安全隐患;消除对铁路运营的安全隐患。

(6)提高行车舒适性:尽可能减少公路桥面伸缩装置数量,尽可能使桥面纵向线形平顺,尽可能改善桥面行车状况。

(7)确保施工期铁路运营安全:施工期间公路与铁路间完全隔离,确保改造过程铁路运营安全。

二、标准与规程

随着年平均日交通量的逐年增加,在设计施工阶段使用的相关技术规范已无法满足当今需求。以九江长江大桥为例,按交通量预测结果,其公路桥2020年交通需求为21854puc/d,参照《公路工程技术标准》(JTG B01—2014)中对各等级公路远景设计年限年平均日交通量的规定,该项目应按一级公路标准建设;同时该项目位于城区,兼具城镇道路性质,在技术标准选择和断面设置时应综合考虑和优化。

1.推荐技术标准(表3-1)

改造前后推荐技术标准　　表3-1

标准		改造前	改造后
荷载等级		汽-20级设计,挂-100级验算 (原公路85桥规)	公路-Ⅰ级 (现行公路04规范)
容许重车载质量		30t	55t
行车速度		55km/h	60km/h
桥面宽度	主桥三大拱	24.0m	29.5m
	主桥主体	18.5m	23.5m
	引桥	18.5m	23.5m
机动车道标准		原设计:双向4车道 现状:双向2车道 (均无隔离)	双向4车道 (封闭、隔离)
人行道宽度		2.25m/1.25m	3.0m
适应年平均日交通量		折合成小客车 5000~15000辆	折合成小客车 15000~30000辆

2. 比选技术标准(表 3-2)

改造前后比选技术标准　　表 3-2

标准		改造前	改造后		
			比选标准 1	比选标准 2	比选标准 3
荷载等级		汽-20 级设计, 挂-100 级验算 (原公路 85 桥规)	公路-Ⅰ级 (现行公路 04 规范)	原设计荷载	原设计荷载
容许重车载质量		30t	55t	30t	30t
行车速度		55km/h	60km/h	60km/h	60km/h
桥面宽度	主桥三大拱	24.0m	24.0m	29.5m	24.0m
	主桥主体	18.5m	19.5m	23.5m	19.5m
	引桥	18.5m	19.5m	23.5m	19.5m
机动车道标准		双向 2 车道 (无隔离)	双向 4 车道 (无隔离)	双向 4 车道 (封闭、隔离)	双向 4 车道 (无隔离)
人行道宽度		2.25m/1.25m	2.25m/1.25m	3.0m	2.25m/1.25m

3. 技术标准总结

根据以上几种方案比选,将以下 4 种情况应用于适合的规范中:

(1)提载:公路Ⅰ级(04 规范);

(2)限载:汽-20 级(85 规范);

(3)原宽:19.5m、24.5m;

(4)拓宽:23.5m、29.5m。

不同标准组合情况见表 3-3。

不同标准组合情况　　表 3 3

标准	推荐标准	比选标准 1	比选标准 2	比选标准 3
组合	提载拓宽	提载原宽	限载拓宽	限载原宽

三、铁路防护棚架

施工阶段,防护棚架可应对在挂篮立模、拆模、移动等过程中手锤、扳手、螺栓等小型物件的不慎坠落,在混凝土浇筑、端头凿毛等过程中混凝土块、碎石的不慎坠落,以及在纵向预应力、横向预应力张拉过程中小型物件的不慎坠落。

以南京长江大桥为例,其铁路防护棚架北起北岸涉铁公路引桥 0 号墩至 07 号墩,南至南岸涉铁公路引桥 10 号墩至 17 号墩。全长(227.15 + 1576 + 227.15) = 2030.3m。比选阶段共设计三种防护棚架方案。

方案一:外侧吊挂。

主桁内侧棚架:公路横梁下弦杆顶对称布置 8 根纵梁,内侧 6 根纵向整体拼接。

主桁外侧吊架：上下锚梁、2 根吊杆、1 根横梁组成整体结构，单侧布置 4 根纵梁（图 3-1）。

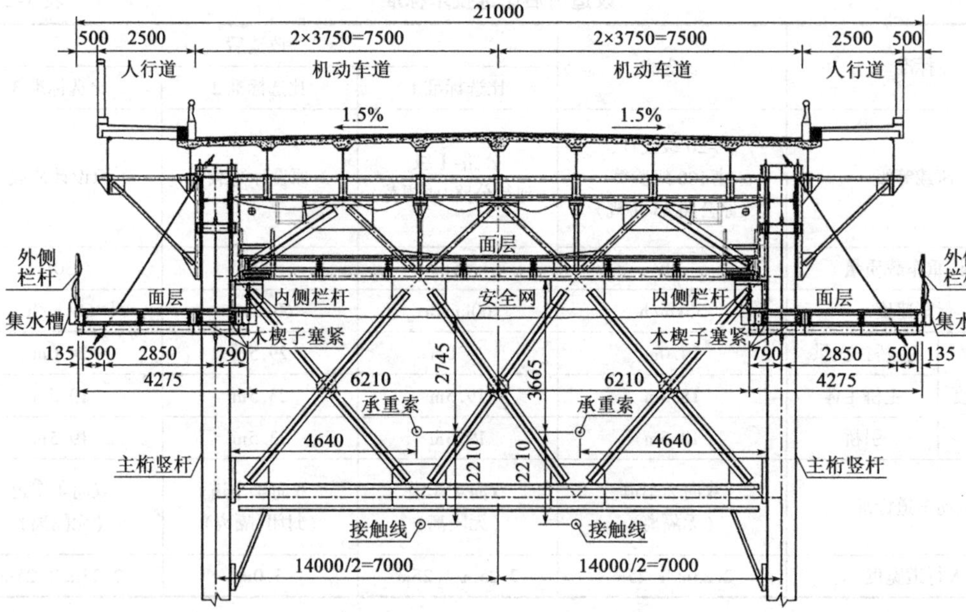

图 3-1　防护棚架方案一（尺寸单位：mm）

方案二：内外吊挂。

主桁内侧棚架：公路横梁下弦杆顶对称布置 6 根纵梁，纵向整体拼接。

主桁内外吊架：上下锚梁、2 根吊杆、1 根横梁组成整体结构，单侧布置 6 根纵梁（图 3-2）。

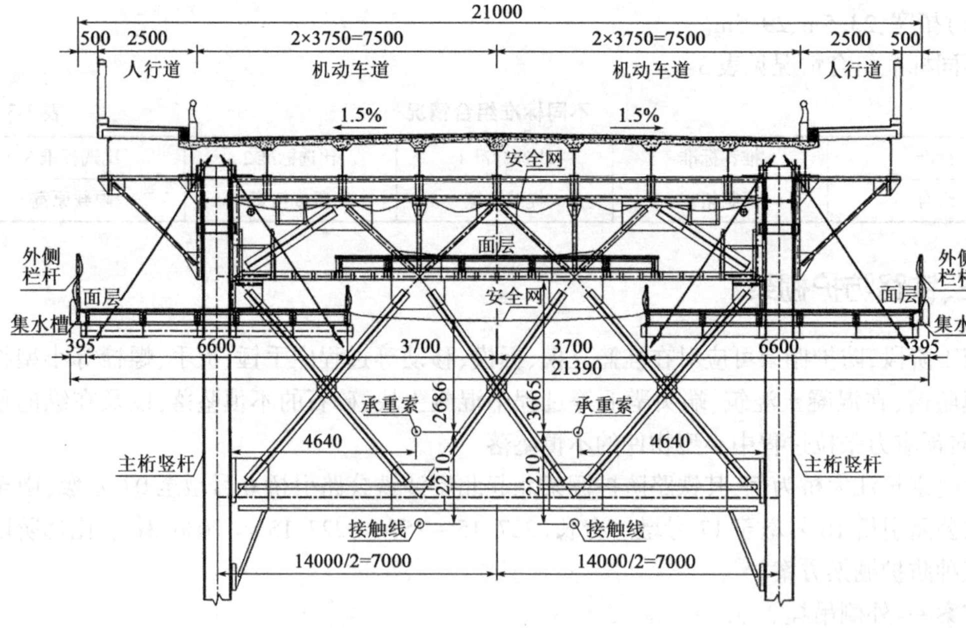

图 3-2　防护棚架方案二（尺寸单位：mm）

方案三:外侧悬挑。

主桁内侧棚架:公路横梁下弦杆顶对称布置 10 根纵梁,内侧 8 根纵向整体拼接。

主桁外侧悬挑:上下锚梁、2 根吊杆、1 根异形横梁,与内侧纵梁拼接成整体结构,单侧异形横梁顶面布置 2 根纵梁(图 3-3)。

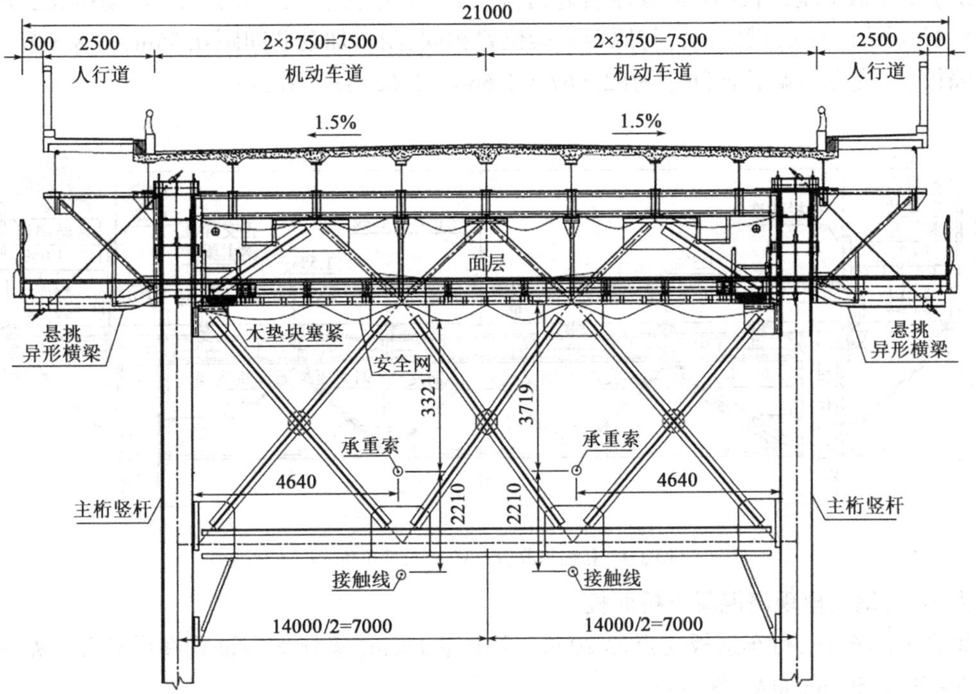

图 3-3　防护棚架方案三(尺寸单位:mm)

综合比较,方案一(外侧吊挂)被选为公路主桥防护棚架实施性推荐方案。

四、桥面板

桥面板亦称行车道板,是直接承受车辆轮压的承重结构,其改造分为三个阶段:拆除、改造与安装阶段。

1. 拆除阶段

(1)桥面板铺装拆除

原桥面铺装为水泥铺装和沥青铺装,可采用机械和人工结合方式进行凿除,其中沥青铺装可用机器进行铣刨,水泥铺装可人工进行凿除。凿除的沥青和水泥利用小车运送至桥梁两侧场地统一堆放。

(2)桥面板拆除

原混凝土桥面板拆除和新钢桥面板安装均通过桥面起重机进行,桥面板拆除完毕后两台起重机运行到 5 号墩墩顶位置,将拆除后的桥面板起吊至桥面运输车移出梁体,每拆除完一跨桥面板即后移至下一跨,依次往复直至全部桥面板拆除完毕。

2. 改造阶段

以南京长江大桥为例，对其桥面板改造共提出三个方案。

方案一：正交异性钢桥面板。

拆除钢纵梁，采用钢结构正交异性板更换原混凝土板，与主桁分联一致，纵向在横梁顶（每 8m）设置钢支座，桥面仅 5 道伸缩缝，提高行车舒适性。工厂化加工，现场拼接，质量可控。腹板间距 1.91m，横向位置与原钢纵梁位置相同，闭口加劲肋间距 0.55m，每 8m 节间设 5 道横隔板（含支点），顺桥向间距为（2.667 + 2.666 + 2.667）m（图 3-4）。

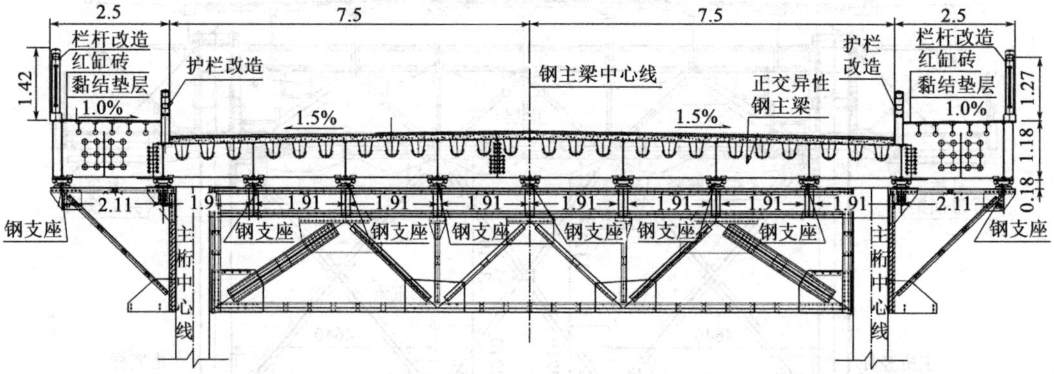

图 3-4　桥面板改造方案一（尺寸单位：m）

方案二：钢底模现浇混凝土桥面板。

钢底模厚 6mm，行车道板支点厚 20cm，跨中厚 10cm；橡胶支座设置在纵梁顶，纵向间距 1m；铺装采用 50mmSMA（图 3-5）。

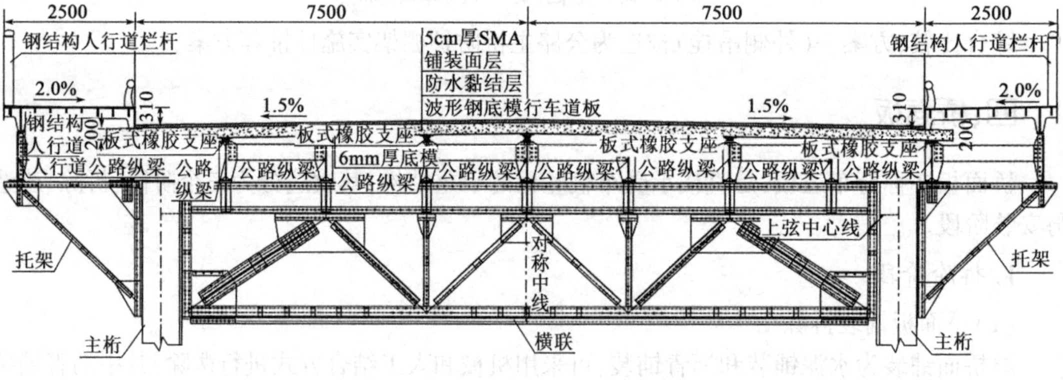

图 3-5　桥面板改造方案二（尺寸单位：mm）

方案三：钢混叠合梁桥面板。

260 ~ 375mm 高钢桥面板和 80mm 厚钢纤维混凝土组成叠合梁，钢结构预制安装，混凝土现浇，桥面铺装简单，施工便捷。但钢纵梁须加固或更换，纵梁加劲及钻孔相对较多，钢纵梁伸缩缝未减少（50 道），结构较复杂，桥面须抬高约 10cm，对混凝土浇筑工艺要求高（图 3-6）。

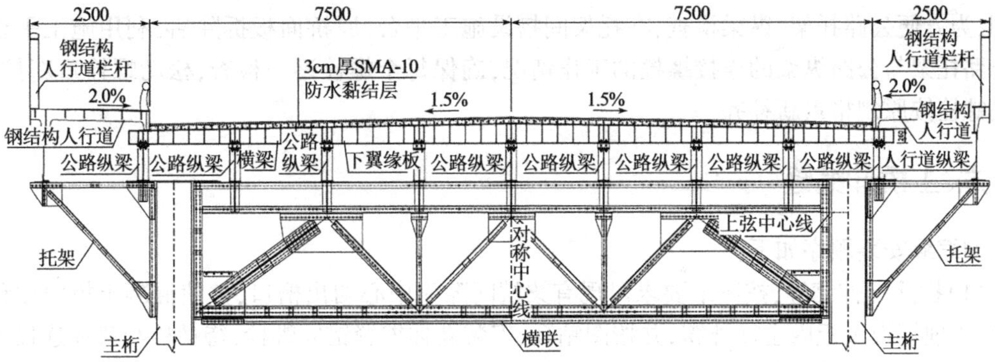

图 3-6　桥面板改造方案三(尺寸单位:mm)

比选结果见表 3-4。

不同方案比选结果　　　　表 3-4

方案	正交异性钢桥面板	钢底模现浇混凝土桥面板	钢混叠合梁桥面板
恒载	92.8kN/m	112.8kN/m	112.8kN/m
结构特点	全钢结构 预制拼装	钢底模预制拼装、兼作模板,现浇混凝土	下层钢结构预制拼装,上层混凝土现浇
钢纵梁	拆除,消除疲劳隐患	加固或更换,支点加劲处理较多	加固或更换,支点需开孔加劲处理
伸缩缝	仅在结构联间设置大型伸缩缝(共 5 道)	保留大、小伸缩缝,每 32m 设 1 道(共 50 道)	保留大小伸缩缝,每 32m 设 1 道(共 50 道)
桥面高程	维持现状	维持现状	抬高约 10cm
桥面铺装	钢桥面,设计要求高,施工难度大	混凝土桥面,设计施工简单	混凝土桥面,设计施工简单
工期	吊装时间约 270d	吊装及混凝土浇筑养护,约 300d	吊装及混凝土浇筑养护,约 350d
其他	维护工作量小	橡胶支座多,更换难	维护工作量小

综合考虑,采用方案一(正交异性钢桥面板)作为桥面板改造方案。

3. 安装阶段

为保证桥面板制作质量并减少现场施工工序、缩短施工时间,新桥面板可采用工厂分段制作,将钢桥面板各板件焊接成段后运送至现场安装。例如枝城长江大桥,新桥面板安装从主桥公路桥两侧桥头向跨中逐跨进行,安装就位后,利用高强螺栓将桥面板固定于原公路钢纵梁上,桥面板分段间通过焊接连成整体,同跨内所用桥面板焊接完毕后,移动起重机,进行下一跨桥面板吊装,依次往复直至全部桥面板安装完毕。

五、托架、钢纵梁连接构造

托架各杆件通过铆钉连接,对每个节点板上铆钉逐个检查,损坏铆钉进行更换。拆除桥面板后对公路托架、纵梁等承重结构进行状况检查,对状况较差杆件进行更换。以枝城长江大桥为例,为方便公路托架、纵梁检查,在托架间搭设施工平台,原桥面板拆除后,利用施工平台检查公路托架与公路纵梁的连接螺栓的工作情况,确保每个螺栓逐一检查,松动螺栓重新拧紧,缺失螺栓按原规格重新补齐。

六、主桥伸缩缝

伸缩缝安装顺序如下:

(1)拆除原伸缩缝,按图纸要求以现有梁端间隙为中心切出槽口,并使混凝土板内原预埋螺栓、预埋钢板及板内主筋外露,并按图钻孔,安装新伸缩缝锚固螺栓,待螺栓与梁体连接牢固并可靠传力后,焊接其他连接构件。

(2)根据现场安装时气温调整 δ 值,将伸缩缝吊入槽内安装就位,其上平面与桥面纵坡相吻合。

(3)将梁端间隙与伸缩缝型钢下开口填实,槽口两边缘处用模板封堵。

(4)槽口内采用 C50 微膨胀钢纤维混凝土浇筑,应细致振捣密实、无空洞,混凝土表面应光滑平整,桥梁纵、横坡及伸缩缝顶面平顺。

(5)混凝土浇筑后用麻袋覆盖,浇水养生。

七、公路桥支座

铁路桥支座通常为钢支座,主要分为平板、弧形、摇轴与辊轴支座。摇轴或辊轴支座能承受较大荷载,多用于大跨径钢梁桥;中小跨径钢梁桥多选取弧形支座。钢支座常因支座钢构件(上下摆、银轴等)锈蚀而影响其正常使用,且给保养与维修带来一定难度,严重影响车辆平稳通行,造成了大量安全隐患。一般来说,钢支座存在如下缺点:

(1)材料强度低、尺寸大、耗钢量大、价格贵。尤其是大跨径重型桥梁,支座的设计、布置、制造与安装都较为困难。

(2)材料硬度低,无轴摩擦系数大,摩阻力对上下结构均不利。

(3)采用围板保护,支座活动部分易生锈与积垢,导致转动不灵活。

(4)较难适应宽桥、斜桥和曲线桥等多向活动和多向转动的要求。

不同于上述钢支座,作为新的支座结构类型,板式橡胶支座优点众多,如构造简单、容易制作、钢量少不易锈蚀、成本低、安装便捷等。橡胶板支座利用橡胶材料弹性实现转角,利用抗剪切性能实现水平位移。

橡胶板支座没有区分固定端和活动端,能均匀分解支座所承受纵向力和水平力。有加劲层的橡胶板支座运用于中等跨径桥梁;无加劲层的橡胶板支座运用于小跨径桥梁。橡胶板支座有圆形、矩形两种,梁体倾斜小于10°时采用矩形橡胶板支座,其他情况使用圆形橡胶板支座。

八、行车道桥面铺装

钢桥面铺装要求具有良好的变形随动性、抗疲劳开裂能力与力学性能,同时对高温稳定

性、层间黏结力、抗滑能力也具有较高要求。近10年来,国内对钢桥面铺装进行了集中而广泛的研究,常用铺装材料及其性能如下:

(1)沥青玛蹄脂碎石混合料(SMA)是较早出现的钢桥面铺装材料,由于SMA粗集料较多,难以与钢桥面板形成密贴,黏结性差,孔隙率也相对较大(3%～4%),因此适合用于面层而非铺装底层。

(2)环氧沥青混凝土强度高、抗疲劳和水稳定性好,属于热固性材料,但施工难度大、价格高,施工中对温度和时间要求严格,且材料较脆,修复困难。

(3)浇注式沥青混凝土与钢桥面板间有良好的黏结性、变形随从性、抗疲劳性、耐久性等,但施工温度高,易产生车辙。

(4)纤维混凝土刚度较大,能有效改善钢桥面板局部受力,但自身存在开裂风险。

以南京长江大桥为例,根据其桥面板特性共提出3种桥面铺装方案:

(1)主桥正交异性钢桥面板+3.5cm GA+改性乳化沥青+3.5cm SMA。

(2)主桥正交异性钢桥面板+2.5cm EA+环氧沥青黏结料+2.5cm EA。

(3)主桥正交异性钢桥面板+10cm纤维混凝土+聚合物改性沥青+5cm SMA,能有效改善正交异性钢桥面板受力状态,延长疲劳剩余寿命;可改善钢桥面板铺装结构性能,发挥纤维混凝土刚度过渡作用。方案三为最终采用方案。

九、托架、钢纵梁防腐蚀涂装

涂装体系选用ATO超陶外防腐蚀涂装方法,采用一种以无机陶瓷粉末、少量黏性共聚物为主要成膜物质,并添加钨、钼等超微细金属粉末,经特殊工艺合成的新型高分子材料。该防腐蚀涂料已成为传统环氧防腐蚀涂料的替代产品,其材料成分本身不会分解,物理特性不变,化学性质稳定。与其他防腐蚀材料相比,这种新型防腐蚀涂料具有以下特性:

(1)双组分。

(2)依靠基本剂与固化剂混合后自身发热而逐渐固化,膜层分子快速紧密结合形成半永久性防护层。

(3)理论设计寿命为30～50年。

(4)涂装体系具有耐高温等特点。

其主要用途为:

(1)可用于海洋环境,包括船舶、闸门、码头钢桩、桥墩(可先涂装后夯打)、海上石油平台、导管、井架、海洋灯塔等防腐蚀、防紫外线涂装。

(2)可用于工业环境。

(3)可用于各种化学介质的管、罐、池以及工厂墙壁、地面的防腐蚀涂装。

(4)可用于土壤环境,包括埋地油管、储罐的防腐蚀、防湿涂装。

(5)可用于钢结构、混凝土环境,包括道路、桥梁、建筑物的防水、防腐蚀涂装。

十、栏杆、护栏及其他附属设施

包括防撞护栏、人行道护栏、附属设施涂装、人行道缘石、排水系统、灯具等(图3-7)。

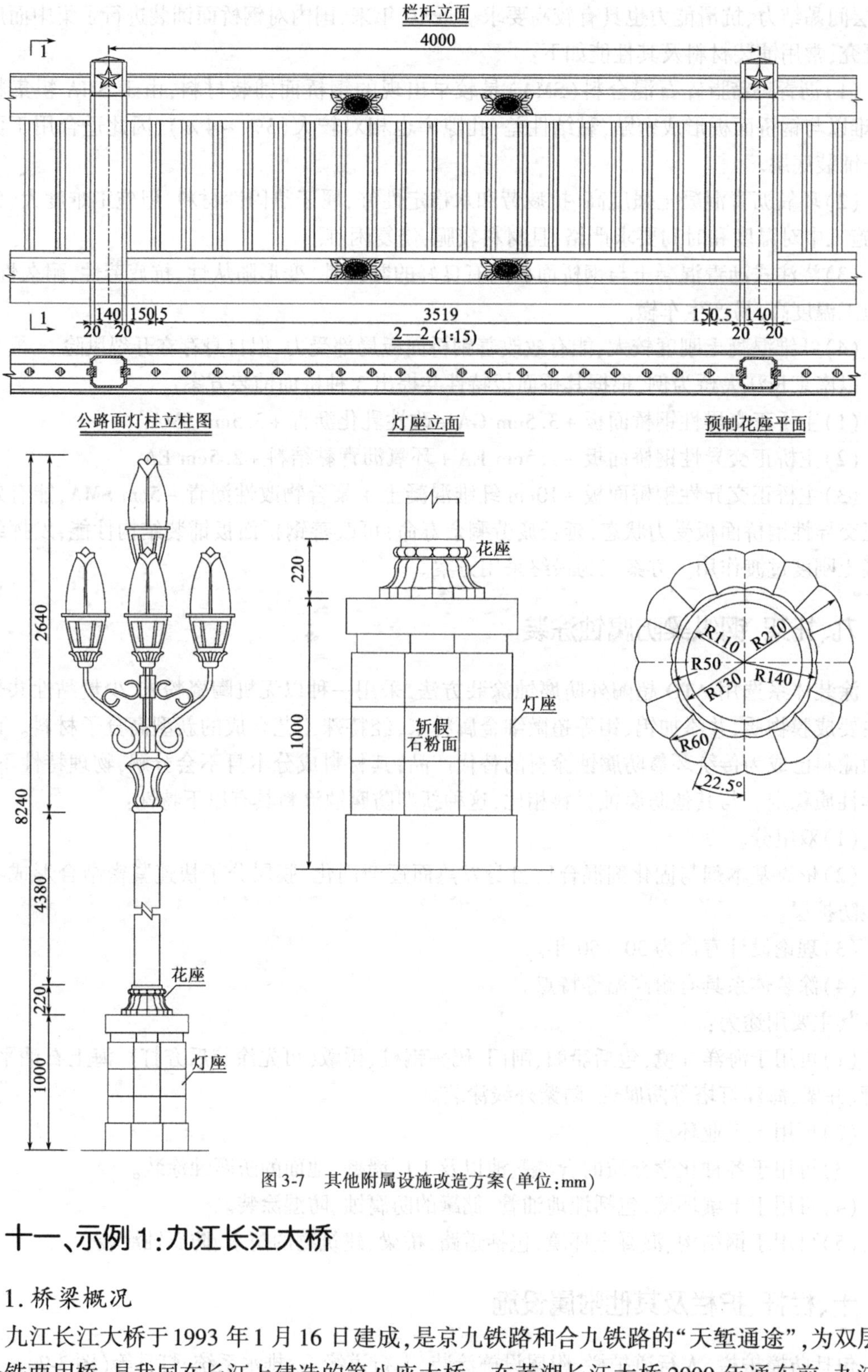

图 3-7　其他附属设施改造方案(单位:mm)

十一、示例 1:九江长江大桥

1. 桥梁概况

九江长江大桥于 1993 年 1 月 16 日建成,是京九铁路和合九铁路的“天堑通途”,为双层双线公铁两用桥,是我国在长江上建造的第八座大桥。在芜湖长江大桥 2000 年通车前,九江长江大桥一直是我国最长、工程量最大的公铁两用桥。其中，江上主桥长1806m，有10个桥墩、11孔钢梁，除长度和跨径均为160m的普通钢桁梁外，主航道为三孔刚性桁、柔性拱，桁高16m，跨径为180m，中间一孔最大跨径达216m，最大桁高32m。

2. 病害调查及既往维修方案

九江长江大桥公路桥1993年建成通车，通车后桥面铺装、伸缩缝等陆续出现病害，表现为公路面铺装大面积破损，梳形伸缩缝齿条断裂，板式橡胶伸缩缝橡胶严重老化失去弹性，伸缩缝处跳车、冲击和漏水现象严重等，养护单位先后对病害多次修补。

2000年九江长江大桥公路桥管理局组织对公路主桥桥面进行了大修，对伸缩缝进行了更换。首先对三大拱内路面进行铣刨凿除，发现多处露头钢筋，主要集中于桥面板现浇接缝处。为不破坏桥面板，桥面铺装5cm陶粒轻质混凝土垫层采用人工凿除；但实际凿除困难且进度缓慢，便将铺装层改为12cm，即对原5cm陶粒轻质混凝土垫层保存完好的予以保留，破损的则在铲除后上铺防水层；最后铺5cm粗粒式沥青混凝土+4cm中粒式沥青混凝土+3cm细粒式沥青混凝土。桥面大修最终结构层如下：三大拱外侧为4cm中粒式沥青混凝土+3cm细粒式沥青混凝土，其余均为5cm粗粒式沥青混凝土+4cm中粒式沥青混凝土+3cm细粒式沥青混凝土。

2003年对公路引桥部分桥跨T梁进行了维修加固，重新铺设沥青混凝土桥面铺装，对部分破损伸缩缝进行了更换。

2006年底，中铁大桥局集团武汉桥梁科学研究院有限公司和江西省交通桥梁检测加固有限公司分别对九江长江大桥的公路主桥和引桥进行了全面检测和评估，得到如下结论：

（1）公路桥面：公路桥面铺装层破损、车辙、防水层损坏和伸缩缝漏水等现象严重。

（2）公路桥面系：公路桥面系在公路纵梁上翼缘处混凝土垫层普遍开裂、破碎和脱落，使桥面板受力状态严重劣化，公路桥面系普遍开裂，部分底面混凝土局部崩裂、渗水。

（3）公路桥纵、横梁：公路桥纵梁在活动支座处纵向伸缩普遍受到约束，不利于公路桥纵横梁受力。公路桥横梁竖向加劲肋端部腹板水平开裂较为普遍，主要出现在伸缩缝处横梁（图3-8），在行车道1号至5号纵梁与横梁交接处均有发生，但以2号和4号纵梁与横梁交接处居多，裂缝长度一般20~50mm，最大91mm，裂缝长度有扩展趋势。2004年，在部分裂缝两端开了止裂孔，但并未完全达到止裂效果，部分裂缝跨过止裂孔继续扩展。2006年，共计查出横梁腹部新老裂缝151处，与2004年29处相比有较大增长，呈蔓延趋势。

图3-8　九江长江大桥公路桥横梁裂缝萌生处

2008—2009 年针对公路桥横梁加劲肋下腹板裂纹、公路桥面铺装破损、混凝土桥面板与纵梁脱空、伸缩缝处漏水等病害,进行了全面维修加固,主要包括钢横梁加劲肋改造、裂缝修补、公路主桥桥面板垫层维修、桥面板下表面粘贴碳纤维布、桥面铺装维修、公路主桥钢构件和纵梁支座维护、公路主桥伸缩缝更换、引桥 T 梁间横隔板粘贴钢板加固、T 梁支座维修等。其中,桥面铺装维修方案为铲除 12cm 破损桥面铺装层,重新浇注 6cm 厚水泥混凝土,在此之上再摊铺 5cm 厚沥青混凝土桥面铺装。但此方案工期长,且不能保证大桥不发生拥堵。最终仅采取铣刨破损桥面铺装上层 5cm,再换铺 5cm 沥青混凝土铺装的应急处置措施。

2010 年九江长江大桥公路桥管理局与江西省交通科研院合作建成了九江长江大桥主桥结构健康监测系统,通过该系统可实时监测大桥主要控制截面或控制杆件受力、疲劳及安全状态,对桥梁安全进行动态预警。

2011 年 4 月,将主桥部分破损的 RG-80 型伸缩缝更换为 BX-80 型伸缩缝。

2011 年,江西省交通桥梁检测加固有限公司通过对九江长江大桥公路主桥外观病害普查和检测,发现公路桥面系普遍开裂、疲劳破损、防水层遭到破坏和桥面板向下渗水,混凝土桥面板技术状况评为 4 类,桥面铺装技术状况评为 3 类;公路主桥横梁腹板竖向加劲肋末端多处开裂,公路主桥钢结构的锈蚀和油漆涂装的老化程度相对较为严重;公路主桥桥面伸缩缝普遍漏水,技术状况评为 2 类或 3 类等。虽然这些病害暂不足以危及桥梁的结构安全,但已影响到桥梁的耐久性和适用性,若病害持续发展,将大大降低桥梁的长期承载能力。因此,必须迅速采取措施,开展病害的治理工作。

3. 维修改造方案

九江长江大桥加固改造总体原则:主桁受力控制杆件恒、活载作用效应不应大于原结构现状,不改变主桁结构及其受力体系;原设计既是公路桥面结构又是主桁结构的构件只加固不更换,仅为公路桥面结构构件的可进行置换改造。

其具体实施原则为:

(1)改造后主桥主桁结构整体受力体系不变。

(2)原主桥主桁结构(含上弦杆及其间的横联)不作改变,仅对公路桥钢垫块(含钢垫块)以上部分进行置换改造。

(3)对原公路钢横梁开裂位置进行加固,优化上部结构及支座,改善钢横梁受力。

(4)改造前后公路桥在主桁结构的支承位置不变,支反力也基本不变。

(5)改造前后公路桥在主桁结构上的质量分布基本一致。

(6)全面改造主桥公路行车道板,加固或更换引桥 T 梁,消除安全隐患。

(7)减少桥面伸缩缝,提高行车舒适性。

(8)主桥改造过程中,公路与铁路之间完全隔离,确保铁路运营安全。

具体来说:

(1)桥面板

公路桥面系改造采用整体更换原桥面板方案。分块拆除原混凝土桥面板、人行道、公路纵梁、钢垫块等构件。行车道板整体更换时,采用钢结构正交异性板,设中间横肋与端横梁,钢纵梁间距与原结构相同,以保证公路横梁改造前后受力一致。人行道板整体更换时,采用钢结构人行道板。

(2)横梁加固

为使横梁加劲肋焊趾处腹板裂纹不继续发展,并避免其他尚无病害相同构造处产生新裂纹,对全桥横梁各支点处腹板均进行加固。将原加劲板上、下两端分别与横梁上、下翼缘板用高强度螺栓连接固定,同时在原加劲板两侧 15cm 处各新增 1 块加劲板,以降低支点范围的腹板应力。同时通过更换支座减小横梁腹板偏心力矩。

(3)托架加固

由于公路通行标准提高为公路-Ⅰ级荷载,作为仅承受公路和人群活载的托架结构,原结构受力相应增大,部分构件应力超过规范容许值,且不同部位托架构件内力增大幅度不一致。故针对不同位置托架采用不同加固改造方案:①平弦段托架采用在原有 2 根∠125mm×80mm×10mm 角钢上再增加 2 根∠125mm×80mm×10mm 角钢的方案,实现加固斜撑的目的,并对既有构件现场配钻制孔以安装新增构件;②钢桁拱段托架采用工厂重新制造、现场整体更换原有托架的方案;③全桥托架斜撑下端横梁桁架下水平杆采用现场配钻制孔连接新增构件的方案。

(4)主桥伸缩缝

改造后,取消原设计每隔 36m(27m)1 道的伸缩缝,全桥桥面不设小型伸缩缝,仅在桥跨端部设置大型伸缩缝。原 T 梁跨径为 40m,每跨设置伸缩缝;改造后,4×40m 为一联,桥面连续部位铺装采用弹性材料。

(5)支座维修

采用抗拉拔钢支座更换原钢垫块。桥面板支座均采用钢支座,构造上需避免公路横梁翼缘板直接承受上部竖向荷载,以改善横梁受力性能。将原钢支座全部更换为板式橡胶支座,施工时需同步顶升进行支座更换。

十二、示例 2:枝城长江大桥

1. 桥梁概况

枝城长江大桥位于湖北省宜都市(原名枝城市),在焦枝、焦柳铁路上跨越长江天堑,是迄今为止万里长江上唯一公铁同面连续钢桁架梁桥,铁路桥全长 1742.3m,公路桥全长 1744.8m。主桥 9 跨布置为 4×160m+5×128m 钢梁桥,公路桥横断面布置为 6.95m,铁路桥横断面布置为双向铁路,钢梁北联为米字桁,为 5 孔 128m 平弦钢桁梁,见图 3-9。

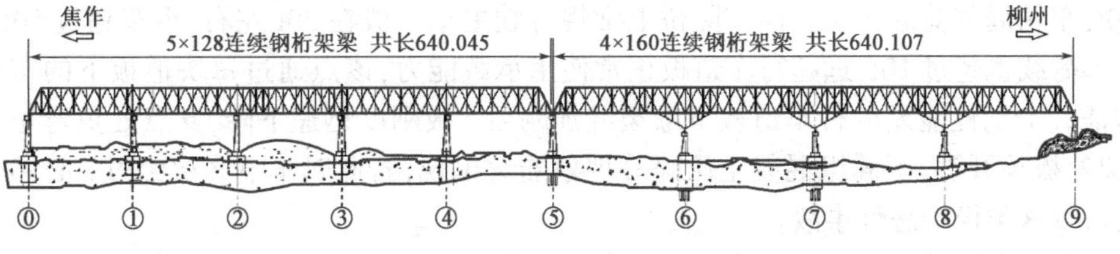

图 3-9　主桥布置图(单位:m)

枝城长江大桥于 1971 年建成通车,经过 40 余年运营和风雨剥蚀,公路桥面病害不断,大桥建成至今先后进行了 4 次较大维修。近 10 年,随着地方经济规模扩大和建设速度加快,大桥交通量和重车数量陡然增加,公路桥面混凝土铺装层破坏严重;同时由于自然环境变化和工业环境污染导致钢板普遍锈蚀,已严重影响桥梁使用寿命。

在设计原则方面,鉴于枝城长江大桥是该段长江上的交通咽喉工程,改造设计应尽可能减少其对大桥交通的影响,或缩短影响时间,故以安全耐用、经济快速为总原则。同时,由于主桥公路桥"依附"于铁路桥,要求改造后公路结构恒载不超过原结构。

在施工原则方面,对公路桥主桥桥面结构进行整体改造,对局部托架构件变形与严重锈蚀构件进行现场校直或更换,对引桥局部严重病害进行加固维修,对一般病害进行维护性保养。

新桥面板通过工厂分段预制、现场拼装,桥面板与原公路钢纵梁通过高强螺栓连接。桥面板预制后通过汽车运输至安装位置,不必搭设施工支架或挂篮等临时措施,施工过程需提前编制合理施工组织方案,以保证桥梁加固效果。具体方案如下:

(1)主桥施工材料和机具运送需通过引桥,主桥维修完成后方可进行两侧引桥的维修加固施工。

(2)主桥桥面板安装时,主桥铁路交通正常运营,会对桥面板现场拼装造成一定影响,施工时应避免列车过桥时现场施工。

(3)公路桥加固施工时,铁路保持正常运营,为防止公路施工对铁路运营造成不良影响,应做好铁路桥防护、隔离措施。

2. 病害调查及原因分析

柳线枝城长江大桥检测结果表明:铁路桥满足使用及相应规范要求,桥梁状态良好;公路桥部分病害严重,具体如下:

(1)公路桥主桥桥面大量坑槽、严重断裂、跳车、人行道外缘草木滋生。主桥桥面板采用 30 号混凝土预制,板厚 12cm,公路纵梁顶利用承托加厚至 22cm。

(2)公路桥主桥行车道板断裂严重,以致造成局部穿孔,行车道板与纵向钢梁相接处大量呈脱空状态,对桥面行车扰动较大。

(3)托架及纵梁钢结构油漆涂装失效,局部连接件及构件锈蚀较为严重,未发现裂损情况。

(4)伸缩缝出现淤塞,部分伸缩缝装置钢板不见,发生严重翘曲变形。

根据病害性状分析,主要原因如下:

(1)原桥设计荷载标准低而实际通行荷载高是桥面板破坏主因。汽-13 标准主车 13t,重车 17t,重车车轮局部荷载 6.2t,即按原设计拖-60 检验荷载进行验算,8m 节间最大荷载并不超过 30t,车轮局部荷载 7.5t。而实际桥上常规行驶主车一般在 20t 左右,重车超过 50t,重车车轮局部荷载也超过 10t,远超行车道板正常使用承载能力,该点通过每块道板下的密布裂缝即可印证。个别性能差的行车道板下缘裂缝加剧后,板刚度迅速下降,支点处负弯矩峰值陡增,托架处板顶开裂,下翼缘混凝土压碎等现象陆续出现,若此时车辆多次经过,必然会造成托架处坍塌这类极端恶性事故。

(2)公路桥面系设计结构几何尺寸与其设计荷载标准相适应,经过几十年运营及环境腐蚀,混凝土裂缝、碳化严重,构件实际有效几何尺寸减小,一些主要受力主筋也已生锈脱皮,客观造成因使用年限延长而导致的承载力衰减。

(3)受铁路振动影响,直接支撑于钢托架处的公路行车道板与钢构件直接发生作用,使托架处道板混凝土普遍发生碎裂。

(4)桥面板产生轻微病害时无法得到及时有效诊治,致使微小裂纹不断扩展加剧成为病害。

3. 维修改造方案

(1)桥面板

将现有桥面板双幅对称拆除,保留既有托架、纵梁,将原混凝土板更换为正交异性钢板桥面板。拆加劲纵肋为倒T形,间距0.35m,高226~303mm,板厚10mm;横梁亦为倒T形,间距4m,板厚14mm;为保证横梁作用,纵肋不穿过横梁。横梁与原结构纵梁采用高强螺栓紧固连接,原螺栓孔形状予以调整。正交异性桥面板按32m划分节段,相邻桥面板间设置伸缩缝。

(2)托架、钢纵梁连接螺栓加固

为方便公路托架、纵梁检查,在托架间搭设施工平台,在原桥面板拆除后,利用施工平台逐个检查公路托架与纵梁间连接螺栓的工作状态,确保松动螺栓重新拧紧,缺失螺栓按原规格重新补齐。

(3)主桥伸缩缝改造

枝城长江大桥主桥行车道伸缩缝共分3种:RBDX-480型梳形板伸缩缝、RBDX-80型梳形板伸缩缝、GQF-D40型单缝式伸缩缝。人行道处采用简易滑板伸缩缝。

(4)托架、钢纵梁防腐涂装

公路托架、钢纵梁防腐涂装前,应先对各钢结构杆件进行处理。去除原杆件表面油漆后,对钢材表面进行适当喷射,去除钢材表面锈蚀、油脂及其他污物,打磨平整焊缝及边缘部位,去除焊珠、毛刺等,使钢材表面达到SA-2.5级及以上标准。表面处理后,被涂表面遗留的灰尘、污物应用高压真空吸尘器、空气清洗机或必要时用清洗剂彻底清除,待完全干燥后方可施工。同时应保持现场环境清洁,避免喷涂时尘土飞扬,必要时需搭建工棚,表面处理后应尽早涂装。

第三节　南京长江大桥桥面系维修改造方案

一、改造概述

1. 南京长江大桥病害检测及维修历程

大桥运营过程长期承担超负荷作用,桥梁病害日趋严重。虽然大桥自建成来经历磨难颇多:洪水、地震、船舶冲撞等,但依然屹立如初。在2016年封闭维修前,大桥(包括主桥和引桥)共经历了17次大修与检定,大修包括公路桥面铺装层与伸缩缝处理、支座更换以及引桥加固等,检定工作主要是对实桥进行静载和动载试验,以获取桥梁挠度和应力等结构响应。

据相关资料,1973 年 10 月至 11 月,由交通部、江苏省等部门派出工作组对大桥质量进行了全面检查。2002 年,南京长江大桥实行了自投入运营几十年来的首次大规模维修。2003 年至 2007 年间,大桥桥面、桥头堡、灯具、栏杆等均进行了不同规模和程度的维修和更换。另外,大桥在 2002 年和 2008 年分别更换了两个桥墩支座(一号、四号桥墩)。直到 2014 年,南京长江大桥伸缩缝露出桥面,并不同程度开裂。2015 年,对大桥进行了全面检查与勘测工作,结果表明:主桥桥面板存在多处网状与横向裂缝,部分存在渗水痕迹,车载已对桥面板结构造成损伤;桥面板与砂浆垫层局部掉块,严重威胁列车通行安全;钢纵梁在承托渗水处存在不同程度锈蚀,会降低构件耐久性;钢纵梁梁端裂纹随时间推移逐渐增多,会降低整体受力性能。综上,南京长江大桥主桥桥面板、钢纵梁已存在较大安全隐患,耐久性受到一定程度影响,须及时处治。

2. 南京长江大桥 2016 年主桥维修改造概况

2016 年 10 月,第一次对南京长江大桥主桥开始大规模改造。此次改造,主桥公路桥面系与纵梁全部拆除,利用正交异性钢桥面板钢主梁整体更换原公路桥面系,在满足受力和构造要求的前提下,采用轻型化桥面板设计,减轻主桁钢结构和墩台基础的恒载内力(图 3-10)。公路钢主梁纵桥向一联内设计为连续结构,可增大桥面系整体刚度,改善桥面板与横梁受力,提高桥面铺装耐用性。维修改造后,桥面结构由纵梁、横梁(肋)与包括加劲肋、开口肋的钢桥面板组成,其中桥面结构纵梁布置及纵梁间距与原设计保持一致,并对原有钢结构进行全面防腐涂装处理。

a)拆除前　　b) 拆除后

图 3-10　公路混凝土桥面板拆除前后的南京长江大桥

根据检测结果,南京长江大桥主桥桥面系病害较为严重,主要包括:①混凝土桥面板存在大规模网状和横向裂缝,并造成局部区域坑洼破损,表明目前公路通行量已对桥面板造成较大不利影响。②公路纵梁存在不同程度锈蚀,大桥所处地理位置的特殊性和重要性导致通行量过大、运营时间过长,加重了大桥各构件疲劳效应和受损程度。以上病害无论在结构整体力学性能,还是长期使用性能方面,均对原主桥正常公路通行产生严重影响。具体改造方案如下:

(1)原主桥公路纵梁下翼缘板与横梁上翼缘板采用螺栓连接。其中,固定支座采用螺栓拧紧,活动支座采用纵梁下翼缘板开长圆孔。检测中发现此种连接活动支座活动量有限,工作性能较差。因此,改造时需改变公路纵梁和横梁间相对简单的连接方式,替换为钢支座以优化连接性能。

(2)原主桥公路纵梁与混凝土桥面板应按非共同受力组合梁分析。可认为桥面板简支于公路纵梁上,按构造要求每隔500mm螺栓连接;但螺栓易受剪切作用撬起,使得混凝土破损造成部分螺栓失效。由于连接按构造设置,而非结构受力,桥面系整体刚度较差。因此,改造时将原桥面系改为桥面板-公路纵梁钢结构正交异性板,桥面板厚度由原130mm混凝土板降为16mm钢板。

(3)原主桥公路纵梁横向连接形式为纵桥向每隔4m设置30槽钢横撑。纵梁每两根一组,每组两根纵梁横向连接,各组纵梁间无横向联系;原主桥公路桥横向联系较弱。因此,改造时桥面系钢结构正交异性板纵梁横肋沿横桥向通长布置,纵向间距由原桥4m(每8m节间布置1道)降为2.666m(每8m节间布置2道),显著提升了桥面系横向刚度。

(4)原主桥公路纵梁为跨径8m的4等跨连续梁,均在32m一联两端设置伸缩缝。检测中发现伸缩缝堵塞、破损,实际工作性能较差;另外,伸缩缝处混凝土较其他位置开裂破损更加严重,导致整体行车明显不平顺。因此,改造时行车道板采用连续结构(一联3×160m)以提高大桥行车舒适度。

(5)重做桥面铺装:方案一为25mmEA沥青混凝土+30mmSMA(沥青玛瑞脂碎石混合料)改性沥青;方案二为钢筋网+钢纤维混凝土,进一步降低整桥恒载。

二、原桥面系设计

11根公路纵梁叠置至横梁,其中9根为行车道纵梁,2根为人行道纵梁。各行车道纵梁中心距1910mm,边纵梁与人行道纵梁中心距2110mm。纵梁为跨径8m的4等跨连续梁,中间为固定支点,其余为活动支点,活动支点纵梁下翼缘开长圆孔处与横梁螺栓联结。公路钢筋陶粒混凝土板支撑于行车道板下方钢纵梁上,按构造要求两者间每隔约500mm设置一对直径19mm连接螺栓。钢纵梁伸缩端位置与伸缩缝保持一致。公路纵梁为焊接结构,断面为三块板组成工字形,高620mm。一般每两根纵梁为一组,但中部以三根为一组;每组纵梁在支点及跨中处用30号槽钢连接作为横撑(图3-11、图3-12)。

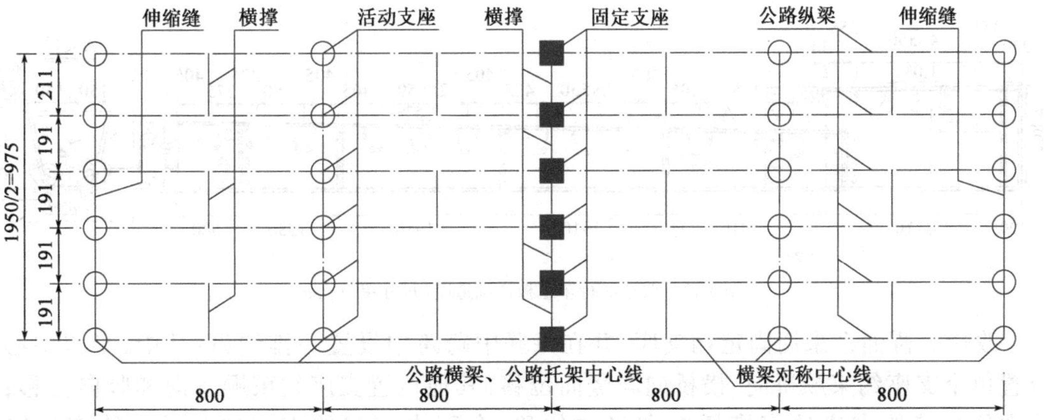

图3-11　原设计公路桥行车道板平面布置图(尺寸单位:cm)

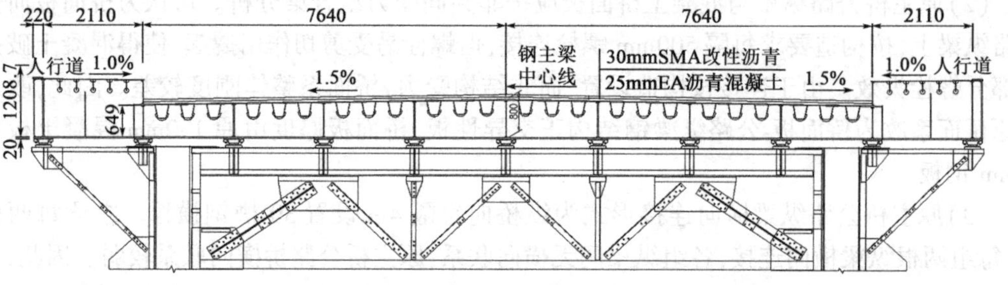

图 3-12　改造后行车道板一般构造图(尺寸单位:mm)

三、新桥面系设计

改造后桥面系为钢结构正交异性板,其结构组成有桥面板(包括 U 肋)、纵梁(包括底板、腹板、腹板加劲肋)、横向连接(包括横梁和横肋)。其中,①桥面系横梁在纵桥向位于铁路主桁架横梁正上方,横肋位于 8m 间隔的节间;②纵梁共 11 根(包括两侧 2 根人行道纵梁),行车道纵梁间中心距 1910mm(边纵梁与人行道纵梁中心距 2110mm),每两根行车道纵梁间桥面板下设计 3 道 U 形闭口肋,人行道桥面板下设计 6 道支承加劲肋;其中 5 根位于人行道纵梁与行车道纵梁间,1 根位于人行道纵梁外;③横向连接平均间距 2667mm,位于节点称为横梁,位于节间称为横肋;横梁、横肋与正交异性钢结构保持材料一致,其主要不同在于 2mm 的腹板厚度差别;横梁、横肋腹板与纵梁腹板焊接连接。

正交异性钢结构行车道板横桥向划分 2 块,人行道与机动车道整体制造;纵桥向节段长度 8m,为与原设计预拱度一致,设置 16mm 伸长量;最大分块尺寸 8m × 10.68m,最大吊装质量约 29.6t。

桥面横向坡度通过纵梁变高度实现,中间纵梁高 800mm,边纵梁高 685.4mm。人行道板比行车道板高 500mm,其纵梁高 1208.7mm。改造后桥面系构造见图 3-13。

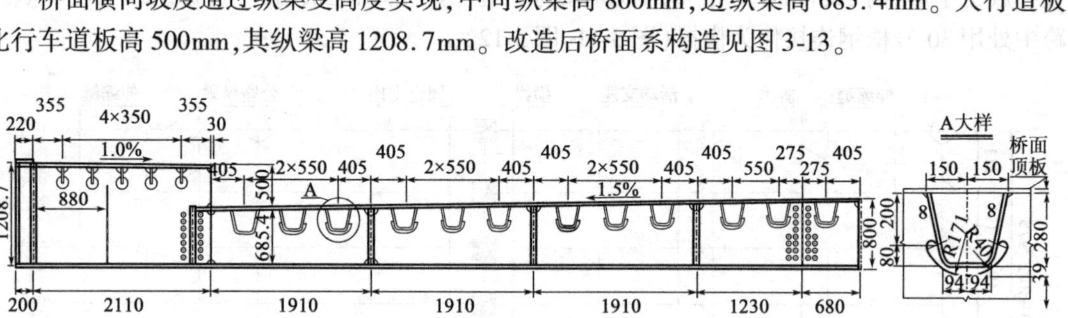

图 3-13　改造后行车道板详细造图(尺寸单位:mm)

改造后桥面系采用固定钢支座,并在每联中跨跨中设置一排约束;其中,半幅中心线位置单个支座约束顺桥向、横桥向与竖向位移,其他位置支座约束顺桥向和竖向位移;非跨中位置其他支座约束横桥向和竖向位移;余下支座仅约束竖向位移。约束情况见图 3-14。

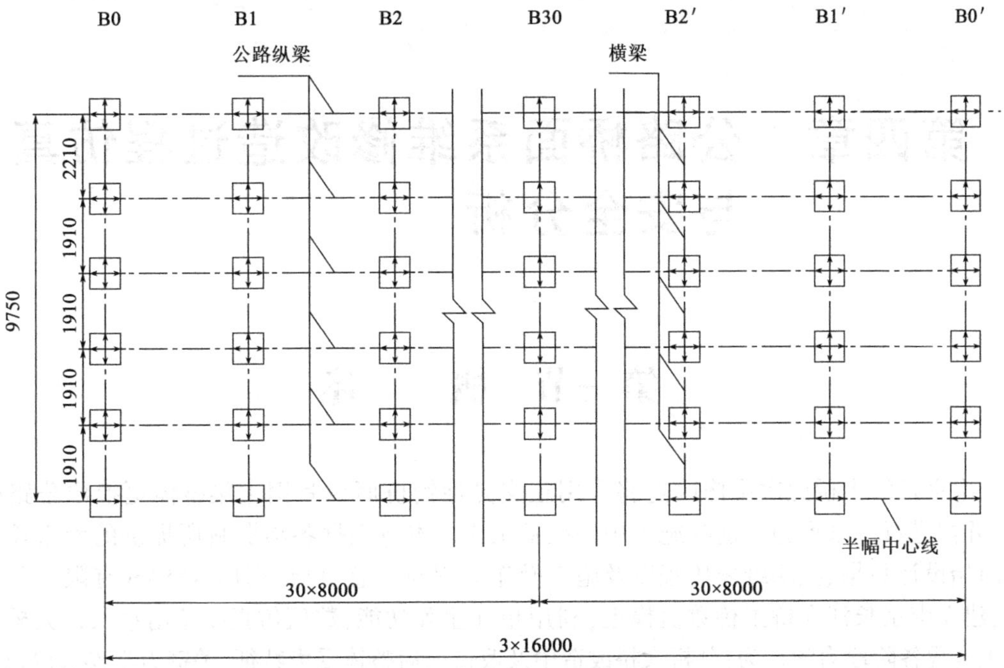

图 3-14　改造后桥面系支座布置图(尺寸单位:mm)

钢支座性能参数见表 3-5。

钢支座参数表　　表 3-5

类型	转角(rad)	竖直荷载(kN)	水平荷载(kN)	位移(mm)
固定	0.01	+800/－200	80	—

本章小结

南京长江大桥不仅是我国长江南北重要过江通道,更具有极高的历史文化价值。如何尽快恢复南京长江大桥重要交通通道的地位并长期健康运营,是一项极其重要而艰巨的任务。本章节对公铁两用桥梁公路主桥维修改造方案进行了介绍,并以南京长江大桥主桥为例,重点阐述了大桥既有病害形式与分布、新桥面系结构设计思想,以及新-老桥面系改造实施方法。

第四章　公路桥面系维修改造过程仿真与安全分析

第一节　概　　述

南京长江大桥此次维修改造将采用正交异性钢桥面板和钢主梁整体更换原公路桥面系，并需进行一系列施工前与施工中的准备工作。本章根据各项资料所提供的南京长江大桥原始设计数据、检测维修历程以及施工操作流程与注意事项，利用 ANSYS 有限元分析软件，建立南京长江大桥主桥数值模型；利用单元生死功能，数值仿真模拟南京长江大桥主桥施工全程各阶段力学行为；分析大桥改造中及改造前后整体受力特征、关键力学参数以及结构状态变化。

第二节　仿真模型

一、主桥主桁架模型

1. 主桁架

1）主桁架节点设置

南京长江大桥主桁架一幅 3×160m 三跨连续梁为对称结构，故按半幅进行建模。B 类节点编号代表各上弦位置节点，C 类代表竖杆中心节点（斜杆节点），H 类代表各下弦位置节点，M 类代表加劲弦位置节点（图 4-1）。

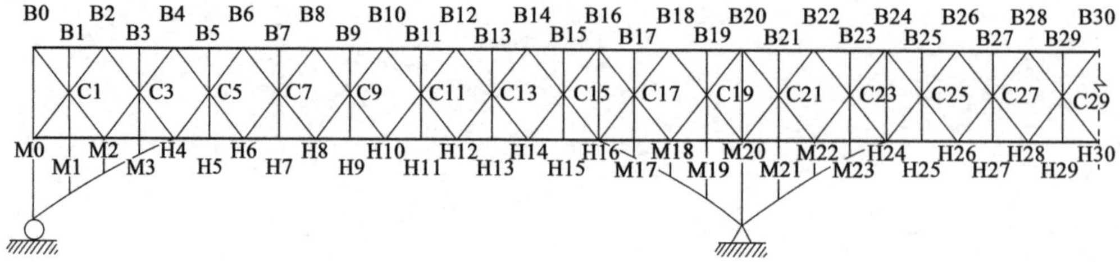

图 4-1　主桁架节点图

2)主桁架结构布置尺寸(表4-1)

主桁架结构布置尺寸　表4-1

项目	连续梁	简支梁
计算跨径 L	160m	128m
主桁中心距 B	14m	14m
节间长度 d	8m	8m
桁宽与跨径比 B/L	1/11.4	1/9.14
桁高与跨径比 h_0/L	1/10	1/8
h_1/L	1/5.3	—
桁高	16m(跨中 h_0)	16m
	30m(支点 h_1,其中14m为加劲桁高度)	—

3)主桁架杆件截面

构件主要为由角钢与钢板铆成的H形截面,杆宽720mm(个别杆件宽680mm),弦杆高1100mm(加劲桁范围内中弦杆高760mm),斜杆高760mm、630mm和600mm。承受铁路局部荷载部位为不对称截面(由于斜杆在下弦节点附近内外两侧竖板应力差异较大),其余截面均对称设计。

B0-B2等上弦杆由B类节点构成,H6-H8等下弦杆由H类节点构成,M0-M2(M2-H4)等下弦杆由M、H类节点构成,H0-H2等加劲弦杆由H类节点构成,H16-C15等包含C节点的杆件均为上、下斜杆,竖杆由H节点与B、H节点构成,如B0-M0,M0-H0等。

主桁架杆件截面特性见表4-2~表4-5,表中 A_q 为全面积,A_j 为净面积,I_x 为惯性矩。

主桁架上、下弦杆截面特性　表4-2

序号	截面特性			
	杆件编号	A_q (cm^2)	A_j (cm^2)	I_x (cm^4)
1	H6-H8, H8-H10	1998.4	1721.4	1608000
2	B0-B2,B2-B4, B6-B8~B10-B12, B16-B18~B20-B22	1945.6	1676.9	1525200
3	B22-B24	1787.2	1543.5	1275800
4	B4-B6, H4-H6	1761.8	1518.1	1419100
5	B12-B14, B14-B16, H14-H16	1605.6	1383.9	1251000
6	H12-H14, B24-B26, H24-H26	1490.4	1284.3	1240200
7	B26-B28, B28-B30, H26-H28, H28-H30	1202	1032	907200
8	M2-H4	1291	1121	431900
9	H16-M18, M22-H24	922	793.6	312600
10	M0-M2, M18-M20, M20-M22	869	748.9	I_x =283360 I_y =855400

主桁架加劲弦杆截面特性 表 4-3

序号	截面特性			
	杆件编号	A_q (cm^2)	A_j (cm^2)	I_x (cm^4)
1	H10-H12，H18-H20，H20-H22	1605.6	1383.9	$I_x = 1251000$ $I_y = 1533400$
1	H2-H4，H16-H18，H22-H24	1552.7	1339.3	$I_x = 1168200$ $I_y = 1483400$

主桁架斜杆截面特性 表 4-4

序号	截面特性			
	杆件编号	A_q (cm^2)	A_j (cm^2)	I_x (cm^4)
1	H16-C15，M18-C17，M20-C19	808.4	701.2	254050
2	B0-C1，M0-C1，B14-C15	745.2	654.7	195660
3	B16-C15，B16-C17	693.2	602.7	195520
4	B2-C1，M2-C1，B18-C19，B20-C19，M22-C23	666.7	578	194890
5	M2-C3，H14-C13，H14-C15，M18-C19，B24-C25，H24-C25，M20-C21，B24-C23	630.8	540.2	119910
6	B4-C3，H12-C13，B14-C13，B20-C21，B26-C25	582	499.8	103270
7	B2-C3，H12-C11，H12-C13，B18-C17，B22-C21，H26-C25，H26-C27	543	462.6	91300
8	H4-C3，H4-C5，B10-C11，H16-C17，M22-C21，B28-C27，B6-C5	495	422.9	76900
9	B4-C5，H6-C5，B6-C7，H6-C7，B8-C7，H8-C7，B8-C9，H8-C9，B10-C9，H10-C9，H10-C11，B12-C11，B22-C23，H24-C23，B26-C27，H28-C27，B28-C29，H28-C29，B30-C29，H30-C29	421.6	359.3	71600

主桁架竖杆截面特性　　表 4-5

序号	截面特性			
	杆件编号	A_q (cm^2)	A_j (cm^2)	I_x (cm^4)
1	B0-M0	982	858.2	$I_x=312720$ $I_y=926620$
2	M0-H0	1202	932.2	907200
3	B20-M20	1254	1088.6	$I_x=907370$ $I_y=1242600$
4	M20-H20	1605.6	1264.6	1251000
5	B16-H16，B24-H24	543	462.1	91300
6	M2-H2，M18-H18，M22-H22	303.1	264.3	19300
7	M17-H17，M19-H19 等 其余上竖杆(公路)	220.2	192.1	13780
8	其余下竖杆(铁路)	269.6	237.5	16140

荷载作用下，主桁架各杆件主要承受轴力，但由于刚性节点和杆件自重影响，也会产生弯矩，其受力大小与分配主要与截面面积和抗弯惯矩有关。南京长江大桥主桁架杆件由多种型钢组成，每根杆件自身截面组成复杂，构成桁架体系的杆件形式又多样。因此，为准确计算主桁各杆件内力，并尽可能使建模方便，根据表 4-1 ~ 表 4-5 中杆件抗弯惯性矩、净截面面积和全截面面积，计算出各杆件等效翼缘厚度、腹板厚度等截面特性，见表 4-6。

主桁架各杆件截面特性　　表 4-6

序号	截面特性						
	杆件编号	等效截面尺寸					I_x (cm^4)
		t_1	t_2	h_1	h_2	A_q/A_j	
1	H6-H8，H8-H10	72.5	22	1100	720	1.161	1608000
2	B0-B2，B2-B4， B6-B8 ~ B10-B12， B16-B18 ~ B20-B22	68.7	28.2	1100	720	1.16	1525200
3	B22-B24	57.5	46.1	1100	720	1.158	1275800
4	B4-B6，H4-H6	64	18.7	1100	720	1.161	1419100
5	B12-B14，B14-B16，H14-H16	56.4	23.6	1100	720	1.16	1251000
6	H12-H14，B24-B26，H24-H26	55.9	8.9	1100	720	1.16	1240200
7	B26-B28，B28-B30， H26-H28，H28-H30	40.9	20.7	1100	720	1.165	907200
8	M2-H4	59	37.2	760	720	1.152	431900
9	H16-M18，M22-H24	42.7	22.7	760	720	1.162	312600

续上表

序号	截面特性						
	杆件编号	等效截面尺寸					I_x (cm^4)
		t_1	t_2	h_1	h_2	A_q/A_j	
10	M0-M2, M18-M20, M20-M22	38.7	25	760	720	1.16	$I_x=283360$ $I_y=855400$
11	H10-H12, H18-H20, H20-H22	56.4	23.6	1100	720	1.16	$I_x=1251000$ $I_y=1533400$
	H2-H4, H16-H18, H22-H24	52.7	29.4	1100	720	1.159	$I_x=1168200$ $I_y=1483400$
12	H16-C15, M18-C17, M20-C19	34.7	26.7	760	720	1.153	254050
13	B0-C1, M0-C1, B14-C15	26.7	37.3	760	720	1.138	195660
14	B16-C15, B16-C17	26.7	29.5	760	720	1.15	195520
15	B2-C1, M2-C1, B18-C19, B20-C19, M22-C23	26.6	26	760	720	1.153	194890
16	M2-C3, H14-C13, H14-C15, M18-C19, B24-C25, H24-C25, M20-C21, B24-C23	28.7	26.9	630	720	1.168	119910
17	B4-C3, H12-C13, B14-C13, B20-C21, B26-C25	24.8	28	630	720	1.164	103270
18	B2-C3, H12-C11, H12-C13, B18-C17, B22-C21, H26-C25, H26-C27	25.3	23.7	600	720	1.174	91300
19	H4-C3, H4-C5, B10-C11, H16-C17, M22-C21, B28-C27, B6-C5	21.3	24.6	600	720	1.17	76900
20	B4-C5, H6-C5, B6-C7, H6-C7, B8-C7, H8-C7, B8-C9, H8-C9, B10-C9, H10-C9, H10-C11, B12-C11, B22-C23, H24-C23, B26-C27, H28-C27, B28-C29, H28-C29, B30-C29, H30-C29	19.9	17.7	600	720	1.173	71600
21	B0-M0	42.7	32.9	760	720	1.144	$I_x=312720$ $I_y=926620$

续上表

序号	截面特性						
	杆件编号	等效截面尺寸					I_x (cm^4)
		t_1	t_2	h_1	h_2	A_q/A_j	
22	M0-H0	40.9	5.1	1100	720	1.289	907200
23	B20-M20	40.9	29.6	1100	720	1.152	I_x =907370 I_y =1242600
24	M20-H20	56.4	3.9	1100	720	1.27	1251000
25	B16-H16，B24-H24	25.3	23.6	600	720	1.175	91300
26	M2-H2，M18-H18，M22-H22	16	20.2	416	680	1.147	19300
27	M17-H17 等，M19-H19 等 其余上竖杆(公路)	12	13.5	410	720	1.146	13780
28	其余下竖杆(铁路)	12	17.7	410	720	1.135	16140

2. 公路纵横梁

公路横梁布置在钢桁架上弦，铆接在两主桁间，其顶面与上平联齐平。横梁为组合式结构，上部分为实腹工字形截面板梁，与上平联斜杆等高，下部分用加劲桁加强。

公路纵梁叠置于横梁，共 11 根。纵梁均为跨径 8m 的 4 等跨连续梁，每跨范围内中间为固定支点，其余为活动支点。在活动支点处，纵梁下翼开长圆孔，用螺栓与横梁联结。

公路行车道轻质混凝土板支撑于钢纵梁上。

3. 其他附属杆件

除主桁架外，大桥还有众多附属构造，具体包括上下弦纵向连接系、上下联横梁撑杆、主桥公路横联、主桥公路桥门架、加劲弦纵联结系以及主桥公路托架。

上述杆件主要用以提高和增强主桁架受力性能。例如上下弦纵向连接系主要承受钢桁架横桥方向水平荷载，还可防止受压弦杆在主桁架平面外失稳，以提高主桁架整体刚度；桥门架和公路横联主要承受风力与偏载，并有效提高横梁抗弯性能。这些杆件通常截面尺寸不大，截面特性也不复杂，或完全按构造要求设计。

全桥模型中主桁架杆件截面特性共 28 种，附属结构杆件截面特性共 27 种，具体截面特性在此不再赘述，可根据原设计图纸查询。

4. 铁路纵横梁

主桁架下弦每一节点处均设有铁路横梁，其中心距 8m。主桥铁路部分共有 4 片纵梁，其中心距 2m。铁路纵-横梁顶面齐平，底面不等高。纵-横梁间连接角采用高强螺栓，建模时该连接刚性处理。

由于主要关注公路桥维修改造部分，同时简化铁路部分与主桁架间的连接，并不对铁路纵横梁实际截面尺寸进行真实还原，因此仅利用 MASS21 单元进行质量模拟。

二、维修改造过程模型

南京长江大桥主桥维修改造的主要流程见图4-2。

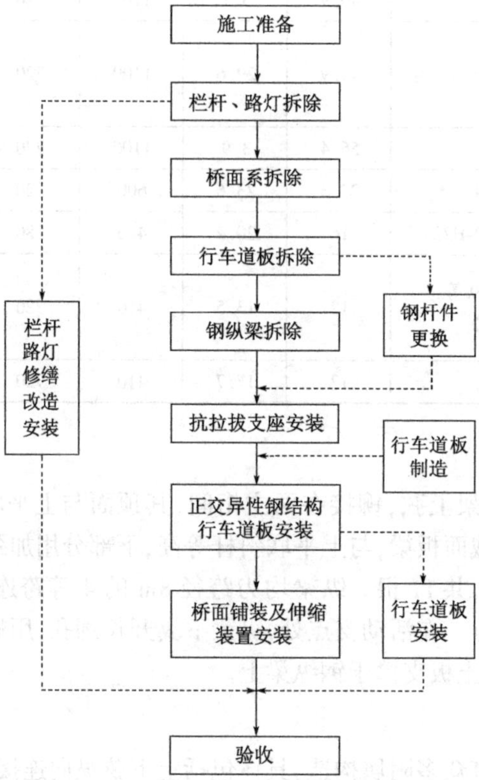

图4-2　主桥维修改造流程图(虚线表示子流程)

具体内容包括:

(1)封闭交通,搭设隔离防护棚架,设置南北处提升站与施工栈桥。数值仿真中,在3×160m连续钢梁主桁架实际安装隔离防护棚架的对应位置,相应施加Y轴负方向静荷载;由于所建模型仅为南向北中间段结构,故不对大桥南北处提升站装卸影响进行模拟。

(2)由中心向两侧对称拆除桥面系及附属设施,并进行钢横梁制动横梁加固、锈蚀钢构件加固或更换。数值仿真中,采用单元生死功能,令已建好初始桥面系单元失效,达到拆除桥面系的物理状态。建模时需按实际对称拆除顺序进行失效模拟,以准确分析拆除原桥面系时主桥状态变化。

(3)新桥面系通过施工栈桥运输至提升站位置,由提升站垂直提升至桥面进行安装,从两侧边墩向跨中方向安装正交异性钢结构行车道板。数值仿真中,将原桥面系和钢结构正交异性板钢桥面系全部采用对应单元建立。原桥分析时,对应新桥面系单元需利用单元生死使其暂时失效;新桥面系分析时,重新激活该部分单元以模拟桥面系更换,需按实际安装顺序由

0 号墩、10 号墩向跨中方向依次激活。

(4)拆除提升站、施工栈桥以及隔离防护棚架。数值仿真中，将原施加于主桁架 Y 轴负方向静荷载撤销或反向加载同大小荷载。

(5)安装栏杆、路灯，进行桥面铺装。数值仿真中，按施工图纸给出的材料以及尺寸参数，将栏杆、路灯等桥面附属设施及桥面铺装转化为等效静荷载，即全桥范围内施加 Y 轴负方向均布荷载。

主桥改造主要步骤(安装隔离防护棚架、拆除原桥面系、安装新桥面系)见图 4-3。

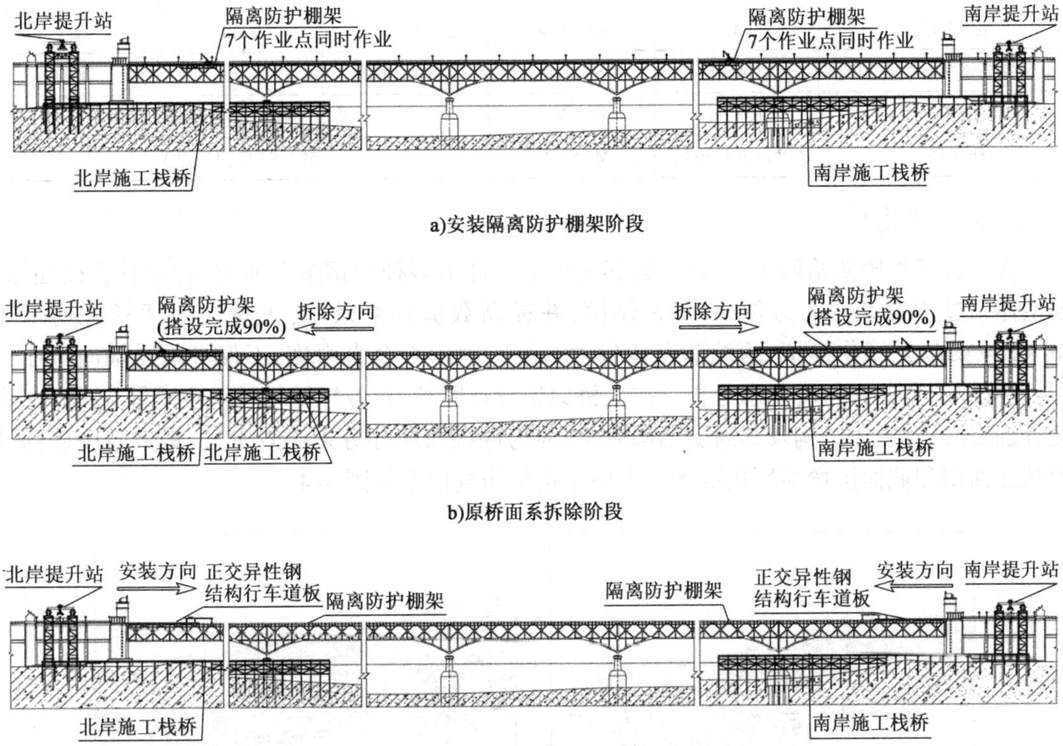

a)安装隔离防护棚架阶段

b)原桥面系拆除阶段

c)新桥面系安装阶段

图 4-3　主桥维修改造主要步骤

三、全桥结构模型

本次改造范围为公路纵梁及以上桥面系结构，主桁架和铁路系统均保留其原结构。全桥结构模型以 3 × 160m 连续钢梁(甲式)结构为例说明。

1. 定义单元与材料性质

建立模型前，需定义各部分结构材料和单元属性，见表 4-7。

ANSYS 单元类别、截面特性表 表 4-7

各部分结构的单元类别和截面特性					
上部结构	实际材料	单元类型	弹性模量 E_x(Pa)	主泊松比 PR_{xy}	质量密度 ρ(kg/m)
人行道板	250 号钢筋混凝土	Shell 43	3.25×10^{10}	0.2	2500
行车道板	250 号钢筋陶粒轻质混凝土	Shell 43	3.25×10^{10}	0.2	2400
钢纵梁	16Mnq	BEAM 189	2.10×10^{11}	0.28	7850
钢横梁	16Mnq	BEAM 4	2.10×10^{11}	0.28	7850
刚性连接	无	BEAM 4	2.10×10^{14}	0.28	0
正交异性钢结构行车道板	Q345qD	Shell 43	2.10×10^{11}	0.28	7850
主桁架梁	16Mnq	BEAM 4	通过实际常数 R 命令定义		
铁路部分	50kg/m 长钢轨	MASS 21	593.8(单位质量)		

2. 主桁架建模

南京长江大桥初始修建年代久远,其主桁架杆件由多种型钢组合而成,若对其直接还原,模型体系过于复杂。为方便 ANSYS 建模,并提高数值计算效率,主桥主桁架杆件均采用 BEAM 4 梁单元简化模拟,两端节点各包含三维空间内 6 个自由度,不仅可承受轴向拉压作用,也可用于弯曲和扭转状态分析。按大桥原始设计图纸,对各杆件材料弹性模量、泊松比、密度分别定义,对主体结构及其附属结构的 55 种构件截面尺寸分别等效定义,最大限度确保其净截面面积和截面抗弯惯性矩准确。主桥主桁架仿真模型见图 4-4。

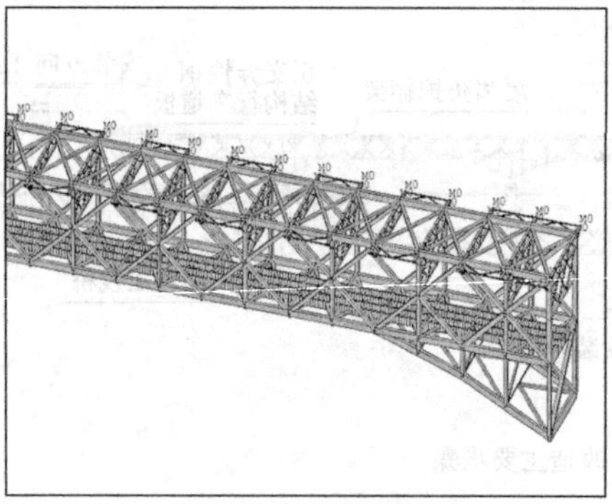

a)跨中处主桁架局部图

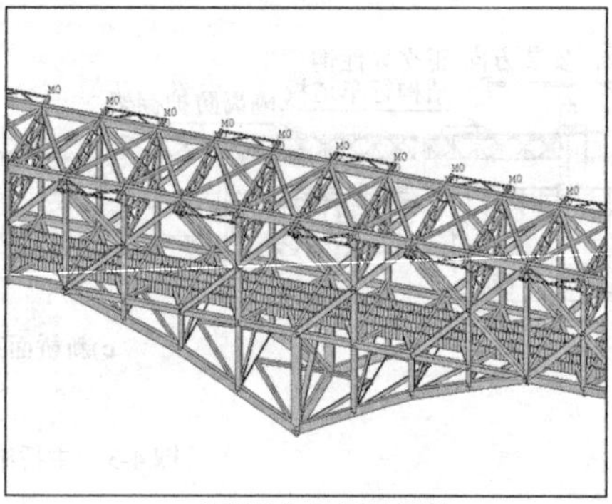

b)支座处主桁架局部图

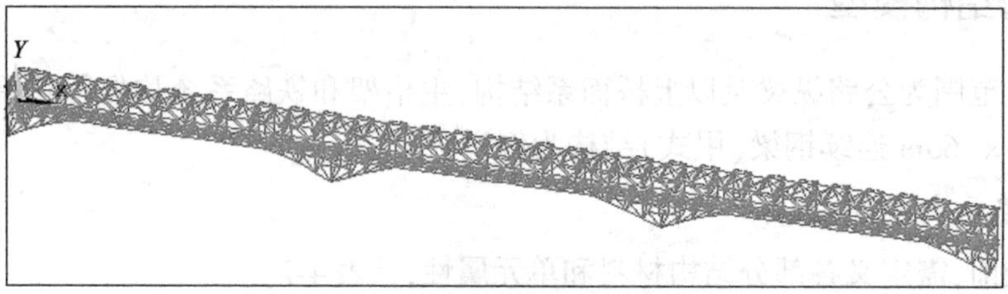

c)主桁架整体结构

图 4-4 主桁架 ANSYS 仿真模型

南京长江大桥主桥主桁架包含铁路行车部分，在模型相应位置添加用于结构受力分析的质量单元（MASS 21），以满足铁路沿线自重的模拟。静力计算中质量单元默认不生效，需赋予方向相反的重力加速度使其生效。主桁架铁路部分见图 4-5。

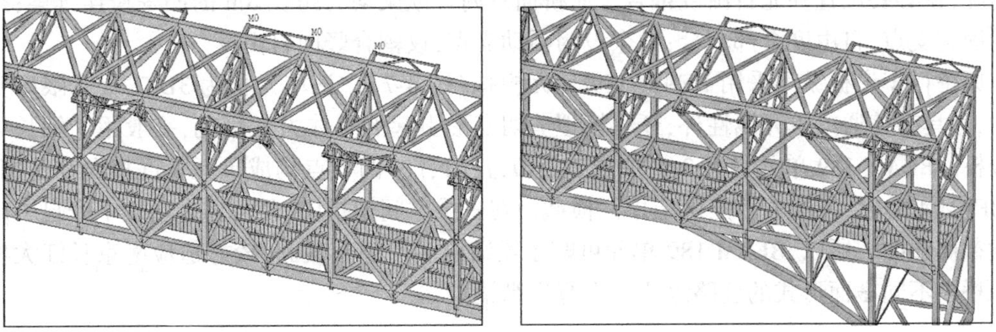

a)跨中处　　b)支座处

图 4-5　主桁架铁路部分局部图

主桥中上下弦杆、加劲弦杆、斜杆、竖杆等主桁杆件局部图见图 4-6。

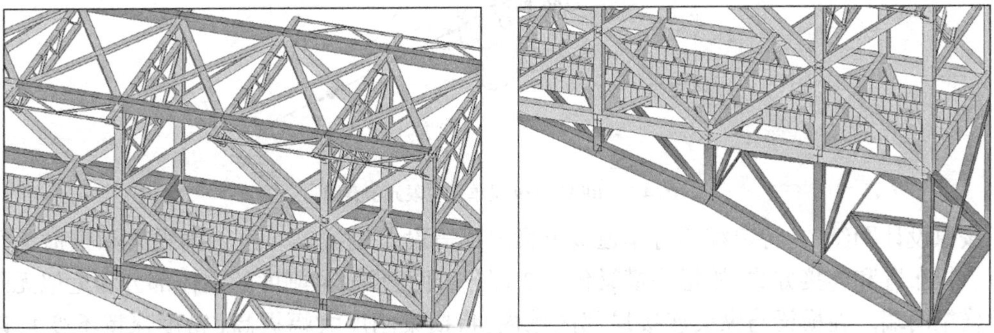

a)主桁架上下弦杆　　b)主桁架加劲弦杆

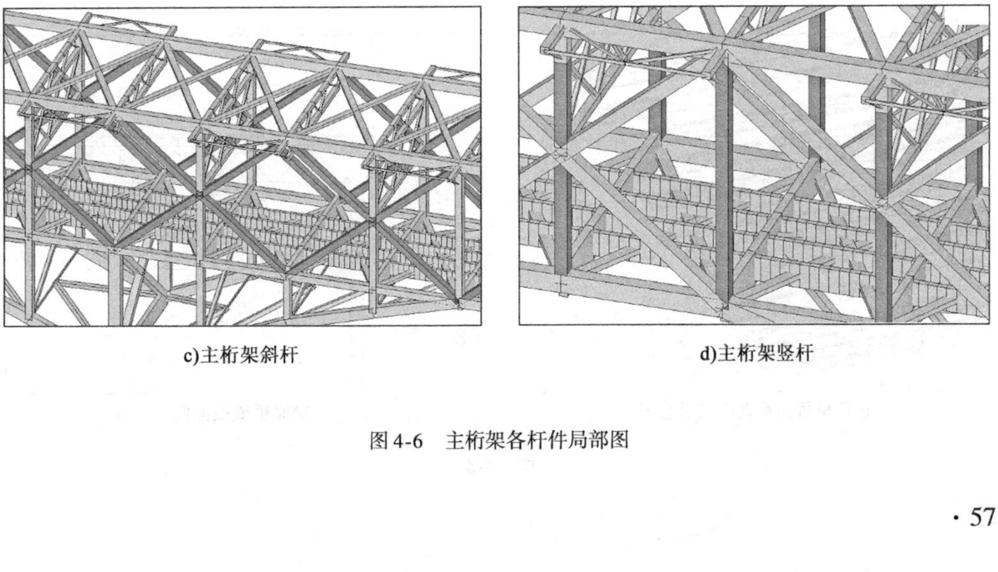

c)主桁架斜杆　　d)主桁架竖杆

图 4-6　主桁架各杆件局部图

3. 原桥面系建模

主桥原桥面系由公路纵梁和混凝土桥面板非组合结构搭接而成,分别采用 BEAM 和 SHELL 单元建模,并建立无限刚度且零质量密度的 BEAM 4 单元模拟刚性连接,按主桥实际约束情况,在必要位置补充自由度耦合。原桥面系内各纵梁均为跨径 8m 的四等跨连续梁;跨中设为固定支点,自由度全部耦合;其余设为活动支点,仅耦合竖向自由度。

原桥行车道板纵梁采用 BEAM 189 单元模拟(图 4-7)。该单元称为 3D 二次有限应变梁单元,除具有普通梁单元属性外,还可模拟剪切变形引起的整体力学影响,一般用于细长梁结构分析。BEAM 189 单元具有 3 个关键节点(I,J,L),I、J 两节点构成单元长度指向和范围,相较 BEAM 4 单元,新增 L 节点确定单元横截面在三维空间内指向,且可通过增加 1 个自由度计入横截面翘曲。所以,BEAM 189 单元可赋予梁结构多种复杂截面,较好适应南京长江大桥主桥原桥中不同截面形式的公路纵梁和人行道纵梁。

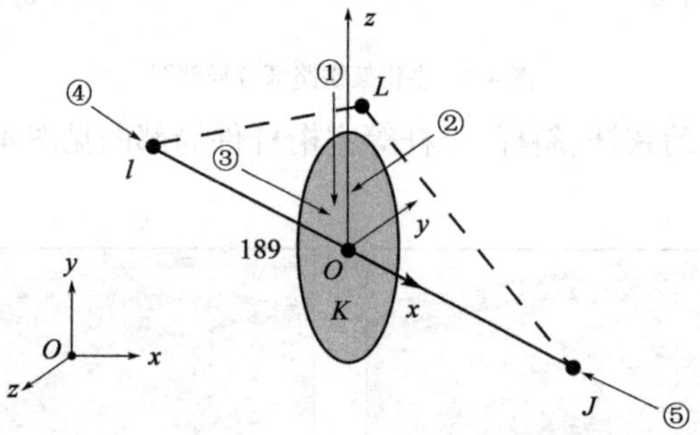

图 4-7　BEAM 189 梁单元有限元示意图

按原设计图纸,在特定相邻行车道板纵梁间还需设置钢横梁。由于钢纵梁和钢横梁间涉及节点板布置和连接方式,故每块横梁包含 3 部分,即正常横梁刚度的主体部分和近似无限刚度的横梁两端。在横梁与纵梁连接局部区域内,将横梁刚度大幅提高(密度保持不变),以模拟纵横梁间刚性连接。由于横梁截面基本不变,故仍采用 BEAM 4 单元模拟。原桥面系模型见图 4-8。

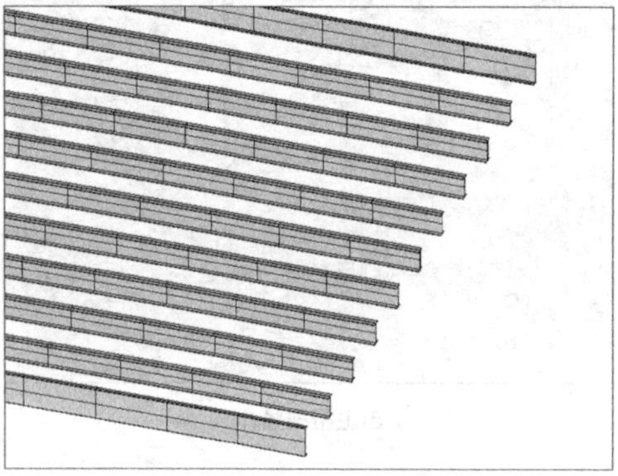

a)原桥桥面系钢纵梁示意图

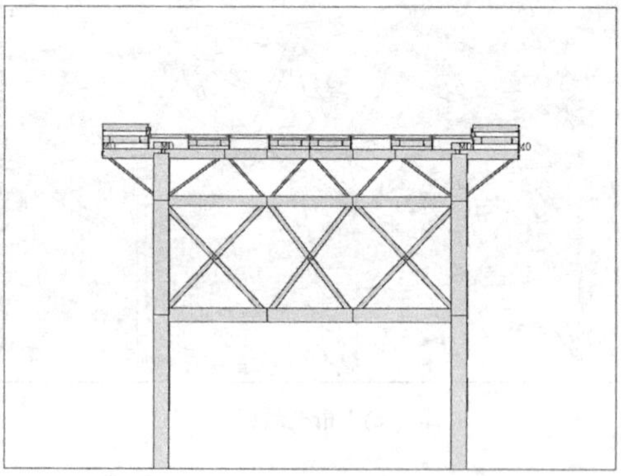

b)原桥横截面图

图　4-8

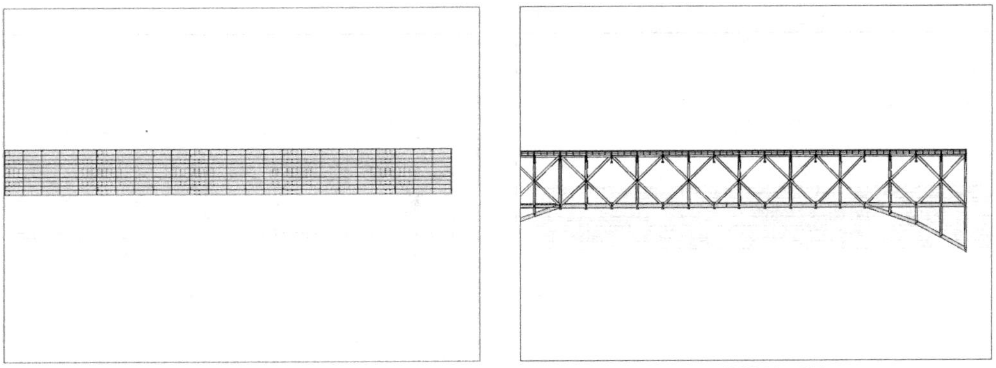

c)原桥俯视图　　d)原桥侧立面图

图 4-8　原桥桥面系模型示意图

原桥混凝土桥面板采用塑性大应变 SHELL 43 单元,该单元每个节点包含 6 个自由度,可准确模拟翘曲变形,并可按实际板厚建模。原桥混凝土桥面板分为行车道板和人行道板两部分,两者高度不同,需设置连接边界,此处使用刚度放大 1000 倍的 SHELL 43 单元建立刚性连接。

4. 新桥面系建模

主桥改造后桥面系为钢结构正交异性板,桥面板顶板厚 16mm,板顶设 1.5% 双向排水坡;钢主梁跨中梁高 820mm,U 肋、板肋和纵梁跨距均为 2.667m,并且全桥连续;横梁、横肋腹板在纵梁腹板处断开,并与纵梁腹板焊接连接;桥面板和纵梁、横梁、横肋等采用焊接或高强螺栓连接,属于刚性连接。

改造后新桥面系均采用 SHELL 43 单元模拟。首先按实际构造尺寸建立钢桥面板模拟面,为简化坐标设置和模型细节,暂不考虑横桥向坡度;然后对钢桥面板下方纵梁、闭口 U 型肋、开口 I 型肋依次建模;横梁、横肋通过连接纵梁相应位置节点直接构建,横梁下翼缘板底面与倒 T 形纵梁下翼缘板底面平齐。改造后纵梁布置及间距与原设计保持一致。新桥面系模型见图 4-9。

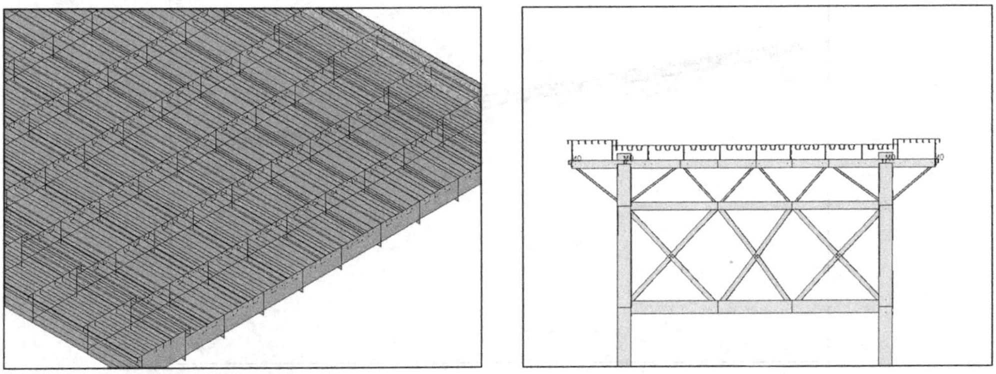

a)钢结构正交异性板示意图　　b)新桥横截面图

图　4-9

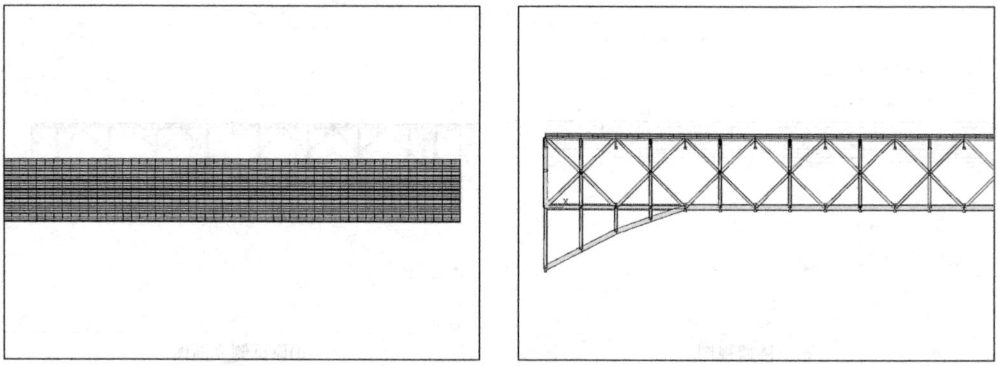

c)新桥俯视图　　d)新桥侧立面图

图 4-9　正交异性钢结构桥面系模型图

对连接刚度较大的节点板,高强螺栓连接处、焊接部位等均按刚性连接约束;对支座、桥面板-纵梁等弱连接点,使用耦合方程或刚性梁单元(如 BEAM 4)按设计要求设置。另外需要注意, ANSYS 软件中耦合命令 CP 在进行自由度耦合时,仅可使得不同空间位置节点保持彼此位移一致,并不能传递单元间弯矩,导致可能与实际受力严重不符。因此,必要时需同时采用刚性梁单元和耦合命令设置正确连接。

5. 其他

在对主桥主桁架、原桥面系、改造桥面系建模后,还需进行如下操作:

(1)对 3 × 160m 连续钢梁(甲式)结构添加支座约束。在 H0、H20、H0′对应支座处设置竖桥向和横桥向位移约束,在 H20′对应支座处设置竖桥向、横桥向和纵桥向位移约束(图 4-10)。

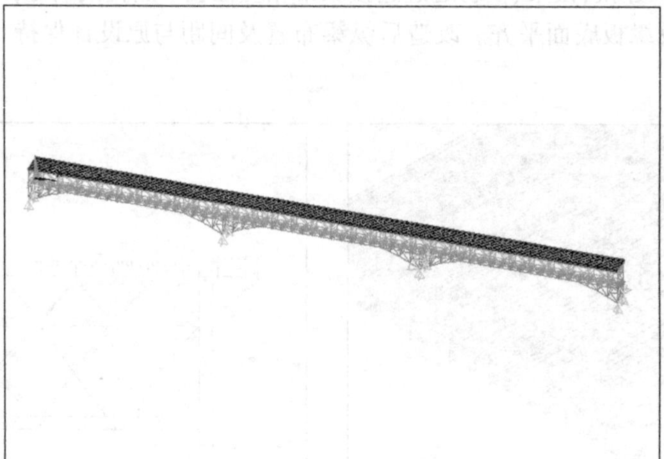

图 4-10　主桥支座位置示意图

(2)对工程不同阶段,根据实际操作在结构相应位置施加对应边界条件,并通过“杀死”不处于对应施工阶段的单元,或再次“激活”应处于使用状态的单元,来模拟不同施工阶段的结构动态变化。

(3)设置计算控制各选项,对模型进行求解。

(4)对模型进行后处理,获取结构变形、位移、内力分布、约束反力等计算结果。

四、模型准确性验证

1. 荷载试验

由于南京长江大桥主桥 3×160m 连续钢桁架全桥模型较为复杂,杆件截面种类较多,计算前需验证模型准确性。

南京长江大桥通车前,采用 2 台 ФД-20 火车头 +8 辆 G12 油罐车,进行了 9 组轮位的列车静荷载试验,测量了轮载作用下主桁杆件轴力、节点挠度等结构响应。现选取静荷载试验中Ⅲ号轮位进行模型验证,其中火车头和油罐车轴重分别按 25t、4t 计入。

按原静荷载试验报告中实际Ⅲ号轮位加载,第二辆列车头布置在跨中 H9 节点处,列车双线加载,见图 4-11、图 4-12。

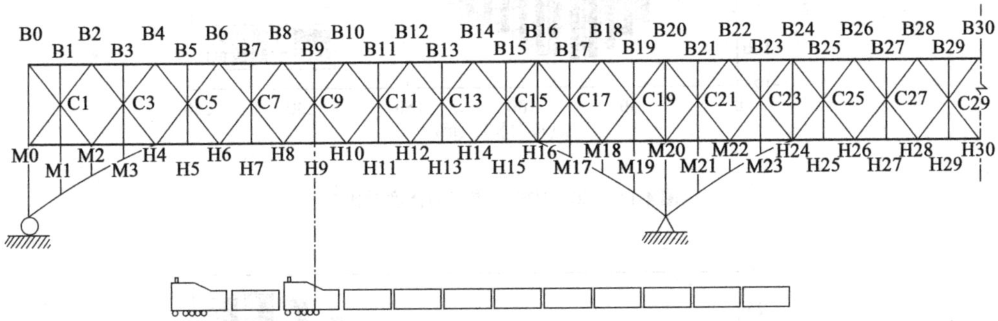

图 4-11　列车静荷载试验轮位Ⅲ布置图

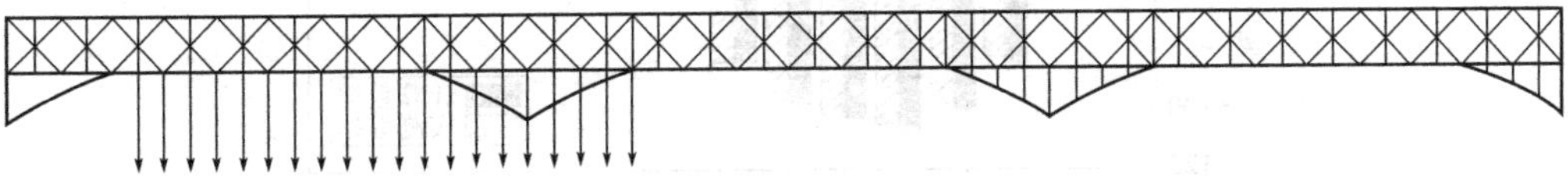

图 4-12　列车轮位Ⅲ模型加载图

2. 计算结果对比

1)挠度

提取主桁架上弦节点 B0～B30、斜腹杆节点 C1～C29(编号为 1,3,5,7……)、下弦节点 M0～H30(图 4-11)的竖向挠度数据,并与荷载试验实测数据对比,结果见图 4-13～图 4-15(B0、M0 即为“0”横坐标处,挠度为 0mm)。

由于第二列列车头布置于 H9 节点处,故荷载作用下竖向挠度最大处分别为跨中上下弦主桁(B9 和 H9)和斜腹杆(C9)。计算值与实测值对比见表 4-8,两者误差均较小。

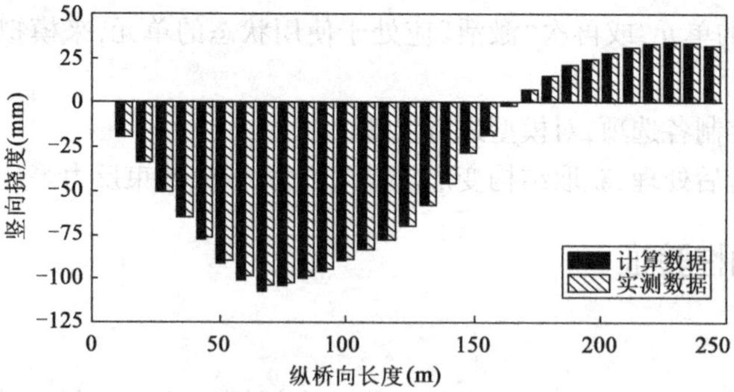

图 4-13　B0 ~ B30 节点竖向挠度对比图

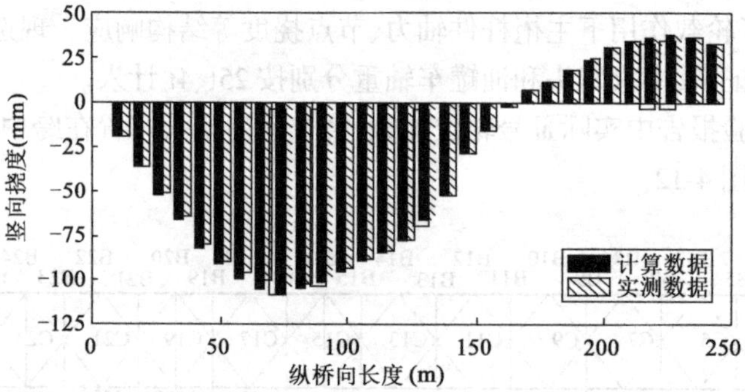

图 4-14　M0 ~ H30 节点竖向挠度对比图

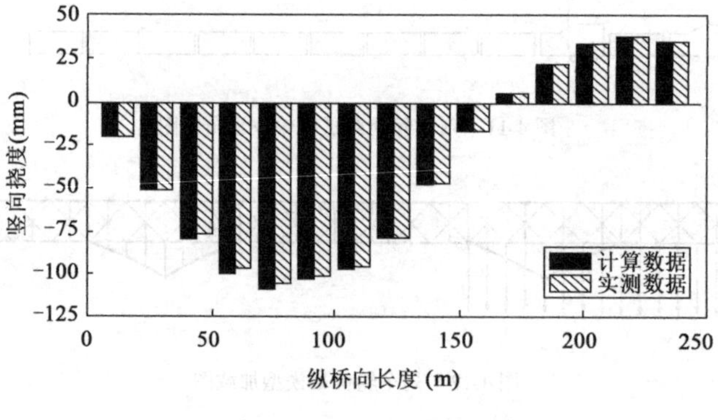

图 4-15　C1 ~ C29 节点竖向挠度对比图

竖向挠度计算值与实测值误差　　表 4-8

节点编号	计算挠度(mm)	实测挠度(mm)	误差
B9	107.3	104	3.17%
C9	107.9	104	3.75%
H9	108.3	105.3	2.86%

2)主桁轴力

列车荷载作用下钢桁架主桁轴力分布图见图4-16。

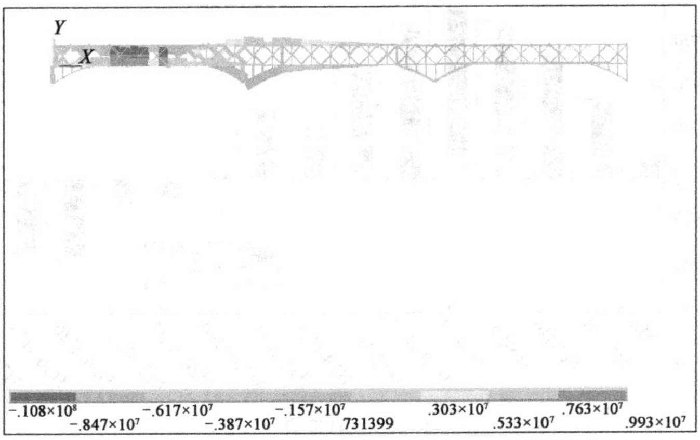

图4-16 列车荷载作用下钢桁架主桁轴力分布图

由图4-16可知,2个列车头均布置于第一跨,该跨上下主桁轴力较大(上弦受压为负,下弦受拉为正)。中跨轴力方向与第一跨相反,上弦杆受拉、下弦杆受压。提取主桁架上弦杆(B0-B2)~(B28-B30)和下弦杆(M0-M2)~(H28-H30)的轴力计算值(位置见图4-11),并与实测值对比,见图4-17、图4-18。

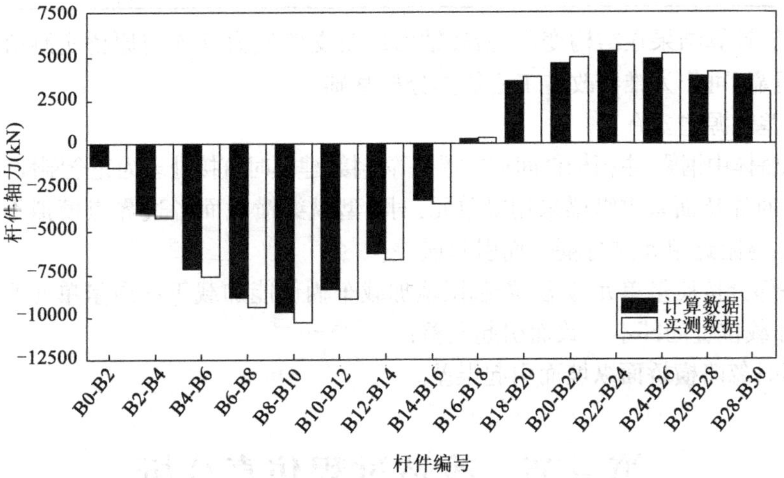

图4-17 上弦主桁轴力计算值与实测值对比图(单位:kN)

由图4-17、图4-18可知,上弦杆最大轴力位于B8-B10杆件,计算值为-9723.2kN,实测值为-10335.8kN,两者误差5.93%。下弦杆最大轴力位于H8-H10杆件,计算值为9403.5kN,实测值为9892.5kN,两者误差4.94%。上述分析说明全桥模型主桁架轴力分布准确,计算值与实测值误差均较小。

3)支座反力

原静荷载试验报告提供了固定支座节点H20和活动支座节点H40的支座反力实测值,模型计算值与实测值对比见表4-9,两者误差均较小。

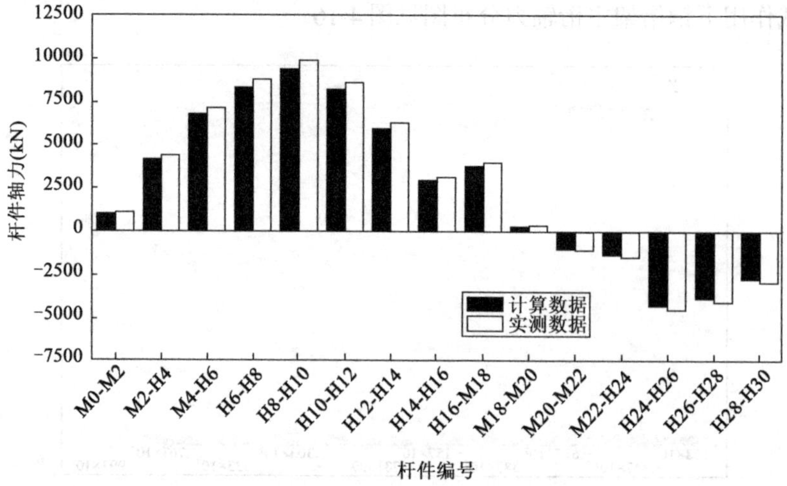

图 4-18　下弦主桁轴力计算值与实测值对比图

支座反力计算值与实测值误差　　表 4-9

节点编号	计算值(kN)	实测值(kN)	误差
H20	8719.5	9000	3.12%
H40	1234.2	1260	2.05%

综上可见,计算结果在结构变形,桁架轴力以及支座反力等均与原桥实测值较为接近,计算模型较为可靠,可作为维修改造工程仿真分析基础。

另外,误差来源主要有:

(1)实际桥体中钢梁、主桁构件间存在螺栓等连接,建模时直接处理为完全刚性而引发误差;

(2)建模时原桥面系钢纵梁采用梁单元,对I型纵梁横截面各边界点模拟不够精确,需建立虚拟梁单元与附近单元进行耦合而引起误差;

(3)铁路部分按质量单元考虑,静载试验加载车辆仅能加载于各质量单元所在位置,单元分布与实际加载位置局部不一致而引起误差;

(4)建模时忽略横桥面纵坡而引起误差。

第三节　改造过程仿真分析

一、分析对象与内容

南京长江大桥主桥桥面系改造涉及两方面问题:①维修改造后新桥面系对主桥主桁架结构的影响,其关系到结构安全;②新桥面系本身结构性能。改造后桥面系采用连续钢结构正交异性板,结构整体性能大幅提高,桥面连续铺装使得行车舒适性显著提升。但新结构内部构件间相互影响也随之变大,构件工作状态较为复杂,易在某些局部区域出现新病害,例如钢材疲劳裂纹、桥面铺装开裂等。因此，新桥面系计算分析同样重要，计算荷载及其取值为：

恒载（含主桁与桥面系两部分）：钢材密度 7850kg/m^3，原主桥混凝土行车道板密度 2500kg/m^3，原主桥面铺装密度 2400kg/m^3。

列车荷载：按《铁路桥涵设计规范》（TB 10002—2017）4.3.1 条“中-活载”计算图式，为考察全桥主桁架整体受力性能，不考虑“中-活载”列车头轮位集中荷载，每列车按 80kN/m 全跨双线满布。

主桥改造前，其恒载包含主桁架与原轻质钢筋混凝土桥面系；主桥改造后，其恒载包含主桁架与正交异性钢桥面系；主桥改造前后，所承受活载均只考虑列车荷载，暂不考虑上方公路桥行车道、人行道相关活载。

二、改造前后全桥恒载效应分析

全桥恒载包括主桁自重与桥面系荷载，改造前桥面铺装荷载按 50mm 混凝土铺装层 + 20mm 沥青砂磨耗层加载，改造后按 50mm 钢纤维混凝土铺装层加载。主要考察桥面系改造前后主桁架结构受力状态变化。

1. 主桁结构变形

恒载作用下，桥面系改造前后，3 × 160m 主桁架结构变形见图 4-19。

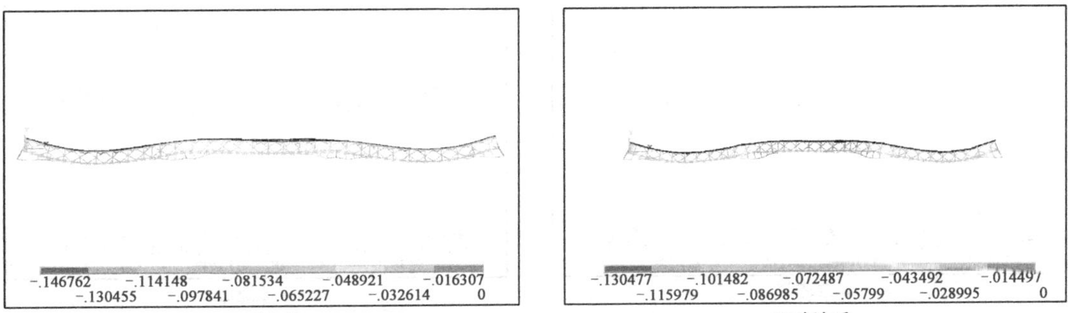

a)改造前　　b)改造后

图 4-19　主桥桥面系改造前后恒载作用下变形图（单位：m）

提取主桁架上弦节点 B0-B30-B0′和下弦节点 M0-H30-M0′竖向挠度数据，对比结果见图 4-20。

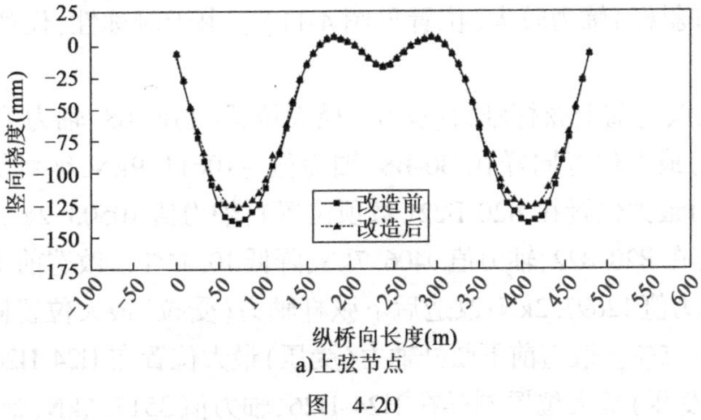

a)上弦节点

图　4-20

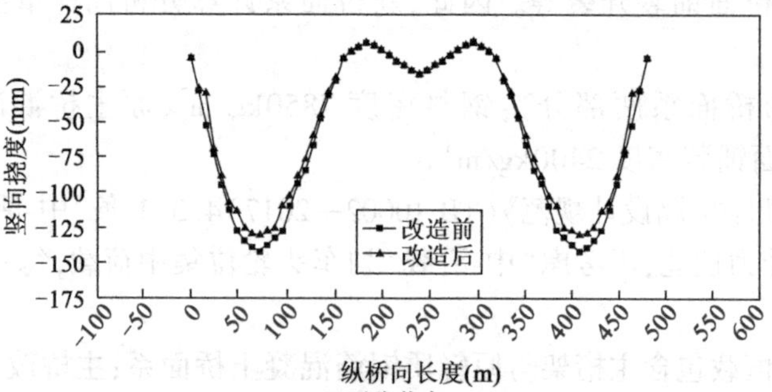

b)下弦节点

图4-20　主桁架节点竖向挠度曲线对比图

恒载作用下,改造前后主桁最大挠度均发生于两边跨跨中。上弦节点最大挠度发生于B9和B9′,改造前146.8mm,改造后130.5mm,减少16.3mm,降低11.10%;下弦节点最大挠度发生于H9和H9′,改造前142.0mm,改造后130.1mm,减少11.9mm,降低8.38%。与原桥面系焊接钢纵梁、混凝土桥面板和桥面铺装相比,新桥面铺装和钢结构正交异性桥面板变形显著较轻。

2. 主桁杆件轴力

恒载作用下,桥面系改造前后,3×160m主桁架轴力分布见图4-21。

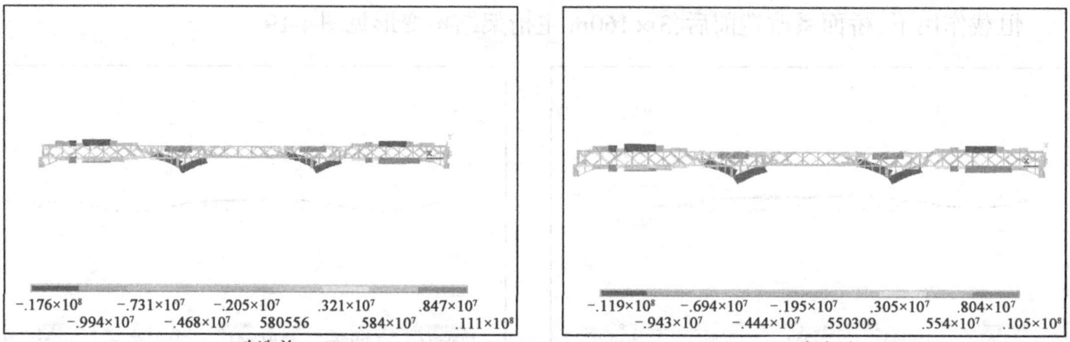

a)改造前　　b)改造后

图4-21　主桥桥面系改造前后恒载作用下轴力分布图(单位:N)

1)上弦杆与下弦杆

图中可知3×160m主桁架轴力对称分布。恒载作用下,边跨跨中上下弦杆和支座附近(包括加劲弦、竖杆和斜杆)轴力较大(位置见图4-11)。由于对称性,仅列出半幅主桁结构轴力数值,见图4-22。

由图4-22可知,改造前上弦杆轴力(受压)最大位置在B6-B8,轴力值-11769.2kN;改造后上弦杆轴力(受压)最大位置同样在B6-B8,轴力值-10611.9kN,绝对值降低9.84%;改造前上弦杆轴力(受拉)最大位置在B20-B22(墩顶位置),轴力值10503.2kN;改造后上弦杆轴力(受拉)最大位置同样在B20-B22,轴力值9406.7kN,降低10.44%。改造前下弦杆轴力(受拉)最大位置在H8-H10,轴力值12697.2kN;改造后下弦杆轴力(受拉)最大位置同样在H8-H10,轴力值11967.6kN,降低5.75%。改造前下弦杆轴力(受压)最大位置在H24-H26,轴力值3782.1kN,改造后下弦杆轴力(受压)最大位置同样在H24-H26,轴力值3517.6kN,绝对值降低6.99%。

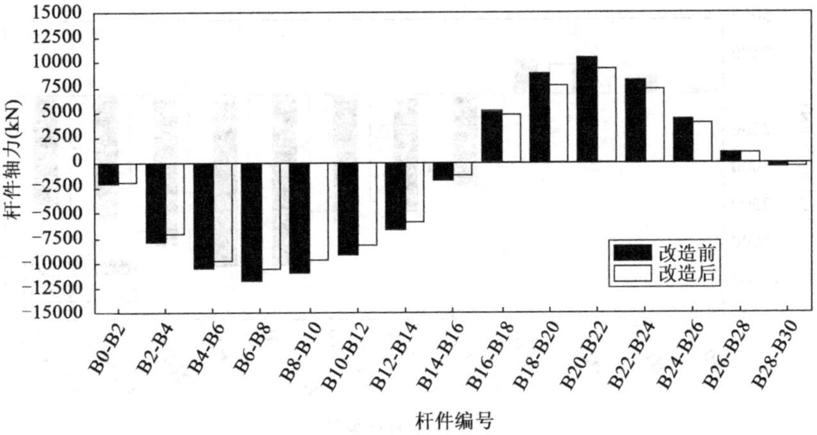

a)上弦主桁

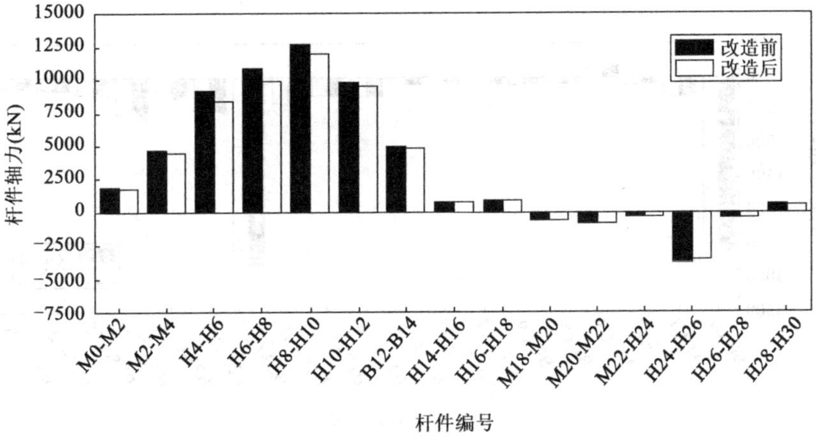

b)下弦主桁

图 4-22　改造前后主桁轴力计算值对比图(单位:kN)

2)加劲弦

图 4-23 给出改造前后加劲弦轴力计算结果。可以看出,中跨支座处加劲弦受压轴力较大,最大分别为固定支座左右两侧杆件 H19-H20 和 H20-H21,改造前轴力(受压)分别为 -11439.3kN和 -11505.0kN,改造后轴力(受压)分别为 -10280.1kN 和 -10342.7kN,绝对值分别降低 10.13% 和 10.11%。

3)上竖杆与下竖杆

图 4-24 和图 4-25 分别给出改造前后上(下)竖杆轴力计算结果。图中可知,上下竖杆均为受拉状态,其中支座处竖杆轴力最大。上竖杆 B0-C0 改造前轴力为 -2608.2kN,改造后为 -2362.4kN,绝对值降低 9.42%。B20-C20 改造前轴力为 -2794.9kN,改造后为 -2561.1kN,绝对值降低 8.37%。下竖杆 M0-C0 改造前轴力为 -2947.7kN,改造后为 -2676.5kN,绝对值降低 9.20%。M20-C20 改造前轴力为 -2855.5kN,改造后为 -2621.6kN,绝对值降低 8.19%。

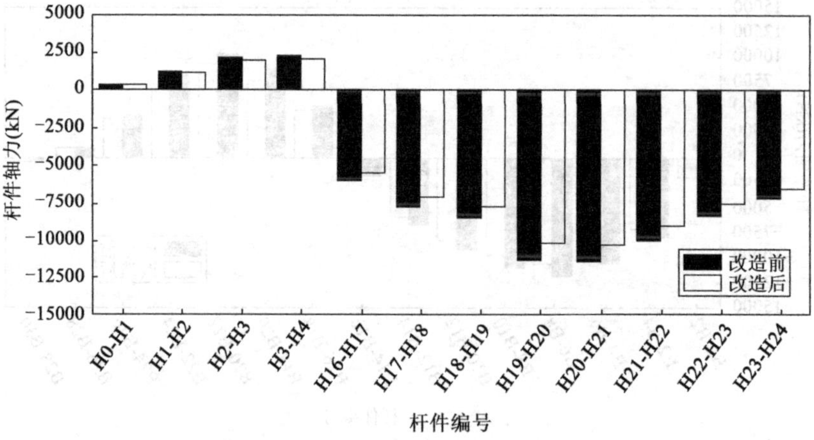

图 4-23　改造前后加劲弦轴力计算值对比图(单位:kN)

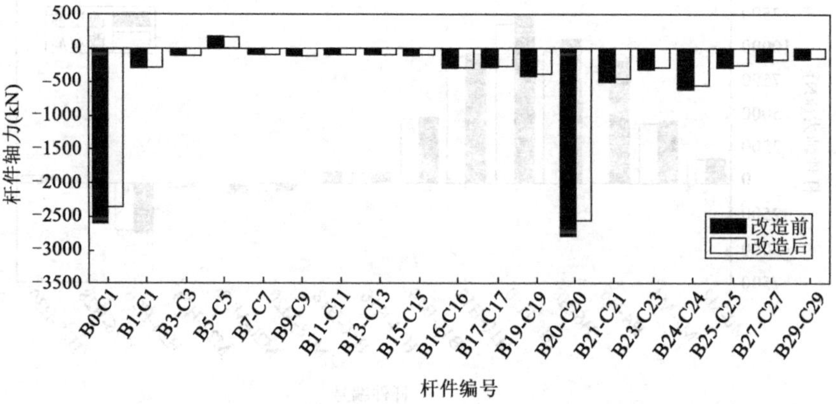

图 4-24　改造前后上竖杆轴力计算值对比图(单位:kN)

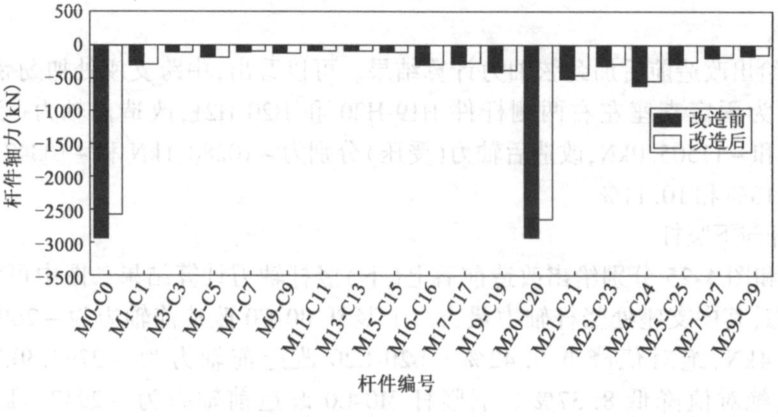

图 4-25　改造前后下竖杆轴力计算值对比图(单位:kN)

4）上斜杆与下斜杆

图4-26给出改造前后上斜杆轴力计算结果。由图可知，改造前上斜杆轴力（受压）最大位置在B14-C15，轴力值为-5177.6kN；改造后上斜杆轴力（受压）最大位置同样在B14-C15，轴力值为-4691.9kN，绝对值降低9.39%。改造前上斜杆轴力（受拉）最大位置在B16-C15，轴力值为4209.3kN，改造后上斜杆轴力（受拉）最大位置同样在B16-C15，轴力值为3852.4kN，绝对值降低8.48%。

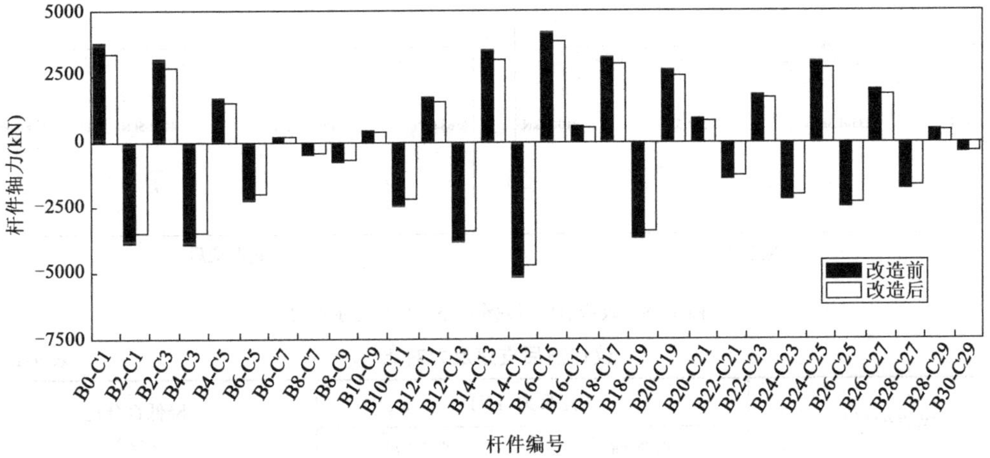

图4-26　改造前后上斜杆轴力计算值对比图（单位：kN）

图4-27给出改造前后下斜杆轴力计算结果。由图可知，改造前下斜杆轴力（受压）最大位置在H16-C15，轴力值为-5481.2kN，改造后下斜杆轴力（受压）最大位置同样在H16-C15，轴力值为-4791.9kN，降低12.44%；改造前下斜杆轴力（受拉）最大位置在H14-C15，轴力值为4170.9kN，改造后下斜杆轴力（受拉）最大位置同样在H14-C15，轴力值为3871.7kN，降低7.17%。桥面系改造后斜杆轴力同样有较大幅度降低，其中跨中区域斜杆轴力较小。

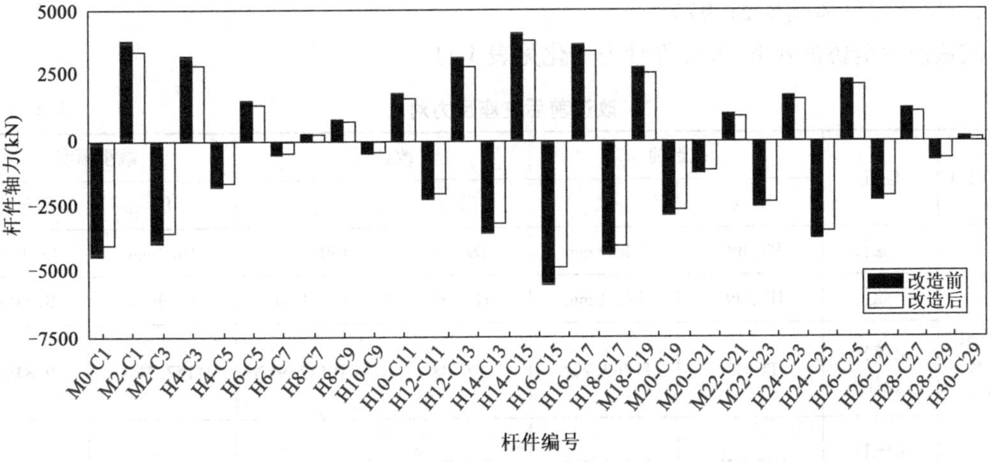

图4-27　改造前后下斜杆轴力计算值对比图（单位：kN）

3. 支座反力

南京长江大桥桥面系改造前后恒载作用下支座反力变化对比见图4-28和表4-10。

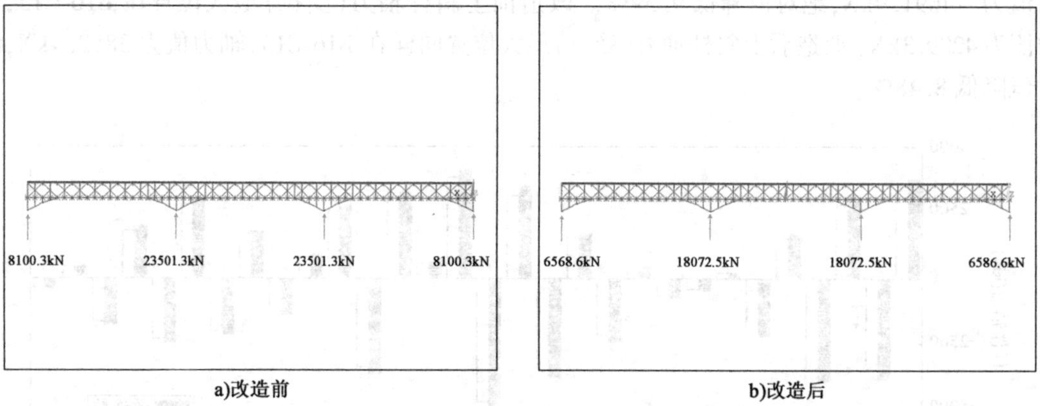

图4-28 改造前后恒载作用下支座反力示意图

改造前后支座反力对比 表4-10

节点编号	支座反力(kN)		降低百分比(%)
	改造前	改造后	
H0, HH0	8100.3	6586.6	18.7
H20,HH20	23501.3	18072.5	23.1
H20′, HH20′	23501.3	18072.5	23.1
H0′, HH0′	8100.3	6586.6	18.7
合计	63203.2	49318.2	21.97

由表4-10可见,桥面系改造为钢结构正交异性板以及桥面铺装厚度降低后,桥面系自重减轻,支座反力整体减少21.97%。

改造前后全桥恒载下,各杆件轴力变化见表4-11。

改造前后支座反力对比 表4-11

校验项目	位置	改造前		改造后		减小幅度	
		节点	值	节点	值	值	百分比
主桁架变形最大处	上弦杆	B9,B9′	146.8mm	B9,B9′	130.5mm	16.3mm	11.10%
	下弦杆	H9,H9′	142.0mm	H9,H9′	130.1mm	11.9mm	8.38%
	上弦杆(受压)	B6-B8	11769.2kN	B6-B8	-10611.9kN	1157.3kN	9.84%
	上弦杆(受拉)	B20-B22	10503.2kN	B20-B22	9406.7kN	1096.5kN	10.44%

续上表

校验项目	位置	改造前		改造后		减小幅度	
		节点	值	节点	值	值	百分比
主桁杆件轴力最大处	下弦杆（受压）	H24-H26	3782.1kN	H24-H26	3517.6kN	264.5kN	7.00%
	下弦杆（受拉）	H8-H10	12697.2kN	H8-H10	11967.6kN	729.6kN	5.75%
	加劲弦（受压）	H19-H20，H20-H21	11439.3kN，11505.0kN	H19-H20，H20-H21	10280.1kN，10342.7kN	1213.2kN，1162.3kN	10.13%，10.11%
	上竖杆（受压）	B0-C0，B20-C20	2608.2kN，2794.9kN	B0-C0，B20-C20	2362.4kN，2561.1kN	245.8kN，233.8kN	9.42%，8.37%
	下竖杆（受压）	M0-C0，M20-C20	2947.7kN，2855.5kN	M0-C0，M20-C20	2676.5kN，-2621.6kN	271.2kN，233.9kN	9.20%，8.19%
	上斜杆（受压）	B14-C15	5177.6kN	B14-C15	-4691.9kN	485.7kN	9.39%
	上斜杆（受拉）	B16-C15	4209.3kN	B16-C15	3852.4kN	356.9kN	8.48%
	下斜杆（受压）	H16-C15	5481.2kN	H16-C15	4791.9kN	689.3kN	12.44%
	下斜杆（受拉）	H14-C15	4170.9kN	H14-C15	3871.7kN	299.2kN	7.17%

三、改造前后桥面系恒载效应分析

1. 考虑主桁变形

恒载作用下，考察多跨连续桥面受力性能以及改造后正交异性钢桥面板受力形态。恒载包括钢结构正交异性板自重与桥面铺装荷载，并考虑主桁架共同变化，耦合分析桥面板变形与内力状态。

1）改造前后桥面板变形

改造前后桥面板变形见图4-29。

分别选取桥面板横桥向三个不同位置绘制竖向挠度曲线：行车道板中梁、行车道板边梁和人行道板边梁，见图4-30、图4-31。

由图4-30可见，改造前桥面系恒载作用下，边跨桥面板竖向挠度较大，最大挠度达89.09mm，并发生在行车道板中梁边跨跨中处。行车道板与人行道板边梁跨中竖向挠度分别为87.98mm和86.39mm。

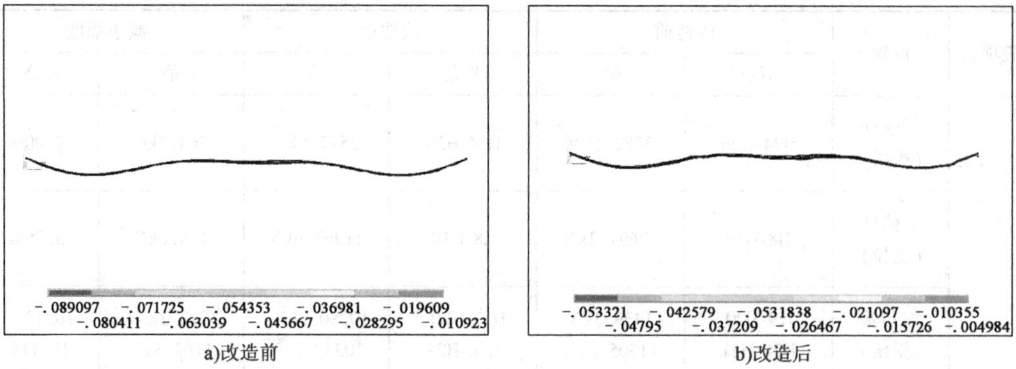

图 4-29 改造前后桥面板整体位移图(单位:m)

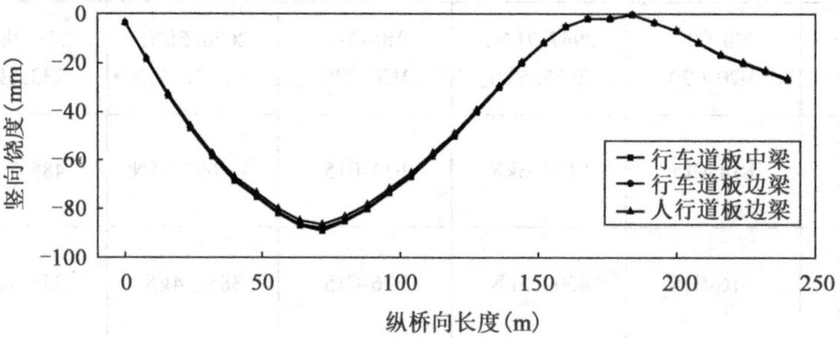

图 4-30 改造前桥面板竖向挠度曲线

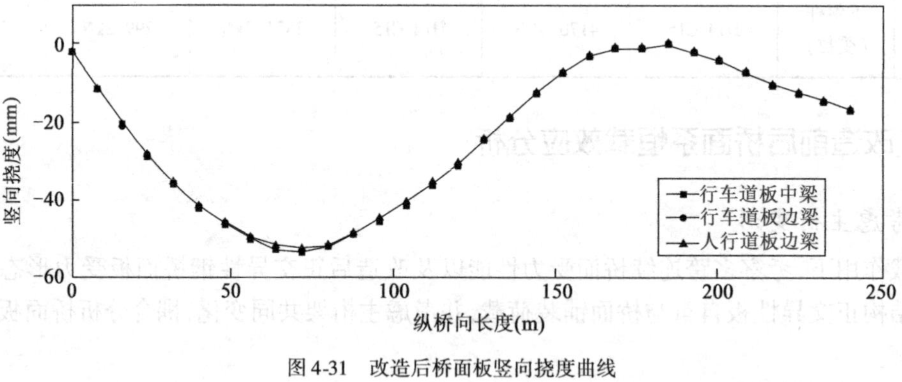

图 4-31 改造后桥面板竖向挠度曲线

由图 4-31 可见,改造后桥面系恒载作用下,边跨桥面板竖向挠度较大,最大挠度达 53.32mm,并发生在行车道板中梁边跨跨中处。行车道板和人行道板边梁跨中竖向挠度分别为 53.07mm 和 52.18mm。

改造前后跨中最大竖向挠度降低 35.77mm,桥面板变形得到较大程度改善。

2)钢结构正交异性板应力分布

桥面板(车行道板和人行道板)等效应力分布见图 4-32 和图 4-33。

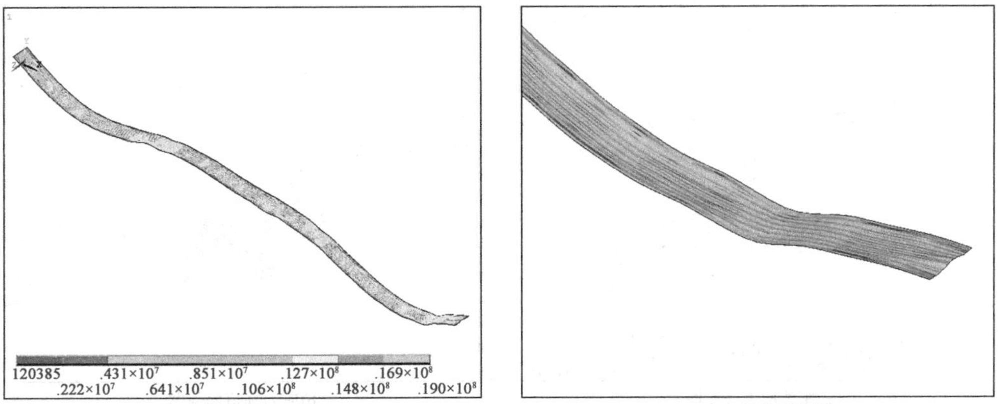

a)整体应力分布图　　b)应力峰值局部图

图 4-32　3×160m 行车道板等效应力分布图(单位:Pa)

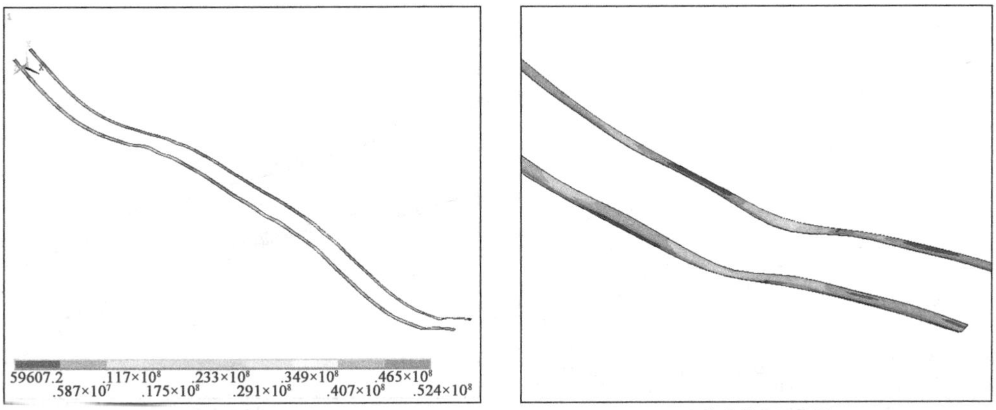

a)整体应力分布图　　b)应力峰值局部图

图 4-33　3×160m 人行道板等效应力分布图(单位:Pa)

由图 4-32 可知,行车道板应力较小区域主要分布于 8m 节间,应力范围 0～2.22MPa;应力稍大区域分布于横肋与纵梁交会附近,应力范围 2.22～4.31MPa;应力最大处位于支座附近,应力范围 4.31～7.54MPa。由图 4-32 可知,人行道板在两边跨跨中区域和墩顶附近区域应力较大,而中跨跨中区域应力则相对较小,各支座处应力仍为最大。

桥面板纵桥向应力分布见图 4-34 和图 4-35。

由图 4-34 可知,行车道板纵桥向,墩顶位置以拉应力为主,8m 节间以压应力为主,但横桥向 8m 节间两端应力为较小拉应力,较大拉应力集中在行车道板边梁腹板、横肋腹板、行车道板三者交会处。

根据桥面板变形曲线可知,行车道板在桥墩附近产生负弯矩,跨中附近产生正弯矩,这些区域纵桥向应力均偏大。故选取边跨跨中、中跨跨中和墩顶三处,绘制纵桥向应力横向分布图(图 4-36),其中横桥向坐标 0 点代表行车道某侧端部。

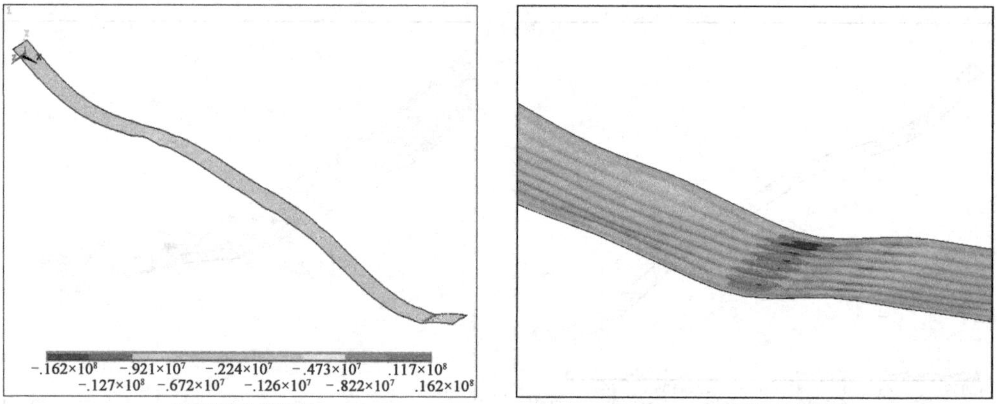

a)整体应力分布图　　b)应力峰值局部图

图4-34　3×160m行车道板纵桥方向应力分布图(单位:Pa)

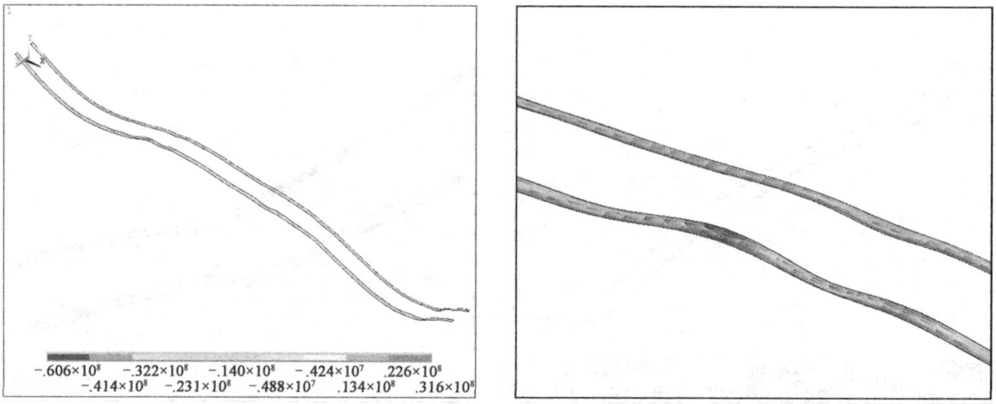

a)整体应力分布图　　b)应力峰值局部图

图4-35　3×160m人行道板纵桥方向应力分布图(单位:Pa)

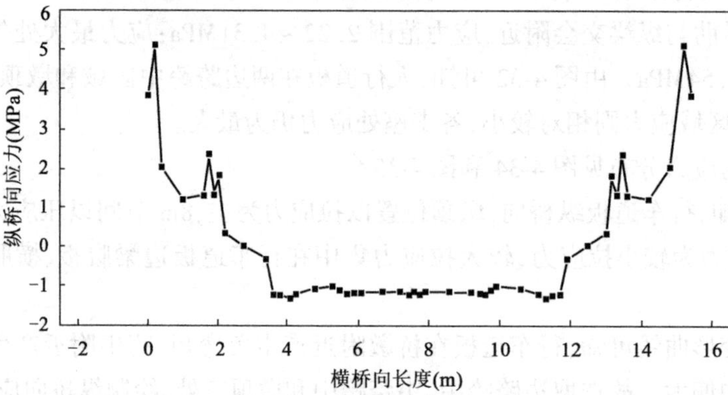

a)边跨跨中位置

图　4-36

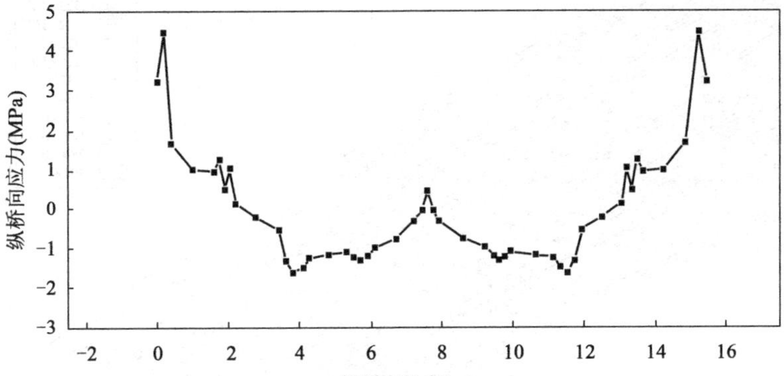

b)中跨跨中位置

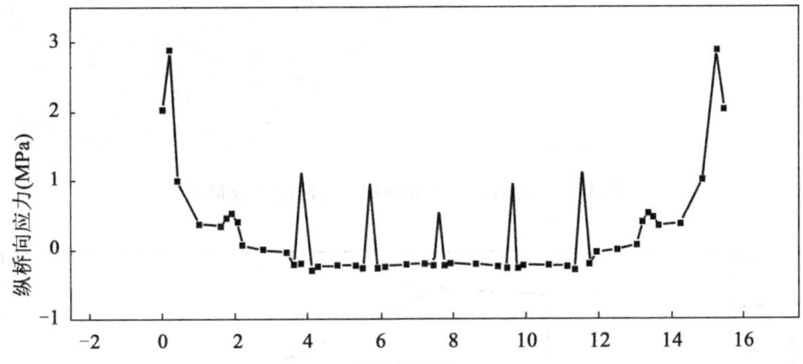

c)墩顶位置

图 4-36　行车道板纵桥向应力横向分布图

墩顶通常为负弯矩区域，计算可知行车道板并非横桥向全部受拉。拉应力位于行车道板两侧，最大值为 2.9MPa；压应力位于部分纵梁间行车道板，最大值为 -0.29MPa。

跨中为正弯矩区域，计算可知行车道板也非横桥向全部受压。跨中行车道板中间区域压应力主导，最大值为 -1.611MPa；行车道板两端拉应力主导，最大拉应力位于边纵梁、横梁和行车道板交会处，见图 4-37。

边跨跨中、中跨跨中和墩顶三处位置，人行道板横桥向应力分布见图 4-38（横桥向坐标 0 点代表人行道一侧端部位置）。

图 4-39 可知，无论是墩顶负弯矩区，还是跨中正弯矩区，人行道板横桥向应力均以受拉为主。其中，中跨跨中人行道板两端拉应力较大，主要由于钢结构正交异性板固定支座和单向活动支座均设置于跨中。

2. 不考虑主桁变形

上述分析中，改造前后最大竖向挠度为 89.09mm 和 53.32mm，主桁变形占大部分比例。但实际施工中，钢结构正交异性板为分段拼装，桥面系并不会随着主桁变形而变形。

故本节不考虑主桁变形影响，按钢结构正交异性板实际支座约束位置和方式进行计算。具体来说，改造后新桥面系在主桁上弦每节间公路横梁处均设有竖向支座，单跨 8m 的 60 跨连续梁为公路纵梁的计算模型。

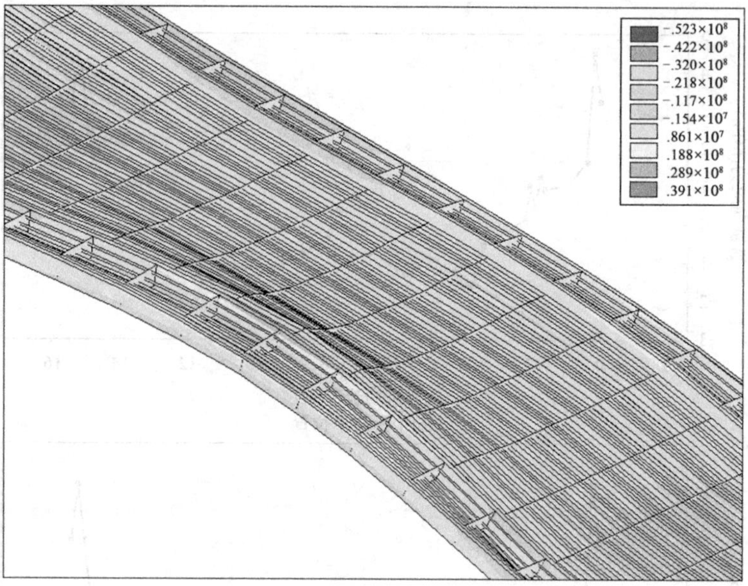

图 4-37　钢结构正交异性板纵桥向应力分布图

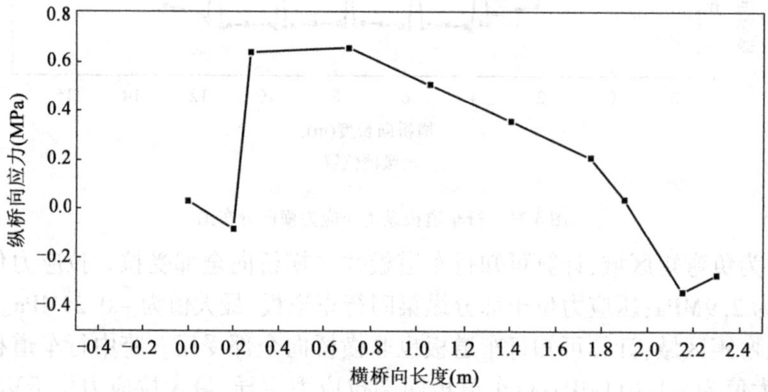

a)边跨跨中位置

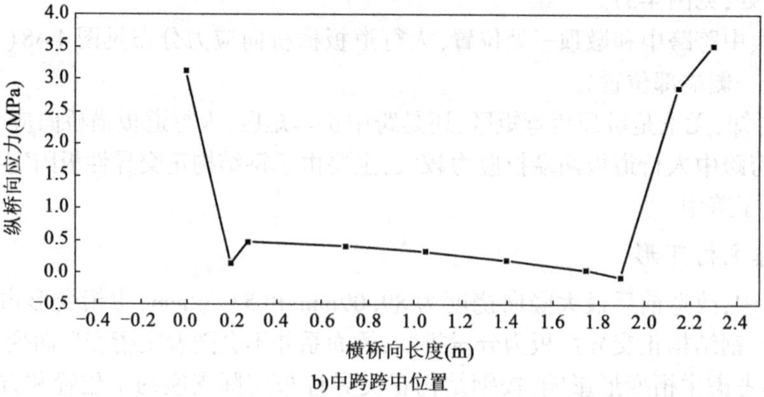

b)中跨跨中位置

图　4-38

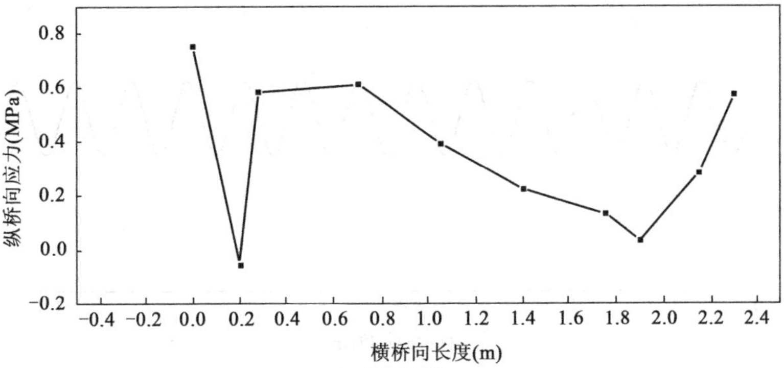

c)墩顶位置

图 4-38 人行道板横桥向应力分布图

1)桥面板变形

改造后桥面板变形见图 4-39。

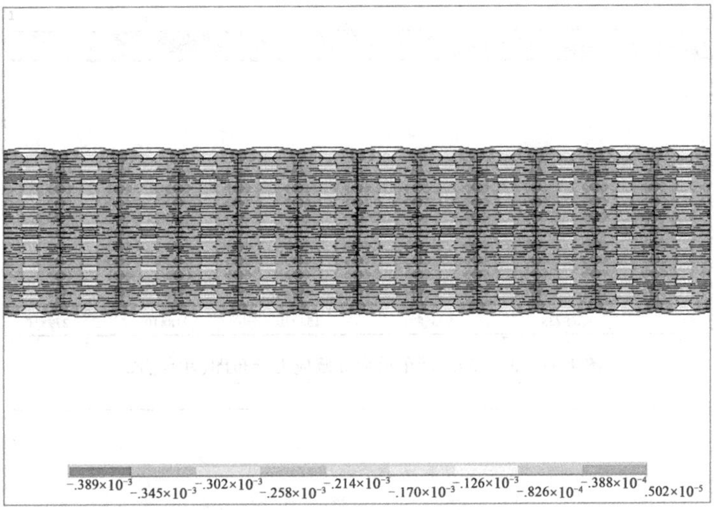

图 4-39 新桥桥面系竖向位移示意图(单位:m)

由图 4-39 和图 4-40 可知,桥面板在自重和桥面铺装作用下,其竖向挠度仅于每跨 8m 节间,最大挠度 0.389mm;相比上节中桥面系与主桁共同变形,仅考虑桥面板时变形较小。

2)钢结构正交异性板应力分布

由图 4-41 和图 4-42 可知,桥面板(行车道板和人行道板)支座附近应力较大。支座处桥面板应力最大,变化范围为 2.01 ~2.79MPa;接近支座处应力其次,变化范围为 1.22MPa 到 1.88MPa;远离支座处应力最小,为 0.71MPa 以内。

桥面板纵桥向应力分布见图 4-43 和图 4-44。

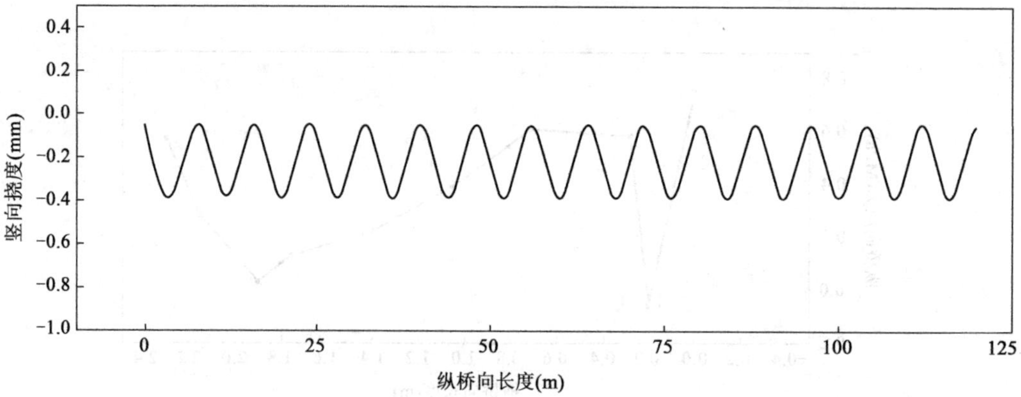

图 4-40　桥面板竖向挠度曲线

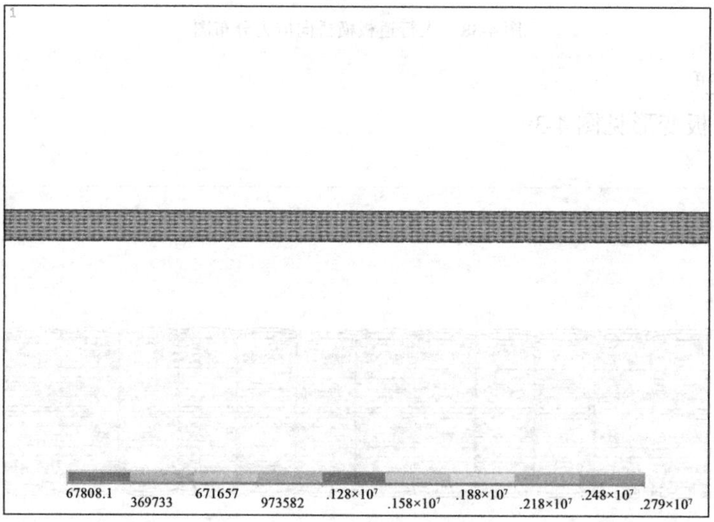

图 4-41　3×160m 行车道板等效应力分布图(单位:Pa)

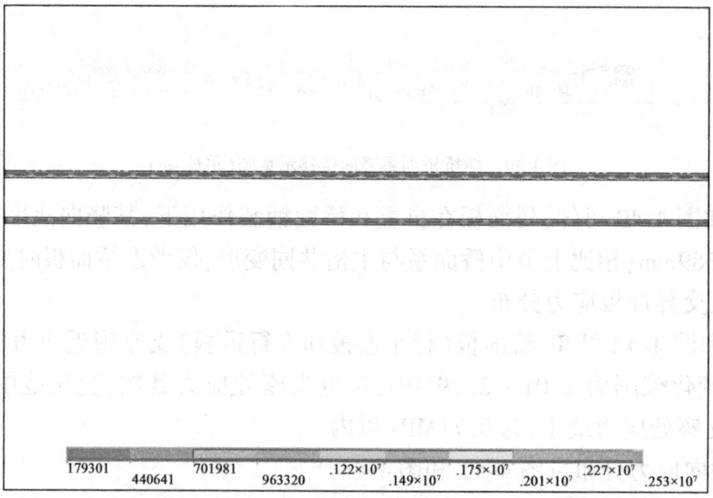

图 4-42　3×160m 人行道板等效应力分布图(单位:Pa)

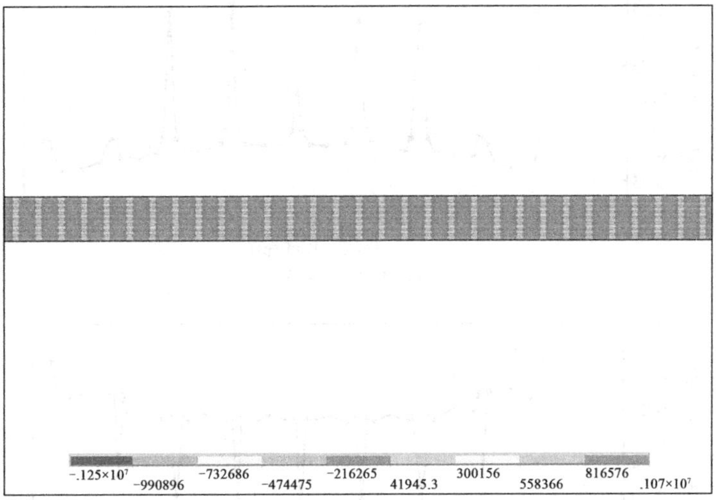

图 4-43 3×160m 行车道板纵向应力分布图(单位:Pa)

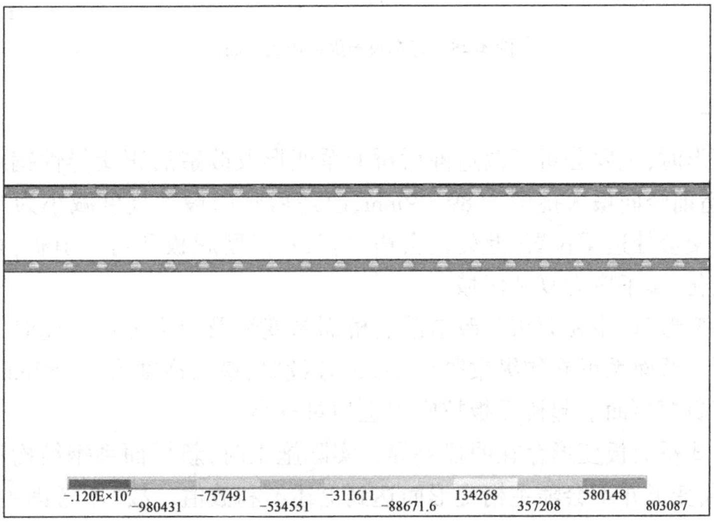

图 4-44 3×160m 行车道板纵向应力分布图(单位:Pa)

由图 4-43 和图 4-44 可知,桥面板纵桥向应力受拉区均在公路横梁支座处,受压区均在 8m 节间。行车道板和人行道板靠近支座处应力较大。

选取行车道板 8m 节间跨中和端部,绘制横桥向纵向应力分布图,见图 4-45(横桥向坐标 0 点代表行车道一侧端部位置)。

由图 4-45 可知,8m 节间端部行车道板纵向以拉应力为主,纵梁腹板处拉应力较大,为 0.034MPa;8 米节间跨中行车道板纵向以压应力为主,纵梁腹板处较大,为 -0.216MPa。

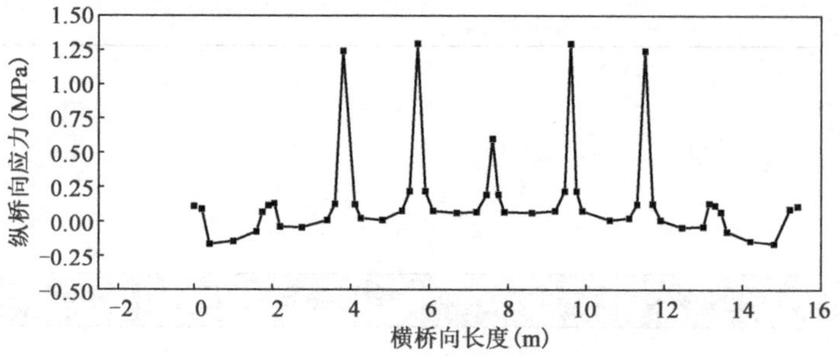

a)8m节间端部位置

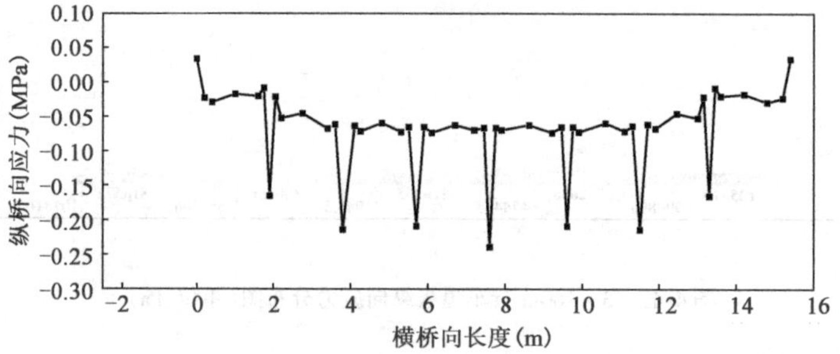

b)8m节间跨中位置

图4-45　行车道板纵向应力分布图

3. 分析对比

考虑主桁变形时,主要分析了改造前后桥面系变形及改造后正交异性钢结构桥面系应力分布。其中,改造前竖向最大挠度为89.09mm,改造后竖向最大挠度减小为53.32mm。行车道板和人行道板交会处边梁位置,此处交会边梁腹板、横肋腹板和行车道板,且正交异性板截面高度也发生变化,属于应力复杂区域。

不考虑主桁变形时,主要分析了改造前后桥面系变形及应力分布。此时钢结构正交异性板受力性能良好。桥面系可看作纵梁跨径8m的连续梁,最大挠度为0.389mm。因此,由变形产生连续梁支座负弯矩而引起桥面板拉应力也相对较小。

两种分析方式桥面板变形存在明显差异。实际施工时,新桥面系钢结构正交异性板均为分段拼装,其挠曲变形并不会随主桁变形而达到上述不利数值。故“不考虑主桁变形”分析方法更符合实际情况。

四、改造前后列车荷载效应分析

主桥改造中,桥面系自重对钢结构正交异性板力学影响并不显著,主桁变形影响较大。桥面系改造后,列车以较快速度通过主桥时,同样会引起主桁较大变形。故本节考虑列车活载与桥面系自重共同作用下的主桁变形,并分析其对桥面系的受力影响。参照《铁路桥涵设计规范》(TB 10002—2017)4.3.1条“中-活载”计算图式,每列车按80kN/m全跨满布加载、双线布载。

1. 改造前后主桁受力性能

1) 主桁结构变形

列车荷载作用下,桥面系改造前后主桁结构变形见图 4-46。

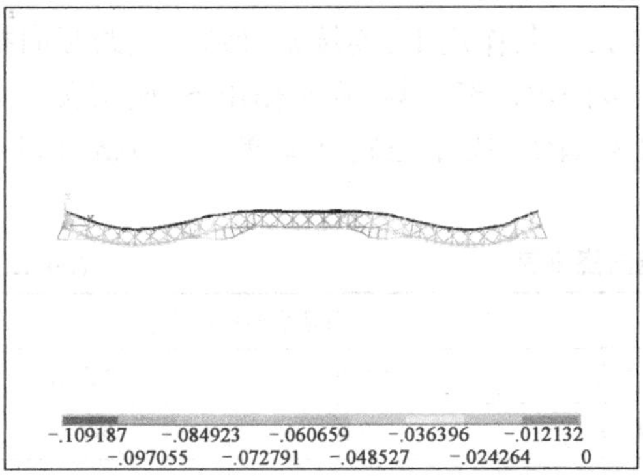

a)改造前

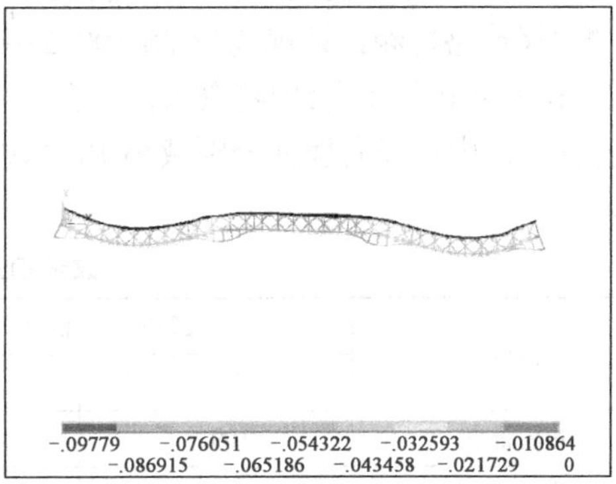

b)改造后

图 4-46　桥面系改造前后主桁结构变形图(单位:m)

图 4-47 给出主桁上弦节点 B0-B30-B0′和下弦节点 M0-H30-M0′竖向挠度数据对比(各杆件位置见图 4-11)。

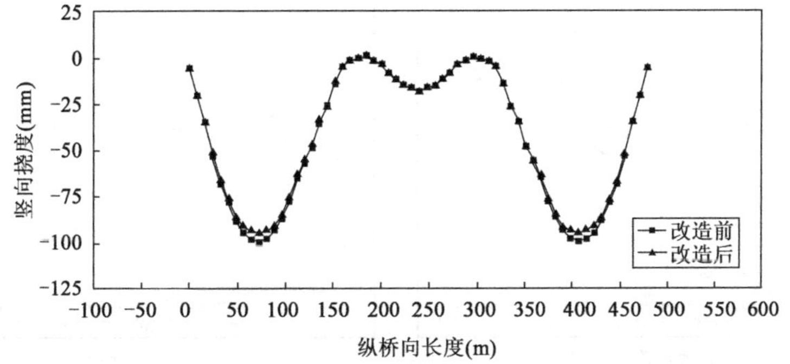

a)上弦节点

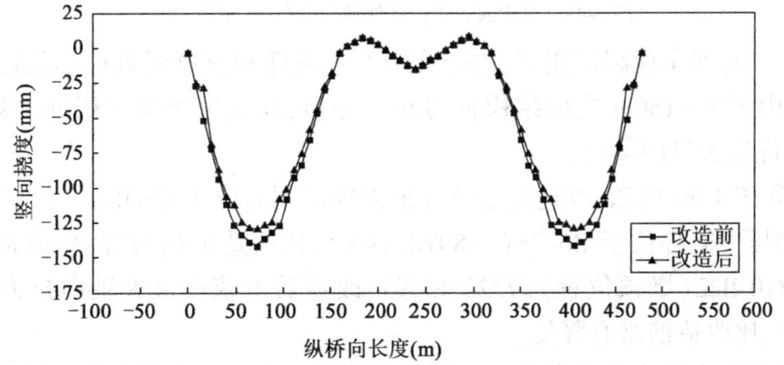

b)下弦节点

图 4-47　主桁架节点竖向挠度曲线对比图

可以看出,列车荷载作用下改造前后主桁最大挠度均发生于两边跨跨中。上弦节点最大挠度位于 B9 和 B9′处,改造前后分别为 99.5mm 与 94.7mm,减少 4.8mm,降低 4.82%。下弦节点最大挠度位于 H9 和 H9′处,改造前后分别为 139.2mm 与 127.8mm,减少 11.4mm,降低 10.4%。由于新桥面系为 3×160m 连续结构,原公路纵梁为 8m 等跨四跨连续梁,每联 32m。改造后桥面系整体刚度较大,连接性能较好,对主桁变形受力有利。

根据《铁路桥涵设计规范》(TB 10002—2017),活载作用下,连续桁梁结构边跨竖向挠度需控制在 $L/900$ 范围内,中跨最大值需在 $L/750$ 范围内。经计算,列车作用下,南京长江大桥改造前后边、中跨竖向挠度分别减小 10.44% 和 3.84%(表 4-12),竖向变形经改造得到一定改善。

改造前后竖向挠度值 表 4-12

挠度	改造前竖向挠度(mm)		改造后竖向挠度(mm)	
	计算值	容许值	计算值	容许值
边跨挠度	109.2	200.0	97.8	200.0
中跨挠度	18.3	240.0	17.6	240.0

2)主桁杆件轴力

列车荷载作用下,桥面系改造前后 3×160m 主桁杆件轴力分布见图 4-48。

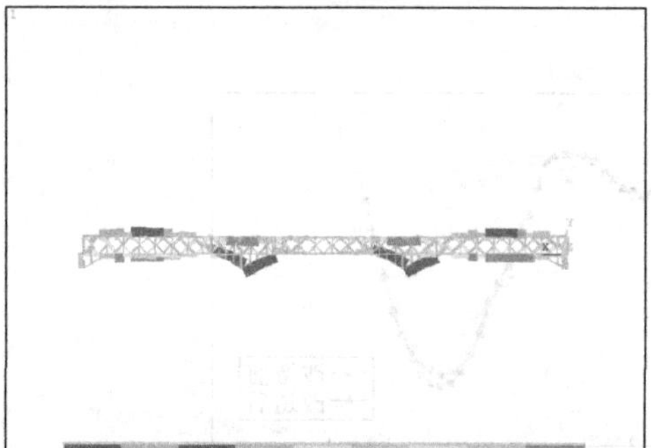

a)改造前

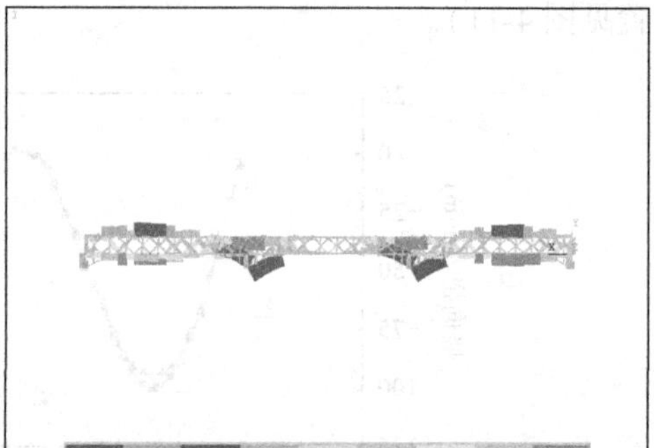

b)改造后

图 4-48 改造前后主桁杆件轴力分布图(单位:N)

由图 4-48 可知,列车荷载作用下,边跨跨中上下弦杆和支座附近(包括加劲弦、竖杆和斜杆)轴力较大。由于 3×160m 主桁结构轴力对称分布,仅列出半幅主桁轴力数值,见图 4-49 和图 4-50(各杆件位置见图 4-11)。

由图 4-49 和图 4-50 可知,改造前上弦杆最大轴向压力位于 B6-B8(-8869.7kN),改造后上弦杆最大轴向压力同样位于 B6-B8(-8978.1kN),比改造前略有提高;改造前上弦杆最大轴向拉力位于 B20-B22(墩顶位置)(7322.8kN),改造后上弦杆最大轴向拉力同样位于 B20-B22(7281.9kN),比改造前略有降低。

改造前下弦杆最大轴向拉力位于 H8-H10(7495.1kN),改造后下弦杆最大轴向拉力同样位于 H8-H10(7592.6kN),比改造前略有升高;改造前后下弦杆轴向压力较小,见图 4-51。

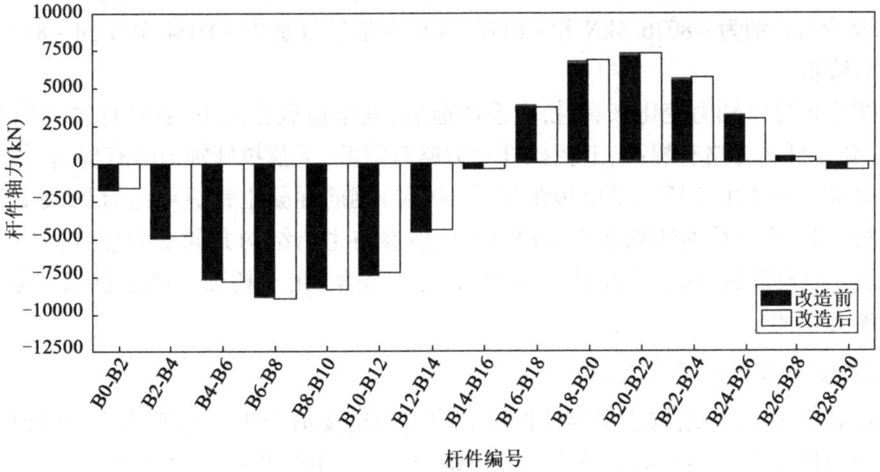

图 4-49　改造前后上弦主桁轴力对比图(单位:kN)

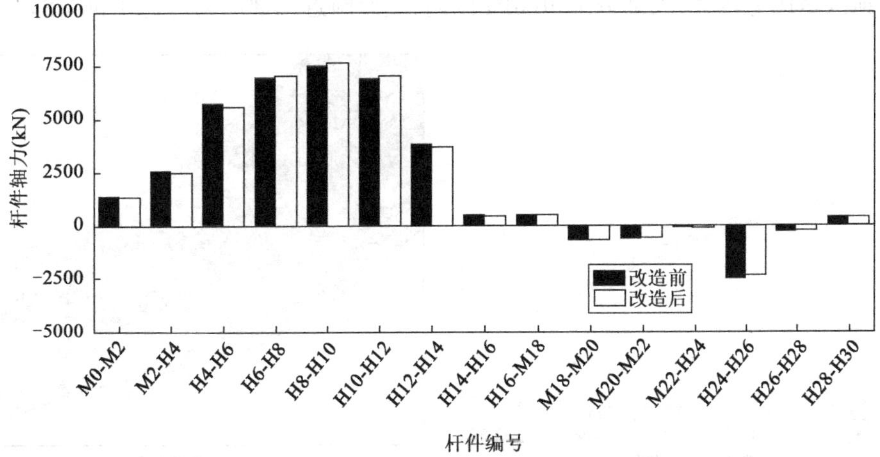

图 4-50　改造前后下弦主桁轴力对比图(单位:kN)

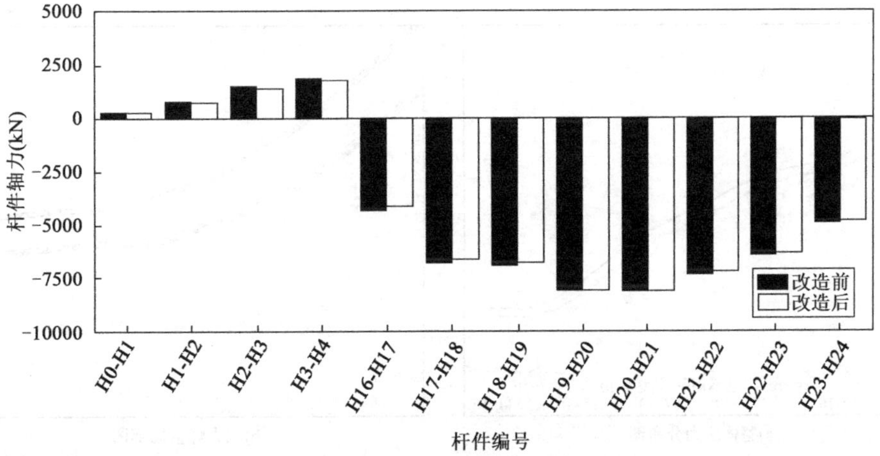

图 4-51　改造前后加劲弦轴力对比图(单位:kN)

由图 4-51 可知,中跨支座处加劲弦轴向压力较大,为固定支座左右两侧杆件 H19-H20 和 H20-H21;改造前分别为 -8076.4kN 和 -8116.1kN,改造后分别为 -8064.5kN 和 -8104.3kN,比改造前略有降低。

从上述主桁杆件轴力变化来看,桥面系改造后,列车荷载作用下,各杆件轴力均在小范围内波动:上弦压杆轴力略有提高,上弦拉杆轴力略有降低,下弦拉杆轴力略有提高,加劲弦压杆轴力略有降低。主要由于桥面系由传统轻质(陶粒)钢筋混凝土钢纵梁组合形式变为正交异性钢结构板、梁,桥面系整体刚度有所提高,更多参与主桁结构共同受力导致主桁框架截面中性轴上移,故改造后下弦杆轴向拉力有所增大。当然,由于桥面系刚度贡献有限,其变化对轴力影响并不明显。

2. 改造后桥面板受力性能

列车荷载作用下,钢结构正交异性板应力均由主桁变形产生。上节已计算得到主桁上弦节点最大竖向挠度为 94.7mm,本节重点分析钢结构正交异性板的应力分布。

图 4-52 和图 4-53 给出桥面板(行车道板和人行道板)等效应力分布图,行车道板两边跨跨中和墩顶区域应力较大,大部分 1.70MPa 以内,支座附近局部应力可达 3.50MPa。

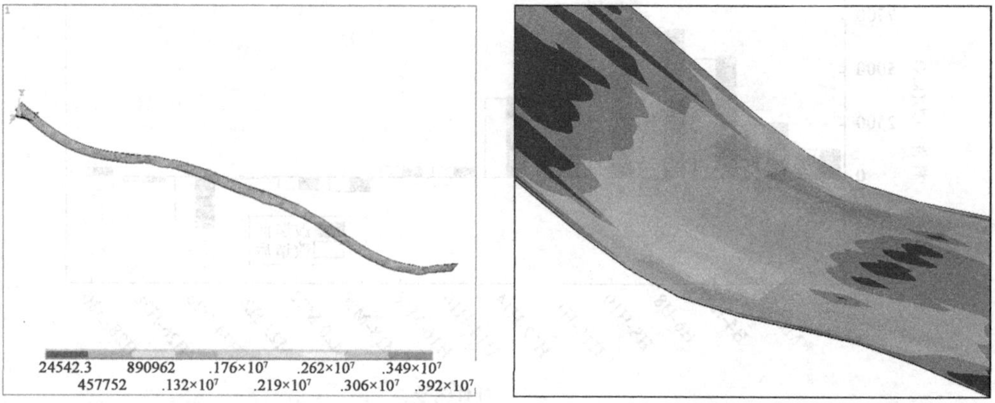

a)整体应力分布图　　b)应力峰值局部图

图 4-52　3×160m 行车道板等效应力分布图(单位:Pa)

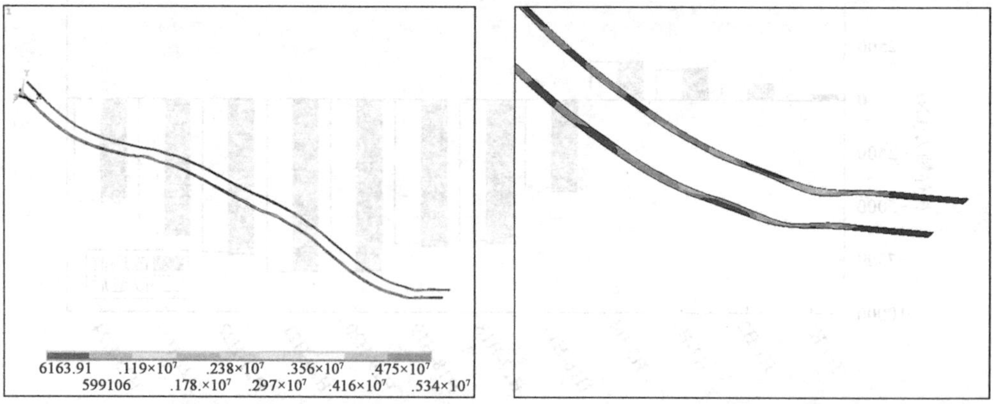

a)整体应力分布图　　b)应力峰值局部图

图 4-53　3×160m 人行道板等效应力分布图(单位:Pa)

由图 4-53 可知，人行道板等效应力分布整体趋势与行车道板类似。在两边跨跨中和墩顶区域应力较大，大部分在 2.40MPa 之内，但在人行道板横向两端存在应力集中，尤其在行车道板、横梁腹板、行车道边梁腹板三者交会处，最大可达 4.75MPa。

桥面板纵桥向应力分布见图 4-54 和图 4-55。

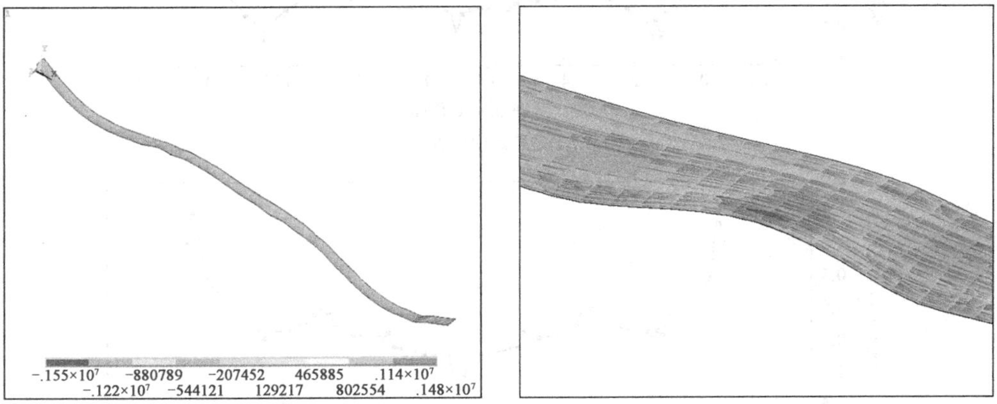

a)整体应力分布图　　b)应力峰值局部图

图 4-54　3×160m 行车道板纵桥方向应力分布图(单位:Pa)

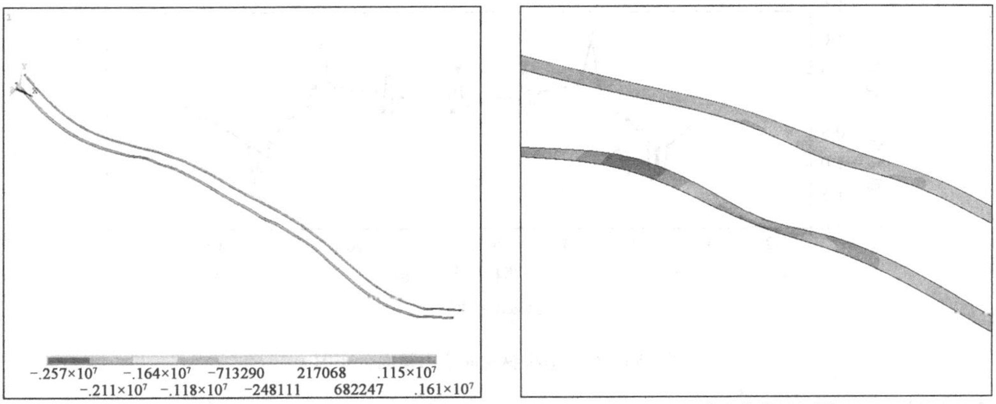

a)整体应力分布图　　b)应力峰值局部图

图 4-55　3×160m 人行道板纵桥方向应力分布图(单位:Pa)

图 4-54 和图 4-55 给出桥面板(行车道板和人行道板)纵桥向应力分布。由图 4-54 可见，行车道板总体处于受压状态，压应力较小(小于 1.48MPa)；仅在墩顶附近受拉，即纵梁腹板、横肋腹板和行车道板交会处。由图 4-55 可见，人行道板跨中区域受压，墩顶区域受拉，人行道板横向两端有应力集中现象。

选取边跨跨中、中跨跨中和墩顶三处位置，分析行车道板纵桥向应力横向分布，见图 4-56(横桥向坐标 0 处代表行车道一侧端部位置)。

墩顶处为负弯矩区域，行车道板横向中间区域受拉，两端受压；较大拉应力位于纵梁处，最大 1.15MPa。跨中处为正弯矩区域，行车道板横向中间区域受压，两端受拉；较大拉应力位于行车道板边梁处，最大 1.51MPa。

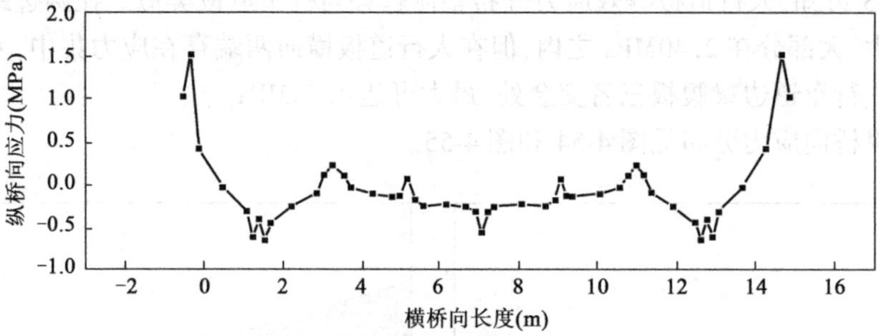

a)边跨跨中位置

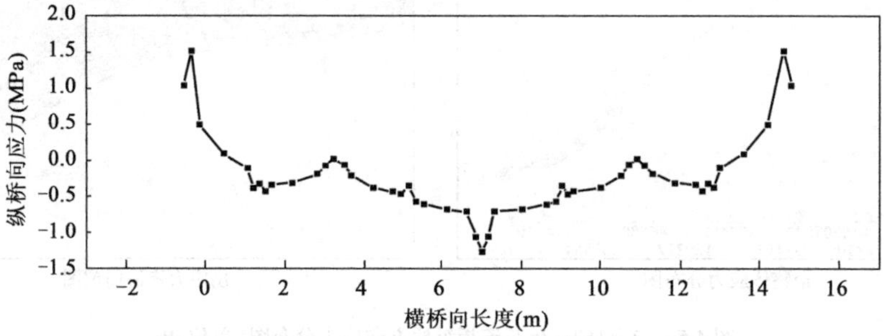

b)中跨跨中位置

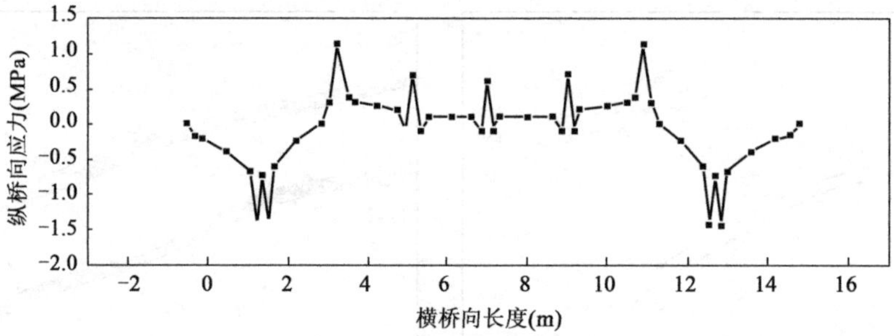

c)墩顶位置

图 4-56　行车道板纵桥向应力横向分布图

3. 小结

桥面系改造后,采用钢结构正交异性板 3×160m 连续梁结构,与主桁上弦公路横梁通过钢支座连接,桥面系与主桁联系更加紧密,主桁变形对新桥面系影响比改造前更加明显。

计算表明,改造后正交异性钢桥面系整体性较好, 连接性较强, 显著提高了主桁结构整体刚度。列车荷载作用下,主桁结构变形与部分构件轴力均有所降低,主桁挠度略有减小;桥面板受主桁变形影响较小,大部分拉应力较小,仅纵梁处拉应力偏高;行车道板和人行道板交会处存在应力集中,后续养护中需注意。

五、改造过程静力行为分析

实际施工主要步骤为"拆除原桥面系"和"安装新桥面系"两部分,其具体拆装顺序为:由中心向两侧对称拆除桥面系及附属设施,由 0 号、10 号墩开始向桥梁中间方向对正交异性钢结构桥面系安装。

南京长江大桥桥面系施工在铁路运营空窗期进行。因此，维修改造过程中，上部施工操作和下方列车交替出现，需同时考虑恒载作用和列车活载作用（按 80kN/m 加载）下，桥面系变化、主桁主要杆件轴力变化等，其中边跨跨中上下弦杆和支座附近加劲弦轴力较大。本节将在不同施工过程对该部分杆件的轴力进行比较分析。

1. 原桥面系拆除过程

桥面系拆除可有多种方式，如各跨同时拆除、从两边向中心对称拆除、从中心向两侧对称拆除等，见图 4-57、图 4-58。

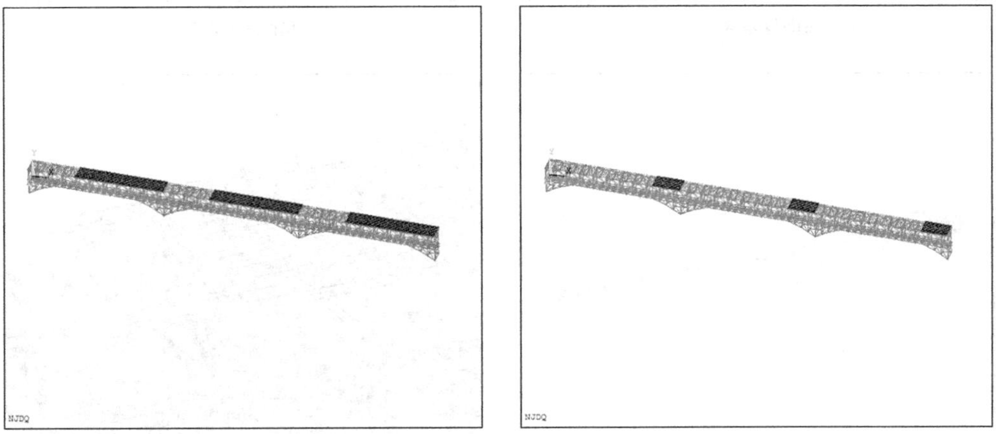

图 4-57　各跨同时拆除

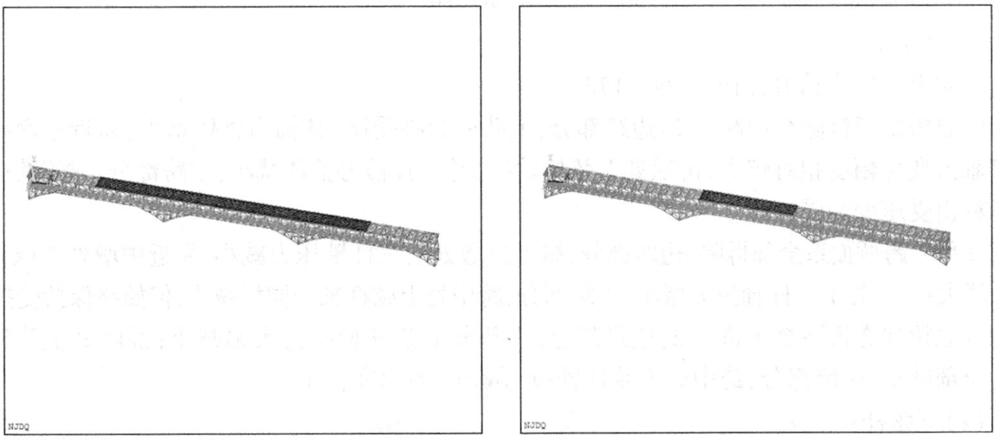

图 4-58　两边向中心对称拆除

根据实际施工方案，在 ANSYS 中通过单元生死命令，逐渐由中心向两边“杀死”原桥面系单元，模拟“由中心往两边侧对称拆除”，见图 4-59。分别选取中跨拆除至 1/2（拆除状态一）、中跨全部拆除（拆除状态二）和边跨拆除至 1/2（拆除状态三）三个过程，与改造前状态进行比较（各杆件位置见图 4-11，20 号节点为中墩正上方，16～24 号节点为桥墩位置）。

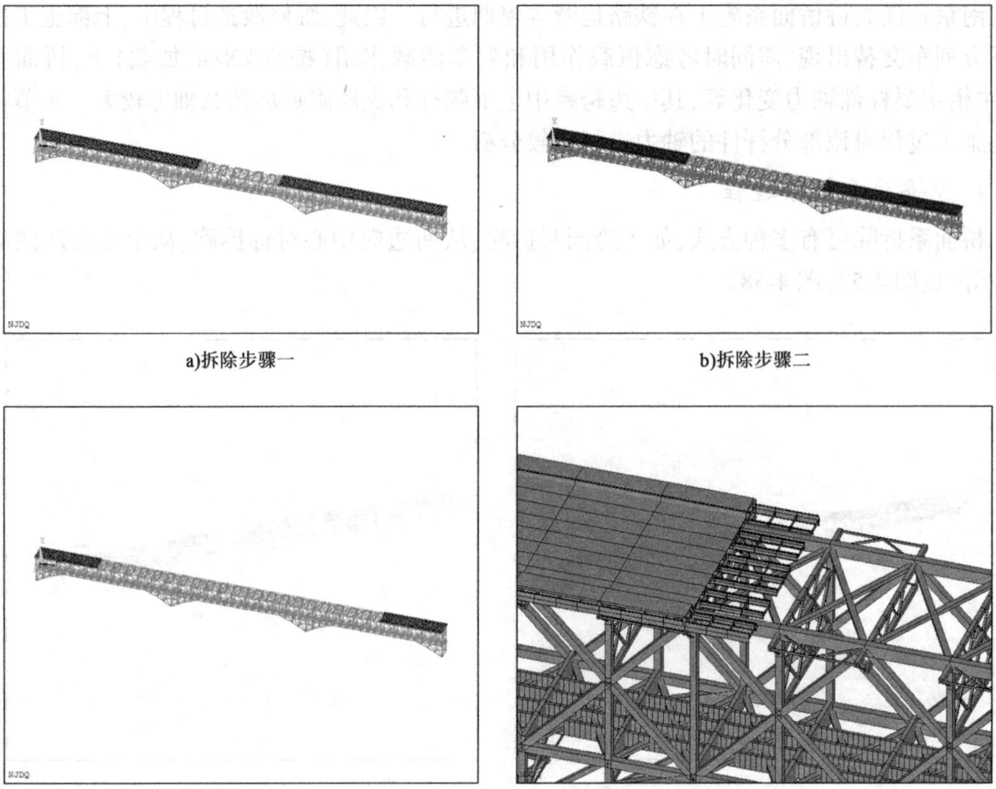

a)拆除步骤一　b)拆除步骤二

c)拆除步骤三　d)拆除细部图

图 4-59　中心向两侧对称拆除

(1)上弦杆

针对上弦主桁轴力,由图 4-60 可知:

①原桥状态拆除至中跨 1/2:边跨部分,上弦杆始终受压,其轴力整体增大,靠近边墩处上弦杆轴力变化幅度相对较大;桥墩处上弦杆始终受拉,其轴力整体减小;中跨部分,靠近跨中处上弦杆由受压变为受拉。

②原中跨桥面系全部拆除:边跨部分,靠近边墩处上弦杆轴压力减小,靠近中墩处上弦杆轴压力增大;桥墩处上弦杆轴拉力减小;中跨部分,跨中处上弦杆轴力同样减小,但始终保持受拉。

③原桥状态拆除至边跨 1/2:边跨部分,大部分上弦杆轴压力大幅减小;桥墩处上弦杆轴拉力全部减小;中跨部分,跨中处上弦杆轴拉力减小,但幅度较小。

(2)下弦杆

针对下弦主桁轴力,由图 4-61 可知:

①原桥状态拆除至中跨 1/2:边跨部分,下弦杆始终受拉,其轴力整体增大,靠近边跨跨中处下弦杆轴力变化幅度相对较大;桥墩处部分下弦杆由受压变为受拉,变化后轴力均较小;中跨部分,靠近桥墩处下弦杆轴压力大幅度增大,靠近跨中处下弦杆轴力由受拉变为受压,变化后轴力也较小。

②原中跨桥面系全部拆除：边跨部分，靠近边墩处下弦杆轴拉力变化幅度较小，边跨跨中附近下弦杆轴力增大；桥墩处下弦杆轴力变化较小，且始终保持受拉；中跨部分，除靠近桥墩处下弦杆轴压力增大以外，其余下弦杆轴力基本保持不变。

③原桥状态拆除至边跨 1/2：边跨部分，靠近边墩处下弦杆轴拉力增大，跨中处下弦杆轴拉力大幅度减小；桥墩处下弦杆轴拉力基本保持不变；中跨部分，下弦杆轴压力均减小。

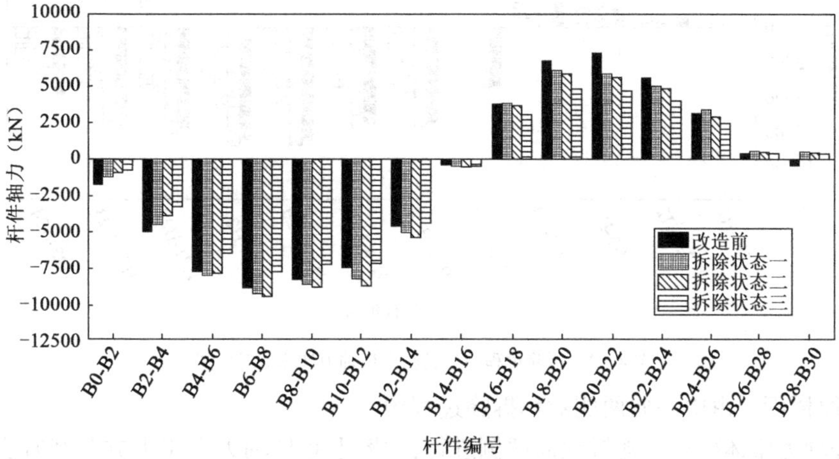

图 4-60　拆除过程中上弦主桁轴力计算值对比图

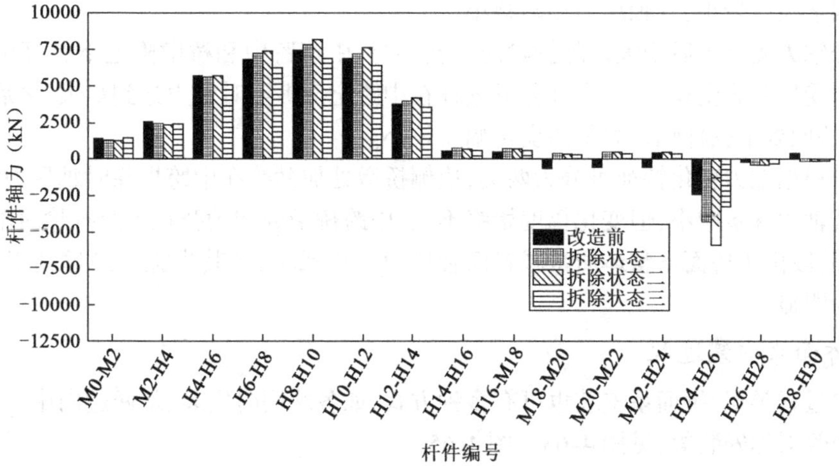

图 4-61　拆除过程中下弦主桁轴力计算值对比图

(3)加劲弦

针对加劲弦主桁轴力，由图 4-62 可知：

①原桥状态拆除至中跨 1/2：边侧桥墩处加劲弦杆轴拉力增大；中跨桥墩处加劲弦杆轴压力小幅增大。

②原中跨桥面系全部拆除：边侧桥墩处加劲弦杆轴拉力基本保持不变；中跨桥墩处加劲弦杆轴压力大幅减小，但始终保持受压。

③原桥状态拆除至边跨1/2:边侧桥墩处加劲弦杆轴拉力减小,中跨桥墩处加劲弦杆轴压力小范围减小。

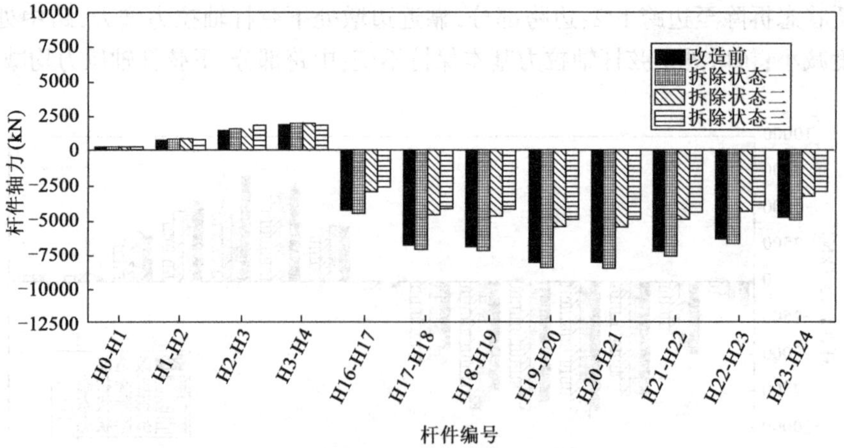

图4-62　拆除过程中加劲弦主桁轴力计算值对比图

综上,原桥面系由中心向两侧对称拆除过程中:

上弦杆轴力整体变小。随拆除向两侧进行,中跨上弦杆轴力由于上方荷载减少而轴拉力减小;当仅拆除中跨桥面系时,此时桥面系质量更多分配至边跨,导致边跨跨中处上弦杆轴压力反而增大;但当拆除继续时,其轴力也会继续减小;对于边侧桥墩处上弦杆,由于位置关系与质量分配因素关联较小,其轴压力逐渐减小。

下弦杆轴力先减小后增大。随拆除向两侧进行,中跨跨中和桥墩附近下弦杆由于桥面系拆除逐渐由受压转为受拉;其余大部分下弦杆在中跨全部拆除时轴力达到最大,之后轴力开始减小;边侧桥墩处下弦杆轴拉力整体变化幅度较小。

加劲弦根据轴力变化特征可分为两类,边侧桥墩处加劲弦在中跨拆除时轴压力增大,拆除至边跨时其轴力逐步减小,但变化幅度始终不大;中跨桥墩处加劲弦在中跨拆除时轴压力小幅增加,后续阶段由于桥面系整体质量减轻而轴压力大幅减小,尤其当施工经过其正上方时,轴力变化最为明显。

2. 新桥面系安装过程

与拆除过程类似,桥面系安装也可有多种方式,如各跨同时安装、从两边向中心对称安装、从中心向两侧对称安装等,见图4-63～图4-65。

根据实际拆除方案,逐渐由两边向中心激活改造后桥面系单元,见图4-65。选取边跨安装至1/2(安装状态一)、边跨全部安装(安装状态二)和中跨安装至1/2(安装状态三)三个过程,与改造后状态进行比较(各杆件位置见图4-11)。

(1)上弦杆

针对上弦主桁轴力,由图4-66可知:

①安装至边跨1/2:靠近边侧桥墩上弦杆轴压力较小,边跨跨中处上弦杆轴压力较大;中跨桥墩处上弦杆轴拉力较大,中跨跨中处上弦杆轴拉力较小。

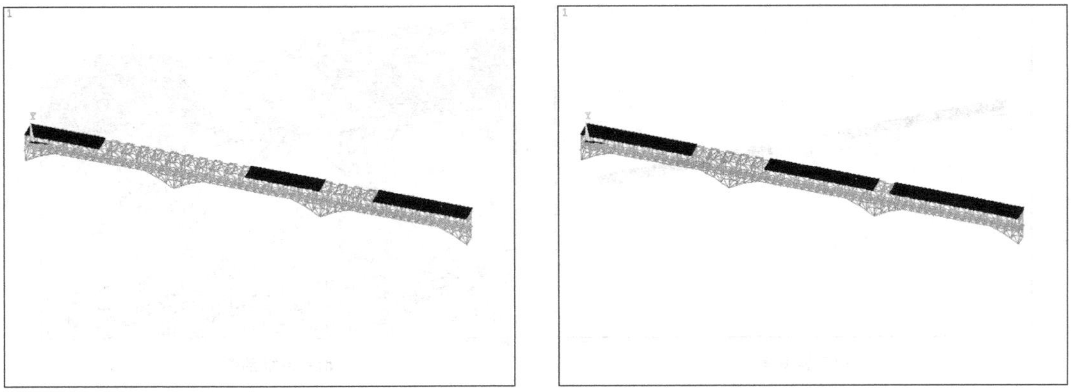

图 4-63 各跨同时安装

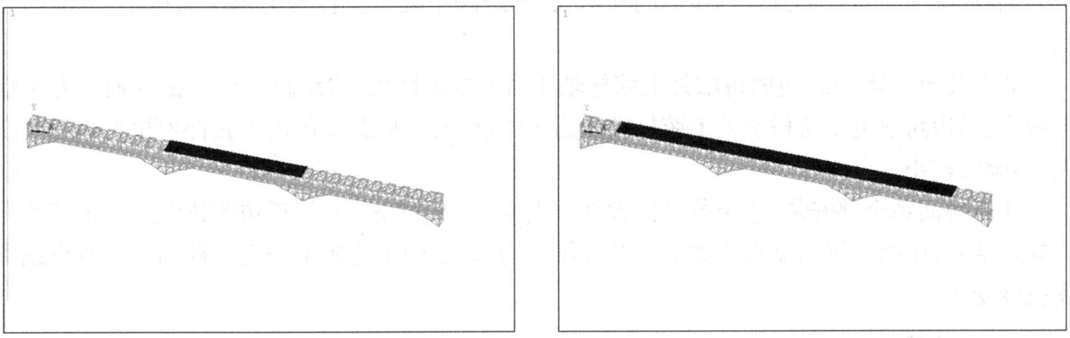

图 4-64 从中心向两侧对称安装

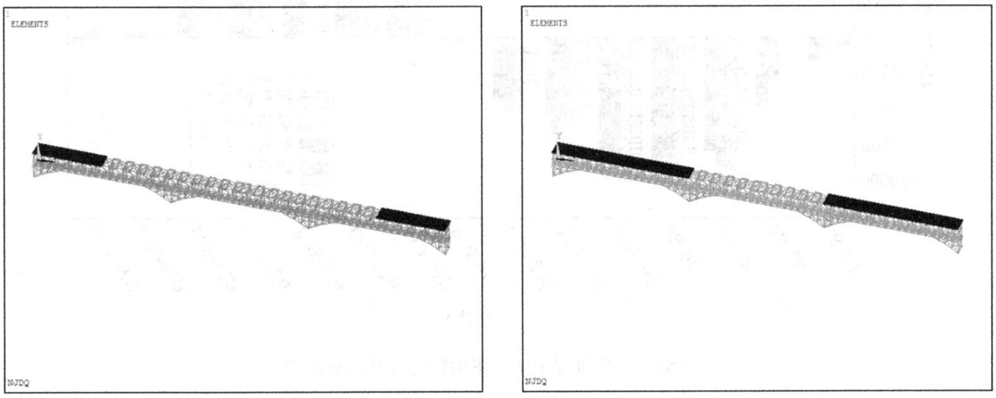

a)安装步骤一　　b)安装步骤二

图 4-65

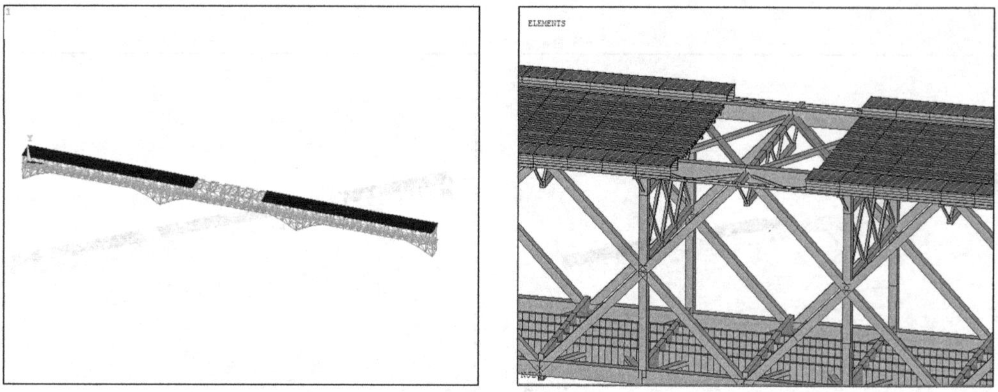

c)安装步骤三　　　　d)安装细部图

图 4-65　两边向中心对称安装

②边跨安装结束:边跨跨中处上弦杆轴压力增幅较大,边跨靠近桥墩处上弦杆轴压力小幅增大;靠近中跨桥墩处上弦杆轴拉力同样增大,中跨跨中处上弦杆轴力基本保持不变,但始终受拉。

③安装至中跨 1/2:边侧桥墩处上弦杆轴压力大幅度增大,边跨跨中处上弦杆轴压力小幅度减小,但边跨靠近中跨桥墩处上弦杆轴压力大幅度增大;中跨范围内上弦杆轴拉力均有所增大,但幅度较小。

④新桥面系全部安装:边跨范围内大部分上弦杆轴压力减小,靠近边侧桥墩处上弦杆轴力大幅度增大;中跨范围内靠近桥墩处上弦杆轴拉力增大,但中跨跨中处上弦杆轴拉力减小或由受拉变受压。

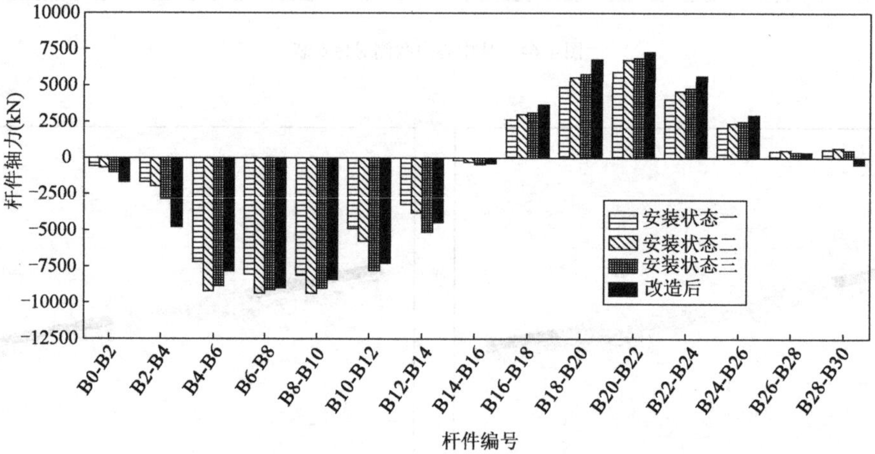

图 4-66　安装过程中上弦主桁轴力计算值对比图

(2)下弦杆

针对下弦主桁轴力,由图 4-67 可知:

①安装至边跨 1/2:边跨下弦杆轴拉力整体大于中跨下弦杆,中跨下弦杆轴压力除在 H24-H26 处较大以外,其余均很小。

②边跨安装结束:边跨范围内靠近桥墩出下弦杆轴拉力基本保持不变,靠近跨中处下弦杆轴拉力大幅增大;中跨范围内 H24-H26 下弦杆轴压力有所增大。

③安装至中跨 1/2:边跨范围内下弦杆轴拉力仍基本保持稳定,H24-H26 下弦杆轴压力有所减小。

④新桥面系全部安装:中跨范围内 H24-H26 下弦杆轴压力大幅减小,跨中附近下弦杆由受压变受拉。

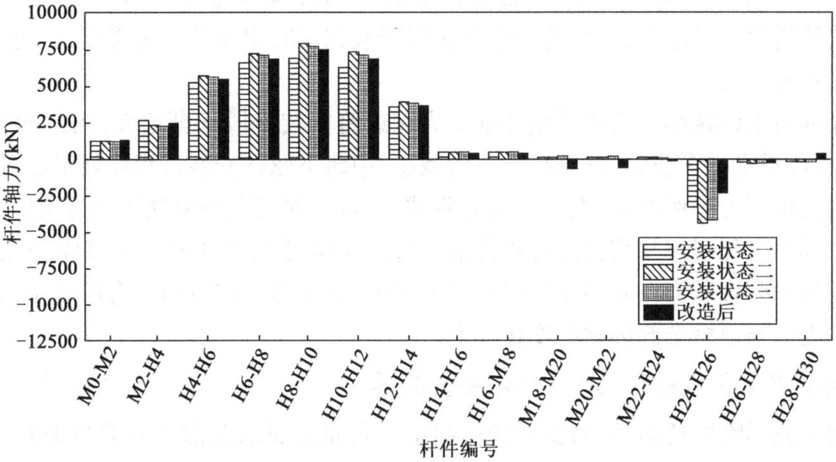

图 4-67　安装过程中下弦主桁轴力计算值对比图

(3)加劲弦

针对加劲弦主桁轴力,由图 4-68 可知:

①安装至边跨 1/2:边侧桥墩处加劲弦轴拉力均相对较小,中跨桥墩处加劲弦轴压力相对较大。

②边跨安装结束:边侧桥墩处加劲弦轴拉力基本不变或略有变大,中跨桥墩处加劲弦轴压力均有小幅增大。

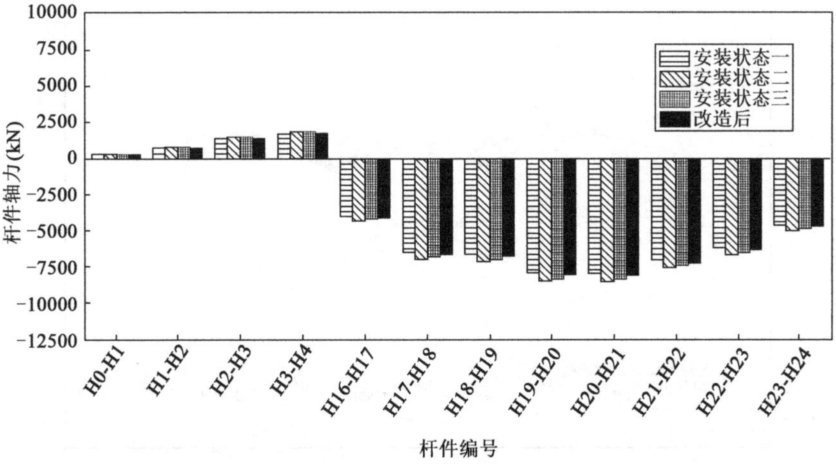

图 4-68　安装过程中加劲弦主桁轴力计算值对比图

③安装至中跨1/2:边侧桥墩处加劲弦轴拉力基本不变或小幅减小,中跨桥墩处加劲弦轴压力同样小幅减小。

④新桥面系全部安装:边侧桥墩处加劲弦轴拉力和中跨桥墩处加劲弦轴压力延续上述减小趋势。

综上,由两边侧向桥中心安装新桥面系过程中:

上弦杆根据轴力变化分为两部分。安装从边跨开始时,边跨上弦杆轴力先逐渐增大,当安装至中跨时,轴力有所下降,但靠近边侧桥墩处边跨上弦杆轴力稳定上升;对于中跨上弦杆,其轴拉力随安装进度逐步增大,但中跨跨中上弦杆安装完成时由受拉转为受压,其主要由于上部桥面系质量不断变大。

下弦杆轴力整体减小。边跨下弦杆轴拉力在边跨安装阶段逐渐增大,当桥面系安装至中跨时,此时杆件承受更多质量,其轴拉力有所减小;中跨下弦杆安装过程均处于受压状态;当安装至边跨时其轴压力有所增大,至中跨时有所减小,直至安装完毕由受压变为受拉。

加劲弦轴力变化规律与其拆除过程类似。边侧桥墩处加劲肋轴拉力整体变化幅度较小,中跨桥墩处加劲弦轴压力在安装至边跨时逐渐增大,至中跨范围时压力有所减小,安装完毕后加劲弦整体受力与原桥全部拆除时变化不大。

3. 全部拆除(最不利状态)时杆件安全验算

主桥施工先拆除原桥面系,后安装新桥面系。当原桥面系全部拆除但尚未开始安装新桥面系时,此时结构为最不安全工况,并需考虑全桥恒载与列车荷载作用,对杆件强度与稳定进行验算。

(1)轴力分布

由图4-69可知,3×160m主桁轴力对称分布。全部拆除时,在恒载与列车作用下,边跨跨中上下弦杆与支座附近(包括加劲弦、竖杆和斜杆)轴力较大。由于轴力分布对称性,以下仅列出半幅主桁轴力(各杆件位置见图4-11)。

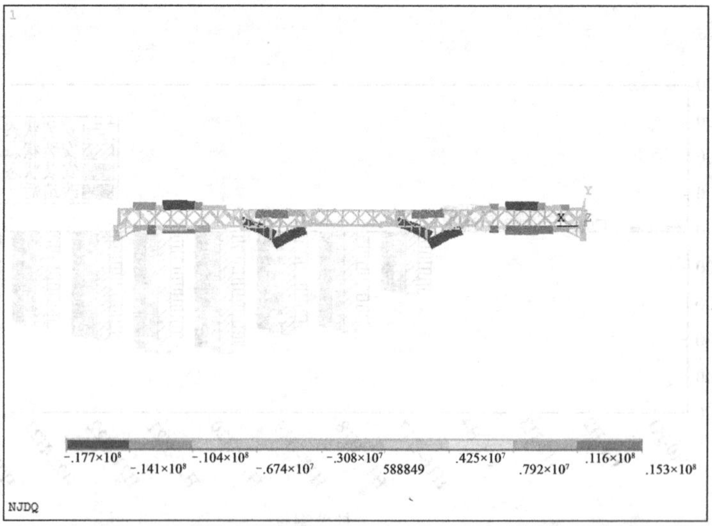

图4-69 全部拆除状态下主桁轴力分布图

由图 4-70 可知,上弦杆最大轴压力位于 B6-B8,为 -17723.6kN;上弦杆最大轴拉力位于 B20-B22(墩顶位置),为 14498.1kN。

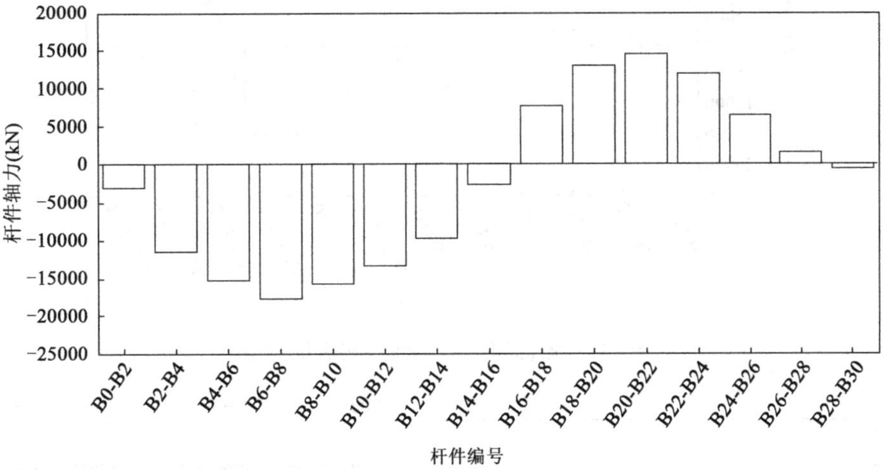

图 4-70　全部拆除状态上弦主桁轴力分布图

由图 4-71 可知,下弦杆最大轴拉力位于 H8-H10,为 15306.7kN;下弦杆最大轴压力位于 H24-H26,为 -5673.9kN。

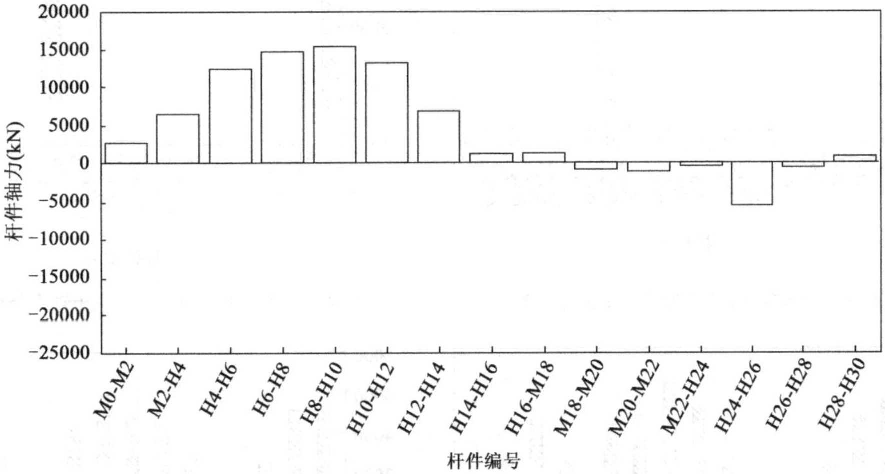

图 4-71　全部拆除状态下弦主桁轴力分布图

由图 4-72 可知,中跨支座处加劲弦轴压力较大,分别为固定支座左右两侧杆件 H19-H20 和 H20-H21,轴力分别为 -15673.4kN 和 -14701.9kN。

由图 4-73 和图 4-74 可知,上下竖杆均受压,其中支座处竖杆轴力最大。上竖杆 B0-C0 轴力为 3972.6kN,B20-C20 轴力为 -4220.3kN;下竖杆 M0-C0 轴力为 -4480.5kN,M20-C20 轴力为 -4311.8kN。

由图 4-75 可知,斜杆轴力较大处位于加劲弦纵桥向所覆盖范围,跨中区域斜杆轴力较小。上斜杆最大轴压力位于 B14-C15,为 -7765.5kN;最大轴拉力位于 B16-C15,为 6355.6kN。

由图 4-76 可知,下斜杆最大轴压力位于 H16-C15,为 -8021.5kN;下斜杆最大轴拉力位于 H14-C15,为 6253.7kN。

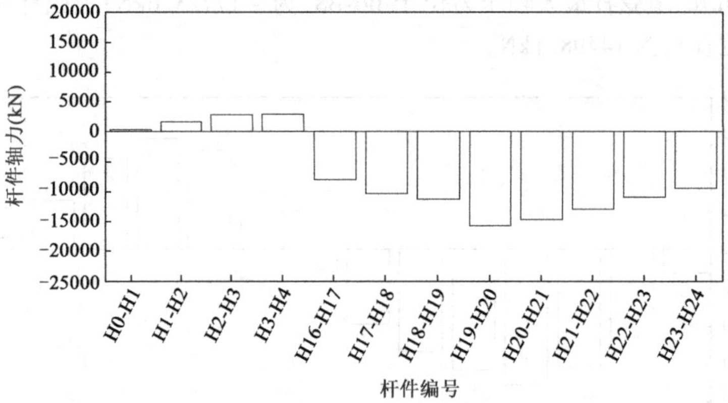

图 4-72　全部拆除状态加劲肋主桁轴力分布图

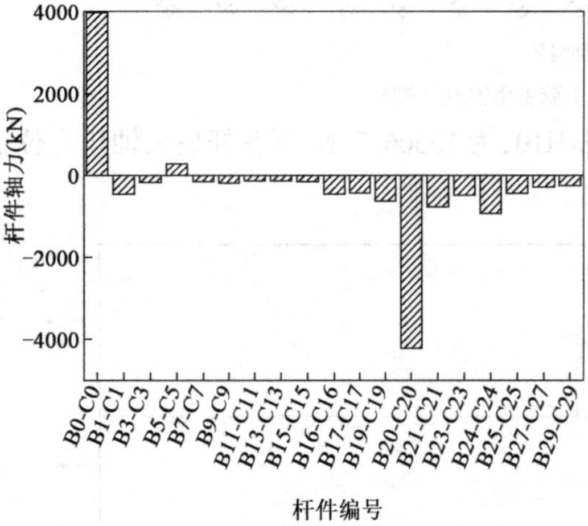

图 4-73　全部拆除状态上竖主桁轴力分布图

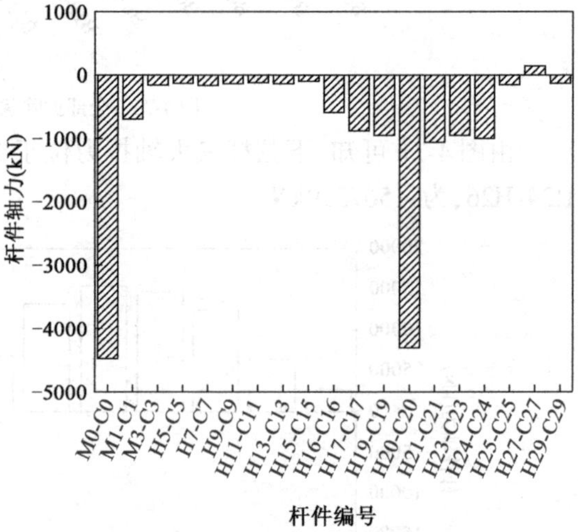

图 4-74　全部拆除状态下竖主桁轴力分布图

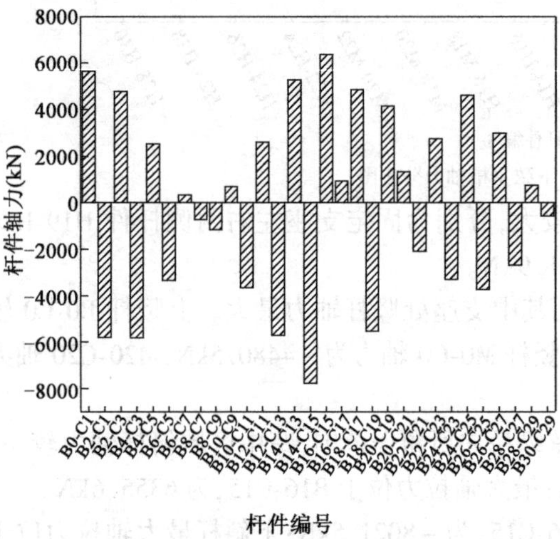

图 4-75　全部拆除状态上斜主桁轴力分布图

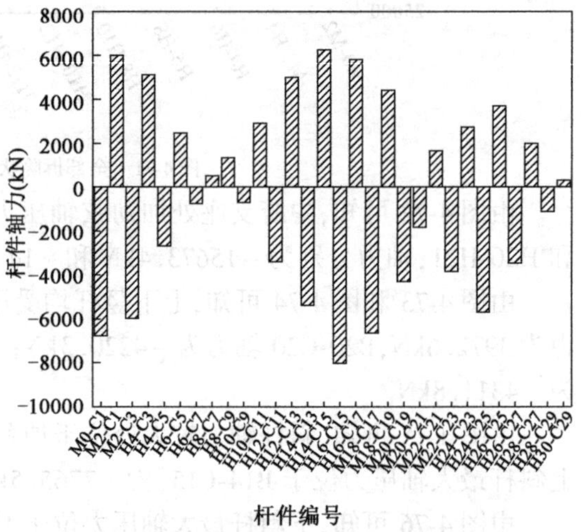

图 4-76　全部拆除状态下斜主桁轴力分布图

(2)强度验算

将主桁所有构件视为中心受拉或中心受压,对其进行强度验算,见表4-13与表4-14。

全部拆除状态各构件强度验算表(拉)　　表4-13

杆件类型	最大拉应力				
	杆件	轴力(kN)	计算值(MPa)	容许值(MPa)	是否满足
上弦杆	B20-B22	14498.1	84.2	240.0	是
下弦杆	H8-H10	15306.7	88.9	240.0	是
上斜杆	B16-C15	6355.6	105.5	240.0	是
下斜杆	H14-C15	6253.7	108.2	240.0	是

全部拆除状态各构件强度验算表(压)　　表4-14

杆件类型	最大压应力(MPa)				
	杆件	轴力(kN)	计算值(MPa)	容许值(MPa)	是否满足
上弦杆	B6-B8	-17723.6	-91.1	200	是
下弦杆	H24-H26	-5673.9	-38.1	240	是
竖杆	M0-C0	-4480.5	-45.6	140	是
上斜杆	B14-C15	-7765.5	-104.2	200	是
下斜杆	H16-C15	-8021.5	-99.2	200	是

(3)稳定性验算

针对中心受压杆件,需进一步进行稳定性验算,见表4-15。

全部拆除状态各受压构件稳定性验算　　表4-15

杆件类型	最大压应力(MPa)				
	杆件	轴力(kN)	计算值(MPa)	容许值(MPa)	是否满足
上弦杆	B6-B8	-17723.6	-91.1	176	是
下弦杆	H24-H26	-5673.9	-38.1	211.68	是
竖杆	M0-C0	-4480.5	-45.6	95.9	是
上斜杆	B14-C15	-7765.5	-104.2	157	是
下斜杆	H16-C15	-8021.5	-99.2	157	是

4. 小结

通过对“拆除原桥桥面系”和“安装新桥桥面系”模拟可知,桥面系更换过程中,主桁杆件轴力并非简单随原桥面系拆除而减小、随新桥面系安装而增大。由于整体结构为3×160m三跨连续梁,因此边、中跨施工均会对其余两跨不同位置杆件产生复杂影响;尤其杆件处于施工位置正下方时,其拉压状态和内力变化趋势均较为复杂。

对于原桥面系全部拆除但新桥面系尚未安装的“裸桥”阶段,主桥整体质量最轻,但整体性变差。在自重与列车活载共同作用下,主要杆件强度与稳定性均处于安全范围。

六、改造过程动力行为分析

改造前后桥跨结构振型见图 4-77,自振频率见表 4-16。

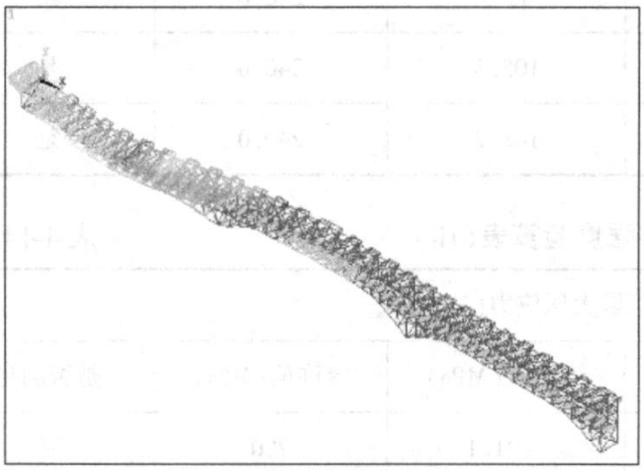

a)第一阶:边跨横弯

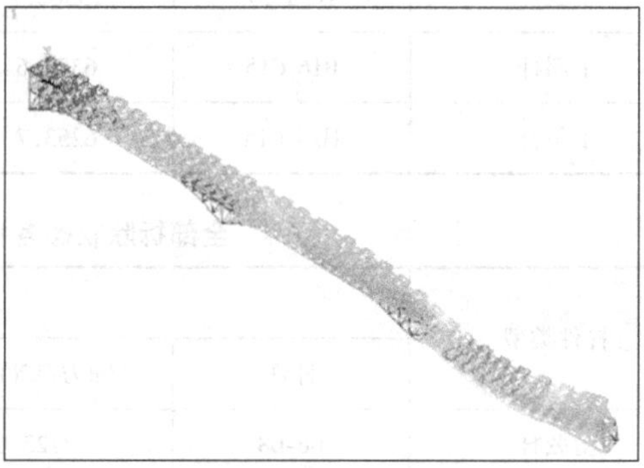

b)第二阶:边跨横弯

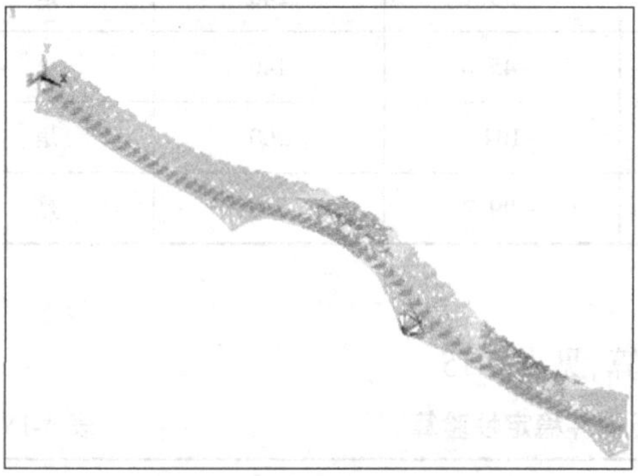

c)第三阶:对称竖弯,边跨横弯

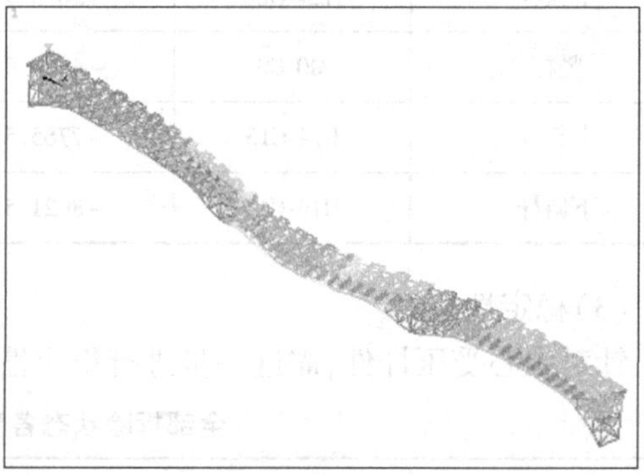

d)第四阶:中跨竖弯

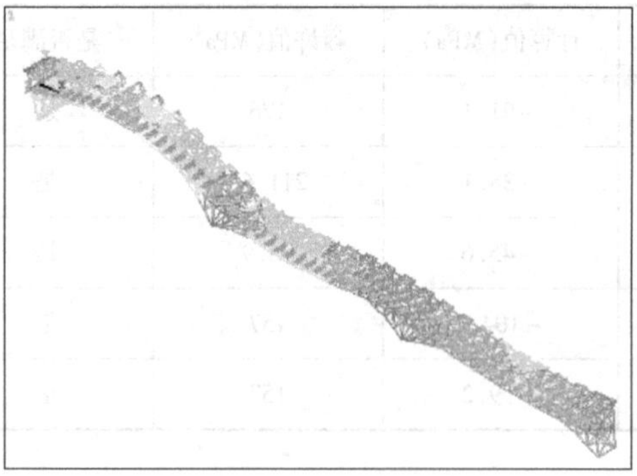

e)第五阶:边跨竖弯

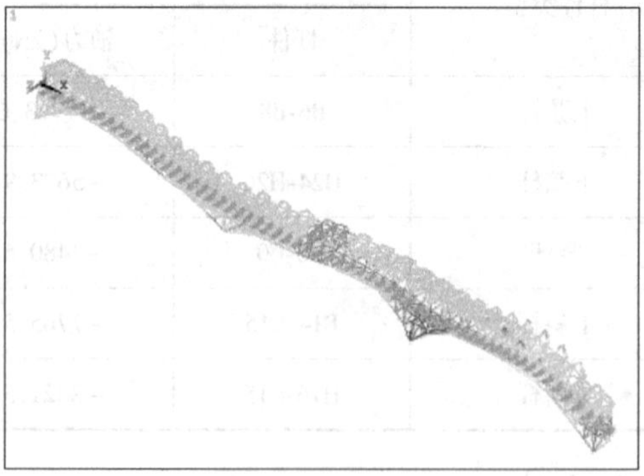

f)第六阶:边跨竖弯

图 4-77

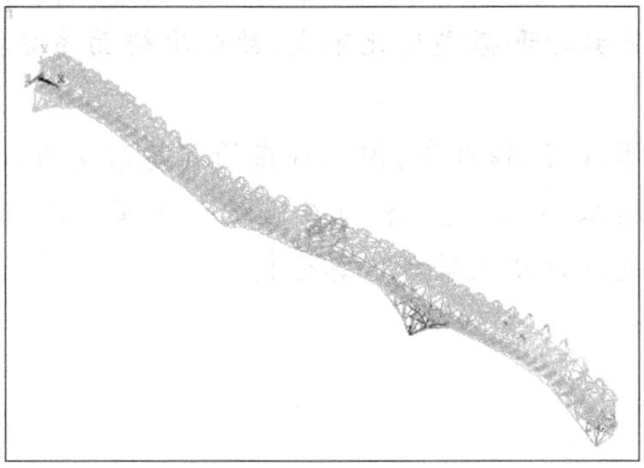

g)第七阶：反对称横弯

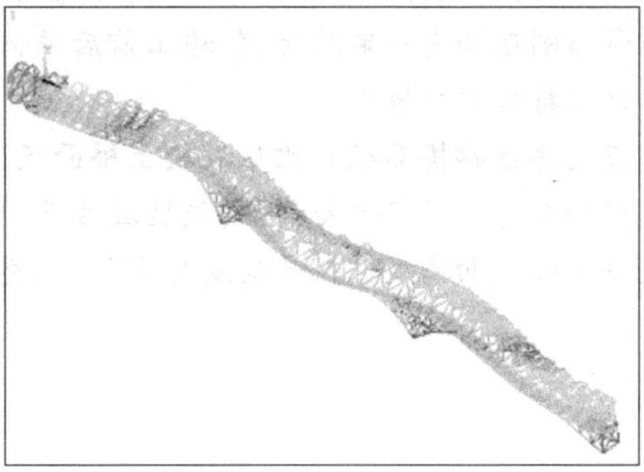

h)第八阶：对称横弯

图 4-77　改造前后桥体各阶振型

改造前后结构动力特征　　表 4-16

阶次	振型	频率(Hz)		
		原设计	全部拆除后	改造后
1	边跨横弯	0.607	0.9754	0.726
2	边跨横弯	0.646	1.0221	0.736
3	对称竖弯,边跨横弯	0.730	1.0493	0.736
4	中跨竖弯	0.730	1.2577	0.894
5	边跨竖弯	1.112	1.4596	1.122
6	边跨竖弯	1.166	1.7247	1.285
7	反对称横弯	1.234	1.8112	1.401
8	对称横弯	1.396	1.8736	1.583

由图 4-77 与表 4-16 可知,改造后自振频率相比改造前略有增大,桥体各阶振型保持不变。当桥面系全部拆除,桥体整体质量减轻,仅有主桁结构,整体刚度变大,此时桥体自振频率最大。

本章小结

基于南京长江大桥主桥维修改造,以其中一幅 3 × 160m 三跨连续梁(甲式)为分析单位,构建 ANSYS 仿真模型,通过选取合理结构、连接方式与单元生死等操作,模拟实际维修改造全过程的结构响应。

考虑恒载、列车荷载以及施工过程桥面系变化荷载等作用,计算主桁轴力分布与各杆件强度及稳定性,分析南京长江大桥改造前后与施工过程安全性。桥面系更换过程中,采用对称拆卸与安装,以保持主桁杆件受力均匀、变化平稳,加劲肋附近杆件轴力变化较小,各跨跨中杆件轴力变化随施工进行而变化幅度明显,部分杆件存在受拉-受压状态转化。

南京长江大桥公路桥利用正交异性钢桥面板和钢主梁整体更换原桥面系,在满足受力和构造要求前提下,桥面系极大轻型化,有效减轻主桁结构和下部墩台基础的恒载受力;虽然整体质量与刚度均有一定改变,但施工前后桥体自振频率和振型变化不大,故此次桥面系更换对桥体动力特性影响较小。

正交异性钢桥面板相比原混凝土桥面板,整体性好、强度高;但仍存在局部复杂受力,以行车道板和人行道板交会处为例,该区域涉及边梁腹板、横肋腹板和行车道板三者交叉或相接,正交异性板截面高度也在此处发生变化,此类构造设计建议单独计算分析。

第五章　铁路层车致振动对公路桥面系维修改造影响分析

第一节　概　　述

通过车桥耦合振动分析，针对南京长江大桥维修中与通车后，研究列车动荷载作用下结构响应与疲劳特性，主要内容包括：

（1）建立不同施工阶段公铁双层结构体系精细化仿真模型，分析静动力行为演变机理；通过计算结果与相关资料数据对比，验证模型准确性；

（2）将空间耦合振动简化为垂向耦合振动，借助 MATLAB 与 ANSYS 平台自编程序，实现不同自由度的列车模型计算，且具有良好的可视化功能，并利用既有文献算例，验证自编程序准确性；

（3）使用自编程序，针对施工前、中、后三阶段，分别分析列车驶入大桥时桁架挠度、变形和应力响应时程；

（4）基于应力时程数据，分析桁架杆件关键节点疲劳损伤与剩余寿命，评估车致振动对大桥施工进程的安全影响；

（5）基于分析结果，对大桥维修改造拆除与重建及其合理工序提供理论与技术支撑。

第二节　铁路层结构动力学模型

一、关键构件动力学模型

针对车桥耦合动力分析要求，基于前述仿真模型，进一步细化铁路桥面系与公路桥面系，具体包括：

（1）构建精细化铁路纵横梁结构，方便铁路车辆加载；

（2）构建新增设的公路制动撑杆，该杆用以保障水平荷载作用下结构安全；

（3）去除原桥面系公路人行道板，改用质点单元模拟，设置新桥面系钢结构正交异性板桥面横坡；

（4）更改原桥面系/新桥面系与主桁连接形式，原桥全部采用耦合连接，新桥采用刚性连接与耦合连接相结合；

(5)分为施工前、施工中与施工后三种模型,其中施工中模型为公路桥面系全部拆除后、制动撑杆尚未增设前。

1. 铁路纵横梁建立

铁路纵梁包括普通纵梁和伸缩纵梁;横梁包括普通横梁、端横梁和伸缩纵梁处横梁,见图5-1。其中,铁路纵横梁不等高,横梁比纵梁高,两者上平面衔接;普通横梁下平面与主桁下弦下平面齐平。纵横梁采用 BEAM 188 单元自定义截面,须通过截面偏置调整纵横梁截面位置。

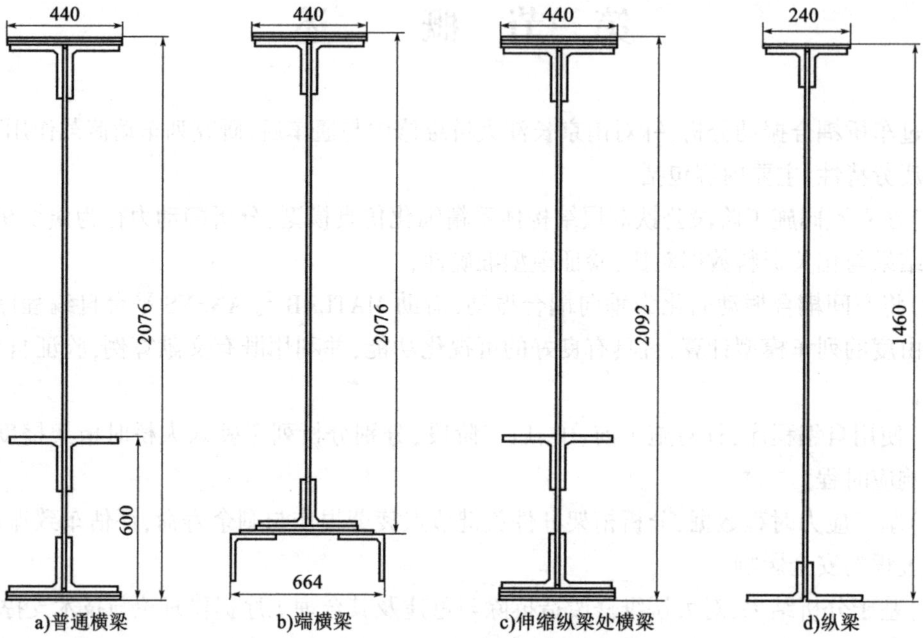

图5-1　铁路纵横梁截面(单位:mm)

在列车荷载作用下,铁路纵横梁跟随主桁共同变形,使得纵梁承受额外轴力,横梁产生较大水平弯矩,此附加轴力会随跨径增大而增大。大桥甲式连续梁单跨160m,跨径较大,在接近三跨跨中处各设置1道纵梁断缝,有断缝纵梁即称为伸缩纵梁。模型中,在断缝处设有节点,通过释放梁端自由度模拟该纵梁断缝。

大桥甲式连续梁共有4个桥墩,每个桥墩处所对应铁路横梁即为端横梁,共4道。伸缩纵梁处三跨各设1道横梁,前两跨在纵梁断缝左侧,第三跨在纵梁断缝右侧。

铁路纵横梁(图5-2)间利用铆钉固定,采用刚臂连接。为保证纵梁间连接,铁路纵梁还设有纵、横向联结系(图5-3),采用刚臂连接。铁路横梁与主桁下弦杆和下平纵联(图5-4)采用刚臂相连,并通过截面偏置与定义横梁节点形心位置,使横梁底部与主桁下弦杆平齐,满足实际构造要求。刚臂选用 BEAM 4 单元,其弹性模量是钢材100倍,泊松比与钢材一致,密度设为0。

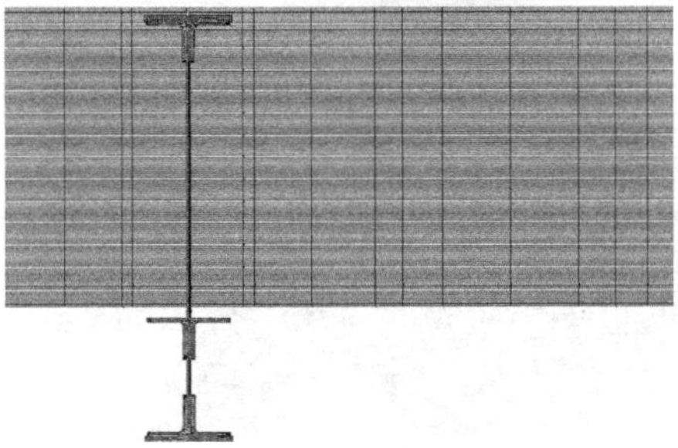

a)正视图

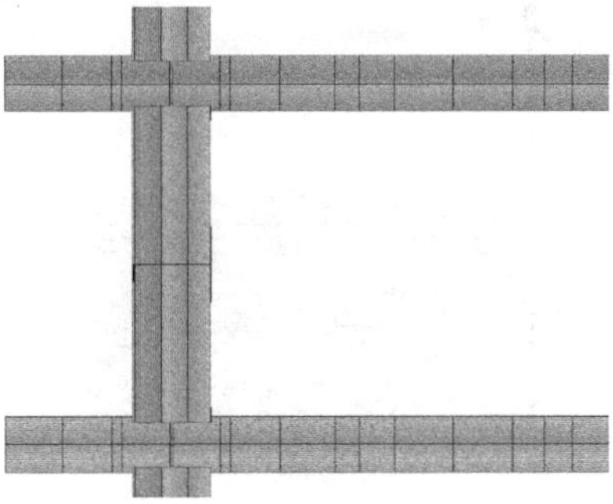

b)俯视图

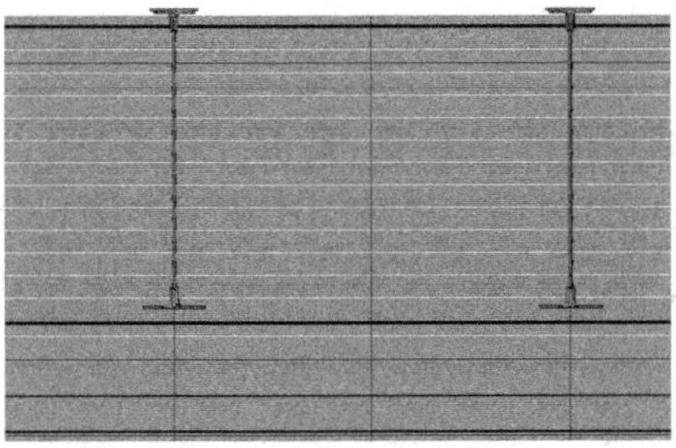

c)右视图

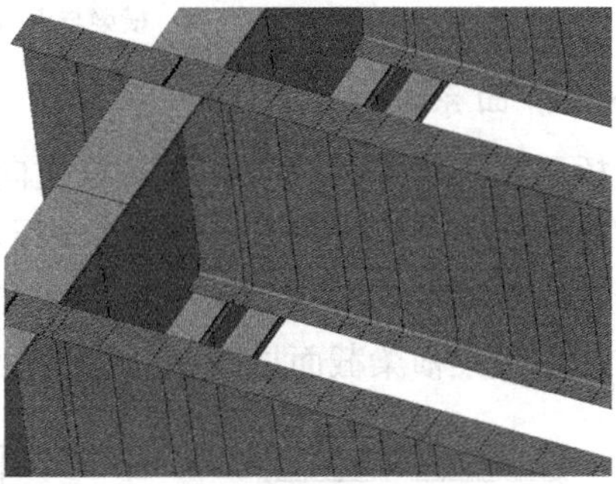

d)轴测图

图 5-2　铁路纵横梁仿真模型

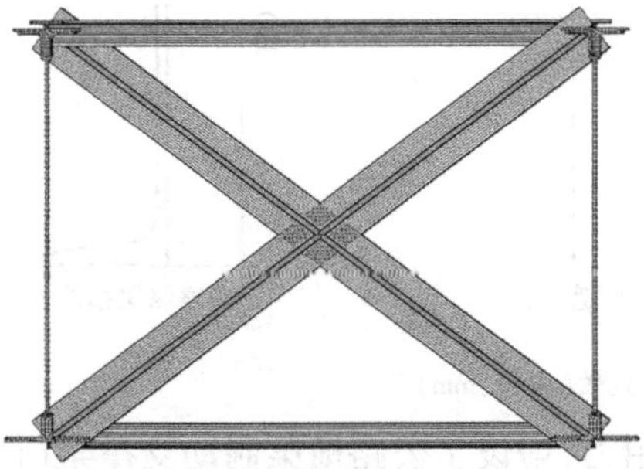

a)右视图

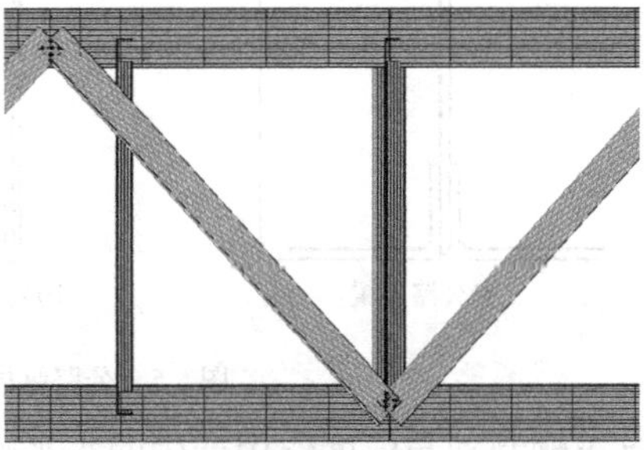

b)俯视图

c)轴测图1

d)轴测图2

图 5-3　铁路纵梁横向联结系与纵向联结系仿真模型

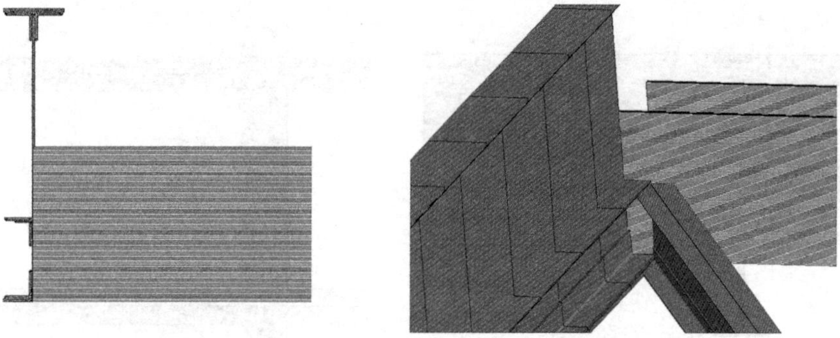

a)正视图　　b)轴测图

图 5-4　横梁与主桁架下弦杆和下平纵联连接

2. 公路桥面系调整

公路桥面系横梁同时为上平纵联与横向联结系的上方杆件，截面见图 5-5a）。公路纵联有两种截面形式：工字形（行车道纵梁）、槽形（人行道纵梁），纵梁间用槽钢连接。公路行车道纵梁上下翼缘板宽度均为 0.24m，截面高 0.62m，上下翼缘板厚 0.014m，腹板厚 0.014m，人行道纵梁与公路纵梁横梁截面见图 5-5b）和图 5-5c）。

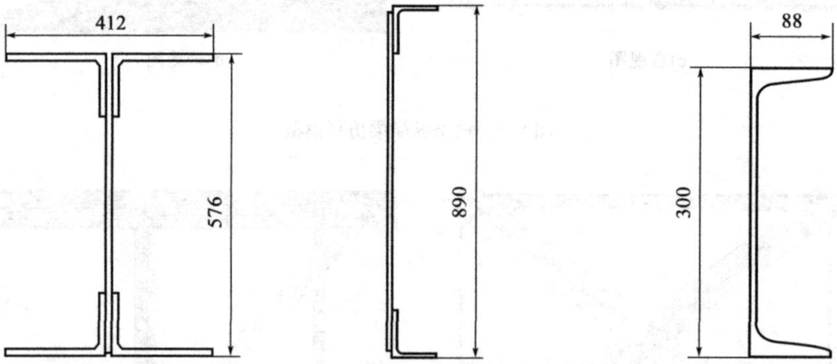

a)公路横梁　　b)公路人行道纵梁　　c)公路纵梁横联

图 5-5　公路纵横梁截面（单位：mm）

为抵抗车辆制动与温度作用产生的水平作用力，增设了公路横梁制动支撑架（图 5-6），设立在南京长江大桥甲式连续梁中间位置，施工时需将原位置上平纵梁杆件拆除，以安装新杆件。

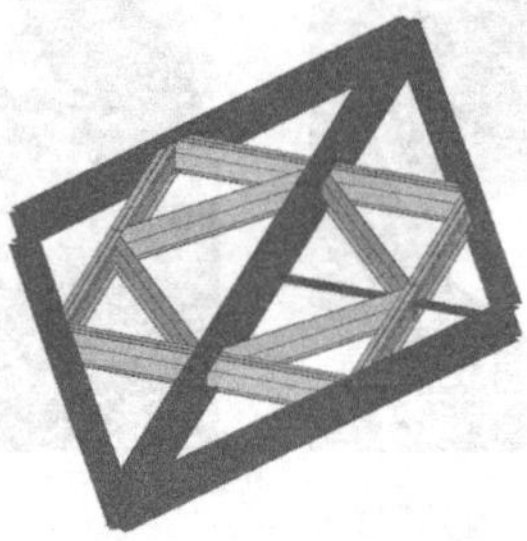

图 5-6　公路制动撑杆仿真模型

原设计桥梁公路纵梁为4跨连续梁，每跨8m，由公路横梁支撑，固定支点位于最中间，其他支点为活动支点。由于公路纵横梁与铁路纵横梁连接方式不同，不可直接按刚性连接处理，因此，采用节点耦合方法模拟该支点约束关系。固定支点处，耦合纵横梁竖向平动、横向平动与纵向平动自由度；活动支点处，仅约束纵横梁横向平动与纵向平动自由度。由于是空间结构，纵梁间由槽钢相连，不需耦合纵横梁转动自由度。支座约束不传递弯矩，故公路纵横梁连接采用耦合约束比刚臂连接更符合实际。

原设计桥梁桥面板[图5-7a)]采用板单元构建，为减少节点数量，将对结构振动影响不大的人行道板改为质量单元MASS21，并考虑三方向质量，使得动力分析可计入三方向加速度与质量点惯性力。新桥正交异性钢桥面板模型[图5-7b)]考虑了行车道与人行道横坡，桥面板与主桁架间钢支座采用刚性杆Link180单元模拟，其弹性模量为钢材100倍，以实现刚性约束功能。由于仅需竖向约束，桥面板与主桁架横向约束采用节点耦合。

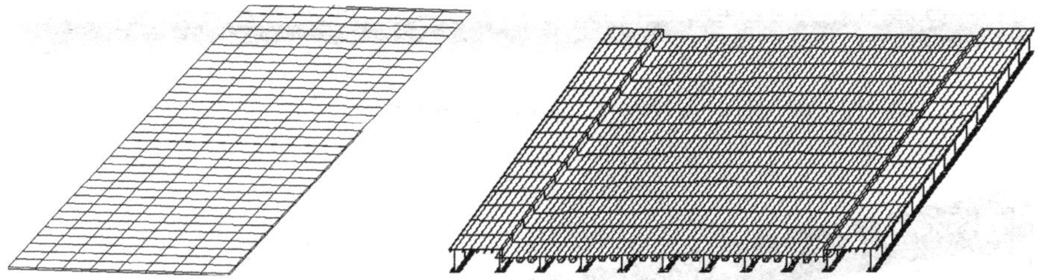

a)原桥车行道板　　　b) 新桥正交异性钢桥面板

图5-7　新桥面板仿真模型

二、全桥结构动力学模型

利用车-桥耦合振动理论，考虑列车动载作用，分析南京长江大桥维修改造前、中、后各阶段结构响应，从动力学角度评估维修改造全过程。施工前，即为原设计桥梁模型，桥面为陶粒轻质混凝土；施工中，公路纵梁与陶粒轻质混凝土被拆除；施工后，安装正交异性钢桥面板，即为新设计桥梁模型。施工前模型正视图、俯视图与轴测图见图5-8～图5-10，施工中模型正视图、俯视图和轴测图见图5-11～图5-13，施工后模型正视图、俯视图与轴测图见图5-14～图5-16，不同阶段模型对比见图5-17。

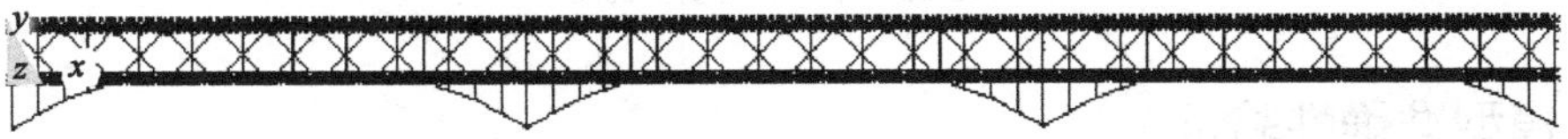

图5-8　施工前模型正视图

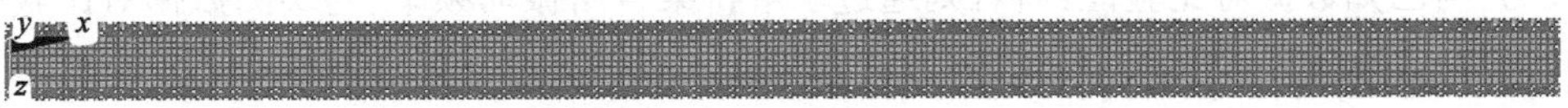

图5-9　施工前模型俯视图

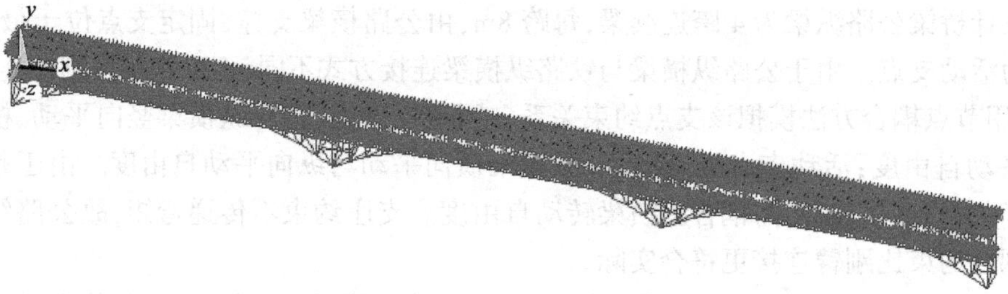

图 5-10　施工前模型轴测图

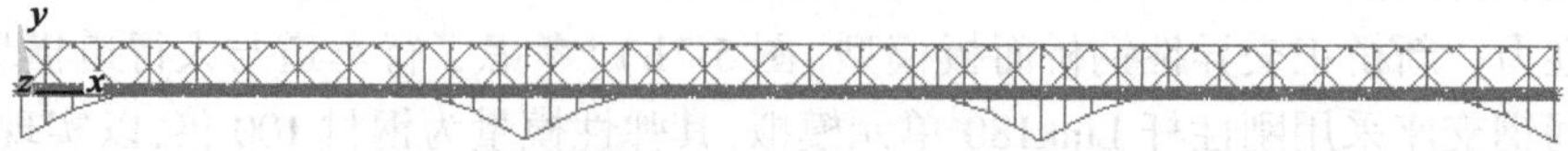

图 5-11　施工中模型正视图

图 5-12　施工中模型俯视图

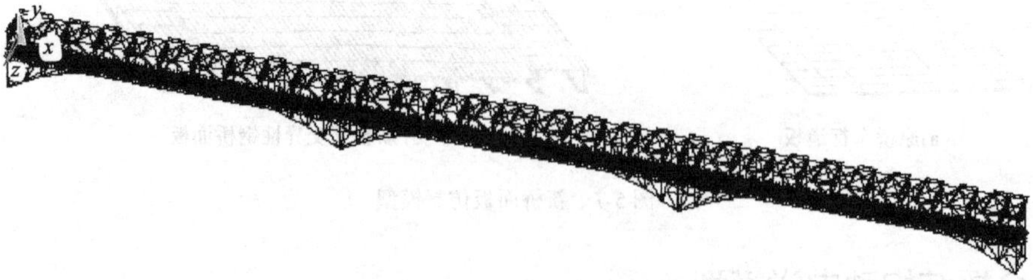

图 5-13　施工中模型轴测图

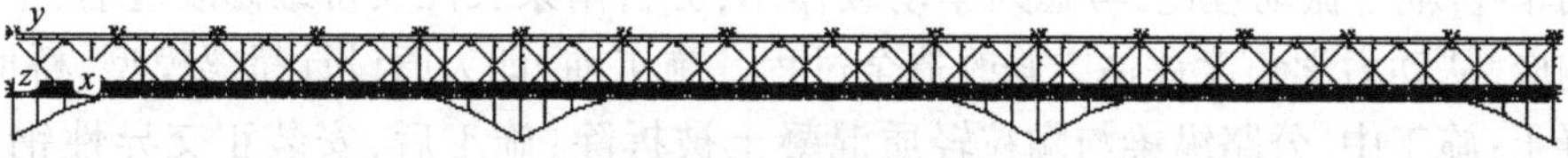

图 5-14　施工中模型正视图

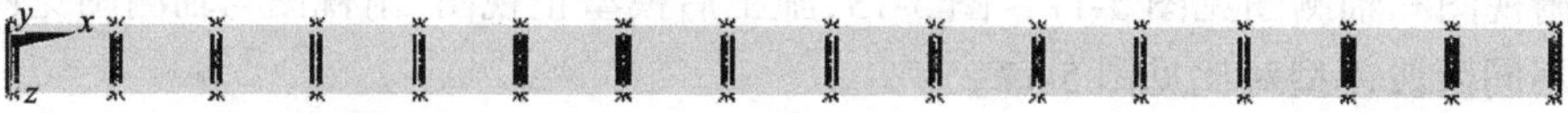

图 5-15　施工后模型俯视图

三、模型准确性验证

模型准确性分析包括静力可靠性分析与动力可靠性分析，前者通过求解桥梁自重作用下支座反力，与已知数据对比验证；后者则通过求解桥梁自由振动频率，与实测数据对比验证。

1. 静力分析

静力分析的正确性与质量分布、内部连接、外部约束相关。原设计桥梁仿真模型中，采用质点模拟公路桥面系与铁路桥面系部分构造。公路桥面系主要考虑公路人行道板、桥面铺装层与栏杆的质量,铁路桥面系主要考虑钢轨、扣件、枕木以及其他附属设施的质量,各构造的质量见表 5-1。模型中所有桥梁支点竖向位移全部约束,支座 2 号水平位移约束,上游支座横向位移全部约束。

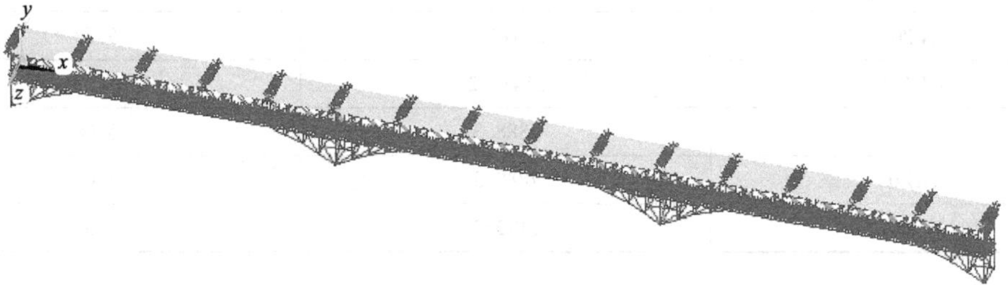

图 5-16 施工后模型轴测图

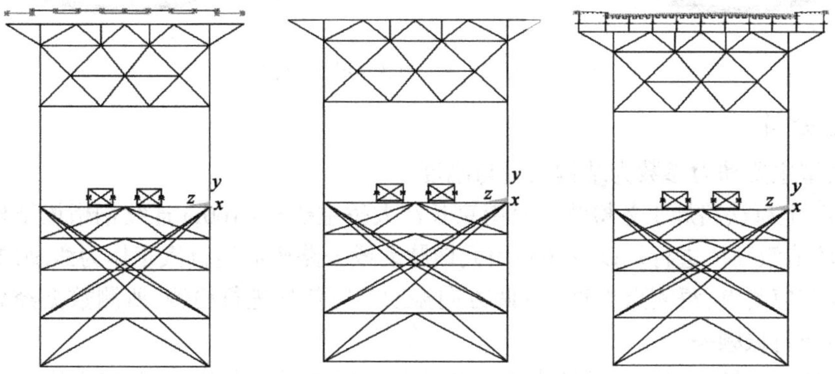

图 5-17 不同施工阶段模型对比

桥面系质量 表 5-1

结构部位	公路桥面系			铁路桥面系	
	人行道板	桥面铺装层	桥面栏杆	钢轨	桥面附属设施
计算质量(kg)	6.156×10^5	1.6056×10^6	2.13×10^5	1.164×10^5	3.418×10^5

利用列车荷载静力加载,得到各支座反力计算值,与原设计图纸主桥通车前列车静载试验支座反力结果进行对比。由表 5-2 可知,每个支座反力误差均为 5% 左右,总反力误差为 5.39%,差别较小,可认为模型整体质量参数与支座约束关系正确,静力分析可靠,能够反映桥梁结构真实受力。图 5-18 给出原设计结构变形。

静力分析结果对比 表 5-2

支座位置	ANSYS 计算值(kN)	相对误差(%)
H0	7888.3	5.00
HH0	7888.3	5.00

续上表

支座位置	ANSYS 计算值(kN)	相对误差(%)
H20	21417.2	5.54
HH20	21417.2	5.54
H′20	21417.2	5.53
HH′20	21417.2	5.53
H′0	7888.3	5.00
HH′0	7888.3	5.00
Σ	117222	5.39

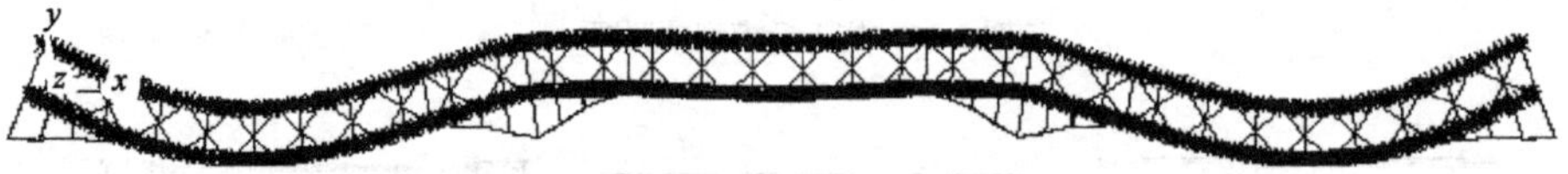

图 5-18　原设计桥梁恒载作用下结构变形

2. 模态分析

仿真模型主要动力参数为结构质量与刚度。

2013 年,上海铁路局工务检测所对南京长江大桥主桥 3×160m 连续钢桁梁结构进行模态测试,采用环境激励法进行。该方法利用大地脉动或公路桥面运行汽车作为激励源,根据梁结构状况布设响应测点,每测点均对 y、z 两方向振动响应信号进行检测,所测数据经分析可得结构竖向与横向自振频率。

采用分块兰索斯法对南京长江大桥原桥仿真模型进行模态分析,并与实测自振频率进行对比。由表 5-3 可知,其误差满足工程精度要求,动力参数取值可靠且能正确反映桥梁结构真实动力特性。原桥一阶横弯与一阶竖弯的计算振型见图 5-19～图 5-24。

模态分析结果对比　　表 5-3

模态	计算频率(Hz)	实测频率(Hz)	相对误差(%)
横弯 1	0.767	0.7	9.57
横弯 2	1.859	1.9	2.14
横弯 3	2.427	2.35	3.29
竖弯 1	1.199	1.1	9.03
竖弯 2	1.565	1.35	15.93
竖弯 3	1.968	1.85	6.39
竖弯 4	3.494	3.5	0.16

图 5-19　原设计桥梁一阶横弯振型正视图

图 5-20　原设计桥梁一阶横弯振型俯视图

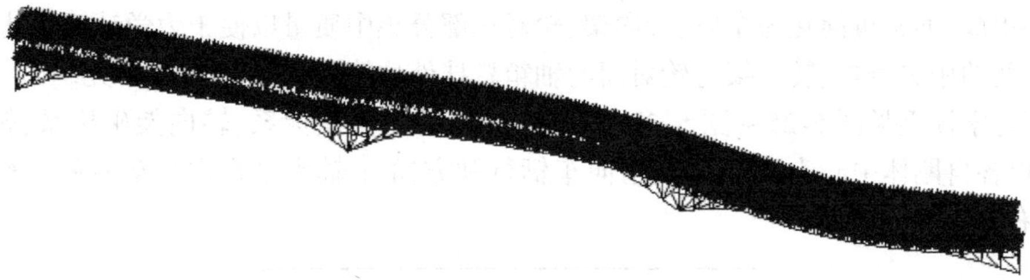

图 5-21　原设计桥梁一阶横弯振型轴测图

图 5-22　原设计桥梁一阶竖弯振型正视图

图 5-23　原设计桥梁一阶竖弯振型俯视图

图 5-24　原设计桥梁一阶竖弯振型轴测图

第三节　列车-桥耦合振动基本理论与计算方法

车桥耦合振动的基本理论与计算方法包括车辆振动力学分析、轨道不平顺模拟、轮轨接触理论、车桥作用理论等。车桥耦合振动分析中，将轨道不平顺引入轮轨接触几何参数的求解过程是关键。本方法将车桥空间耦合振动简化为垂向振动，普遍适用于不同自由度车辆的垂向耦合振动计算。

一、列车动力分析

列车动力平衡方程构建过程与振动位移与激振力求解方法如下所述。

1. 力学模型

列车系统由车体及其吊挂件、构架、电机、制动装置、车轮、车轴、轴箱、制动盘、中央悬挂等基本构件组成，通常可简化为车体、转向架、轮对三部分集中质量以便于力学计算。其中，车体与转向架间的中央悬挂、转向架与轮对间的轴箱悬挂处均简化为弹簧-阻尼单元。

列车力学模型见图5-25～图5-27，其坐标系包括车体坐标系、转向架坐标系、轮对坐标系，统一以各自刚体中心为原点，x 轴指向车辆行驶方向，y 轴水平指向车辆右侧，z 轴竖直向下，满足右手螺旋定则。

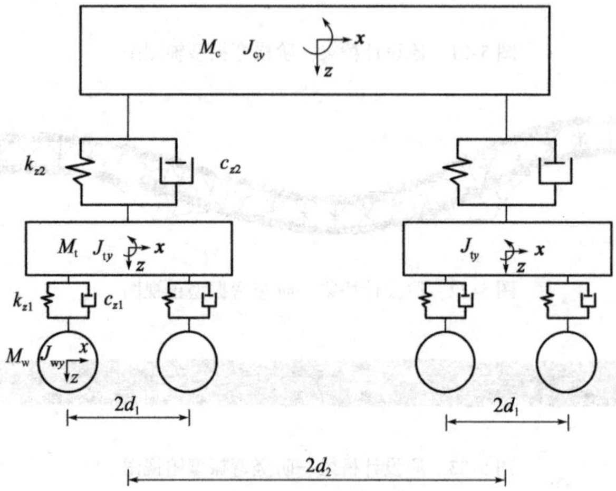

图5-25 列车力学模型正视图

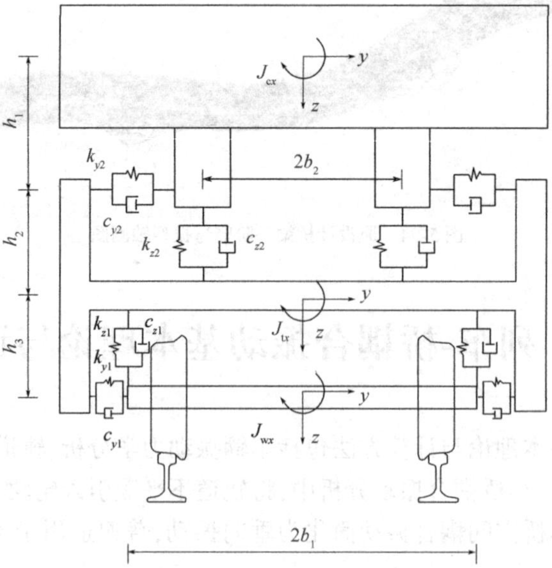

图5-26 列车模型后视图

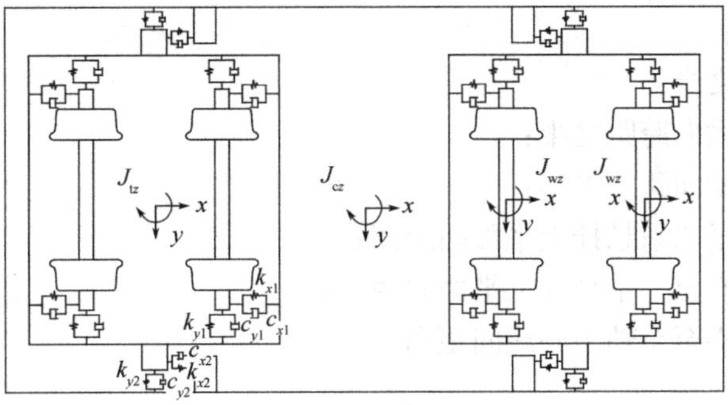

图 5-27　列车模型俯视图

图 5-25 ~ 图 5-27 中各符号对应模型参数说明如下。

(1)质量及转动惯量参数

M_c——车体质量；

M_t——转向架质量；

M_w——轮对质量；

J_{cx}——车体绕 x 轴转动惯量；

J_{tx}——转向架绕 x 轴转动惯量；

J_{wx}——轮对绕 x 轴转动惯量；

J_{cy}——车体绕 y 轴转动惯量；

J_{ty}——转向架绕 y 轴转动惯量；

J_{wy}——轮对绕 y 轴转动惯量；

J_{cz}——车体绕 z 轴转动惯量；

J_{tz}——转向架绕 z 轴转动惯量；

J_{wz}——轮对绕 z 轴转动惯量。

(2)悬挂系统参数

k_{x1}——一系悬挂 x 方向弹簧刚度；

k_{x2}——二系悬挂 x 方向弹簧刚度；

k_{y1}——一系悬挂 y 方向弹簧刚度；

k_{y2}——二系悬挂 y 方向弹簧刚度；

k_{z1}——一系悬挂 z 方向弹簧刚度；

k_{z2}——二系悬挂 z 方向弹簧刚度；

c_{x1}——一系悬挂 x 方向阻尼系数；

c_{x2}——二系悬挂 x 方向阻尼系数；

c_{y1}——一系悬挂 y 方向阻尼系数；

c_{y2}——二系悬挂 y 方向阻尼系数；

c_{z1}——一系悬挂 z 方向阻尼系数；

c_{z2}——二系悬挂 z 方向阻尼系数。

(3)结构尺寸参数

d_1——轴距之半;

d_2——车辆定距之半;

b_1——一系悬挂横向跨距之半;

b_2——二系悬挂横向跨距之半;

h_1——车体中心至二系悬挂上平面间距离;

h_2——转向架中心至二系悬挂上平面间距离;

h_3——转向架中心至车轴中心线间距离。

2. 悬挂力计算

模型假设如下:

(1)列车保持恒定速度行驶,不考虑加速、减速过程;

(2)车体、转向架、轮对均为刚体,不考虑其弹性变形;

(3)忽略车体、转向架、轮对的纵向振动,忽略列车间纵向作用力;

(4)车体、转向架、轮对关于各自质心前后、左右对称;

(5)车体、转向架、轮对均在平衡位置做小幅度振动;

(6)车体、转向架、轮对间两系悬挂系统阻尼按黏性阻尼计算;

(7)一系悬挂、二系悬挂、轮对定位弹簧为线性,满足胡克定律。

基于上述假设,列车模型可视作多个刚体系统,各刚体振动微分方程经由达朗贝尔原理或拉格朗日运动方程解出。

空间坐标系中,车体、转向架、轮对具有3个平动自由度即纵移、横移、浮沉,3个转动自由度即侧滚、点头、摇头。若车体、转向架、轮对的6个自由度均纳入考虑,模型自由度为42。由模型假设可知,忽略列车间纵向作用力,即忽略车体、转向架、轮对的纵移自由度,轮对为向前滚动,即忽略轮对点头自由度,模型实际自由度为31(表5-4)。

列车模型自由度 表5-4

自由度	纵移	横移	浮沉	侧滚	点头	摇头
车体	—	y_c	z_c	θ_{cx}	θ_{cy}	θ_{cz}
前转向架	—	y_{t1}	z_{t1}	θ_{t1x}	θ_{t1y}	θ_{t1z}
后转向架	—	y_{t2}	z_{t2}	θ_{t2x}	θ_{t2y}	θ_{t2z}
轮对1	—	y_{w1}	z_{w1}	θ_{w1x}	—	θ_{w1z}
轮对2	—	y_{w2}	z_{w2}	θ_{w2x}	—	θ_{w2z}
轮对3	—	y_{w3}	z_{w3}	θ_{w3x}	—	θ_{w3z}
轮对4	—	y_{w4}	z_{w4}	θ_{w4x}	—	θ_{w4z}

列车模型中,车体与构架间悬挂为二系悬挂,构架与轮对间悬挂为一系悬挂,悬挂系统被简化为弹簧-阻尼单元,产生的振动力由弹簧力与阻尼力组成(图5-28)。由于弹簧为线性、阻尼为黏性阻尼,刚体间作用力取决于连接点间相对位移与相对速度,即

$$F_{sx}=k_x(x_1-x_2)+c_x(v_1-v_2) \tag{5-1}$$

式中，F_{sx}为刚体间弹簧-阻尼作用力，k_x为弹簧刚度，c_x为阻尼系数，x_1、x_2为刚体 x 方向位移，v_1、v_2为刚体 x 方向速度。

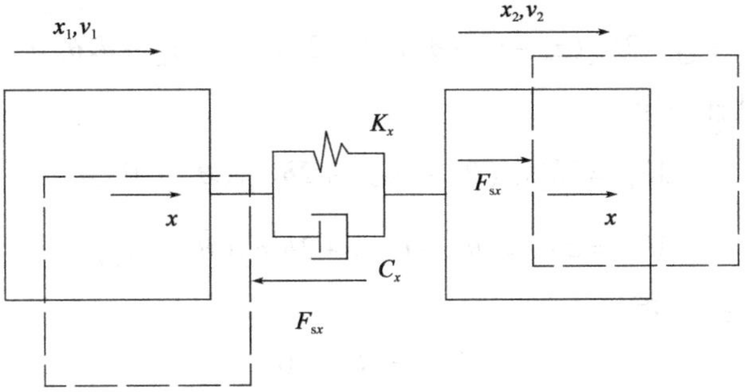

图 5-28　弹簧-阻尼单元连接的刚体的相互作用力

以车体、转向架、轮对的静力平衡位置为坐标原点建立静止坐标系，以平动位移正方向为坐标系正方向，转动位移正方向与坐标轴正方向满足右手螺旋定则。

车体与转向架所受悬挂作用力见图 5-29，转向架与车体连接处所受力合成至中间点，转向架与每个轮对的空间力系同样简化为一点，图中力与弯矩方向为假定方向。

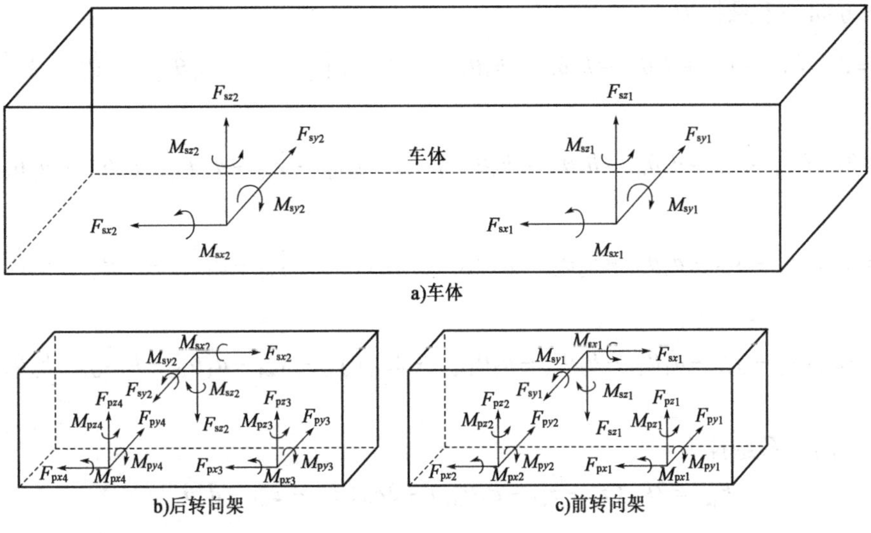

图 5-29　车体与转向架所受悬挂作用力

由上述分析与图 5-29 可知，二系悬挂力与力矩大小如下：

(1) x 方向二系悬挂力

$$F_{sx1}=F_{sx2}=0 \tag{5-2}$$

(2) y 方向二系悬挂力

$$F_{sy1}=2k_{y2}(y_c-y_{t1}-h_1\theta_{cx}-h_2\theta_{t1x}+d_2\theta_{cz})+2c_{y2}(\dot{y}_c-\dot{y}_{t1}-h_1\dot{\theta}_{cx}-h_2\dot{\theta}_{t1x}+d_2\dot{\theta}_{cz})$$

$$F_{sy2}=2k_{y2}(y_c-y_{t2}-h_1\theta_{cx}-h_2\theta_{t2x}-d_2\theta_{cz})+2c_{y2}(\dot{y}_c-\dot{y}_{t2}-h_1\dot{\theta}_{cx}-h_2\dot{\theta}_{t2x}-d_2\dot{\theta}_{cz})$$

(3) z 方向二系悬挂力

$$F_{sz1}=2k_{z2}(z_c-z_{t1}-d_2\theta_{cy})+2c_{z2}(\dot z_c-\dot z_{t1}-d_2\dot\theta_{cy}) \tag{5-3}$$

$$F_{sz2}=2k_{z2}(z_c-z_{t2}+d_2\theta_{cy})+2c_{z2}(\dot z_c-\dot z_{t2}+d_2\dot\theta_{cy}) \tag{5-4}$$

(4) x 方向二系悬挂力矩

$$M_{sx1}=2b_2^2k_{z2}(\theta_{cx}-\theta_{t1x})+2b_2^2c_{z2}(\dot\theta_{cx}-\dot\theta_{t1x}) \tag{5-5}$$

$$M_{sx2}=2b_2^2k_{z2}(\theta_{cx}-\theta_{t2x})+2b_2^2c_{z2}(\dot\theta_{cx}-\dot\theta_{t2x}) \tag{5-6}$$

(5) y 方向二系悬挂力矩

$$M_{sy1}=M_{sy2}=0 \tag{5-7}$$

(6) z 方向二系悬挂力矩

$$M_{sz1}=2b_2^2k_{x2}(\theta_{cz}-\theta_{t1z})+2b_2^2c_{x2}(\dot\theta_{cz}-\dot\theta_{t1z}) \tag{5-8}$$

$$M_{sz2}=2b_2^2k_{x2}(\theta_{cz}-\theta_{t2z})+2b_2^2c_{x2}(\dot\theta_{cz}-\dot\theta_{t2z}) \tag{5-9}$$

一系悬挂力与力矩大小如下：

(1) x 方向一系悬挂力

$$F_{px1}=F_{px2}=F_{px3}=F_{px4}=0 \tag{5-10}$$

(2) y 方向一系悬挂力

$$F_{py1}=2k_{y1}(y_{t1}-y_{w1}+d_1\theta_{t1z}-h_3\theta_{t1x}-h_3\theta_{w1x})+2c_{y1}(\dot y_{t1}-\dot y_{w1}+d_1\dot\theta_{t1z}-h_3\dot\theta_{t1x}-h_3\dot\theta_{w1x}) \tag{5-11}$$

$$F_{py2}=2k_{y1}(y_{t1}-y_{w2}-d_1\theta_{t1z}-h_3\theta_{t1x}-h_3\theta_{w2x})+2c_{y1}(\dot y_{t1}-\dot y_{w2}-d_1\dot\theta_{t1z}-h_3\dot\theta_{t1x}-h_3\dot\theta_{w2x}) \tag{5-12}$$

$$F_{py3}=2k_{y1}(y_{t2}-y_{w3}+d_1\theta_{t2z}-h_3\theta_{t2x}-h_3\theta_{w3x})+2c_{y1}(\dot y_{t2}-\dot y_{w3}+d_1\dot\theta_{t2z}-h_3\dot\theta_{t2x}-h_3\dot\theta_{w3x}) \tag{5-13}$$

$$F_{py4}=2k_{y1}(y_{t2}-y_{w4}-d_1\theta_{t2z}-h_3\theta_{t2x}-h_3\theta_{w4x})+2c_{y1}(\dot y_{t1}-\dot y_{w4}-d_1\dot\theta_{t2z}-h_3\dot\theta_{t2x}-h_3\dot\theta_{w4x}) \tag{5-14}$$

(3) z 方向一系悬挂力

$$F_{pz1}=2k_{z1}(z_{t1}-z_{w1}-d_1\theta_{t1y})+2c_{z1}(\dot z_{t1}-\dot z_{w1}-d_1\dot\theta_{t1y}) \tag{5-15}$$

$$F_{pz2}=2k_{z1}(z_{t1}-z_{w2}+d_1\theta_{t1y})+2c_{z1}(\dot z_{t1}-\dot z_{w2}+d_1\dot\theta_{t1y}) \tag{5-16}$$

$$F_{pz3}=2k_{z1}(z_{t2}-z_{w3}-d_1\theta_{t2y})+2c_{z1}(\dot z_{t2}-\dot z_{w3}-d_1\dot\theta_{t2y}) \tag{5-17}$$

$$F_{pz4}=2k_{z1}(z_{t2}-z_{w4}+d_1\theta_{t2y})+2c_{z1}(\dot z_{t2}-\dot z_{w4}+d_1\dot\theta_{t2y}) \tag{5-18}$$

(4) x 方向一系悬挂力矩

$$M_{px1}=2b_1^2k_{z1}(\theta_{t1x}-\theta_{w1x})+2b_1^2c_{z1}(\dot\theta_{t1x}-\dot\theta_{w1x}) \tag{5-19}$$

$$M_{px2}=2b_1^2k_{z1}(\theta_{t1x}-\theta_{w2x})+2b_1^2c_{z1}(\dot\theta_{t1x}-\dot\theta_{w2x}) \tag{5-20}$$

$$M_{px3}=2b_1^2k_{z1}(\theta_{t2x}-\theta_{w3x})+2b_1^2c_{z1}(\dot\theta_{t2x}-\dot\theta_{w3x}) \tag{5-21}$$

$$M_{px4}=2b_1^2k_{z1}(\theta_{t2x}-\theta_{w4x})+2b_1^2c_{z1}(\dot{\theta}_{t2x}-\dot{\theta}_{w4x}) \tag{5-22}$$

(5)y 方向一系悬挂力矩

$$M_{py1}=M_{py2}=M_{py3}=M_{py4}=0 \tag{5-23}$$

(6)z 方向一系悬挂力矩

$$M_{pz1}=2b_1^2k_{x1}(\theta_{t1z}-\theta_{w1z})+2b_1^2c_{x1}(\dot{\theta}_{t1z}-\dot{\theta}_{w1z}) \tag{5-24}$$

$$M_{pz2}=2b_1^2k_{x1}(\theta_{t1z}-\theta_{w2z})+2b_1^2c_{x1}(\dot{\theta}_{t1z}-\dot{\theta}_{w2z}) \tag{5-25}$$

$$M_{pz3}=2b_1^2k_{x1}(\theta_{t2z}-\theta_{w3z})+2b_1^2c_{x1}(\dot{\theta}_{t2z}-\dot{\theta}_{w3z}) \tag{5-26}$$

$$M_{pz4}=2b_1^2k_{x1}(\theta_{t2z}-\theta_{w4z})+2b_1^2c_{x1}(\dot{\theta}_{t2z}-\dot{\theta}_{w4z}) \tag{5-27}$$

式中变量意义同前。

3. 轮对受力分析

除一系悬挂力与悬挂力矩作用外，轮对还受轨道法向压力与切向蠕滑力作用。将其受力投影至 yoz 平面与 xoy 平面(图 5-30、图 5-31)，F_{Nl}、F_{Nr} 为左、右轨道对轮对作用的法向压力，F_{Ttl}、F_{Ttr} 为左、右轮轨横向蠕滑力，F_{Ttl}^y、F_{Ttr}^y 为左、右轮轨横向蠕滑力于 y 轴方向上的投影，F_{Tll}、F_{Tlr} 为左、右轮轨纵向蠕滑力。

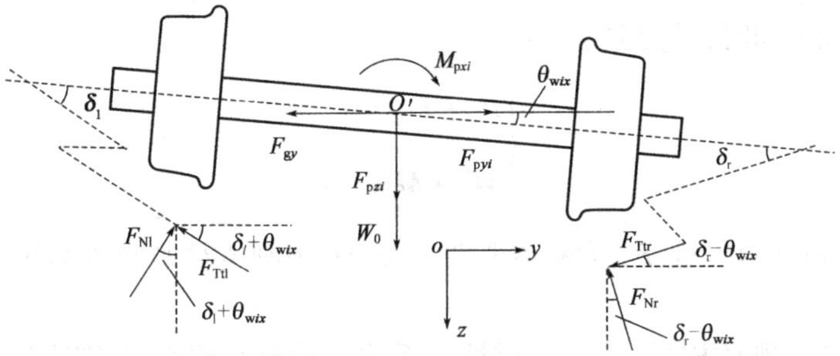

图 5-30　yoz 平面内轮对受力

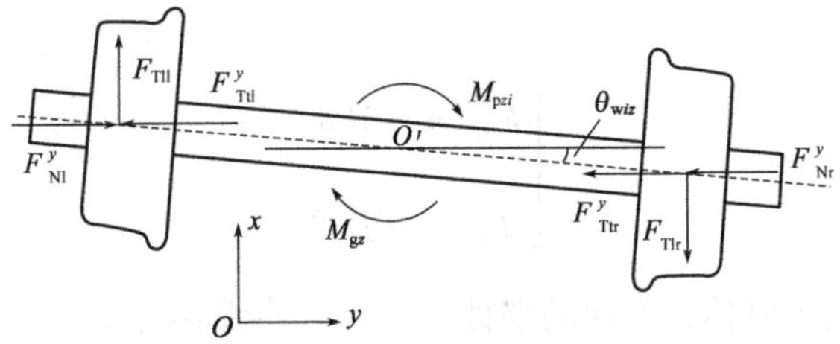

图 5-31　xoy 平面内轮对受力

轮对相对于轨道有横向位移(轮对坐标系下 y 轴方向位移)与摇头角位移(轮对坐标系下 z 方向转角位移)时，受重力影响，产生横向复原力 F_{gy} 与摇头力矩 M_{gz}，其大小分别为：

$$F_{gy}=\frac{M_wg}{2}[\tan(\delta_r-\theta_{wix})-\tan(\delta_l+\theta_{wix})] \tag{5-28}$$

$$M_{gz}=\frac{M_{w}g}{2}\sin\theta_{wiz}[b_{r}\tan(\delta_{r}-\theta_{wix})+b_{l}\tan(\delta_{l}+\theta_{wix})] \tag{5-29}$$

式中，δ_l、δ_r为轮轨左、右接触角，即左、右轮轨接触平面与车轴中心线的夹角；θ_{wix}为轮对 i 绕 x 轴的转角，$i=1,2,3,4$ 代表一节列车的四个轮对；b_l、b_r为左、右轮轨接触点至轮对中心距离在 y 轴上投影；其余变量意义同前。

采用车体、转向架相对于静力平衡位置的位移与速度计算其悬挂力，所得悬挂力采用增量形式，进行受力分析时不计入重力。由于轮对轮轨接触力未采用增量形式，计算其增量形式的悬挂力前，需引入重力与静悬挂力。重力与静悬挂力合力W_0为：

$$W_0=\frac{1}{4}M_{c}g+\frac{1}{2}M_{t}g+M_{w}g \tag{5-30}$$

式中变量意义同前。

4. 列车平衡方程

根据质点系的达朗贝尔原理，非惯性参考系中，质点系满足平衡关系：

$$\begin{cases}\sum \boldsymbol{F}_i^e+\sum \boldsymbol{F}_{Ii}=0\\ \sum \boldsymbol{M}_O(\boldsymbol{F}_i^e)+\sum \boldsymbol{M}_O(\boldsymbol{F}_{Ii})=0\end{cases} \tag{5-31}$$

式中，$\boldsymbol{F}_i^e$为质点 i 所受外力矢量，$\boldsymbol{F}_{Ii}$为质点 i 所受惯性力矢量，$\boldsymbol{M}_O(\boldsymbol{F}_i^e)$为质点 i 外力矢量对 O 点的矩，$\boldsymbol{M}_O(\boldsymbol{F}_{Ii})$为质点 i 惯性力矢量对 O 点的矩，$i=1,2,\cdots,$n。

刚体进行空间振动时，平衡关系为：

$$\begin{cases}\boldsymbol{F}^e+\boldsymbol{F}_{IR}=0\\ \boldsymbol{M}_O^e+\boldsymbol{M}_{IO}=0\end{cases} \tag{5-32}$$

式中，$\boldsymbol{F}^e$为刚体外力矢量，$\boldsymbol{F}_{IR}$为刚体惯性主矢，$\boldsymbol{M}_O^e$为刚体对 O 点外力矩矢量，$\boldsymbol{M}_{IO}$为刚体对 O 点惯性主矩。

列车模型由 7 个刚体构成，各刚体惯性力系均简化至其质心 C，则刚体平动自由度方向的惯性主矢大小等于刚体质量乘平动加速度，方向与加速度方向相反；转动自由度方向的惯性主矩大小等于刚体对质心的转动惯性乘转动角加速度，方向与角加速度方向相反，简化结果为：

$$\begin{cases}F_{IRk}=-M\ddot{u}_k\\ M_{ICk}=-J_{Ck}\ddot{\theta}_k\end{cases} \tag{5-33}$$

式中，F_{IRk}、M_{ICk}分别为刚体 k 方向的惯性力与对 C 点惯性力矩，u_k、θ_k为刚体 k 方向的平动与转动自由度，M 为刚体质量，J_{Ck}为刚体对其质心的 k 方向转动惯量。

根据上述分析，列车动力平衡方程如下：

(1)车体动力平衡方程

车体横移：

$$M_{c}\ddot{y}_{c}+F_{sy1}+F_{sy2}=0 \tag{5-34}$$

车体浮沉：

$$M_{c}\ddot{z}_{c}+F_{sz1}+F_{sz2}=0 \tag{5-35}$$

车体侧滚：

$$J_{cx}\ddot{\theta}_{cx}+M_{sx1}+M_{sx2}-(F_{sy1}+F_{sy2})h_{1}=0 \tag{5-36}$$

车体点头：

$$J_{cy}\ddot{\theta}_{cy}+M_{sy1}+M_{sy2}+(F_{sz2}-F_{sz1})d_{2}=0 \tag{5-37}$$

车体摇头：

$$J_{cz}\ddot{\theta}_{cz}+M_{sz1}+M_{sz2}+(F_{sz1}-F_{sz2})d_{2}=0 \tag{5-38}$$

(2)转向架动力平衡方程

转向架横移：

$$M_{t}\ddot{y}_{t1}+F_{py1}+F_{py2}-F_{sy1}=0 \tag{5-39}$$

$$M_{t}\ddot{y}_{t2}+F_{py3}+F_{py4}-F_{sy2}=0 \tag{5-40}$$

转向架浮沉：

$$M_{t}\ddot{z}_{t1}+F_{pz1}+F_{pz2}-F_{sz1}=0 \tag{5-41}$$

$$M_{t}\ddot{z}_{t2}+F_{pz3}+F_{pz4}-F_{sz2}=0 \tag{5-42}$$

转向架侧滚：

$$J_{tx}\ddot{\theta}_{t1x}+M_{px1}+M_{px2}-(F_{py1}+F_{py2})h_{3}-M_{sx1}-F_{sy1}h_{2}=0 \tag{5-43}$$

$$J_{tx}\ddot{\theta}_{t2x}+M_{px3}+M_{px4}-(F_{py3}+F_{py4})h_{3}-M_{sx2}-F_{sy2}h_{2}=0 \tag{5-44}$$

转向架点头：

$$J_{ty}\ddot{\theta}_{t1y}+M_{py1}+M_{py2}+(F_{pz2}-F_{pz1})d_{1}-M_{sy1}=0 \tag{5-45}$$

$$J_{ty}\ddot{\theta}_{t2y}+M_{py3}+M_{py4}+(F_{pz4}-F_{pz3})d_{1}-M_{sy2}=0 \tag{5-46}$$

转向架摇头：

$$J_{tz}\ddot{\theta}_{t1z}+M_{pz1}+M_{pz2}+(F_{pz1}-F_{pz2})d_{1}-M_{sz1}=0 \tag{5-47}$$

$$J_{tz}\ddot{\theta}_{t2z}+M_{pz3}+M_{pz4}+(F_{pz3}-F_{pz4})d_{1}-M_{sz2}=0 \tag{5-48}$$

(3)轮对 i 动力平衡方程($i=1,2,3,4$)

轮对 i 横移：

$$\begin{aligned}M_{w}\ddot{y}_{wi}-F_{pyi}+F_{gy}-F_{Nl}\sin(\delta_{l}+\theta_{wix})+F_{Nr}\sin(\delta_{r}-\theta_{wix})+\\F_{Ttl}\cos(\delta_{l}+\theta_{wix})+F_{Ttr}\cos(\delta_{r}-\theta_{wix})=0\end{aligned} \tag{5-49}$$

轮对 i 浮沉：

$$\begin{aligned}M_{w}\ddot{z}_{wi}-F_{pzi}-W_{0}+F_{Nl}\cos(\delta_{l}+\theta_{wix})+F_{Nr}\cos(\delta_{r}-\theta_{wix})+\\F_{Ttl}\sin(\delta_{l}+\theta_{wix})-F_{Ttr}\sin(\delta_{r}-\theta_{wix})=0\end{aligned} \tag{5-50}$$

轮对 i 侧滚：

$$J_{wx}\ddot{\theta}_{wix}-M_{pxi}+[F_{Nl}\sin(\delta_l+\theta_{wix})-F_{Tll}\cos(\delta_l+\theta_{wix})](r_{wil}\sec\theta_{wix}-b_l\tan\theta_{wix})-$$
$$[F_{Nr}\sin(\delta_r-\theta_{wix})+F_{Ttr}\cos(\delta_r-\theta_{wix})](r_{wir}\sec\theta_{wix}+b_r\tan\theta_{wix})+$$
$$[F_{Nr}\cos(\delta_r-\theta_{wix})-F_{Ttr}\sin(\delta_r-\theta_{wix})]b_r-$$
$$[F_{Nl}\cos(\delta_l+\theta_{wix})+F_{Tll}\sin(\delta_l+\theta_{wix})]b_r=0 \tag{5-51}$$

轮对 i 摇头：

$$J_{wz}\ddot{\theta}_{wiz}-M_{pzi}-M_{gz}-(F_{Nr}^{y}+F_{Ttr}^{y})b_r\tan\theta_{wiz}+(F_{Ttl}^{y}-F_{Nl}^{y})b_l\tan\theta_{wiz}-F_{Tll}b_l-F_{Tlr}b_r=0 \tag{5-52}$$

式中，r_{wil}、r_{wir}为轮对 i 的左、右滚动圆半径；其余参数意义同前。

二、轨道不平顺模拟

轨道不平顺指铁路轨道实际线形与设计线形的偏差，通常分为四类：高低不平顺、轨向不平顺、水平不平顺、轨距不平顺。高低不平顺指轨道整体竖向不平顺，轨向不平顺指轨道整体横向不平顺，水平不平顺指由左、右钢轨高度差引起的轨道水平方向整体不平顺，轨距不平顺指实际轨距与标准轨距的偏差。轨道不平顺的主要产生原因包括：轨道施工引起的钢轨初始弯曲、铁路列车运行造成的轨面不均匀磨耗、扣件失效引起的钢轨变形等。轨道不平顺是引起列车振动的主要因素，是影响桥梁振动的重要因素。

测量左钢轨横向偏差值Δ_{yl}、竖向偏差值Δ_{zl}，右钢轨横向偏差值Δ_{yr}、竖向偏差值Δ_{zr}，可得轨道不平顺值如下：

$$z_v=\frac{\Delta_{zl}+\Delta_{zr}}{2} \tag{5-53}$$

$$y_a=\frac{\Delta_{yl}+\Delta_{yr}}{2} \tag{5-54}$$

$$z_c=\frac{\Delta_{zl}-\Delta_{zr}}{2} \tag{5-55}$$

$$y_g=\frac{\Delta_{yl}-\Delta_{yr}}{2} \tag{5-56}$$

式中z_v、y_a、z_c、y_g分别代表轨道高低、轨向、水平、轨距不平顺；其余参数意义同前。

轨道不平顺可视作零均值、平稳遍历的高斯过程。缺少实测数据时，可通过选择合适的轨道功率谱来模拟实际线路的轨道不平顺值。常用数值模拟方法包括：二次滤波法、三角函数法、白噪声滤波法、频域法。其中，三角函数法无须设计滤波器，样本构造形式简单，不同功率谱密度函数的处理方式相同，适用范围广泛。

假设 $y(x)$为轨道不平顺函数，样本数量 N 充足，采用三角函数叠加法可得：

$$y(x)=\sqrt{2}\sum_{k=1}^{N}a_k\cos(\omega_k x+\phi_k) \tag{5-57}$$

式中，$a_k = S(\omega_k)\Delta\omega$，$\omega_k$为采样空间频率，$\omega_k = \omega_0 + (k-0.5)\Delta\omega$，$\Delta\omega = (\omega_1 - \omega_0)/N$，$\omega_1$、$\omega_0$分别为频率上、下限，$S(\omega_k)$为给定采样频率$\omega_k$所对应功率谱密度，$\phi_k$为$[0,2\pi]$范围内均匀分布且相互独立的随机变量。由于$\phi_k$取样具有随机性，$y(x)$为形式不确定的函数，但函数幅值与整体变化规律仍是一定的。

为获取轨道不平顺功率谱密度函数 $S(\omega)$，可基于美国、德国既有轨道谱，建立轨道不平顺 MATLAB 函数。该函数包括三个输入参数：参数 spec 选择美国轨道谱或德国轨道谱；参数 n 选择轨道谱等级，美国轨道谱分为 6 个等级，德国轨道谱分为低干扰谱与高干扰谱；参数 x 为指定位置的 x 坐标，通常为数值或向量形式，不可为矩阵形式。选取轨道不平顺波长范围为 0.5 ~ 50m，频率采样数量为 2^{17}，车轮滚动圆间距采用 1.493m。

1. 美国不平顺谱

美国铁路不平顺功率谱密度函数，以截断频率与粗糙度常数表示，适用波长范围为 1.524 ~ 304.8m，其函数形式如下：

(1)高低不平顺

$$S_v(\omega) = \frac{k A_v \omega_c^2}{(\omega^2 + \omega_c^2)\omega^2} \tag{5-58}$$

(2)轨向不平顺

$$S_a(\omega) = \frac{k A_a \omega_c^2}{(\omega^2 + \omega_c^2)\omega^2} \tag{5-59}$$

(3)水平不平顺

$$S_c(\omega) = \frac{4k A_v \omega_c^2}{(\omega^2 + \omega_c^2)(\omega^2 + \omega_s^2)} \tag{5-60}$$

(4)轨距不平顺

$$S_g(\omega) = \frac{4k A_v \omega_c^2}{(\omega^2 + \omega_c^2)(\omega^2 + \omega_s^2)} \tag{5-61}$$

式中，$S_v(\omega)$、$S_a(\omega)$、$S_c(\omega)$、$S_g(\omega)$为功率谱密度函数；k 为系数，一般取 0.25；A_v、A_a为粗糙度常数；ω_c、ω_s为截断频率。美国轨道等级分为 6 级，各等级截断频率与粗糙度常数取值见表 5-5。

美国轨道谱的截断频率和粗糙度常数 表 5-5

参数		轨道等级的参数取值					
符号	单位	1	2	3	4	5	6
A_v	$cm^2/(m/rad)$	1.2107	1.0181	0.6816	0.5376	0.2095	0.0339
A_a	$cm^2/(m/rad)$	3.3634	1.2107	0.4128	0.3027	0.0762	0.0339
ω_s	rad/m	0.6046	0.9308	0.8520	1.1312	0.8290	0.4380
ω_c	rad/m	0.8245	0.8245	0.8245	0.8245	0.8245	0.8245

根据功率谱密度函数,绘制美国6级谱高低、轨向、水平、轨距不平顺函数(图5-32~图5-35)。

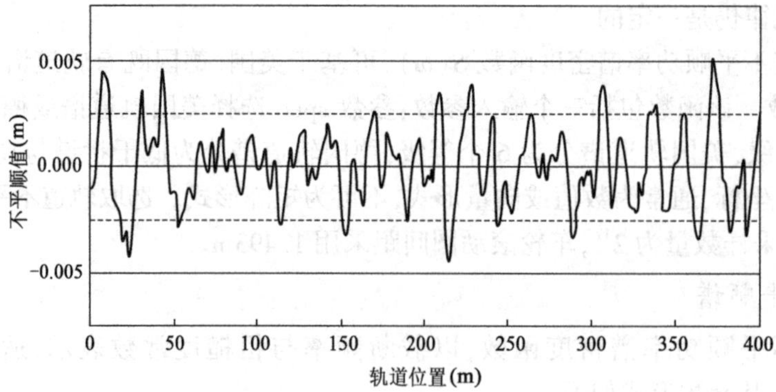

图5-32　美国6级谱:高低不平顺

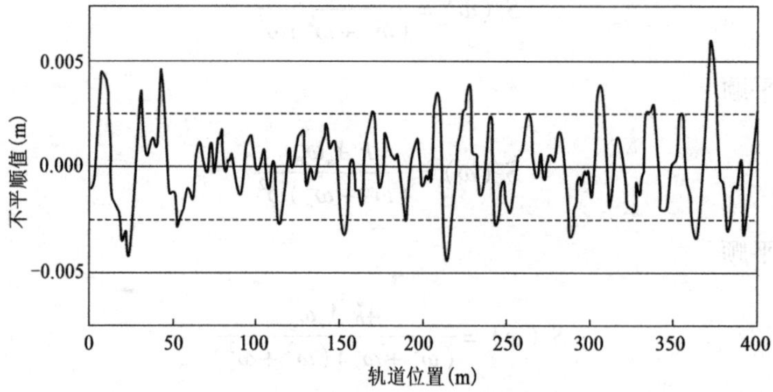

图5-33　美国6级谱:轨向不平顺

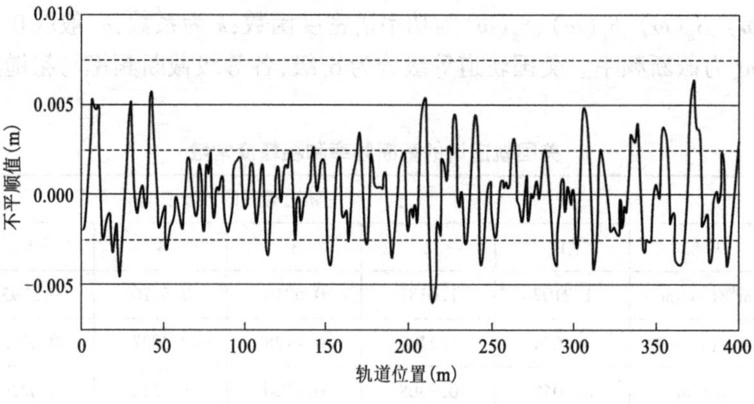

图5-34　美国6级谱:水平不平顺

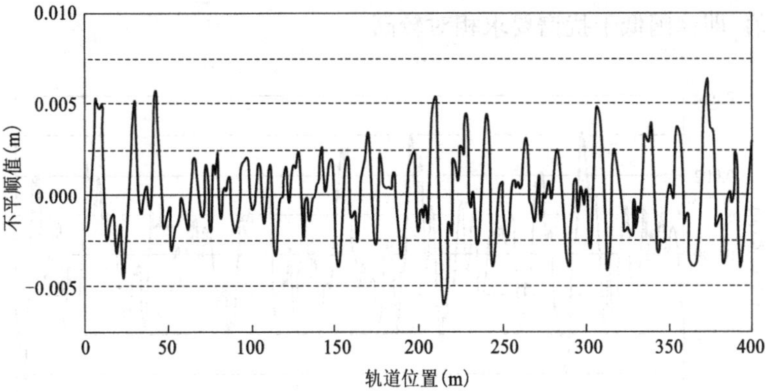

图 5-35　美国 6 级谱:轨距不平顺

2. 德国不平顺谱

欧洲铁路统一采用德国不平顺谱为谱密度函数,我国高速列车总体技术条件中同样建议使用该功率谱,其函数形式如下:

(1)高低不平顺

$$S_{v}(\omega)=\frac{A_{v}\omega_{c}^{2}}{(\omega^{2}+\omega_{c}^{2})(\omega^{2}+\omega_{r}^{2})} \tag{5-62}$$

(2)轨向不平顺

$$S_{a}(\omega)=\frac{A_{a}\omega_{c}^{2}}{(\omega^{2}+\omega_{c}^{2})(\omega^{2}+\omega_{r}^{2})} \tag{5-63}$$

(3)水平不平顺

$$S_{c}(\omega)=\frac{A_{v}\omega_{c}^{2}\omega^{2}}{(\omega^{2}+\omega_{c}^{2})(\omega^{2}+\omega_{s}^{2})(\omega^{2}+\omega_{r}^{2})l_{0}^{2}} \tag{5-64}$$

(4)轨距不平顺

$$S_{g}(\omega)=\frac{A_{g}\omega_{c}^{2}\omega^{2}}{(\omega^{2}+\omega_{c}^{2})(\omega^{2}+\omega_{s}^{2})(\omega^{2}+\omega_{r}^{2})} \tag{5-65}$$

式中,$S_{v}(\omega)$、$S_{a}(\omega)$、$S_{c}(\omega)$、$S_{g}(\omega)$为功率谱密度函数;A_{v}、A_{a}、A_{g}为粗糙度常数;ω_{c}、ω_{s}、ω_{r}为截断频率。德国轨道谱分为低干扰谱与高干扰谱,各干扰谱截断频率与粗糙度常数取值见表 5-6。

德国轨道谱的截断频率和粗糙度常数　　表 5-6

轨道谱	ω_{c} (rad/m)	ω_{r} (rad/m)	ω_{s} (rad/m)	A_{v} (10^{-7}m·rad)	A_{a} (10^{-7}m·rad)	A_{g} (10^{-7}m·rad)
低干扰谱	0.8246	0.0206	0.438	2.119	4.032	0.532
高干扰谱	0.8246	0.0206	0.438	6.125	10.8	1.032

根据功率谱密度函数,绘制德国低干扰谱的高低、轨向、水平和轨距不平顺函数(图 5-36～图 5-39)。由图可知,高低不平顺值的幅值相对较大(约 3mm),轨向不平顺值、水平不平顺值的

幅值相对较小(约2mm),轨距不平值的幅值最小(约0.75mm)。注意,上述值均小于美国6级谱不平顺幅值,即德国低干扰谱要求相对较高。

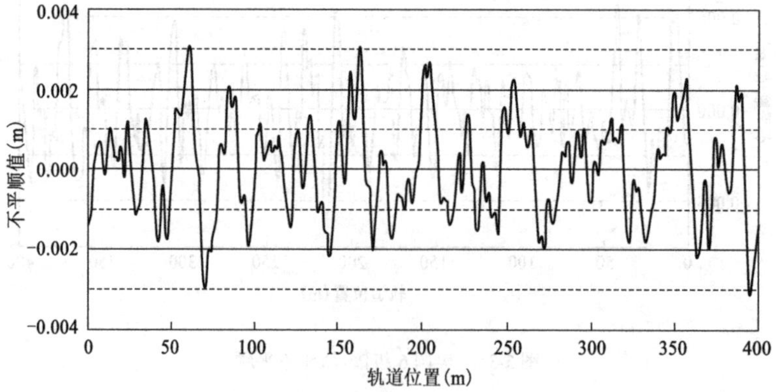

图5-36　德国低干扰谱:高低不平顺

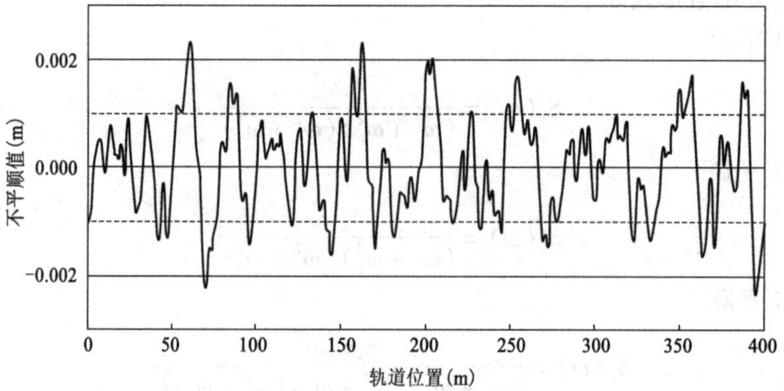

图5-37　德国低干扰谱:轨向不平顺

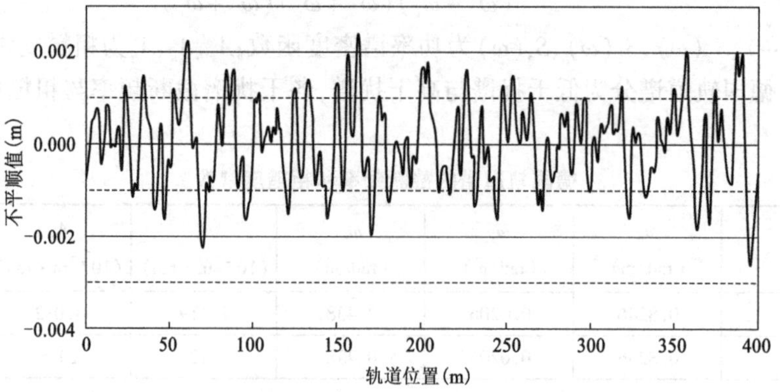

图5-38　德国低干扰谱:水平不平顺

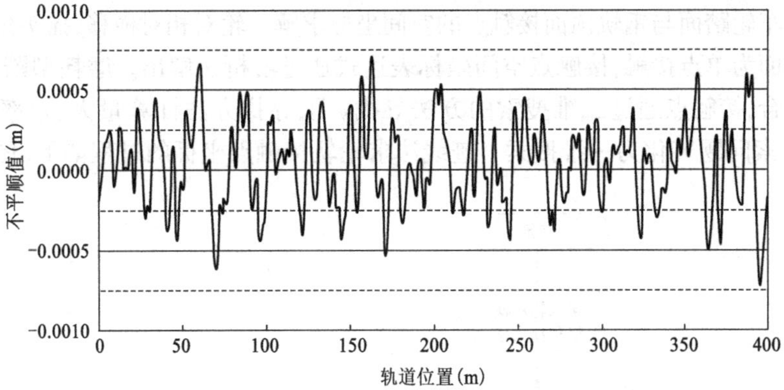

图 5-39　德国低干扰谱:轨距不平顺

三、轮轨接触关系

列车与桥梁间作用通过轮对与轨道间接触作用建立。轮轨接触关系包括轮轨接触几何关系、轮轨作用力关系,前者求解后作为后者的计算基础,轮轨间作用力即为车桥间作用力。

1. 轮轨接触几何关系

轮对相对于轨道运动时,轮轨动态接触几何参数包括:左、右轮滚动圆半径r_{wil}、r_{wir},左、右轮接触点处横向曲率半径ρ_{wil}、ρ_{wir},左、右钢轨接触点处横向曲率半径ρ_{rl}、ρ_{rr},左、右轮接触角δ_l、δ_r,由轮轨接触产生的轮对浮沉值z_{wic},轮对侧滚角θ_{wixc},左、右接触点至轮对中心的 y 轴投影距离b_l、b_r。基于轮轨密贴假定,轮对浮沉值、侧滚角与轨道相同,仅存在相对横移y_{wir}与相对摇头角θ_{wizr},轮轨接触参数为关于轮轨相对横移y_{wir}、相对摇头角θ_{wizr}的函数。

根据踏面轮廓,轮对踏面分为锥形踏面和磨耗型踏面。以南京长江大桥为例,桥上钢轨为60kg/m 无缝钢轨,铁路列车采用磨耗型踏面 LM,采用滚动轴承的客车轮对即轮对为 RC_3 型号(桥上通行列车多为普通客车与货车),轮对直径为 915mm,轨距为 1435mm(图 5-40)。

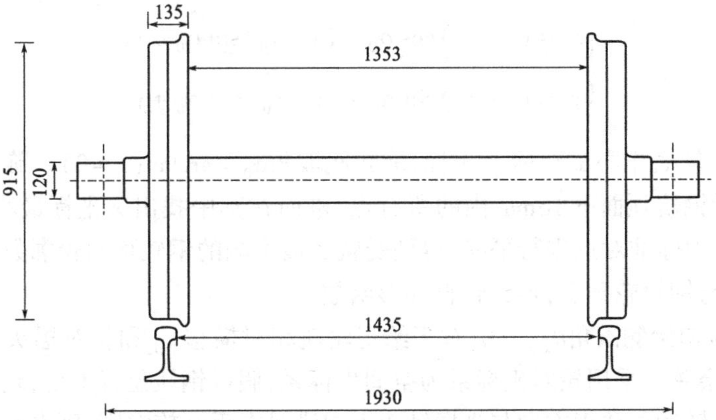

图 5-40　轮轨接触处示意图(单位:mm)

首先,确定左、右轮轨接触点空间位置。轮轨接触问题属于面与面接触问题,其几何参数求解可转化为对车轮踏面与钢轨顶面接触点的空间坐标求解。轮对相对横移、摇头角较小时,车轮踏面与钢轨顶面为单点接触,接触点空间坐标表达式通过解析法解出。磨耗型踏面 LM 曲面通过数值方法拟合,接触点通过二维搜索的方法寻找。该寻找方法计算量大、效率低,可采用迹线法将二维搜索问题转化为一维搜索。迹线法求轮轨接触点坐标的过程如下(图 5-41)。

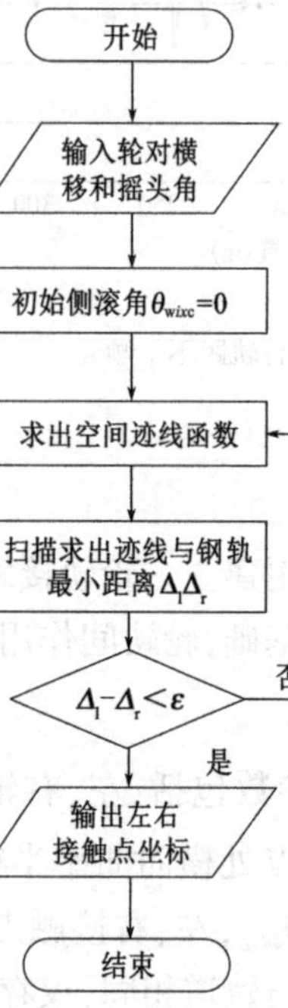

图 5-41　迹线法求轮轨接触点坐标的流程图

(1)绘制钢轨轮廓、车轮踏面轮廓,导出关键点、细分点坐标,并导入 MATLAB(仅需右轨、右轮轮廓坐标,左轮数据由右轮数据求出)。考虑到轨底坡的影响,钢轨轮廓点绕轨底中心旋转α_0,所得新坐标为:

$$\begin{cases}x' = (x - x_0)\cos\alpha_0 - (y - y_0)\sin\alpha_0 + x_0 \\ y' = (x - x_0)\sin\alpha_0 + (y - y_0)\cos\alpha_0 + y_0\end{cases} \tag{5-66}$$

式中,x_0、y_0为轨底中心 x 坐标、y 坐标,取轨底坡角$\alpha_0=\arctan(1/40)$。旋转后轨距保持恒定,可选出旋转后钢轨顶面下 16mm 内的所有点,进而在其中找出 x 坐标最小的点,以该点横坐标等于 1435/2 为标准对点进行平移,得到受轨底坡影响的钢轨顶面轮廓数据。利用三次样条函数拟合车轮与钢轨轮廓点,得到轮轨外形函数。

(2)假设轮对初始侧滚角$\theta_{wixc}=0$,对于给定轮轨相对横移y_{wir}和相对摇头角θ_{wizr},可求出车轴中心线的方向余弦。采用轮对坐标系为空间坐标系,假设钢轨位置不变,轮对横移方向与坐标轴正方向一致,转动位移正方向与坐标轴正方向满足右手螺旋定则,则在空间坐标系中车轴中心线的三个方向余弦为:

$$\begin{cases}l_x=-\cos\theta_{wixc}\sin\theta_{wizr}\\l_y=\cos\theta_{wixc}\cos\theta_{wizr}\\l_z=\sin\theta_{wixc}\end{cases}\tag{5-67}$$

式中，l_x，l_y，l_z为车轴中心线对应的三个方向余弦值。

(3)迹线的空间函数通过取迹线上有限点进行拟合确定。迹线指所有可能的轮轨接触点组成的空间曲线，位于车轮踏面内，线上每点均对应一个车轮滚动圆。假设滚动圆圆心至车轮中心距离为d_w，则迹线空间坐标由下式确定：

$$x_{tr}=d_w l_x+l_x r_{wi}\tan\delta\tag{5-68}$$

$$y_{tr}=d_w l_y-\frac{r_{wi}}{1-l_x^2}(l_x^2 l_y\tan\delta+l_z m)+y_{wir}\tag{5-69}$$

$$z_{tr}=d_w l_z-\frac{r_{wi}}{1-l_x^2}(l_x^2 l_z\tan\delta-l_y m)\tag{5-70}$$

式中，$m=\sqrt{1-l_x^2(1+\tan^2\delta)}$，$r_{wi}$为车轮滚动圆半径，$\delta$为轮轨接触角，其余参数意义同前。若为左侧轮轨接触迹线的求解，d_w与δ均乘(-1)即可。求解迹线函数时，可引入线性增长的变量t，使迹线x、y、z坐标均为t的函数，便于后续计算。

轮轨可接触范围内，踏面轮廓以0.1mm为间隔取d_w样点。对于车轮滚动圆，d_w对应半径及相应轮轨接触角由车轮踏面函数及其导数求出。根据迹线空间坐标确定式[式(5-68)~式(5-70)]确定迹线样点三维坐标，拟合样点即可求得迹线三次样条函数。

(4)轮轨可接触范围内，钢轨轮廓以0.1mm为间隔对y坐标取点，根据y坐标求得对应迹线的z坐标值，根据钢轨轮廓函数求得钢轨的z坐标值，计算二者差值的最小值。分别求解左、右两侧的z坐标差值最小值，若两者之差不大于收敛容差，则迭代结束，求解左、右轮轨接触点坐标；若大于收敛容差，则改变侧滚角的值重新计算。假设第k次迭代的侧滚角为θ_{wixc}^k，则第$k+1$次迭代值为$\theta_{wixc}^{k+1}=\theta_{wixc}^k+\Delta\theta$，其中：

$$\Delta\theta=\gamma\frac{\Delta_r-\Delta_l}{y_{minr}-y_{minl}}\tag{5-71}$$

式中，修正系数$\gamma=1+0.7(|k_l|+|k_r|)$，$k_l$、$k_r$为左、右接触点处斜率，$\Delta_l$、$\Delta_r$为左、右迹线与钢轨最小距离，$y_{minl}$、$y_{minr}$为最小距离点对应$y$坐标值。收敛容差$\varepsilon$取$10^{-3}$mm时，满足工程精度要求。

根据上述过程求得接触点坐标后，联立式(5-68)至式(5-70)进一步求解接触点对应的r_{wi}、d_w、δ_r值。由于变量δ_r为角度值，方程组中含有δ_r正切值项，为便于求解宜将三元非线性方程组方程转为关于δ_r的一元非线性方程，消除d_w并得到r_{wi}关于δ_r的关系式如下：

$$r_{wi}=\frac{(x_{cr}l_z-z_{cr}l_x)(1-l_x^2)}{l_x[\tan\delta_r l_z-l_y\sqrt{1-l_x^2(1+\tan^2\delta_r)}]}\tag{5-72}$$

式中变量意义同前。由于分母项不能为0，$l_x=0$的情况需单独考虑：$l_x=0$时，联立式(5-68)至式(5-70)，可得：

$$r_{wi}=\frac{y_{wir}l_z+z_{cr}l_y-y_{cr}l_z}{l_z^2+l_y^2}\tag{5-73}$$

$$d_w = \frac{y_{cr} - y_{wir} + r_{wi} l_z}{l_y} \tag{5-74}$$

式中变量意义同前。求得d_w后，接触角δ_r由车轮踏面轮廓函数求导得到。$l_x \neq 0$ 时，联立式(5-68)、式(5-59)、式(5-72)，可得：

$$y_{cr} l_x - x_{cr} l_y + \frac{x_{cr} l_z - z_{cr} l_x}{\tan \delta_r l_z - l_y \sqrt{1 - l_x^2 (1 + \tan^2 \delta_r)}} \times [l_y \tan \delta_r + l_z \sqrt{1 - l_x^2 (1 + \tan^2 \delta_r)}] - y_{wir} l_x = 0 \tag{5-75}$$

式中变量意义同前。利用牛顿法求解该非线性方程数值解，将所得接触角δ_r代入式(5-72)、式(5-68)，即可求得r_{wi}、δ_r。

其余接触几何参数根据上述求解结果依次求出：

(1)横向曲率半径：车轮接触点处横向曲率半径ρ_{wir}利用d_w、车轮踏面轮廓函数确定，钢轨接触点处横向曲率半径ρ_{rr}利用y_{cr}、钢轨顶面外形函数确定。

(2)接触点至轮对中心的 y 轴投影距离：由下式计算：

$$b_r = |d_w l_y| \tag{5-76}$$

式中变量意义同前。

(3)由于轮轨接触产生的轮对侧滚角θ_{wixc}：在迭代中求出。

(4)由于轮轨接触产生的轮对浮沉值z_{wic}：首先，在轮对相对横移、相对摇头角均为 0 时，分别求解左右两侧 z 坐标差值并求平均：$\Delta_0 = (\Delta_{l0} + \Delta_{r0})/2$；在相对横移、相对摇头角为指定值时，分别求解左右两侧 z 坐标差值并求平均：$\Delta = (\Delta_l + \Delta_r)/2$；$z_{wic}$由下式计算：

$$z_{wic} = \Delta_0 - \Delta \tag{5-77}$$

式中变量意义同前。

上述理论分析为右轮几何参数的求解过程，左轮接触点坐标为x_{cl}、y_{cl}、z_{cl}，几何参数求解如下。r_{wi}关于δ_l的关系式为：

$$r_{wi} = \frac{(z_{cl} l_x - x_{cl} l_z)(1 - l_x^2)}{l_x [\tan \delta_l l_z + l_y \sqrt{1 - l_x^2 (1 + \tan^2 \delta_l)}]} \tag{5-78}$$

式中变量意义同前。$l_x = 0$ 时，滚动圆半径、滚动圆圆心到车轴中心距离分别为：

$$r_{wi} = \frac{y_{wir} l_z + z_{cl} l_y - y_{cl} l_z}{l_z^2 + l_y^2} \tag{5-79}$$

$$d_w = \frac{y_{wir} - r_{wi} l_z - y_{cl}}{l_y} \tag{5-80}$$

式中变量意义同前，接触角δ_l根据车轮踏面轮廓函数求出。$l_x \neq 0$ 时，非线性方程如下：

$$y_{cl} l_x - x_{cl} l_y + \frac{z_{cl} l_x - x_{cl} l_z}{\tan \delta_l l_z + l_y \sqrt{1 - l_x^2 (1 + \tan^2 \delta_l)}} \times [-l_y \tan \delta_l + l_z \sqrt{1 - l_x^2 (1 + \tan^2 \delta_l)}] - y_{wir} l_x = 0 \tag{5-81}$$

式中变量意义同前，接触角δ_l通过求解非线性方程得出。将δ_l代入(5-78)后，可求得滚动圆半径r_{wi}，再将δ_l、r_{wi}代入原方程组，即可求得d_w。其余轮轨接触几何参数计算与右轨相同。

利用 MATLAB 自编程序,计算轮对相对横移值范围为 -14 ~ 14mm、轮对相对摇头角范围为 -5° ~ 5°时的接触几何参数,并制成数表供后续使用。摇头角分别为 0°、1°时,左、右车轮接触几何参数值随轮对相对横移值变化见图 5-42 ~ 图 5-47,与既有文献中计算结果吻合较好。

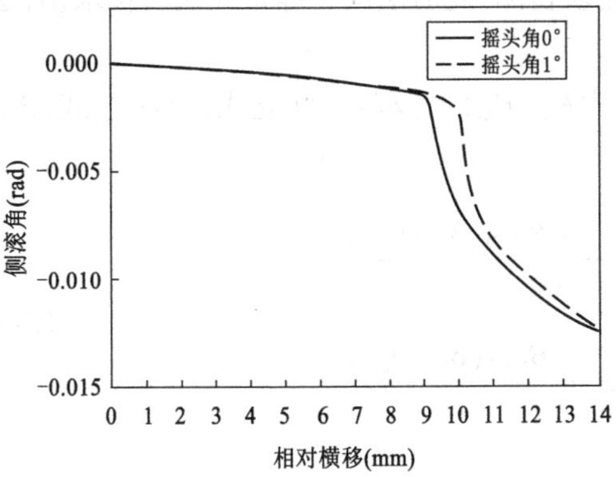

图 5-42　轮对侧滚角

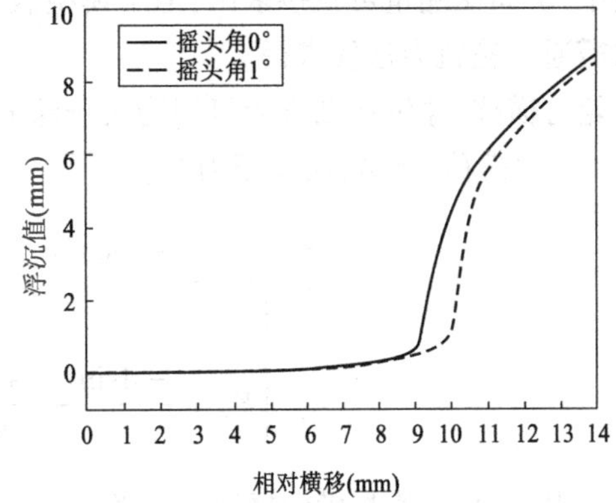

图 5-43　轮对浮沉值

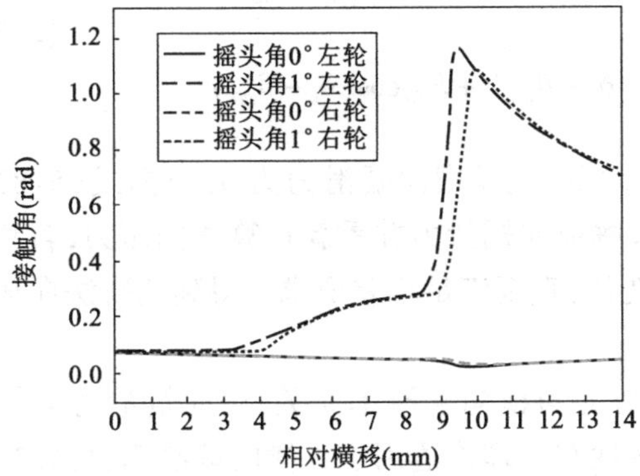

图 5-44　轮轨接触角

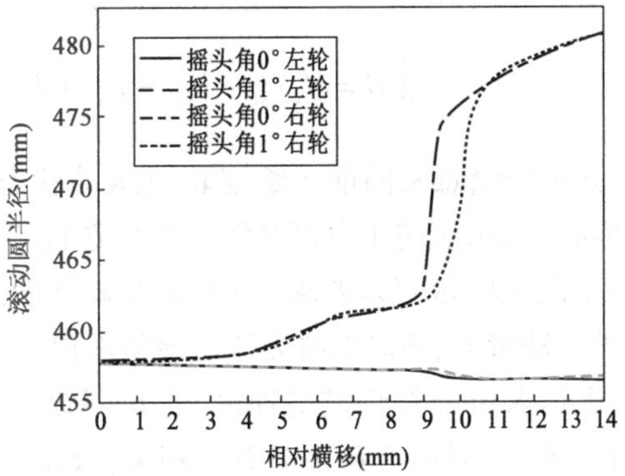

图 5-45　车轮滚动圆半径

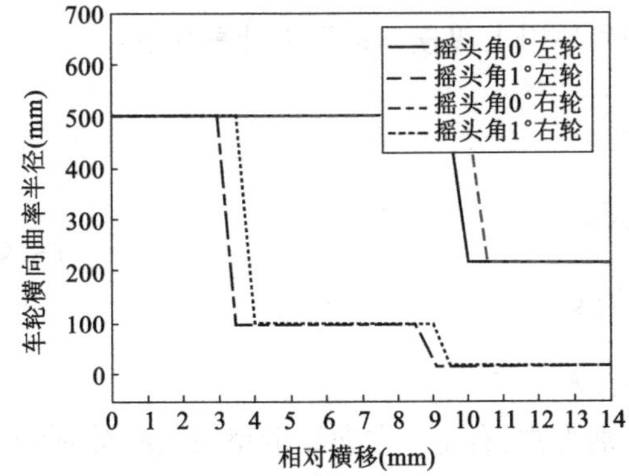

图 5-46　车轮横向曲率半径

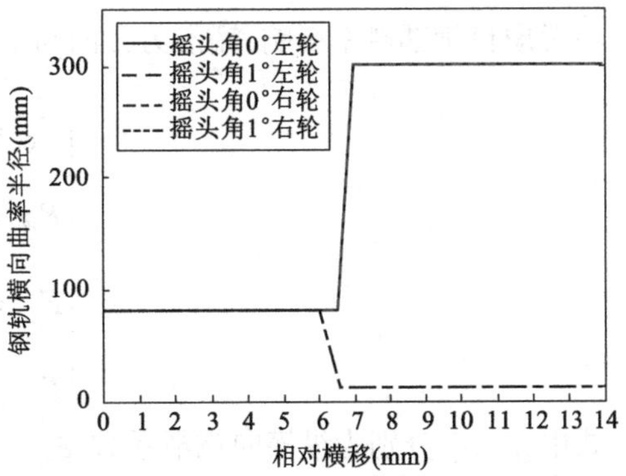

图 5-47　钢轨横向曲率半径

2.轮轨作用力关系

轮轨间作用力包括轮轨法向压力、横向蠕滑力、纵向蠕滑力。

根据赫兹非线性弹性接触理论，轮轨法向压力可由轮轨法向压缩量计算得出。动态轮轨作用中，法向压缩量可直接求出；但本模型假定轮轨密贴，此时法向压缩量无法直接求出，法向压力需通过轮轨力迭代求得。

轮对横移、浮沉运动方程可视为关于法向压力F_{Nl}、F_{Nr}的方程组，联立式(5-49)、式(5-50)即轮对i的横移、侧滚，法向压力为：

$$\begin{cases} F_{\mathrm{Nl}} = \dfrac{-A\sin(\delta_{\mathrm{r}} - \theta_{wix}) + B\cos(\delta_{\mathrm{r}} - \theta_{wix})}{\sin(\delta_{\mathrm{l}} + \delta_{\mathrm{r}})} \\ F_{\mathrm{Nr}} = \dfrac{-A\sin(\delta_{\mathrm{l}} + \theta_{wix}) - B\cos(\delta_{\mathrm{l}} + \theta_{wix})}{\sin(\delta_{\mathrm{l}} + \delta_{\mathrm{r}})} \end{cases} \tag{5-82}$$

式中，A、B取值与横向蠕滑力相关：

$$\begin{cases} A = M_{\mathrm{w}}\ddot{z}_{\mathrm{w}i} - F_{\mathrm{pz}i} - W_0 + F_{\mathrm{Tl}}\sin(\delta_{\mathrm{l}} + \theta_{wix}) - F_{\mathrm{Tr}}\sin(\delta_{\mathrm{r}} - \theta_{wix}) \\ B = M_{\mathrm{w}}\ddot{y}_{\mathrm{w}i} - F_{\mathrm{py}i} + F_{\mathrm{gy}} + F_{\mathrm{Tl}}\cos(\delta_{\mathrm{l}} + \theta_{wix}) + F_{\mathrm{Tr}}\cos(\delta_{\mathrm{r}} - \theta_{wix}) \end{cases} \tag{5-83}$$

式中变量意义同前。给定轮轨运动状态条件下，假设横向蠕滑力为0，根据式(5-82)、式(5-83)求出法向压力值并作为初始迭代值，求解横向蠕滑力并重新计算法向压力，若法向压力不满足收敛容差要求，则继续以新值进行迭代，直至满足容差要求。得到轮轨法向压力后，纵向蠕滑力、横向蠕滑力通过该值求出。

根据Kalker线性蠕滑理论，轮轨间纵向蠕滑力与横向蠕滑率无关，横向蠕滑力与纵向蠕滑率无关，但均与自旋蠕滑率相关。Kalker线性蠕滑理论适用于纵横向蠕滑率、自旋蠕滑率均取值较小的情况，此时接触区切向力为对称分布，蠕滑力写作蠕滑系数与蠕滑率的乘积形式。

不考虑自旋蠕滑率影响，蠕滑力方向与上述章节相同，纵横向蠕滑力计算如下：

$$\begin{cases} F_{\mathrm{Tl}} = f_{22}\xi_{y\mathrm{l}} \\ F_{\mathrm{Tr}} = f_{22}\xi_{y\mathrm{r}} \\ F_{\mathrm{Tll}} = -f_{11}\xi_{x\mathrm{l}} \\ F_{\mathrm{Tlr}} = -f_{11}\xi_{x\mathrm{r}} \end{cases} \tag{5-84}$$

式中，f_{11}、f_{22}分别为纵横向蠕滑系数，$\xi_{y\mathrm{l}}$、$\xi_{y\mathrm{r}}$分别为左、右轮y方向蠕滑率，$\xi_{x\mathrm{l}}$、$\xi_{x\mathrm{r}}$分别为左、右轮x方向蠕滑率。

蠕滑率与轮轨相对运动状态有关，根据前述计算所得的轮轨接触几何参数，纵横向蠕滑率计算如下：

$$\begin{cases}\xi_{y1}=\dfrac{\dot{y}_{wir}}{v}+\dfrac{r_{wil}\dot{\theta}_{wix}}{l_0}-\theta_{wiz}\\\xi_{yr}=\dfrac{\dot{y}_{wir}}{v}+\dfrac{r_{wir}\dot{\theta}_{wix}}{l_0}-\theta_{wiz}\\\xi_{x1}=\dfrac{r_{wir}-r_{wil}}{r_{wir}+r_{wil}}+\dfrac{\dot{\theta}_{wiz}b_1}{v}\\\xi_{xr}=\dfrac{r_{wil}-r_{wir}}{r_{wir}+r_{wil}}-\dfrac{\dot{\theta}_{wiz}b_r}{v}\end{cases}\tag{5-85}$$

式中，v 为列车行驶速度，l_0为名义轨距，r_{wil}、r_{wir}分别为左、右接触点处滚动圆半径，其余符号意义同前。

蠕滑力计算关键在于蠕滑系数，根据 Kalker 线性蠕滑理论，纵横向蠕滑系数计算如下：

$$\begin{cases}f_{11}=C_{11}Eab\\f_{22}=C_{22}Eab\end{cases}\tag{5-86}$$

式中，E 为钢轨与车轮弹性模量，a、b 分别为轮轨接触椭圆长半轴、短半轴，C_{11}、C_{22}为 Kalker 系数且与 a、b 相关。蠕滑系数计算式(5-86)中未知量求解如下：

(1)轮轨接触椭圆长短半轴 a、b：根据赫兹弹性接触理论，两个任意形状曲面的接触区域可看作椭圆，椭圆长短半轴由下式计算：

$$\begin{cases}a=\alpha\left[\dfrac{3}{4}\dfrac{P}{C+D}\left(\dfrac{1-\nu_1^2}{E_1}+\dfrac{1-\nu_2^2}{E_2}\right)\right]^{1/3}\\b=\beta\left[\dfrac{3}{4}\dfrac{P}{C+D}\left(\dfrac{1-\nu_1^2}{E_1}+\dfrac{1-\nu_2^2}{E_2}\right)\right]^{1/3}\end{cases}\tag{5-87}$$

式中，P 为两弹性体间法向压力，C、D、α、β 为中间参数，ν_1、ν_2为弹性体泊松比，E_1、E_2为弹性体弹性模量，轮轨接触时，$\nu_1=\nu_2=\nu$，$E_1=E_2=E$。C、D 值由下式计算：

$$\begin{cases}C+D=\dfrac{1}{2}\left(\dfrac{1}{R_1}+\dfrac{1}{R'_1}+\dfrac{1}{R_2}+\dfrac{1}{R'_2}\right)\\D-C=\dfrac{1}{2}\left[\left(\dfrac{1}{R_1}-\dfrac{1}{R'_1}\right)^2+\left(\dfrac{1}{R_2}-\dfrac{1}{R'_2}\right)^2+2\left(\dfrac{1}{R_1}-\dfrac{1}{R'_1}\right)\left(\dfrac{1}{R_2}-\dfrac{1}{R'_2}\right)\cos2\psi\right]^{1/2}\end{cases}\tag{5-88}$$

式中，$1/R_1$、$1/R'_1$、$1/R_2$、$1/R'_2$为曲面主曲率，曲率中心位于弹性体内部时，曲率为正，反之为负，ψ 为两主曲率面所成角。轮轨接触时，$R_1=\rho_{wi}$，$R'_1=r_{wi}$，$R_2=\rho_r$，$R'_2=\infty$，$\psi=0$，式(5-88)可写为：

$$\begin{cases}C+D=\dfrac{1}{2}\left(\dfrac{1}{r_{wi}}+\dfrac{1}{\rho_{wi}}+\dfrac{1}{\rho_r}\right)\\D-C=\dfrac{1}{2}\left(\dfrac{1}{r_{wi}}-\dfrac{1}{\rho_{wi}}-\dfrac{1}{\rho_r}\right)\end{cases}\tag{5-89}$$

假设 $\cos\theta_0=\dfrac{D-C}{C+D}$，根据式(5-80)确定$\theta_0$后，参考 α、β 取值表即可确定接触椭圆的长短半轴，α、β 取值见表 5-7。

α 与 β 取值表 表 5-7

θ_0	0°	10°	20°	30°	40°	45°	50°	55°	60°	70°	80°	90°
α	∞	6.612	3.778	2.731	2.136	1.926	1.754	1.611	1.486	1.284	1.128	1.00
β	0	0.319	0.408	0.493	0.567	0.604	0.641	0.678	0.717	0.802	0.893	1.00

(2)Kalker 系数C_{11}、C_{22}:该系数与 a、b 取值相关,取车轮与钢轨泊松比 $\nu=0.3$,可通过插值得到 Kalker 系数(表 5-8)。确定 a、b、C_{11}、C_{22}后,根据式(5-84)求得纵横向蠕滑系数,结合轮轨相对运动状态,根据式(5-83)求得纵横向蠕滑率,即可计算纵横向蠕滑力大小。

Kalker 系数C_{11}、C_{22}取值表 表 5-8

a/b	C_{11}	C_{22}	b/a	C_{11}	C_{22}
0.1	1.35	0.98	0.9	1.7	1.49
0.2	1.37	1.01	0.8	1.75	1.56
0.3	1.4	1.06	0.7	1.81	1.65
0.4	1.44	1.11	0.6	1.9	1.76
0.5	1.47	1.18	0.5	2.03	1.93
0.6	1.5	1.22	0.4	2.21	2.15
0.7	1.54	1.28	0.3	2.51	2.54
0.8	1.57	1.32	0.2	3.08	3.26
0.9	1.6	1.39	0.1	4.6	5.15
1.0	1.65	1.43			

为方便后续计算,可将蠕滑系数求解函数化,利用 MATLAB 定义蠕滑系数计算函数。该函数输入参数包括:轮轨法向压力、接触点处车轮滚动圆半径、接触点处车轮横向曲率半径、接触点处钢轨横向曲率半径,输出参数为纵向蠕滑系数f_{11}与横向蠕滑系数f_{22}组成的矩阵,钢轨与车轮的弹性模量 $E=2.0\times10^{11}$ Pa,泊松比 $\nu=0.3$。以法向压力 $P=160$kN,滚动圆半径$r_{wi}=458$mm、横向曲率半径$\rho_{wi}=-500$mm、$\rho_r=300$mm 为例,纵向蠕滑系数$f_{11}=2.6575\times10^7$N,横向蠕滑系数$f_{22}=2.4118\times10^7$N。

Kalker 线性蠕滑理论计算所得蠕滑力需进一步修正,满足大蠕滑与小蠕滑情况。令 $\lambda=\dfrac{\sqrt{F_{\mathrm{Tt}}^2+F_{\mathrm{Tl}}^2}}{fF_{\mathrm{N}}}$,其中 f 为轮轨间摩擦系数,通常取 $f=0.25$,根据 λ 取值可确定修正系数χ:

$$\chi=\begin{cases}1-\dfrac{\lambda}{3}+\dfrac{\lambda^2}{27} & (\lambda\leqslant3)\\ \dfrac{1}{\lambda} & (\lambda>3)\end{cases} \tag{5-90}$$

利用修正系数χ 对蠕滑力进行修正:

$$\begin{cases}F'_{\mathrm{Tt}}=\chi F_{\mathrm{Tt}}\\ F'_{\mathrm{Tl}}=\chi F_{\mathrm{Tl}}\end{cases} \tag{5-91}$$

四、车桥相互作用

1. 桥梁对车辆的作用

车桥耦合系统中,桥梁对车辆的作用包括位移约束作用与轮轨力作用。

基于轮轨密贴假定,轮对与轨道紧密贴合,轮对浮沉值、侧滚值与轨道浮沉值、侧滚值相同,即

$$\begin{cases} z_{wi} = z_{ri} \\ \theta_{wix} = \theta_{rxi} \end{cases} \tag{5-92}$$

式中,z_{ri}和θ_{rxi}为轮对坐标系中轨道浮沉值、侧滚值,z_{wi}和θ_{wxi}为轮对浮沉值、侧滚值。由于轮对的浮沉值、侧滚自由度不再独立,相应自由度无须由平衡方程求出,列车振动自由度变为23。将列车振动平衡方程中z_{wi}、θ_{wix}替换为z_{ri}、θ_{rxi},并将包含z_{ri}、θ_{rxi}的项移至等式右侧,便构成由桥梁位移约束作用产生的虚拟激振力。

桥梁对车辆的力作用即轮轨接触力作用,轮轨接触力求解已在上节中给出。车辆动力平衡方程中,轮轨作用力被移至等式右侧,等式左侧仅留下与列车振动自由度相关项,23 自由度的车辆振动微分方程如下:

$$\boldsymbol{m}_{\mathrm{v}}\ddot{\boldsymbol{u}}_{\mathrm{v}} + \boldsymbol{c}_{\mathrm{v}}\dot{\boldsymbol{u}}_{\mathrm{v}} + \boldsymbol{k}_{\mathrm{v}}\boldsymbol{u}_{\mathrm{v}} = \boldsymbol{f}_{\mathrm{v}} \tag{5-93}$$

式中,$\boldsymbol{u}_{\mathrm{v}}$为 23 自由度车辆的位移向量,由车体位移、转向架位移、轮对位移向量组成:

$$\boldsymbol{u}_{\mathrm{v}} = \begin{bmatrix} \boldsymbol{u}_{\mathrm{c}} \\ \boldsymbol{u}_{\mathrm{t}} \\ \boldsymbol{u}_{\mathrm{w}} \end{bmatrix} \tag{5-94}$$

其中,车体位移向量 $\boldsymbol{u}_{\mathrm{c}} = [y_{\mathrm{c}}, z_{\mathrm{c}}, \theta_{\mathrm{c}x}, \theta_{\mathrm{c}y}, \theta_{\mathrm{c}z}]^{\mathrm{T}}$,转向架位移向量 $\boldsymbol{u}_{\mathrm{t}} = [y_{\mathrm{t1}}, z_{\mathrm{t1}}, \theta_{\mathrm{t1}x}, \theta_{\mathrm{t1}y}, \theta_{\mathrm{t1}z}, y_{\mathrm{t2}}, z_{\mathrm{t2}}, \theta_{\mathrm{t2}x}, \theta_{\mathrm{t2}y}, \theta_{\mathrm{t2}z}]^{\mathrm{T}}$,轮对位移$\boldsymbol{u}_{\mathrm{w}} = [y_{\mathrm{w1}}, \theta_{\mathrm{w1}z}, y_{\mathrm{w2}}, \theta_{\mathrm{w2}z}, y_{\mathrm{w3}}, \theta_{\mathrm{w3}z}, y_{\mathrm{w4}}, \theta_{\mathrm{w4}z}]^{\mathrm{T}}$。$\ddot{\boldsymbol{u}}_{\mathrm{v}}$、$\dot{\boldsymbol{u}}_{\mathrm{v}}$为车辆加速度向量、速度向量。$\boldsymbol{m}_{\mathrm{v}}$、$\boldsymbol{c}_{\mathrm{v}}$、$\boldsymbol{k}_{\mathrm{v}}$为车辆质量矩阵、刚度矩阵、阻尼矩阵,矩阵维度均为 23×23。$\boldsymbol{m}_{\mathrm{v}}$、$\boldsymbol{c}_{\mathrm{v}}$、$\boldsymbol{k}_{\mathrm{v}}$由微分方程等号左侧各项确定,位移前的刚度项组成刚度矩阵,速度前的阻尼项组成阻尼矩阵,加速度前的质量项组成质量矩阵。

$\boldsymbol{f}_{\mathrm{v}}$为车辆荷载向量,包括车体荷载、转向架荷载、轮对荷载,由桥梁位移引起的虚拟激振力与轮轨接触力构成:

$$\boldsymbol{f}_{\mathrm{v}} = \begin{bmatrix} \boldsymbol{f}_{\mathrm{c}} \\ \boldsymbol{f}_{\mathrm{t}} \\ \boldsymbol{f}_{\mathrm{c}} \end{bmatrix} \tag{5-95}$$

式(5-95)中各荷载值表达式如下:

(1)车体振动方程(5-34)至(5-38)中不含z_{wi}、θ_{wix}与轮轨接触力项,因此$\boldsymbol{f}_{\mathrm{c}} = [0,0,0,0,0]^{\mathrm{T}}$。

(2)转向架振动方程(5-39)至(5-48)中仅含虚拟激振力项,可写为:

$$\boldsymbol{f}_{\mathrm{t}} = \begin{bmatrix} \boldsymbol{f}_{\mathrm{t1}} \\ \boldsymbol{f}_{\mathrm{t2}} \end{bmatrix} = \begin{bmatrix} \boldsymbol{k}_{\mathrm{t}} 0 \\ 0\ \boldsymbol{k}_{\mathrm{t}} \end{bmatrix} \begin{bmatrix} \boldsymbol{u}_{\mathrm{r1,2}} \\ \boldsymbol{u}_{\mathrm{r,3,4}} \end{bmatrix} + \begin{bmatrix} \boldsymbol{c}_{\mathrm{t}} 0 \\ 0\ \boldsymbol{c}_{\mathrm{t}} \end{bmatrix} \begin{bmatrix} \dot{\boldsymbol{u}}_{\mathrm{r1,2}} \\ \dot{\boldsymbol{u}}_{\mathrm{r,3,4}} \end{bmatrix} \tag{5-96}$$

式中，$\boldsymbol{f}_{t1}$、$\boldsymbol{f}_{t2}$分别为前、后转向架荷载向量，$\boldsymbol{k}_t$、$\boldsymbol{c}_t$分别为转向架荷载向量对应刚度矩阵、阻尼矩阵，即：

$$\boldsymbol{k}_t=\begin{bmatrix}2k_{y1}h_3 & 0 & 0 & 0\\ 0 & 0 & 2k_{z1} & 0\\ 2k_{z1}b_1^2-2k_{y1}h_3^2 & 0 & 0 & 0\\ 0 & 0 & 0 & -2k_{z1}d_1\\ 0 & 2k_{y1}d_1h_3 & 0 & 0\end{bmatrix} \tag{5-97}$$

$$\boldsymbol{c}_t=\begin{bmatrix}2c_{y1}h_3 & 0 & 0 & 0\\ 0 & 0 & 2c_{z1} & 0\\ 2c_{z1}b_1^2-2c_{y1}h_3^2 & 0 & 0 & 0\\ 0 & 0 & 0 & -2c_{z1}d_1\\ 0 & 2c_{y1}d_1h_3 & 0 & 0\end{bmatrix} \tag{5-98}$$

$\boldsymbol{u}_{r1,2}$、$\boldsymbol{u}_{r1,2}$为轨道位移组合项，$\dot{\boldsymbol{u}}_{r1,2}$、$\dot{\boldsymbol{u}}_{r1,2}$为对应的轨道速度组合项，即：

$$\boldsymbol{u}_{r1,2}=\begin{bmatrix}\theta_{rx1}+\theta_{rx2}\\ \theta_{rx1}-\theta_{rx2}\\ z_{r1}+z_{r2}\\ z_{r1}-z_{r2}\end{bmatrix},\boldsymbol{u}_{r3,4}=\begin{bmatrix}\theta_{rx3}+\theta_{rx4}\\ \theta_{rx3}-\theta_{rx4}\\ z_{r3}+z_{r4}\\ z_{r3}-z_{r4}\end{bmatrix} \tag{5-99}$$

$$\dot{\boldsymbol{u}}_{r1,2}=\begin{bmatrix}\dot\theta_{rx1}+\dot\theta_{rx2}\\ \dot\theta_{rx1}-\dot\theta_{rx2}\\ \dot z_{r1}+\dot z_{r2}\\ \dot z_{r1}-\dot z_{r2}\end{bmatrix},\dot{\boldsymbol{u}}_{r3,4}=\begin{bmatrix}\dot\theta_{rx3}+\dot\theta_{rx4}\\ \dot\theta_{rx3}-\dot\theta_{rx4}\\ \dot z_{r3}+\dot z_{r4}\\ \dot z_{r3}-\dot z_{r4}\end{bmatrix} \tag{5-100}$$

式中符号意义见图5-25～图5-27及表5-4，θ_{rxi}表示轨道侧滚，θ_{rzi}表示轨道摇头。

（3）轮对平衡方程式(5-49)至式(5-52)中既有虚拟激振力项，又有轮轨接触力项与重力刚度力项，对于轮对i，作用荷载为：

$$\boldsymbol{f}_{wi}=\begin{bmatrix}F_{Nl}\sin(\delta_l+\theta_{wix})-F_{Nr}\sin(\delta_r-\theta_{wix})-F_{Tl}\cos(\delta_l+\theta_{wix})-F_{Tr}\cos(\delta_r-\theta_{wix})-F_{gy}\\ (F_{Nr}^y+F_{Tr}^y)b_r\tan\theta_{wiz}-(F_{Tl}^y-F_{Nl}^y)b_l\tan\theta_{wiz}+F_{Tll}b_l+F_{Tlr}b_r+M_{gz}\end{bmatrix}+$$

$$\begin{bmatrix}0\\ -2k_{y1}h_3\end{bmatrix}\theta_{rxi}+\begin{bmatrix}0\\ -2c_{y1}h_3\end{bmatrix}\dot\theta_{rxi} \tag{5-101}$$

式中符号意义同前。轮对的荷载项可写为：

$$\boldsymbol{f}_w=\begin{bmatrix}\boldsymbol{f}_{w1}\\ \boldsymbol{f}_{w2}\\ \boldsymbol{f}_{w3}\\ \boldsymbol{f}_{w4}\end{bmatrix} \tag{5-102}$$

轮对坐标系中，轨道位移包括轨道横移y_{ri}、轨道浮沉z_{ri}、轨道侧滚θ_{rxi}与轨道摇头θ_{rzi}。ANSYS 中建立桥梁仿真模型，存在整体坐标系和节点坐标系，缺省情况下两者方向相同，但均与轮对坐标系方向不同，需进行坐标系转换。桥梁结构与轨道结构采用有限元方法建立，轨道不平顺影响通过轮轨位移约束引入，轨道位移由桥梁位移通过坐标系转换与引入轨道不平顺得到。根据轮对位移与轨道位移，轮轨相对横移与相对摇头角为：

$$\begin{cases} y_{wir} = y_{wi} - y_{ri} \\ \theta_{wizr} = \theta_{wiz} - \theta_{rzi} \end{cases} \tag{5-103}$$

根据轮轨相对横移y_{wir}与摇头角θ_{wizr}，可计算得出轮轨接触几何参数与轮轨接触力F_{Nl}、F_{Nr}、F_{Ttl}、F_{Ttr}、F_{Tll}、F_{Tlr}，根据轨道浮沉z_{ri}与轨道侧滚θ_{rxi}，可计算得出虚拟激振力，即可得到车辆振动微分方程的荷载项。

由于不考虑列车间纵向作用，多节列车微分方程由单节列车微分方程组合得到。由单节列车振动微分方程式(5-93)可知，多节铁路车辆振动微分方程为：

$$\boldsymbol{M}_v \ddot{\boldsymbol{d}}_v + \boldsymbol{C}_v \dot{\boldsymbol{d}}_v + \boldsymbol{K}_v \boldsymbol{d}_v = \boldsymbol{F}_v \tag{5-104}$$

质量、刚度与阻尼矩阵为：

$$\boldsymbol{M}_v = \begin{bmatrix} \boldsymbol{m}_{v1} & & & \\ & \boldsymbol{m}_{v2} & & \\ & & \cdots & \\ & & & \boldsymbol{m}_{vn} \end{bmatrix} \tag{5-105}$$

$$\boldsymbol{C}_v = \begin{bmatrix} \boldsymbol{c}_{v1} & & & \\ & \boldsymbol{c}_{v2} & & \\ & & \cdots & \\ & & & \boldsymbol{c}_{vn} \end{bmatrix} \tag{5-106}$$

$$\boldsymbol{K}_v = \begin{bmatrix} \boldsymbol{k}_{v1} & & & \\ & \boldsymbol{k}_{v2} & & \\ & & \cdots & \\ & & & \boldsymbol{k}_{vn} \end{bmatrix} \tag{5-107}$$

位移向量与荷载向量为：

$$\boldsymbol{d}_v = \begin{bmatrix} \boldsymbol{u}_{v1} \\ \boldsymbol{u}_{v2} \\ \cdots \\ \boldsymbol{u}_{vn} \end{bmatrix}, \dot{\boldsymbol{d}}_v = \begin{bmatrix} \dot{\boldsymbol{u}}_{v1} \\ \dot{\boldsymbol{u}}_{v2} \\ \cdots \\ \dot{\boldsymbol{u}}_{vn} \end{bmatrix}, \ddot{\boldsymbol{d}}_v = \begin{bmatrix} \ddot{\boldsymbol{u}}_{v1} \\ \ddot{\boldsymbol{u}}_{v2} \\ \cdots \\ \ddot{\boldsymbol{u}}_{vn} \end{bmatrix}, \boldsymbol{F}_v = \begin{bmatrix} \boldsymbol{f}_{v1} \\ \boldsymbol{f}_{v2} \\ \cdots \\ \boldsymbol{f}_{vn} \end{bmatrix} \tag{5-108}$$

式中，n 为列车总数，其余变量意义同前。

通过将车辆简化为 23 自由度模型，桥梁对车辆的位移约束转化为虚拟激振力作用，此时车桥耦合系统中桥梁与车辆之间仅存在力的作用关系，不存在位移作用关系，方便了车桥耦合系统分析。

2. 车辆对桥梁的作用

车辆只对桥梁有力的作用,该力作用通过轮轨作用传递。

桥梁 ANSYS 仿真模型中,钢轨采用梁单元建立,作用点位于钢轨形心处。钢轨受到纵向力F_{Tll}与F_{Tlr}并产生纵向位移,由于该位移不影响车桥耦合系统计算,无须考虑纵向力的作用。左轨受到法向压力F_{Nl}与横向蠕滑力F_{Ttl}作用,桥梁坐标系中左轨所受力为:

$$F_{\mathrm{ryl}} = -F_{\mathrm{Nl}}\cos(\delta_1+\theta_{\mathrm{r}xi}) - F_{\mathrm{Ttl}}\sin(\delta_1+\theta_{\mathrm{r}xi}) \tag{5-109}$$

$$F_{\mathrm{rzl}} = -F_{\mathrm{Nl}}\sin(\delta_1+\theta_{\mathrm{r}xi}) + F_{\mathrm{Ttl}}\cos(\delta_1+\theta_{\mathrm{r}xi}) \tag{5-110}$$

式中,F_{ryl}、F_{rzl}分别为左轨所受车辆力在 y、z 方向上分量,其余变量意义同前。同理,右轨在桥梁坐标系中所受力为:

$$F_{\mathrm{ryr}} = -F_{\mathrm{Nr}}\cos(\delta_{\mathrm{r}}-\theta_{\mathrm{r}xi}) - F_{\mathrm{Ttr}}\sin(\delta_{\mathrm{r}}-\theta_{\mathrm{r}xi}) \tag{5-111}$$

$$F_{\mathrm{rzr}} = F_{\mathrm{Nr}}\sin(\delta_{\mathrm{r}}-\theta_{\mathrm{r}xi}) + F_{\mathrm{Ttr}}\cos(\delta_{\mathrm{r}}-\theta_{\mathrm{r}xi}) \tag{5-112}$$

式中,F_{ryr}和F_{rzr}分别为右轨所受车辆力在 y 方向、z 方向上分量,其余变量意义同前。

建立轨道模型时,轮轨荷载作用于轨道单元再传递至纵梁进行结构分析;未建立轨道模型时,轮轨荷载也可直接传递至纵梁进行分析。

五、车桥垂向耦合模型

上述讨论均基于车桥空间耦合振动计算,若仅考虑车桥垂向耦合振动,只需修改车桥相互作用力。

不考虑车辆横向振动,车辆具有车体浮沉和点头、前后转向架的浮沉和点头、轮对浮沉 10 个自由度,包含 6 个独立自由度。对于 23 自由度车辆振动微分方程(5-93)中的质量矩阵$\boldsymbol{m}_{\mathrm{v}}$、刚度矩阵$\boldsymbol{k}_{\mathrm{v}}$、阻尼矩阵$\boldsymbol{c}_{\mathrm{v}}$,将不纳入考虑的自由度对应行元素设为 0,且为防止矩阵奇异,将相应对角元素设为 1,相应荷载设为 0,即可保证计算中不考虑的自由度对应位移为 0。此时式(5-97)和式(5-98)为:

$$\boldsymbol{k}_{\mathrm{t}} = 2k_{z1}\begin{bmatrix} 0 & 0 \\ 1 & 1 \\ 0 & 0 \\ -d_1 & d_1 \\ 0 & 0 \end{bmatrix},\boldsymbol{c}_{\mathrm{t}} = 2c_{z1}\begin{bmatrix} 0 & 0 \\ 1 & 1 \\ 0 & 0 \\ -d_1 & d_1 \\ 0 & 0 \end{bmatrix} \tag{5-113}$$

式中,d_1为轴距之半;$\boldsymbol{k}_{z1}$为一系悬挂 z 方向弹簧刚度;$\boldsymbol{c}_{z1}$为一系悬挂 z 方向阻尼系数。式(5-99)和式(5-100)变为:

$$\boldsymbol{u}_{\mathrm{r1,2}} = \begin{bmatrix} z_{\mathrm{r1}} \\ z_{\mathrm{r2}} \end{bmatrix},\boldsymbol{u}_{\mathrm{r3,4}} = \begin{bmatrix} z_{\mathrm{r3}} \\ z_{\mathrm{r4}} \end{bmatrix},\dot{\boldsymbol{u}}_{\mathrm{r1,2}} = \begin{bmatrix} \dot{z}_{\mathrm{r1}} \\ \dot{z}_{\mathrm{r2}} \end{bmatrix},\dot{\boldsymbol{u}}_{\mathrm{r3,4}} = \begin{bmatrix} \dot{z}_{\mathrm{r3}} \\ \dot{z}_{\mathrm{r4}} \end{bmatrix} \tag{5-114}$$

代入式(5-96)即可得到对转向架荷载$\boldsymbol{f}_{\mathrm{t}}$,车体与轮对的荷载向量$\boldsymbol{f}_{\mathrm{c}}$与$\boldsymbol{f}_{\mathrm{w}}$均为全0向量,车辆微分方程中荷载项$\boldsymbol{f}_{\mathrm{v}}$即可求出。

车辆对桥梁的作用力只考虑垂向,即桥梁坐标系中 y 方向,该方向轮对浮沉平衡方程为:

$$M_{\mathrm{w}}\ddot{z}_{\mathrm{w}i}+F_{\mathrm{ry}}-W_0-F_{\mathrm{pz}i}=0 \tag{5-115}$$

式中,F_{ry}为轨道对轮对 i 的垂向作用力($i=1,2,3,4$),其余变量意义同前。将$z_{\mathrm{w}i}$、$\dot{z}_{\mathrm{w}i}$、$\ddot{z}_{\mathrm{w}i}$换为$z_{\mathrm{r}i}$、$\dot{z}_{\mathrm{r}i}$、$\ddot{z}_{\mathrm{r}i}$,即可得到轮对 i 对轨道的作用力,:

$$F_{\mathrm{ry}}=W_0+2k_{z1}[z_{\mathrm{t}j}+(-1)^i d_1\theta_{\mathrm{t}jy}]+2c_{z1}[\dot{z}_{\mathrm{t}j}+(-1)^i d_1\dot{\theta}_{\mathrm{t}jy}]-(M_{\mathrm{w}}\ddot{z}_{\mathrm{r}i}+2c_{z1}\dot{z}_{\mathrm{r}i}+2k_{z1}z_{\mathrm{r}i}) \tag{5-116}$$

式中,$j=1$ 代表前转向架,此时 $i=1,2$ 分别代表第一个轮对和与第二个轮对;$j=2$ 代表后转向架,此时 $i=3,4$ 分别代表第三个轮对与第四个轮对;其余变量意义同前。轨道所受作用力由静载力、虚拟激振力与转向架激振力组成。将轨道荷载平分至左、右钢轨,即可得到车辆对左、右钢轨的作用力:

$$F_{\mathrm{ryl}}=F_{\mathrm{ryr}}=\frac{F_{\mathrm{ry}}}{2} \tag{5-117}$$

式中,F_{ryl},F_{ryr}分别为车辆对左、右钢轨的作用力。

第四节 列车-桥耦合振动方程求解与程序编制

一、车辆振动方程求解

1. 车辆空间振动求解

铁路车辆振动微分方程式(5-93)的求解,通常采用模态叠加法或逐步积分法。模态叠加法通过获取车辆结构的自由振动振型,将微分方程解耦;逐步积分法即在时域内进行积分,以 Δt 为间隔求解每一时刻的位移、速度与加速度。常用时间域积分方法包括 Newmark-β 法、Wilson-θ 法等,由于车辆模型自由度较少,采用 Newmark-β 法求解车辆振动方程。

取计算时间间隔为 Δt,t 时刻车辆位移$\boldsymbol{d}_{\mathrm{v}}^{t}$、速度$\dot{\boldsymbol{d}}_{\mathrm{v}}^{t}$、加速度$\ddot{\boldsymbol{d}}_{\mathrm{v}}^{t}$已知,$t+\Delta t$ 时刻车辆位移$\boldsymbol{d}_{\mathrm{v}}^{t+\Delta t}$、速度$\dot{\boldsymbol{d}}_{\mathrm{v}}^{t+\Delta t}$、加速度$\ddot{\boldsymbol{d}}_{\mathrm{v}}^{t+\Delta t}$未知,根据拉格朗日中值定理可得:

$$\dot{\boldsymbol{d}}_{\mathrm{v}}^{t+\Delta t}=\dot{\boldsymbol{d}}_{\mathrm{v}}^{t}+\ddot{\boldsymbol{d}}_{\mathrm{v}}^{t+m\Delta t}\Delta t \tag{5-118}$$

式中,m 为区间[0,1]的某个值。将车辆位移$\boldsymbol{d}_{\mathrm{v}}^{t+\Delta t}$进行 Taylor 展开,采用拉格朗日余项可得:

$$\boldsymbol{d}_{\mathrm{v}}^{t+\Delta t}=\boldsymbol{d}_{\mathrm{v}}^{t}+\dot{\boldsymbol{d}}_{\mathrm{v}}^{t}\Delta t+\frac{1}{2}\ddot{\boldsymbol{d}}_{\mathrm{v}}^{t+n\Delta t}\Delta t^2 \tag{5-119}$$

式中,n 为区间[0,1]的某个值。Newmark-β 法中,对不确定的加速度项$\ddot{\boldsymbol{d}}_{\mathrm{v}}^{t+m\Delta t}$与$\ddot{\boldsymbol{d}}_{\mathrm{v}}^{t+n\Delta t}$做如下处理:

$$\ddot{\boldsymbol{d}}_{\mathrm{v}}^{t+m\Delta t}=(1-\gamma)\ddot{\boldsymbol{d}}_{\mathrm{v}}^{t}+\gamma\ddot{\boldsymbol{d}}_{\mathrm{v}}^{t+\Delta t} \tag{5-120}$$

$$\ddot{\boldsymbol{d}}_{\mathrm{v}}^{t+n\Delta t}=(1-2\beta)\ddot{\boldsymbol{d}}_{\mathrm{v}}^{t}+2\beta\ddot{\boldsymbol{d}}_{\mathrm{v}}^{t+\Delta t} \tag{5-121}$$

式中 $0\leqslant\gamma\leqslant1, 0\leqslant2\beta\leqslant1$。将(5.130)代入(5.128),(5.131)代入(5.129)可得:

$$\dot{\boldsymbol{d}}_{\mathrm{v}}^{t+\Delta t}=\dot{\boldsymbol{d}}_{\mathrm{v}}^{t}+(1-\gamma)\ddot{\boldsymbol{d}}_{\mathrm{v}}^{t}+\gamma\ddot{\boldsymbol{d}}_{\mathrm{v}}^{t+\Delta t} \tag{5-122}$$

$$\boldsymbol{d}_{\mathrm{v}}^{t+\Delta t}=\boldsymbol{d}_{\mathrm{v}}^{t}+\dot{\boldsymbol{d}}_{\mathrm{v}}^{t}\Delta t+\frac{1}{2}(1-2\beta)\ddot{\boldsymbol{d}}_{\mathrm{v}}^{t}\Delta t^{2}+\beta\ddot{\boldsymbol{d}}_{\mathrm{v}}^{t+\Delta t}\Delta t^{2} \tag{5-123}$$

将式(5-123)写作 $t+\Delta t$ 时刻位移求解 $t+\Delta t$ 时刻加速度的形式,可得:

$$\ddot{\boldsymbol{d}}_{\mathrm{v}}^{t+\Delta t}=-\frac{1}{\beta\Delta t^{2}}\boldsymbol{d}_{\mathrm{v}}^{t}-\frac{1}{\beta\Delta t}\dot{\boldsymbol{d}}_{\mathrm{v}}^{t}-\frac{1-2\beta}{2\beta}\ddot{\boldsymbol{d}}_{\mathrm{v}}^{t}+\frac{1}{\beta\Delta t^{2}}\boldsymbol{d}_{\mathrm{v}}^{t+\Delta t} \tag{5-124}$$

$t+\Delta t$ 时刻,车辆受荷载$\boldsymbol{F}_{\mathrm{v}}^{t+\Delta t}$,其振动满足微分方程式(5-104),即:

$$\boldsymbol{M}_{\mathrm{v}}\ddot{\boldsymbol{d}}_{\mathrm{v}}^{t+\Delta t}+\boldsymbol{C}_{\mathrm{v}}\dot{\boldsymbol{d}}_{\mathrm{v}}^{t+\Delta t}+\boldsymbol{K}_{\mathrm{v}}\boldsymbol{d}_{\mathrm{v}}^{t+\Delta t}=\boldsymbol{F}_{\mathrm{v}}^{t+\Delta t} \tag{5-125}$$

将式(5-123)、式(5-124)代入式(5-125)得到关于$\boldsymbol{d}_{\mathrm{v}}^{t+\Delta t}$的方程:

$$\widehat{\boldsymbol{K}}_{\mathrm{v}}^{t+\Delta t}\boldsymbol{d}_{\mathrm{v}}^{t+\Delta t}=\widehat{\boldsymbol{F}}_{\mathrm{v}}^{t+\Delta t} \tag{5-126}$$

其中:

$$\widehat{\boldsymbol{K}}_{\mathrm{v}}^{t+\Delta t}=\boldsymbol{K}_{\mathrm{v}}^{t+\Delta t}+\frac{1}{\beta\Delta t^{2}}\boldsymbol{M}_{\mathrm{v}}^{t+\Delta t}+\frac{\gamma}{\beta\Delta t}\boldsymbol{C}_{\mathrm{v}}^{t+\Delta t} \tag{5-127}$$

$$\widehat{\boldsymbol{F}}_{\mathrm{v}}^{t+\Delta t}=\boldsymbol{F}_{\mathrm{v}}^{t+\Delta t}+\left(\frac{1}{\beta\Delta t^{2}}\boldsymbol{d}_{\mathrm{v}}^{t}+\frac{1}{\beta\Delta t}\dot{\boldsymbol{d}}_{\mathrm{v}}^{t}+\frac{1-2\beta}{2\beta}\ddot{\boldsymbol{d}}_{\mathrm{v}}^{t}\right)\boldsymbol{M}_{\mathrm{v}}^{t+\Delta t}+\left(\frac{\gamma}{\beta\Delta t}\boldsymbol{d}_{\mathrm{v}}^{t}+\frac{\gamma-\beta}{\beta}\dot{\boldsymbol{d}}_{\mathrm{v}}^{t}+\frac{\Delta t}{2}\frac{\gamma-2\beta}{\beta}\ddot{\boldsymbol{d}}_{\mathrm{v}}^{t}\right)\boldsymbol{C}_{\mathrm{v}}^{t+\Delta t} \tag{5-128}$$

通过求解方程(5-127),即可算出 $t+\Delta t$ 时刻车辆位移$\boldsymbol{d}_{\mathrm{v}}^{t+\Delta t}$,进而求得 $t+\Delta t$ 时刻车辆速度与加速度。

Newmark-β 法通过上一时刻位移、速度与加速度,推导下一时刻位移、速度与加速度,通过假设 $t=t_0$时刻车辆位移与速度,即可求解所有时刻车辆位移、速度与加速度,得到车辆运动状态。以南京长江大桥为例,初始时刻$t_0=0$,计算时间间隔为 $\Delta t=0.1\mathrm{s}$,假设 $t=\Delta t$ 时刻第一节列车第一个轮对恰好位于桥梁起点处,$t=0$ 时刻车辆位移、速度与加速度均为 0,即$\boldsymbol{d}_{\mathrm{v}}^{0}=0$, $\dot{\boldsymbol{d}}_{\mathrm{v}}^{0}=0$, $\ddot{\boldsymbol{d}}_{\mathrm{v}}^{0}=0$,即可推导出车辆在桥上行驶时每一时刻的位移、速度与加速度。

$t+\Delta t$ 时刻车辆荷载项$\boldsymbol{F}_{\mathrm{v}}^{t+\Delta t}$的求解为方程(5-135)的求解关键,$\boldsymbol{F}_{\mathrm{v}}^{t+\Delta t}$中包含虚拟激振力、轮轨接触力与重力刚度力。求解虚拟激振力,需求得轨道位移与速度;求解轮轨接触力,需求得车辆位移、速度、加速度值与轨道位移、速度、加速度值,通过轮轨相对运动状态计算轮轨接触几何参数与轮轨力;求解重力刚度力,需求得轮对位移、轨道位移与轮轨接触几何参数,上述参数求解如下:

(1)车辆位移既是待求解项,也是输入项,需假设初始迭代位移,通过 Newmark-β 法求解初始速度与加速度,结合轨道位移、速度与加速度共同求解出所需力,即可得到车辆方程荷载项。

(2)轨道位移通过桥梁位移与轨道不平顺值求得,桥梁位移由有限元计算求得,轨道不平顺值由轨道不平顺函数模拟求得;桥梁坐标系中左、右钢轨节点位移为:

$$
\begin{cases}
z_{\mathrm{rb}}^{n}=\dfrac{z_{\mathrm{rl}}+z_{\mathrm{rr}}}{2}\\
y_{\mathrm{rb}}^{n}=\dfrac{y_{\mathrm{rl}}+y_{\mathrm{rr}}}{2}\\
\theta_{\mathrm{rbx}}^{n}=\arctan\left(\dfrac{y_{\mathrm{rl}}-y_{\mathrm{rr}}}{2\,l_0}\right)\\
\theta_{\mathrm{rby}}^{n}=\dfrac{\theta_{\mathrm{ryl}}+\theta_{\mathrm{ryr}}}{2}
\end{cases}
\tag{5-129}
$$

式中，z_{rl}、z_{rr}分别为左、右钢轨在桥梁坐标系中 z 方向的节点位移；y_{rl}、y_{rr}分别为左、右钢轨在桥梁坐标系中 y 方向的节点位移；θ_{ryl}、θ_{ryr}分别为左、右钢轨在桥梁坐标系中 y 方向的节点转角；l_0为名义轨距之半；y_{rb}^{n}、z_{rb}^{n}、$\theta_{\mathrm{rbx}}^{n}$、$\theta_{\mathrm{rby}}^{n}$为轨道在桥梁坐标系中 y、z 方向节点位移和 x、y 方向节点转角。同理，轨道速度、加速度值为：

$$
\begin{cases}
\dot{z}_{\mathrm{rb}}^{n}=\dfrac{\dot{z}_{\mathrm{rl}}+\dot{z}_{\mathrm{rr}}}{2}\\
\dot{y}_{\mathrm{rb}}^{n}=\dfrac{\dot{y}_{\mathrm{rl}}+\dot{y}_{\mathrm{rr}}}{2}\\
\dot{\theta}_{\mathrm{rbx}}^{n}=\arctan\left(\dfrac{\dot{y}_{\mathrm{rl}}-\dot{y}_{\mathrm{rr}}}{2\,l_0}\right)\\
\dot{\theta}_{\mathrm{rby}}^{n}=\dfrac{\dot{\theta}_{\mathrm{ryl}}+\dot{\theta}_{\mathrm{ryr}}}{2}
\end{cases}
\tag{5-130}
$$

$$
\begin{cases}
\ddot{z}_{\mathrm{rb}}^{n}=\dfrac{\ddot{z}_{\mathrm{rl}}+\ddot{z}_{\mathrm{rr}}}{2}\\
\ddot{y}_{\mathrm{rb}}^{n}=\dfrac{\ddot{y}_{\mathrm{rl}}+\ddot{y}_{\mathrm{rr}}}{2}\\
\ddot{\theta}_{\mathrm{rbx}}^{n}=\arctan\left(\dfrac{\ddot{y}_{\mathrm{rl}}-\ddot{y}_{\mathrm{rr}}}{2\,l_0}\right)\\
\ddot{\theta}_{\mathrm{rby}}^{n}=\dfrac{\ddot{\theta}_{\mathrm{ryl}}+\ddot{\theta}_{\mathrm{ryr}}}{2}
\end{cases}
\tag{5-131}
$$

式中，$\dot{z}_{\mathrm{rl}}$、$\dot{z}_{\mathrm{rr}}$、$\ddot{z}_{\mathrm{rl}}$、$\ddot{z}_{\mathrm{rr}}$分别为左、右钢轨在桥梁坐标系中 z 方向节点速度与加速度；$\dot{y}_{\mathrm{rl}}$、$\dot{y}_{\mathrm{rr}}$、$\ddot{y}_{\mathrm{rl}}$、$\ddot{y}_{\mathrm{rr}}$分别为左、右钢轨在桥梁坐标系中 y 方向节点速度与加速度；$\dot{\theta}_{\mathrm{ryl}}$、$\dot{\theta}_{\mathrm{ryr}}$、$\ddot{\theta}_{\mathrm{ryl}}$、$\ddot{\theta}_{\mathrm{ryr}}$分别为左、右钢轨在桥梁坐标系中 y 方向节点角速度和角加速度；l_0为名义轨距之半；$\dot{y}_{\mathrm{rb}}^{n}$、$\dot{z}_{\mathrm{rb}}^{n}$、$\dot{\theta}_{\mathrm{rbx}}^{n}$、$\dot{\theta}_{\mathrm{rby}}^{n}$为轨道在桥梁坐标系中 y、z 方向节点速度和 x、y 方向节点角速度；$\ddot{y}_{\mathrm{rb}}^{n}$、$\ddot{z}_{\mathrm{rb}}^{n}$、$\ddot{\theta}_{\mathrm{rbx}}^{n}$、$\ddot{\theta}_{\mathrm{rby}}^{n}$为轨道在桥梁坐标系中 y、z 方向节点加速度和 x、y 方向节点角加速度。

(3)轮对位置轨道位移、速度与加速度需进行插值求解。数值模型仅能得到节点处位移、速度与加速度，而轮轨接触点位置却未必在节点处。将 t 时刻桥梁坐标系中轨道节点位移、速度与加速度对列车行驶方向 x 进行三次样条拟合，可得轨道位移函数$y_{\mathrm{rb}}(x)$、$z_{\mathrm{rb}}(x)$、$\theta_{\mathrm{rbx}}(x)$、

$\theta_{rby}(x)$，轨道速度函数$\dot{y}_{rb}(x)$、$\dot{z}_{rb}(x)$、$\dot{\theta}_{rbx}(x)$、$\dot{\theta}_{rby}(x)$，轨道加速度函数$\ddot{y}_{rb}(x)$、$\ddot{z}_{rb}(x)$、$\ddot{\theta}_{rbx}(x)$、$\ddot{\theta}_{rby}(x)$。需注意，下述轨道速度、加速度不是指固定位置处，而是指与轮对接触处的轨道速度、加速度。

轮对坐标系中，轨道位移求解需进行坐标系转换，并引入轨道不平顺影响，在轮对坐标系中轨道位移为：

$$\begin{cases} y_{ri} = z_{rbi} + y_a \\ z_{ri} = -y_{rbi} + z_v \\ \theta_{rxi} = \theta_{rbxi} + \dfrac{\lambda_e y_a + z_c}{2l_0} \\ \theta_{rzi} = -\theta_{rbyi} \end{cases} \tag{5-132}$$

式中，y_{ri}、z_{ri}、θ_{rxi}、θ_{rzi}为轮对i处轨道在轮对坐标系中y、z方向位移与x、z方向转角；y_{rbi}、z_{rbi}、θ_{rbxi}、θ_{rbyi}为轮对i处轨道在桥梁坐标系中y、z方向位移与x、y方向转角，$i=1,2,\cdots,4n$，n为列车总数；y_a、z_v、z_c分别为轨道轨向不平顺、高低不平顺、水平不平顺。λ_e为踏面等效斜率，可由下式计算：

$$\lambda_e = \frac{r_{wir} - r_{wil}}{2y_{wir}} \tag{5-133}$$

式中，r_{wil}、r_{wir}为左、右轮滚动圆半径；y_{wir}为相对横移。

桥梁坐标系中，轨道位移y_{rb}、z_{rb}、θ_{rbx}、θ_{rby}为关于坐标x与时间t的函数，轨道不平顺y_a、z_v、z_c为关于坐标x的函数，轮对坐标系中轮对i处接触点轨道速度为：

$$\begin{cases} \dot{y}_{ri} = \dot{z}_{rb}(x_i) + z_{rb,x}(x_i)v + y_{a,x}(x_i)v \\ \dot{z}_{ri} = -\dot{y}_{rb}(x_i) - y_{rb,x}(x_i)v + z_{v,x}(x_i)v \\ \dot{\theta}_{rxi} = \dot{\theta}_{rbx}(x_i) + \theta_{rbx,x}(x_i)v + \dfrac{\lambda_e v}{2l_0}y_{a,x}(x_i) + \dfrac{v}{2l_0}z_{c,x}(x_i) \\ \dot{\theta}_{rzi} = -\dot{\theta}_{rby}(x_i) - \theta_{rby,x}(x_i)v \end{cases} \tag{5-134}$$

式中，x_i为轮对ix坐标；$\dot{y}_{rb}(x_i)$、$\dot{z}_{rb}(x_i)$、$\dot{\theta}_{rbx}(x_i)$、$\dot{\theta}_{rby}(x_i)$分别为轨道速度函数$\dot{y}_{rb}(x)$、$\dot{z}_{rb}(x)$、$\dot{\theta}_{rbx}(x)$、$\dot{\theta}_{rby}(x)$在x_i处取值；$y_{rb,x}(x_i)$、$z_{rb,x}(x_i)$、$\theta_{rbx,x}(x_i)$、$\theta_{rby,x}(x_i)$分别为轨道位移函数$y_{rb}(x)$、$z_{rb}(x)$、$\theta_{rbx}(x)$、$\theta_{rby}(x)$对x的一阶导数在x_i处取值；$y_{a,x}(x_i)$、$z_{v,x}(x_i)$、$z_{c,x}(x_i)$分别为轨道不平顺y_a、z_v、z_c对x的一阶导数在x_i处取值。同理，轮对坐标系中轮对i处接触点轨道加速度为：

$$\begin{cases} \ddot{y}_{ri} = \ddot{z}_{rb}(x_i) + z_{rb,x,x}(x_i)v^2 + y_{a,x,x}(x_i)v^2 \\ \ddot{z}_{ri} = -\ddot{y}_{rb}(x_i) - y_{rb,x,x}(x_i)v^2 + z_{v,x,x}(x_i)v^2 \\ \ddot{\theta}_{rxi} = \ddot{\theta}_{rbx}(x_i) + \theta_{rbx,x,x}(x_i)v^2 + \dfrac{\lambda_e v^2}{2l_0}y_{a,x,x}(x_i) + \dfrac{v^2}{2l_0}z_{c,x,x}(x_i) \\ \ddot{\theta}_{rzi} = -\ddot{\theta}_{rby}(x_i) - \theta_{rby,x,x}(x_i)v^2 \end{cases} \tag{5-135}$$

式中，$\ddot{y}_{rb}(x_i)$、$\ddot{z}_{rb}(x_i)$、$\ddot{\theta}_{rbx}(x_i)$、$\ddot{\theta}_{rby}(x_i)$分别为轨道加速度函数$\ddot{y}_{rb}(x)$、$\ddot{z}_{rb}(x)$、$\ddot{\theta}_{rbx}(x)$、$\ddot{\theta}_{rby}(x)$在x_i处取值；$y_{rb,x,x}(x_i)$、$z_{rb,x,x}(x_i)$、$\theta_{rbx,x,x}(x_i)$、$\theta_{rby,x,x}(x_i)$分别为轨道位移函数$y_{rb}(x)$、$z_{rb}(x)$、$\theta_{rbx}(x)$、$\theta_{rby}(x)$对 x 二阶导数在x_i处取值；$y_{a,x,x}(x_i)$、$z_{v,x,x}(x_i)$、$z_{c,x,x}(x_i)$分别为轨道不平顺y_a、z_v、z_c对 x 二阶导数在x_i处取值。

2. 车辆垂向振动求解

车辆垂向振动与空间振动微分方程形式相同，仅车辆刚度矩阵$\boldsymbol{K}_v$、阻尼矩阵$\boldsymbol{C}_v$、质量矩阵$\boldsymbol{M}_v$与荷载向量$\boldsymbol{F}_v$有所不同，同样可使用 Newmark-β 法求解。

求解车辆垂向振动仅需求得轨道垂向位移，根据桥梁仿真模型计算所得左、右钢轨节点垂向位移，桥梁坐标系中轨道节点垂向位移为：

$$y_{rb}^n = \frac{y_{rl} + y_{rr}}{2} \tag{5-136}$$

式中，y_{rl}、y_{rr}分别为左、右钢轨在桥梁坐标系中节点垂向位移。同理，桥梁坐标系中轨道节点垂向速度和垂向加速度为：

$$\begin{cases} \dot{y}_{rb}^n = \dfrac{\dot{y}_{rl} + \dot{y}_{rr}}{2} \\ \ddot{y}_{rb}^n = \dfrac{\ddot{y}_{rl} + \ddot{y}_{rr}}{2} \end{cases} \tag{5-137}$$

式中，$\dot{y}_{rl}$、$\dot{y}_{rr}$、$\ddot{y}_{rl}$、$\ddot{y}_{rr}$分别为左、右钢轨在桥梁坐标系中节点垂向速度和垂向加速度。将 t 时刻桥梁坐标系中轨道节点垂向位移、速度与加速度对列车行驶方向 x 进行三次样条拟合，可得轨道垂向位移函数$y_{rb}(x)$、轨道垂向速度函数$\dot{y}_{rb}(x)$、轨道垂向加速度函数$\ddot{y}_{rb}(x)$。轨道不平顺仅考虑高低不平顺，计算过程中高低不平顺值z_v为坐标 x 的函数，此时轮对坐标系中轮对 i 处接触点轨道垂向位移、速度、加速度分别为：

$$\begin{cases} z_{ri} = -y_{rbi} + z_v \\ \dot{z}_{ri} = -\dot{y}_{rb}(x_i) - y_{rb,x}(x_i)v + z_{v,x}(x_i)v \\ \ddot{z}_{ri} = -\ddot{y}_{rb}(x_i) - y_{rb,x,x}(x_i)v^2 + z_{v,x,x}(x_i)v^2 \end{cases} \tag{5-138}$$

式中，y_{rbi}为在桥梁坐标系中轨道垂向位移；$\dot{y}_{rb}(x_i)$、$\ddot{y}_{rb}(x_i)$分别为轨道垂向速度函数$\dot{y}_{rb}(x)$、轨道垂向加速度函数$\ddot{y}_{rb}(x)$在x_i处取值；$y_{rb,x}(x_i)$、$y_{rb,x,x}(x_i)$分别为轨道垂向位移函数$y_{rb}(x)$对 x 一阶导数、二阶导数在x_i处取值；$z_{v,x}(x_i)$、$z_{v,x,x}(x_i)$分别为轨道高低不平顺z_v对 x 一阶导数、二阶导数在x_i处取值。

根据轨道垂向位移、速度与加速度值求得车辆微分方程荷载项，由式(5-146)、式(5-134)、式(5-132)求得 $t+\Delta t$ 时刻车辆位移、车辆加速度与车辆速度，即可完成对车辆振动方程的求解。

二、桥梁振动方程求解

1. 非节点荷载处理

无论空间振动还是垂向振动，桥梁仿真模型仅考虑车辆对桥梁的荷载输入。考虑到列车驶过桥梁时，车辆对桥梁的作用力可能未作用于桥梁节点处，在有限元分析时需将车桥接触力$\boldsymbol{F}_{\mathrm{b}}^{c}$转化成等效节点力$\boldsymbol{F}_{\mathrm{b}}^{\mathrm{cN}}$。

桥梁振动微分方程形式与车辆相似，即：

$$\boldsymbol{M}_{\mathrm{b}}\ddot{\boldsymbol{d}}_{\mathrm{b}} + \boldsymbol{C}_{\mathrm{b}}\dot{\boldsymbol{d}}_{\mathrm{b}} + \boldsymbol{K}_{\mathrm{b}}\boldsymbol{d}_{\mathrm{b}} = \boldsymbol{F}_{\mathrm{b}} \tag{5-139}$$

式中，$\boldsymbol{M}_{\mathrm{b}}$、$\boldsymbol{C}_{\mathrm{b}}$、$\boldsymbol{K}_{\mathrm{b}}$分别为桥梁质量、刚度与阻尼矩阵；$\boldsymbol{d}_{\mathrm{b}}$、$\dot{\boldsymbol{d}}_{\mathrm{b}}$、$\ddot{\boldsymbol{d}}_{\mathrm{b}}$分别为桥梁节点所有自由度位移、速度与加速度向量；$\boldsymbol{F}_{\mathrm{b}}$为与桥梁节点自由度对应的荷载向量。转化过程采用虚功原理：

$$\boldsymbol{F}_{\mathrm{b}}^{\mathrm{cN}} = (\boldsymbol{N}_{\mathrm{b}})^{T}\boldsymbol{F}_{\mathrm{b}}^{c} \tag{5-140}$$

式中，$\boldsymbol{d}_{\mathrm{b}}^{n}$为接触单元节点位移向量；$\boldsymbol{d}_{\mathrm{b}}^{c}$为车桥接触点位移向量；$\boldsymbol{N}_{\mathrm{b}}$为桥梁接触单元形函数矩阵。

桥梁模型采用 ANSYS 建立，但其形函数不易获取，注意到车辆对桥梁作用力直接作用于轨道或纵梁，轨道与纵梁采用梁单元建立；因此非节点荷载的转化可采用结构力学方法实现。通过 MATLAB 编程，可建立中梁单元非节点荷载向节点荷载转化的函数，该函数适用于连续等截面直杆有限元计算，不同约束直杆均适用。

假设存在一根连续等截面直杆，采用有限单元法将其分为 n 个节点，$n-1$ 个单元，取其中任一单元 e，定义单元 e 的节点 i 指向节点 j 方向为单元坐标系 x 方向，y 轴垂直于 x 轴指向朝上，z 轴与 x 轴、y 轴满足右手螺旋定则（图 5-48）。直杆坐标系与单元坐标系方向一致，坐标原点设于直杆左端。

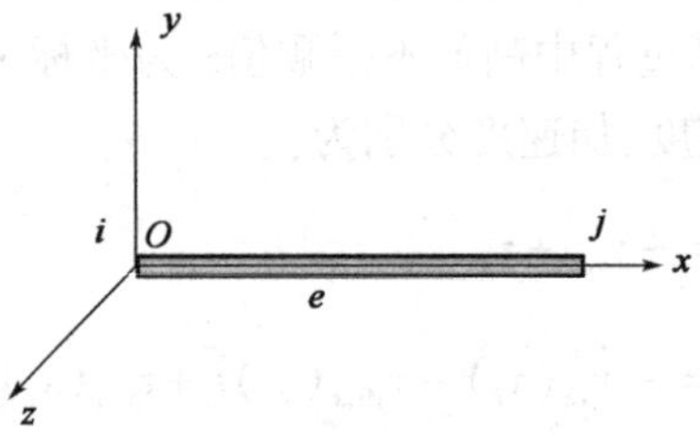

图 5-48　单元坐标系定义

该函数输入参数包括：节点 x 坐标向量$\boldsymbol{x}_{n}$、接触点 x 坐标向量$\boldsymbol{x}_{c}$、对应于接触点作用力矩阵$\boldsymbol{F}_{\mathrm{c}}$。接触点作用力包括 6 项：$x$、$y$、$z$ 方向作用力、x、y、z 方向弯矩，与单元坐标系方向相同时为正。$\boldsymbol{x}_{\mathrm{c}}$与$\boldsymbol{x}_{\mathrm{n}}$均为递增向量，可为行向量或列向量，但需保证接触点 x 坐标位于节点 x 坐标内，即$\boldsymbol{x}_{\mathrm{c}}$取值范围位于$\boldsymbol{x}_{\mathrm{n}}$最值区间。假设存在 m 个接触点，则矩阵$\boldsymbol{F}_{\mathrm{c}}$维度为 $m\times 6$，若接触点某方向不存在力作用，则其对应值为 0，若某方向所有接触点均不受力作用，则该方向对应列全为 0（垂向耦合振动可能出现该情况，因此该函数在空间耦合与垂向耦合下均适用）。

该函数输出参数为所有节点等效作用力矩阵$\boldsymbol{F}_{\mathrm{c}}^{N}$，其维度为 $n\times 6$，包括等效节点 x、y、z 方

向作用力与 x、y、z 方向弯矩。约束所有节点 6 个自由度后，施加接触力，求出节点相应约束反力，再将约束反力乘以(-1)，即可求得等效节点荷载，该方法适用于线弹性、小变形的结构分析。等效节点荷载作用于直杆时，直杆位移与原位移一致，求解直杆内力时需加上自由度受约束后施加接触力产生的内力。

直杆中任一单元在接触点 C 处受接触荷载作用，相应等效节点荷载见表 5-9。由表可知，接触力产生的等效节点力与接触力大小、接触点与相应节点间距离和单元长度的比值有关，接触弯矩产生的等效节点弯矩与接触弯矩大小、接触点与相应节点间距离和单元长度的比值有关，而接触力产生的等效节点弯矩不仅受上述两个因素影响，还与接触点与相应节点的相对距离有关。当接触点位于节点右侧时，接触点与节点的相对距离取负号，反之取正号，该规律为编写该函数程序的关键。

单元的等效节点荷载 表 5-9

接触点荷载	等效节点荷载	节点 i	节点 j
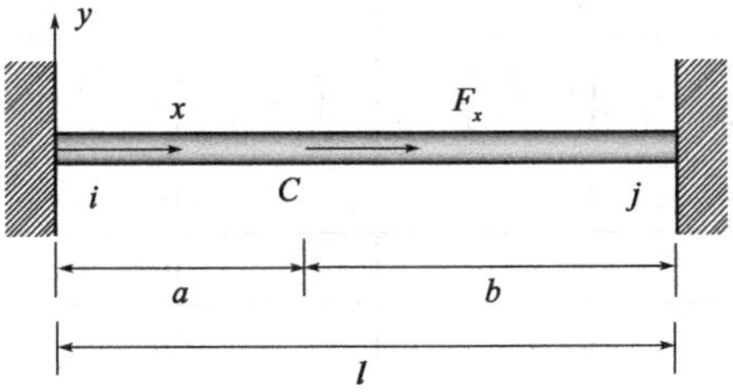	F_x^N	$-\left(1-\frac{a}{l}\right)F_x$	$-\left(1-\frac{b}{l}\right)F_x$
	F_y^N	0	0
	F_z^N	0	0
	M_x^N	0	0
	M_y^N	0	0
	M_z^N	0	0
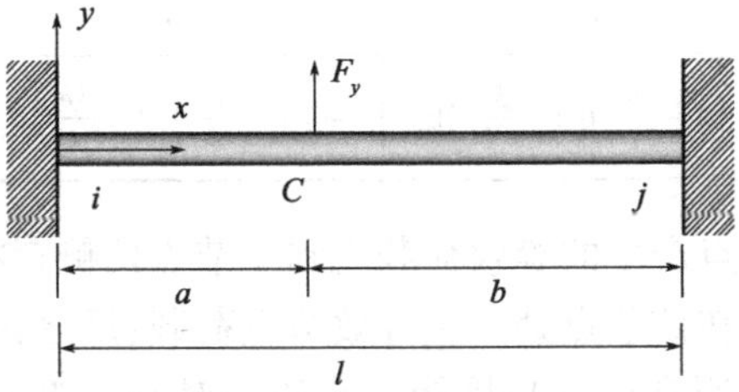	F_x^N	0	0
	F_y^N	$-\left(1-\frac{a}{l}\right)^2\left(1+\frac{2a}{l}\right)F_y$	$-\left(1-\frac{b}{l}\right)^2\left(1+\frac{2b}{l}\right)F_y$
	F_z^N	0	0
	M_x^N	0	0
	M_y^N	0	0
	M_z^N	$-\left(1-\frac{a}{l}\right)^2(-a)F_y$	$-\left(1-\frac{b}{l}\right)^2 b\,F_y$
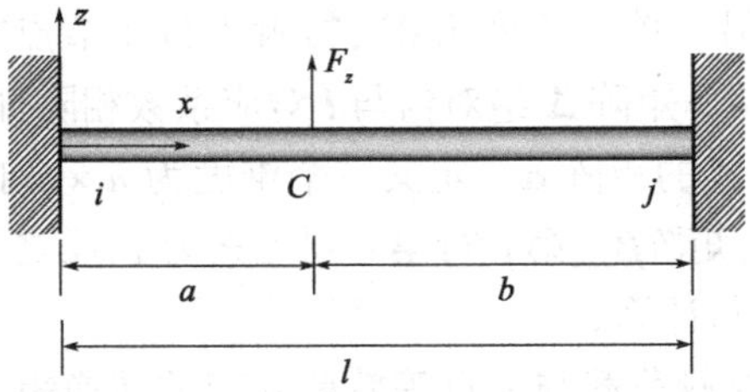	F_x^N	0	0
	F_y^N	0	0
	F_z^N	$-\left(1-\frac{a}{l}\right)^2\left(1+\frac{2a}{l}\right)F_z$	$-\left(1-\frac{b}{l}\right)^2\left(1+\frac{2b}{l}\right)F_z$
	M_x^N	0	0
	M_y^N	$-\left(1-\frac{a}{l}\right)^2(-a)F_z$	$-\left(1-\frac{b}{l}\right)^2 b\,F_z$
	M_z^N	0	0

续上表

接触点荷载	等效节点荷载	节点 i	节点 j
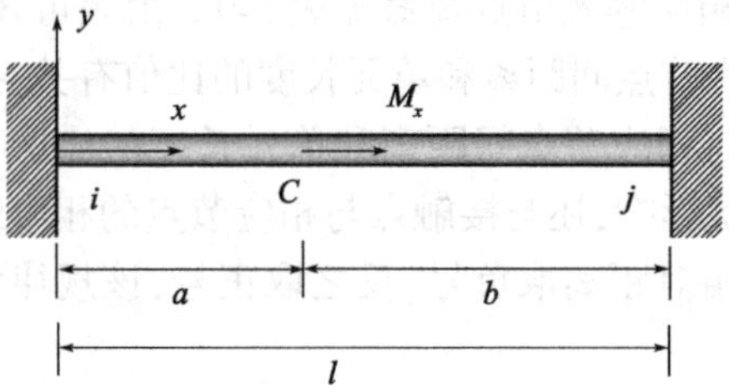	F_x^N	0	0
	F_y^N	0	0
	F_z^N	0	0
	M_x^N	$-\left(1-\frac{a}{l}\right)M_x$	$-\left(1-\frac{b}{l}\right)M_x$
	M_y^N	0	0
	M_z^N	0	0
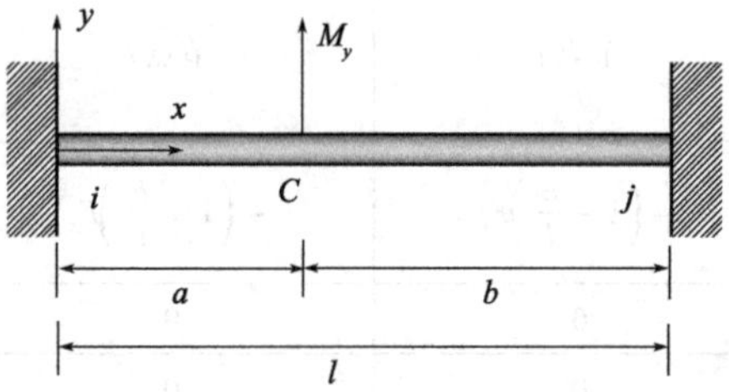	F_x^N	0	0
	F_y^N	0	0
	F_z^N	0	0
	M_x^N	0	0
	M_y^N	$\left(1-\frac{a}{l}\right)\left(1-\frac{3a}{l}\right)M_y$	$\left(1-\frac{b}{l}\right)\left(1-\frac{3b}{l}\right)M_y$
	M_z^N	0	0
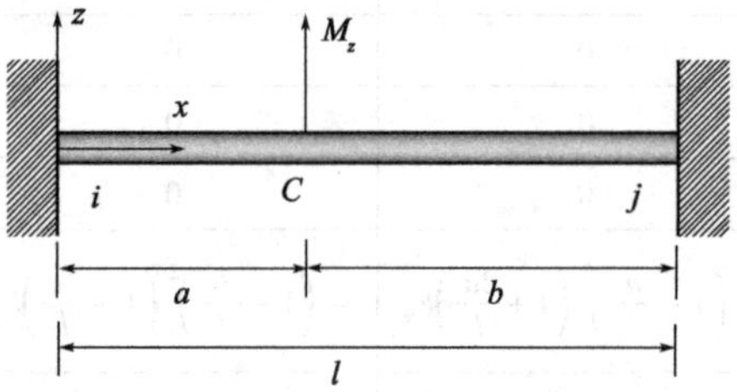	F_x^N	0	0
	F_y^N	0	0
	F_z^N	0	0
	M_x^N	0	0
	M_y^N	0	0
	M_z^N	$-\left(1-\frac{a}{l}\right)\left(1-\frac{3a}{l}\right)M_z$	$-\left(1-\frac{b}{l}\right)\left(1-\frac{3b}{l}\right)M_z$

直杆中任一节点等效荷载为所有接触荷载在该节点产生的等效荷载之和。节点两侧存在两个单元,接触荷载作用于这两个单元时,接触荷载会在该节点处产生等效节点荷载;反之,接触荷载在该节点产生的等效节点荷载为0。假设$\boldsymbol{\Delta}$为所有节点与接触点间的相对距离矩阵,矩阵维度为$n\times m$,矩阵第p行第q列元素取值表示节点p与接触点q间相对距离,节点位于接触点右侧时取正号,反之取负号。假设$\boldsymbol{l}$为所有节点与每个接触点对应的单元长度,矩阵维度为$n\times m$,每个节点有两个对应单元长度(杆端节点另一单元长度为0),接触点位于节点左侧时取左单元长度,反之取右单元长度,由此构成矩阵$\boldsymbol{l}$。矩阵$\boldsymbol{\Delta}$绝对值与$\boldsymbol{l}$对应系数相除,即可得到接触点与相应节点间距离和单元长度的比值构成的矩阵$\boldsymbol{\alpha}$。定义一个维度为$n\times m$的控制系数矩阵$\boldsymbol{\beta}_{\mathrm{con}}$,若接触点$q$在节点$p$的两侧单元内,矩阵$\boldsymbol{\beta}_{\mathrm{con}}$第$p$行第$q$列元素为1,反之为0,由此可控制对节点等效荷载没有贡献的接触力不参与计算。

结合表5-9,通过矩阵$\boldsymbol{\alpha}$、$\boldsymbol{\Delta}$和$\boldsymbol{\beta}_{\mathrm{con}}$的运算,可求得接触荷载与节点等效荷载间的转换矩阵$\boldsymbol{N}_{\mathrm{FF}x}$、$\boldsymbol{N}_{\mathrm{FF}y}$、$\boldsymbol{N}_{\mathrm{FF}z}$、$\boldsymbol{N}_{\mathrm{MM}x}$、$\boldsymbol{N}_{\mathrm{MM}y}$、$\boldsymbol{N}_{\mathrm{MM}z}$、$\boldsymbol{N}_{\mathrm{FM}y}$、$\boldsymbol{N}_{\mathrm{FM}z}$。转换矩阵维度均为$n\times m$,并满足:

$$\begin{cases} \boldsymbol{F}_x^{\mathrm{cN}} = \boldsymbol{N}_{\mathrm{FF}x}\boldsymbol{F}_x^{c} \\ \boldsymbol{F}_y^{\mathrm{cN}} = \boldsymbol{N}_{\mathrm{FF}y}\boldsymbol{F}_y^{c} \\ \boldsymbol{F}_z^{\mathrm{cN}} = \boldsymbol{N}_{\mathrm{FF}x}\boldsymbol{F}_z^{c} \\ \boldsymbol{M}_x^{\mathrm{cN}} = \boldsymbol{N}_{\mathrm{MM}x}\boldsymbol{M}_x^{c} \\ \boldsymbol{M}_y^{\mathrm{cN}} = \boldsymbol{N}_{\mathrm{MM}y}\boldsymbol{M}_y^{c} + \boldsymbol{N}_{\mathrm{FM}z}\boldsymbol{F}_z^{c} \\ \boldsymbol{M}_z^{\mathrm{cN}} = \boldsymbol{N}_{\mathrm{MM}z}\boldsymbol{M}_z^{c} + \boldsymbol{N}_{\mathrm{FM}y}\boldsymbol{F}_y^{c} \end{cases} \tag{5-141}$$

式中，$\boldsymbol{F}_x^c$、$\boldsymbol{F}_y^c$、$\boldsymbol{F}_z^c$、$\boldsymbol{M}_x^c$、$\boldsymbol{M}_y^c$、$\boldsymbol{M}_z^c$分别为接触点在x、y、z方向的力与力矩向量；$\boldsymbol{F}_x^{\mathrm{cN}}$、$\boldsymbol{F}_y^{\mathrm{cN}}$、$\boldsymbol{F}_z^{\mathrm{cN}}$、$\boldsymbol{M}_x^{\mathrm{cN}}$、$\boldsymbol{M}_y^{\mathrm{cN}}$、$\boldsymbol{M}_z^{\mathrm{cN}}$分别为节点在$\boldsymbol{x}$、$\boldsymbol{y}$、$\boldsymbol{z}$方向的等效节点力与力矩。根据式(5-141)，即可算出非节点荷载转换函数的输出参数。

注意到，将式(5-141)进行矩阵组合，可得新的矩阵关系式：

$$\boldsymbol{P}_{\mathrm{b}}^{\mathrm{cN}} = \boldsymbol{N}_{\mathrm{P}}\boldsymbol{P}_{\mathrm{b}}^{c} \tag{5-142}$$

其中，等效节点荷载向量为：

$$\boldsymbol{P}_{\mathrm{b}}^{\mathrm{cN}} = \begin{bmatrix} \boldsymbol{F}_x^{\mathrm{cN}} \\ \boldsymbol{F}_y^{\mathrm{cN}} \\ \boldsymbol{F}_z^{\mathrm{cN}} \\ \boldsymbol{M}_x^{\mathrm{cN}} \\ \boldsymbol{M}_y^{\mathrm{cN}} \\ \boldsymbol{M}_z^{\mathrm{cN}} \end{bmatrix} \tag{5-143}$$

接触点荷载向量为：

$$\boldsymbol{P}_{\mathrm{b}}^{c} = \begin{bmatrix} \boldsymbol{F}_x^{c} \\ \boldsymbol{F}_y^{c} \\ \boldsymbol{F}_z^{c} \\ \boldsymbol{M}_x^{c} \\ \boldsymbol{M}_y^{c} \\ \boldsymbol{M}_z^{c} \end{bmatrix} \tag{5-144}$$

形函数矩阵转置为：

$$\boldsymbol{N}_{\mathrm{P}} = \begin{bmatrix} 0 & 0 & 0 & 0 & 0 & 0 \\ 0 & \boldsymbol{N}_{\mathrm{FF}x} & 0 & 0 & 0 & 0 \\ 0 & 0 & \boldsymbol{N}_{\mathrm{FF}z} & 0 & 0 & 0 \\ 0 & 0 & 0 & \boldsymbol{N}_{\mathrm{MM}x} & 0 & 0 \\ 0 & 0 & \boldsymbol{N}_{\mathrm{FM}z} & 0 & \boldsymbol{N}_{\mathrm{MM}y} & 0 \\ 0 & \boldsymbol{N}_{\mathrm{FM}y} & 0 & 0 & 0 & \boldsymbol{N}_{\mathrm{MM}z} \end{bmatrix} \tag{5-145}$$

2. ANSYS 结构动力过程分析

通用有限元计算软件 ANSYS 中,桥梁动力过程分析称为瞬态分析,包括三种求解方法:完全法、缩减法与模态叠加法。完全法采用完整的系统矩阵进行计算,计算效率较低,对电脑要求较高,优点为易于使用,无须考虑系统的模态提取、主自由度处理等问题。缩减法仅计算主自由度位移,矩阵维度缩减,计算效率提高,如需得到完整自由度数据需进行拓展。模态叠加法通过结构自由振动振型计算结构响应,一般情况下其计算速度快于完全法和缩减法,使用.rdsp 文件储存节点位移数据,如需得到单元与节点的其他数据需进行拓展。本书使用完全法分析桥梁动力学响应,采用 Newmark-β 法进行时间积分求解,在 ANSYS 中用命令 TRNOPT 指定。

ANSYS 瞬态分析需指定荷载步与子步,荷载步与时刻一一对应。为与车辆行驶时刻相对应,在 ANSYS 中用 TIME 命令指定的时刻需与当前车辆微分方程计算时刻相同,每一荷载步的子步数均设为 1,避免因其他子步无法与精确荷载对应而导致的计算结果不准确。

车桥耦合计算中,$t+\Delta t$ 时刻桥梁与车辆的初始迭代位移为假定值,需经历多次迭代,因此在 ANSYS 中需对同一时刻进行多次计算。进行同一时刻计算时,需舍弃上次计算结果,并在该时刻继续之前的计算,ANSYS 提供了重启动的方法来处理该问题。重启动包括单点重启动与多点重启动,单点重启动仅能从前一次求解的终止位置重启动,多点重启动可从前一次求解的任一位置重启动,该位置需人为指定。下面分别针对单点重启动、多点重启动,说明车桥耦合中桥梁响应的 ANSYS 计算方法。

(1)单点重启动方法。进行单点重启动前,需进行一次分析,并提供模型文件 Jobname.db,单元矩阵文件 Jobname. emat,单元数据文件 Jobname. esav,结果文件 Jobname. rst。

为实现列车上桥前的初始分析,且不使桥梁产生位移、速度与加速度,可采用伪静力分析方法,即设定分析类型为瞬态分析,同时使用 timint,off 命令关闭时间积分效应。静力分析中,不对桥梁作用荷载,同样能获得所需的初始分析文件,且不影响计算结果。此时,使用 TIME 命令设定计算时刻为 $t=10^{-5}$s,使用 OUTRES 命令定义输出,使用 nsubst,1 设置一个子步,关闭自动荷载步,车桥耦合分析使用阶跃荷载。

进行单点重启动分析时,首先需获取当前车辆行驶的时刻与对桥梁作用的荷载,并储存于 ANSYS 矩阵中。基本项设置如下:使用 resume 命令恢复数据库,使用 antype,rest 命令指定为单点重启动分析,并使用 timint,on 命令将关闭的时间积分效应打开。关闭自动时间步,使用阶跃荷载,将车辆行驶的当前时刻作为模型分析的时刻,用 TIME 命令指定。由于桥梁振动方程使用 Newmark 积分法求解,需使用 tintp 命令指定 Newmark 积分参数。设置完毕后,删除前一时刻作用于轨道或纵梁的荷载,重新施加当前荷载,求解即可获得结果。由于车辆分析将使用轨道计算结果,需将此时左、右钢轨或纵梁的位移、速度、加速度导出,以供后续计算。

单点重启动仅能从上一分析的终止位置进行重新计算,若当前时刻的荷载作用下结果不收敛,上一时刻文件将覆盖当前时刻结果,从上一时刻进行单点重启动。因此,单点重启动方法适用于小模型计算,如模型过大,文件移动与覆盖将耗时较长。

(2)多点重启动方法。多点重启动分析前,同样需进行一次初始分析,需相应数据库文件 Jobname. rdb,荷载时间历程文件 Jobname. ldhi,单元数据文件 Jobname. Rnnn,以及结果文件

Jobname. rst。多点重启动无须模型文件 Jobname. db，在重启动时该文件可从文件 Jobname. rdb 中获取。与单点重启动一致，车桥耦合计算前多点重启动需进行一次伪静力分析，其基本设置一致，但需增加一个多点重启动控制命令 rescontrol…1，以控制多点重启动的文件写入频率。

进行多点重启动分析时，同样需获取当前车辆行驶时刻与对桥梁作用荷载，并储存于 ANSYS矩阵中。多点重启动无须 resume 命令恢复模型，通过命令 antype，rest，ldstep，substep 即可恢复数据库。根据当前时刻车辆荷载作用的收敛情况，通过荷载步 ldstep 与子步 substep 控制重启动位置。注意，使用命令 antype，rest，ldstep，substep 时，ANSYS 之前所有模型与数据将被清除，矩阵定义、参数设置等需置于该命令之后。其余参数设置与单点重启动相同，钢轨或纵梁位移、速度、加速度导入/post26 处理器，使用 nsol 命令以节点结果定义变量，即可导出变量的当前时刻值。

运用 ANSYS 瞬态分析、单点重启动或多点重启动技术，即可求解车桥耦合计算中桥梁动力响应与车辆振动。

三、车桥耦合程序编制

车桥耦合主程序使用 MATLAB 编制，车辆振动方程在 MATLAB 中求解，桥梁结构动力响应通过 MATLAB 调用 ANSYS 来计算，两者通过. txt 文件实现数据交互。自定义 MATLAB 函数包括：轨道不平顺模拟函数、蠕滑系数计算函数、非节点荷载转换函数，数表包括：轮轨接触几何参数数表、不同种类列车的参数数表、不同种类列车的车辆矩阵数表，数表以. mat 文件形式存储。

MATLAB 输出包括当前时刻对桥梁的作用荷载，若采用多点重启动方法，还需输出当前所计算荷载步。使用 MATLAB 调用 ANSYS 时，指定. mac 宏文件为输入的命令流文件，数据提取使用 * vread 命令，该命令可读取存储计算结果的. txt 文件，并将文件数据输入矩阵，数据输出使用 * mwrite 命令，该命令可将矩阵数据导入. txt 文件供 MATLAB 使用。

车桥耦合程序计算流程见图 5-49，采用分离迭代法求解车桥耦合振动。假设 $t+\Delta t$ 时刻初始桥梁位移，经过迭代后，假设的桥梁位移与计算的桥梁位移相同即收敛，此时车辆位移亦为自然收敛。

基本参数与常数设置如下：基本参数包括：时间步长、名义轨距、轮轨摩擦系数、收敛容差，常数包括：重力加速度、角度与弧度转化系数等。积分时间步长根据桥梁结构响应频率确定，取 $\Delta t=0.1\mathrm{s}$，名义轨距为 1.435m，轮轨摩擦系数取 0.25，轮轨力收敛容差取 1N，位移容差取 0.01mm，角度容差取 0.01 度。

输入列车、桥梁参数如下：列车参数包括列车类型、编组与行驶速度，桥梁参数包括钢轨或纵梁的节点 x 坐标。列车种类选择通过导入数表得到，车辆矩阵数表包含各类型列车的动车/机车、拖车/客车的质量矩阵、刚度矩阵与阻尼矩阵，为单节列车矩阵。列车编组通过输入列车总数、动车/机车所在位置确定，如采用德国 ICE3 列车，车辆编组为 1 动 +2 拖 +1 动，则动车位置向量为$(1,4)^{\mathrm{T}}$，拖车位置向量为$(2,3)^{\mathrm{T}}$。在 MATLAB 中使用元胞数组方法对动车与拖车的列车矩阵进行组合，形成全车矩阵。除重启动所需文件外，还需输入轨道或纵梁的节点 x 坐标，用于节点数量的确定以及非节点荷载转换。

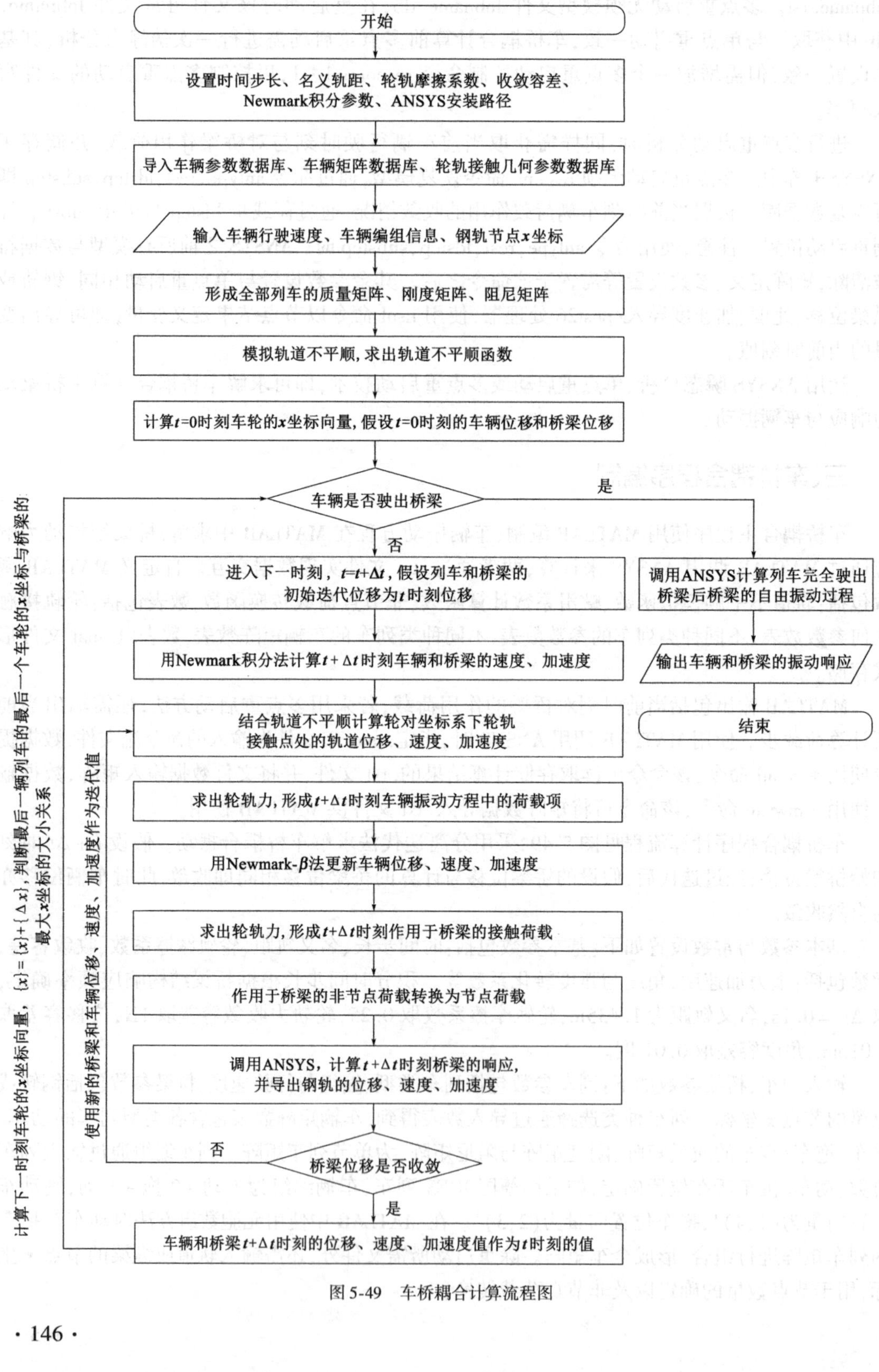
开始
设置时间步长、名义轨距、轮轨摩擦系数、收敛容差、Newmark积分参数、ANSYS安装路径
导入车辆参数数据库、车辆矩阵数据库、轮轨接触几何参数数据库
输入车辆行驶速度、车辆编组信息、钢轨节点x坐标
形成全部列车的质量矩阵、刚度矩阵、阻尼矩阵
模拟轨道不平顺，求出轨道不平顺函数
计算t=0时刻车轮的x坐标向量，假设t=0时刻的车辆位移和桥梁位移
车辆是否驶出桥梁
是
否
进入下一时刻，t=t+Δt，假设列车和桥梁的初始迭代位移为t时刻位移
用Newmark积分法计算t+Δt时刻车辆和桥梁的速度、加速度
结合轨道不平顺计算轮对坐标系下轮轨接触点处的轨道位移、速度、加速度
求出轮轨力，形成t+Δt时刻车辆振动方程中的荷载项
用Newmark-β法更新车辆位移、速度、加速度
求出轮轨力，形成t+Δt时刻作用于桥梁的接触荷载
作用于桥梁的非节点荷载转换为节点荷载
调用ANSYS，计算t+Δt时刻桥梁的响应，并导出钢轨的位移、速度、加速度
桥梁位移是否收敛
否
是
车辆和桥梁t+Δt时刻的位移、速度、加速度值作为t时刻的值
使用新的桥梁和车辆位移、速度、加速度作为迭代值
计算下一时刻车轮的x坐标向量，{x}={x}+{Δx}，判断最后一辆列车的最后一个车轮的x坐标与桥梁的最大x坐标的大小关系
调用ANSYS计算列车完全驶出桥梁后桥梁的自由振动过程
输出车辆和桥梁的振动响应
结束

图 5-49　车桥耦合计算流程图

迭代流程如下：①假设车辆与桥梁在 $t=0$ 时刻位移为0，$t=t+\Delta t$ 时刻车辆与桥梁初始位移为上一时刻位移，通过式(5.134)与式(5.132)求解此刻车辆速度与加速度并得到车辆方程荷载项，代入式(5.136)，即可得到更新后的车辆位移、速度与加速度。②由更新后的车辆位移、假定桥梁位移，计算得到轮轨接触力并形成作用于桥梁的荷载，利用非节点荷载转换函数转换为节点荷载，即可输入 ANSYS 开始桥梁动力计算。③若计算所得桥梁位移与假设桥梁位移满足收敛容差要求，则该时刻计算收敛，否则继续迭代计算车辆振动方程的荷载项，直至收敛。④$t=t+\Delta t$ 时刻计算收敛时，将该时刻车辆与桥梁的位移、速度、加速度作为 t 时刻值输入下一时刻计算。⑤所有列车均驶出桥梁时，计算桥梁自由振动过程，由此得到车辆与桥梁的振动响应。

车辆空间耦合振动与垂向耦合振动的求解过程基本一致。与垂向耦合振动相比，空间振动要求考虑车辆横向振动，涉及蠕滑系数计算与轮轨接触力的迭代求解，计算量与迭代时长大幅增加；同时，空间振动要求桥梁竖向位移与横向位移同时收敛，所需迭代次数也大幅增多。

对于更少自由度车辆的垂向耦合计算，求解流程也基本一致。如四自由度列车模型，车辆有车体垂向振动、车体点头振动、两个轮对的浮沉振动自由度，仅需更改车辆质量、刚度和阻尼矩阵以及轮轨接触力形式。如弹簧-质量单元过桥模型，同样仅需写出质量块振动方程与对桥梁作用力，按分离迭代法求解耦合方程，即可得到质量块与桥梁的动力响应。

四、程序运行与验证

1. 移动弹簧-质量过桥验证

基于既有文献所提供的“移动弹簧-质量通过简支梁”算例验证程序正确性(图5-50)。其中，简支梁参数包括：桥长 $l=25\text{m}$，弹性模量 $E=2.87\times10^6\text{kN/m}^2$，截面惯性矩 $I=2.9\ \text{m}^4$，单位长度质量 $m=2.303\text{t/m}$，泊松比 $\nu=0.2$，忽略桥梁重力与阻尼效应。弹簧-质量参数包括：质量块质量 $M_w=5.75\text{t}$，弹簧刚度 $k_H=1595\text{kN/m}$，恒定速度 $c=27.78\text{m/s}$。$t=0$ 时，弹簧-质量自桥梁支点处驶入桥梁，$t=0.9\text{s}$ 时，弹簧-质量驶出桥梁。

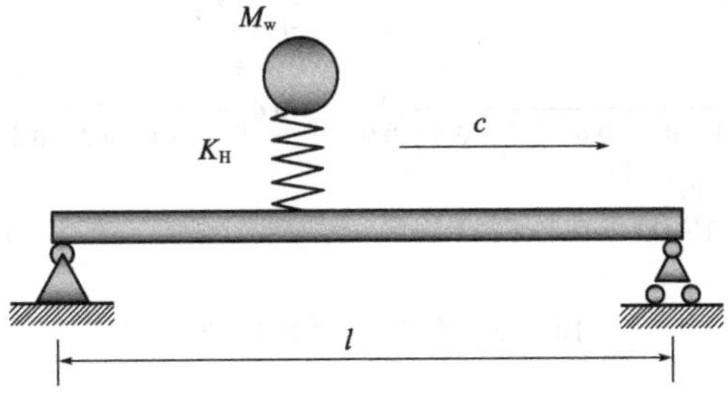

图5-50　移动弹簧-质量过简支梁示意图

根据上述参数，在 ANSYS 中建立简支梁模型，采用 BEAM 3 单元，假设梁截面为正方形，梁面积 $A=\sqrt{12I}$，梁截面高 $h=\sqrt{A}$。桥梁共27个节点、26个单元，将节点 x 坐标输入程序，时间积分步长设为0.001s，使用分离迭代法即可求解耦合方程，得到质量块与梁跨中节点的动力响应。

图5-51为簧上质量的位移与加速度响应时程。由图可知,簧上质量计算结果与既有文献一致。

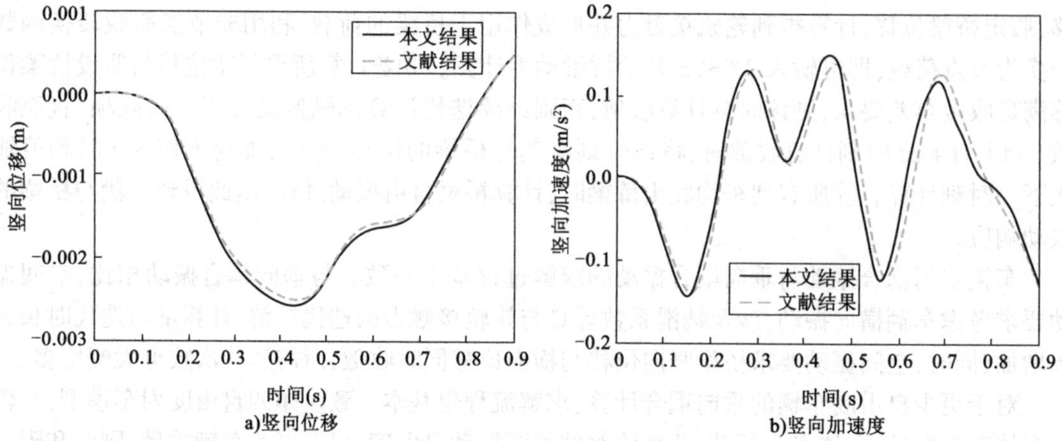

图5-51 弹簧质量动力响应时程

图5-52为桥梁跨中节点的竖向位移与竖向加速度响应时程。由图可知,位移计算结果与既有文献基本一致,加速度结果略有不同,其原因为时间积分步长设置不一致。时间步长设置足够小时,加速度时程关系即为准确值,位移响应求解对时间步长要求相对较低。

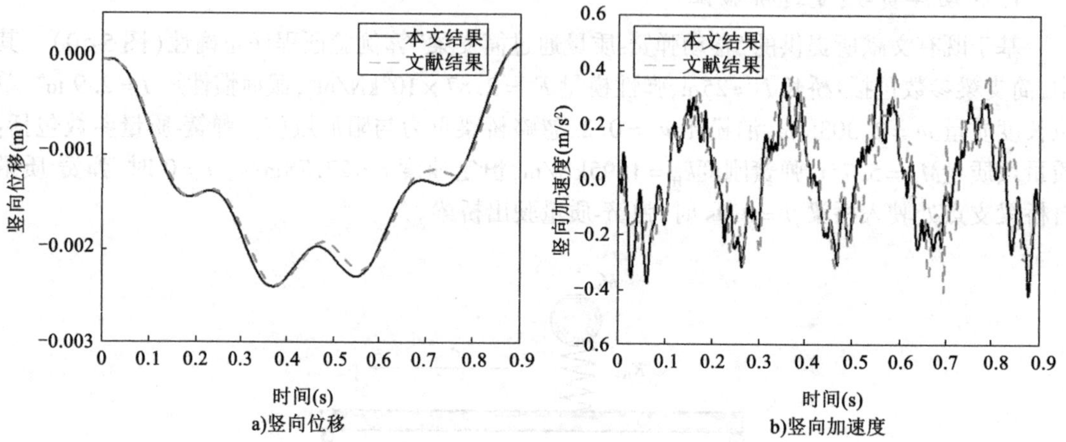

图5-52 桥梁跨中动力响应时程

2.四自由度列车过桥验证

既有文献提供了5节列车所组成的铁路车辆通过简支梁时桥梁动力响应算例。其中,列车模型由一个车体与两个轮对组成,车体与轮对采用弹簧-阻尼单元连接,一节列车为4自由度:车体浮沉、点头自由度,两轮对浮沉自由度(图5-53)。通过计算相同列车运行工况下桥梁响应验证程序正确性。

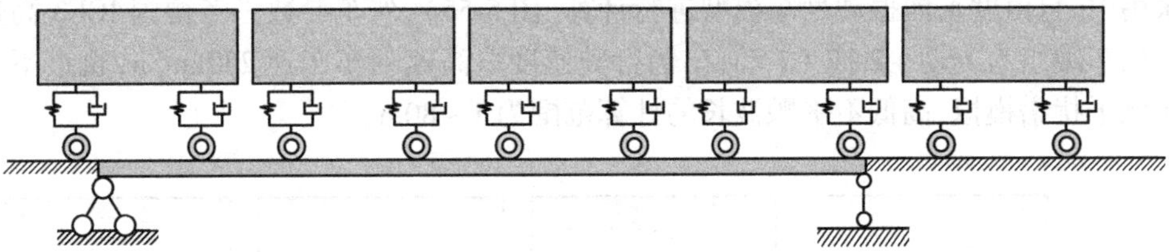

图 5-53　4 自由度列车通过简支梁示意图

该算例中,桥梁结构参数如下:弹性模量 $E=29.43\text{GPa}$,泊松比 $\nu=0.2$,桥梁全长 $L=30\text{m}$,截面面积 $A=7.94\text{m}^2$,截面惯性矩 $I_y=8.72\text{m}^2$,单位长度质量 $m=36\text{t/m}$,桥梁阻尼比 2.5%,均与高速铁路桥梁参数相近。经计算,桥梁一阶角频率 $\omega_1=29.3\text{rad/s}$。每节列车的参数包括:车体质量 $M_v=48\text{t}$,点头惯量 $I_v=2500t\cdot m^2$,弹簧-阻尼单元中弹簧刚度 $k_v=1500\text{kN/m}$,阻尼 $c_v=85\text{kN}\cdot\text{s/m}$,轮对质量 $m_w=5\text{t}$,车辆轴距 $d=18\text{m}$,列车长 $\bar{d}=25\text{m}$。假设列车于 $t=0$ 时踏入桥梁,分别以 140km/h、105km/h 在桥上行驶,$t=3.81\text{s}$ 和 $t=5.07\text{s}$ 时列车驶出桥梁。

在 ANSYS 中使用 BEAM 3 单元建立简支梁模型,截面与材料参数与算例一致。注意,原阻尼为桥梁黏滞阻尼的阻尼比, ANSYS 完全法瞬态分析中,需将黏滞阻尼等效为材料阻尼方可计算。假设梁截面为矩形,截面高 $h=\sqrt{12I_y/A}$。桥梁模型共 30m,以 1 米为间隔划分单元,共 30 个单元,31 个节点,输入节点的 x 坐标,车辆运行速度分别取 140km/h、105km/h,即可得到桥梁跨中竖向位移响应时程(图 5-5)。

由图 5-54 可知,位移响应计算结果与既有文献一致。

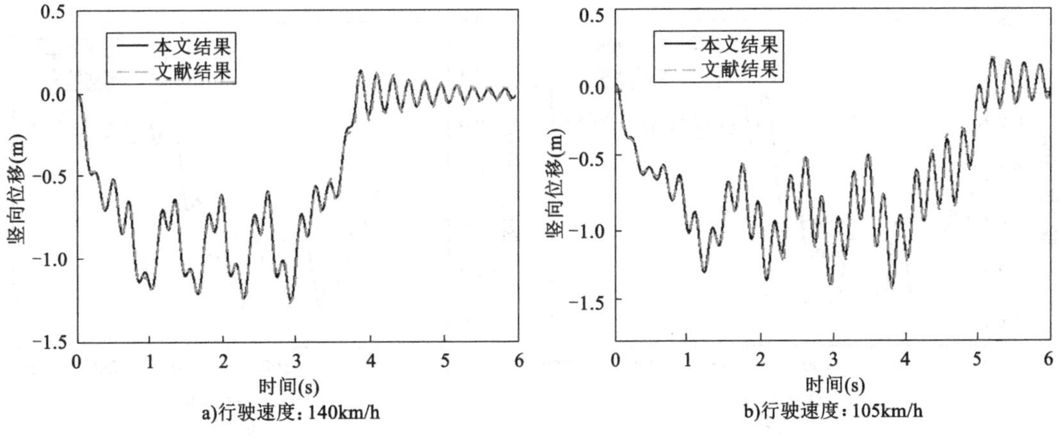

图 5-54　桥梁跨中竖向位移响应时程

3. 车桥垂向振动验证

进行车辆-桥梁系统随机动力分析时,为验证虚拟激励法的正确性,既有文献使用列车垂向耦合模型计算德国 ICE3 列车通过某三跨简支梁时桥梁与列车的动力响应。通过对比桥梁动力响应验证垂向车桥动力耦合模型正确性。

采用10自由度垂向振动列车模型进行计算(图5-55),列车参数参考德国ICE3高速列车参数。列车编组为1动+2拖+1动,车辆行驶速度取高速列车车速250km/h,轨道不平顺采用德国低干扰谱模拟,高低不平顺波长的计算范围为1~80m。

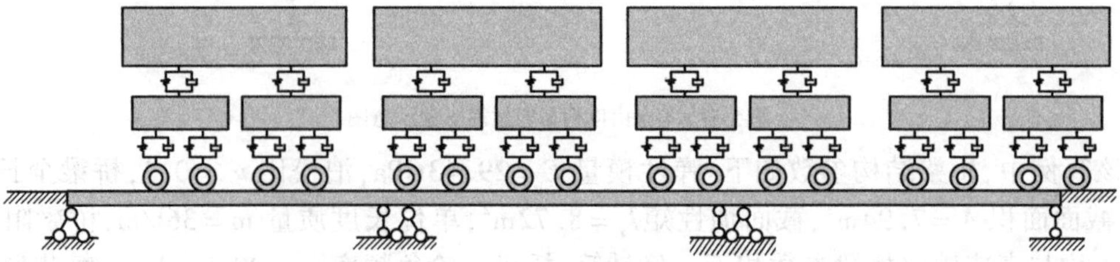

图5-55　德国ICE3列车通过三跨简支梁示意图

桥梁采用三跨简支梁模型,模型参数如下:桥梁材料弹性模量$E=30\text{GPa}$,泊松比$\nu=0.2$,单跨简支梁桥长$L=32\text{m}$,桥梁总长96m,截面面积$A=7.5\text{m}^2$,截面惯性矩$I_y=9\text{m}^2$,桥梁材料密度$\rho=3.64\times10^3\text{kg/m}^3$,阻尼比2%。该桥参数与5.4.2节"桥梁振动的求解"算例中简支梁参数一致,均与目前高速铁路桥梁的参数接近。

在ANSYS中建立三跨简支梁模型,建模时,相邻简支梁节点不重合,采用小间距分离,保证程序能够有效计算并与桥梁实际情况相符。注意,轨道不平顺模拟具有随机性,桥梁响应计算结果无法完全一致,但桥梁位移响应变化规律与幅值基本一致。

计算结果见图5-56。由图可知,第一跨与第二跨的简支梁跨中位移变化规律基本一致。与既有文献结果进行对比,位移响应曲线基本吻合,位移计算结果一致。

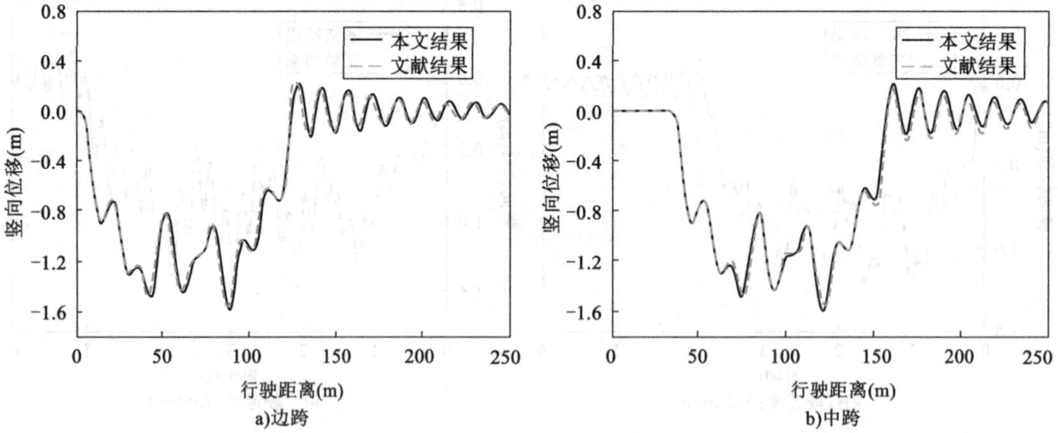

图5-56　桥梁跨中位移响应

综上,本程序满足单自由度、四自由度、垂向10自由度列车模型计算,在车桥耦合振动计算中具备一定通用性。

第五节　铁路层车致振动下结构响应与改造过程影响分析

一、耦合计算参数

针对南京长江大桥各施工阶段，使用车桥垂向耦合模型，对列车在桥上通行时桥梁的动力响应进行求解，模型示意图见图 5-57。

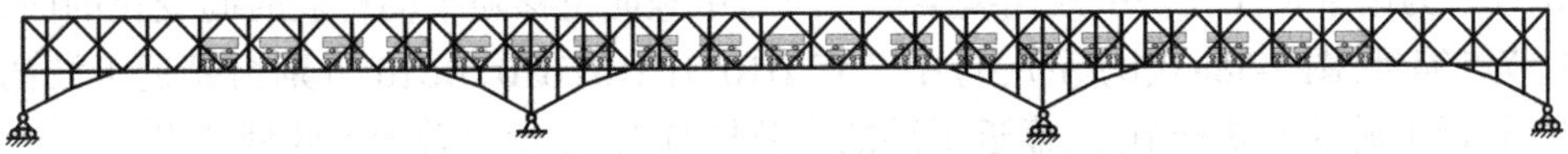

图 5-57　中国普通旅客列车通过南京长江大桥

车辆计算中，Newmark 参数设置为 $\gamma = 0.6$，$\beta = 0.3025$，ANSYS 瞬态分析中同样采用 Newmark-β法且参数一致，使用 tintp 命令设置。模型采用中国普通旅客列车参数，按“1 节 SS8 机车 +18 节列车”编组，设定车速为 160km/h，其余参数见表 5-10。

普通旅客列车参数　　表 5-10

参数	单位	机车	客车
车体质量	kg	5×10^4	4.82×10^4
转向架质量	kg	1.526×10^4	3.09×10^3
轮对质量	kg	2.67×10^3	1.675×10^3
车体绕 x 轴转动惯量J_{cx}	kg · m²	1.2×10^5	8.17×10^5
车体绕 y 轴转动惯量J_{cy}	kg · m²	1.26×10^6	3×10^6
车体绕 z 轴转动惯量J_{cz}	kg · m²	1.02×10^6	3×10^6
转向架绕 x 轴转动惯量J_{cx}	kg · m²	5.031×10^3	2.312×10^3
转向架绕 y 轴转动惯量J_{cy}	kg · m²	1.37×10^4	4.73×10^3
转向架绕 z 轴转动惯量J_{cz}	kg · m²	1.31×10^4	4.73×10^3
一系悬挂 y 方向弹簧刚度k_{y1}	N/m	1.6×10^7	7.8×10^6
一系悬挂 z 方向弹簧刚度k_{z1}	N/m	3.74×10^6	2.538×10^6
一系悬挂 y 方向阻尼系数c_{y1}	N · s/m	1.2×10^5	3×10^4
一系悬挂 z 方向阻尼系数c_{z1}	N · s/m	1.2×10^5	3×10^4
二系悬挂 y 方向弹簧刚度k_{y2}	N/m	5×10^5	3.7×10^5
二系悬挂 z 方向弹簧刚度k_{z2}	N/m	2.3×10^6	9.6×10^5
二系悬挂 y 方向阻尼系数c_{y2}	N · s/m	1×10^5	4.5×10^4
二系悬挂 z 方向阻尼系数c_{z2}	N · s/m	7.2×10^4	1.4×10^5
轴距之半d_1	m	1.45	1.2
车辆定距之半d_2	m	4.5	9.25
车辆钩与钩的距离	m	17.516	26.57

采用改造前、中、后三阶段的桥梁仿真模型进行计算。考虑到南京长江大桥钢轨扣件间距较小，且钢轨扣件模型对桥梁响应的影响可忽略，为控制模型节点数量并提高计算效率，动力计算时采用无钢轨模型，车辆荷载直接作用于纵梁。时间步长由桥梁结构响应频率确定，取 $\Delta t=0.1\text{s}$，位移容差取 0.01mm，轨道不平顺采用德国低干扰谱。

二、位移时程分析

由于一般连续梁跨中位移大于支点位移，本节仅研究连续梁三跨跨中节点竖向位移响应，观察并对比施工前、中、后三阶段内，列车驶过时桥梁位移变化规律。

1. 第一跨跨中节点

图 5-58 为南京长江大桥甲式连续梁第一跨跨中竖向位移随车辆行驶时间变化的曲线，根据桁架节点编号，图 5-58a）、b）、c）、d）中节点 H10、HH10、B10、BB10 分别为靠近下游的下弦杆节点、靠近上游的下弦杆节点、靠近下游的上弦杆节点、靠近上游的上弦杆节点。

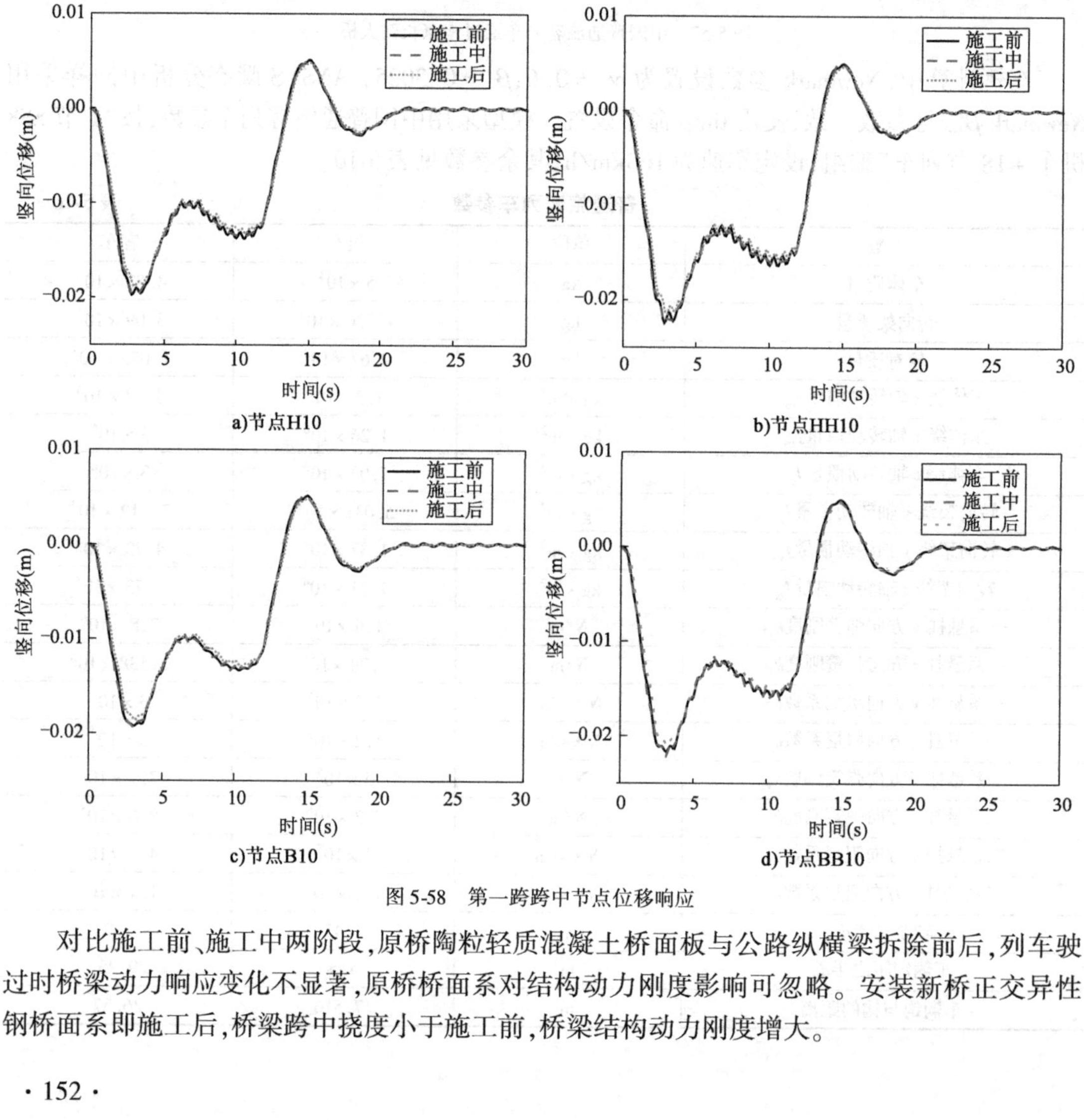

图 5-58 第一跨跨中节点位移响应

对比施工前、施工中两阶段，原桥陶粒轻质混凝土桥面板与公路纵横梁拆除前后，列车驶过时桥梁动力响应变化不显著，原桥桥面系对结构动力刚度影响可忽略。安装新桥正交异性钢桥面系即施工后，桥梁跨中挠度小于施工前，桥梁结构动力刚度增大。

南京长江大桥为双线铁路桥梁，本节仅计算列车在单线上行驶情况。对比图5-58a)与图5-58b)曲线可知，上下游主桁架节点位移存在差距，但差距较小，列车偏载一侧主桁架节点位移略大。

2. 第二跨跨中节点

图5-59为南京长江大桥甲式连续梁第二跨跨中位移响应时程曲线，同样包括上下游主桁架节点与上下弦杆节点。由图可知，跨中上下弦、跨中上下游方向节点响应时程规律一致，仅位移大小略有区别。施工前、施工中桥梁位移响应曲线基本重合，原桥公路纵横梁与公路桥面系对位移响应影响可忽略。施工后桥梁挠度与变形略有减少，但桥梁整体振动规律不变。

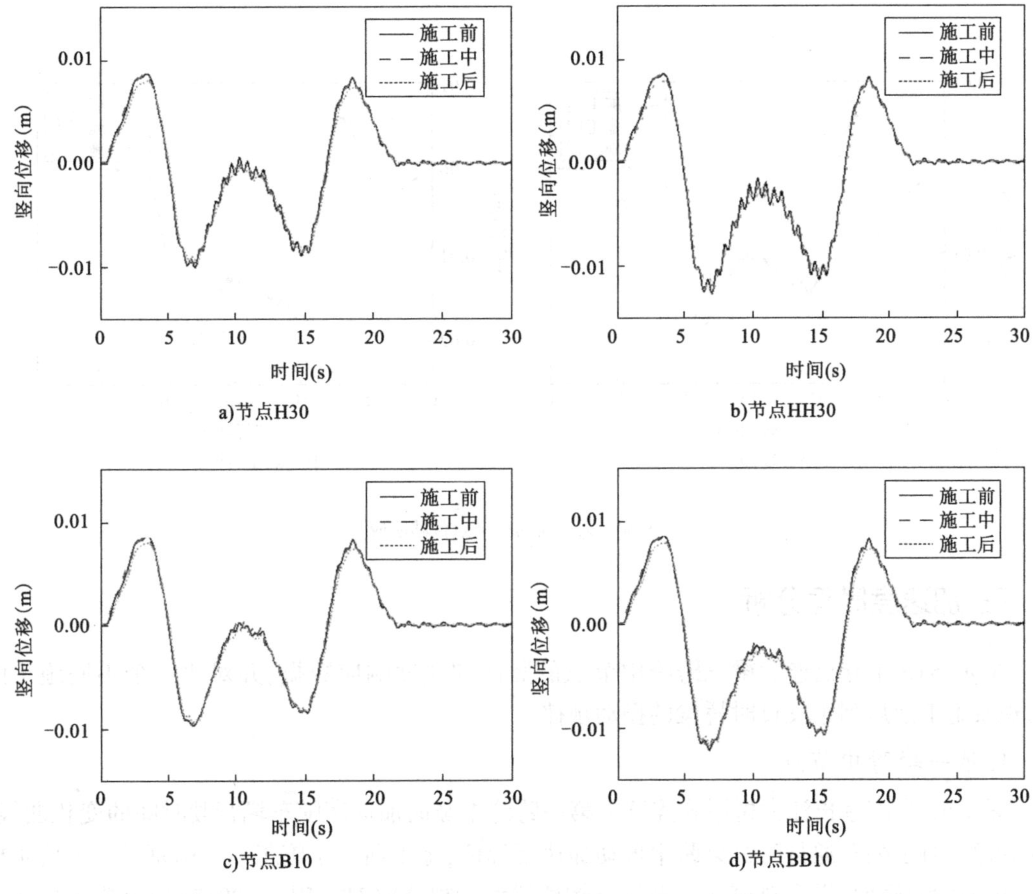

图5-59　第二跨跨中节点位移响应

3. 第三跨跨中节点

图5-60为甲式连续梁第三跨跨中节点竖向位移响应曲线。对比可知，第一跨跨中节点最大竖向位移(23mm)，大于其余两跨。

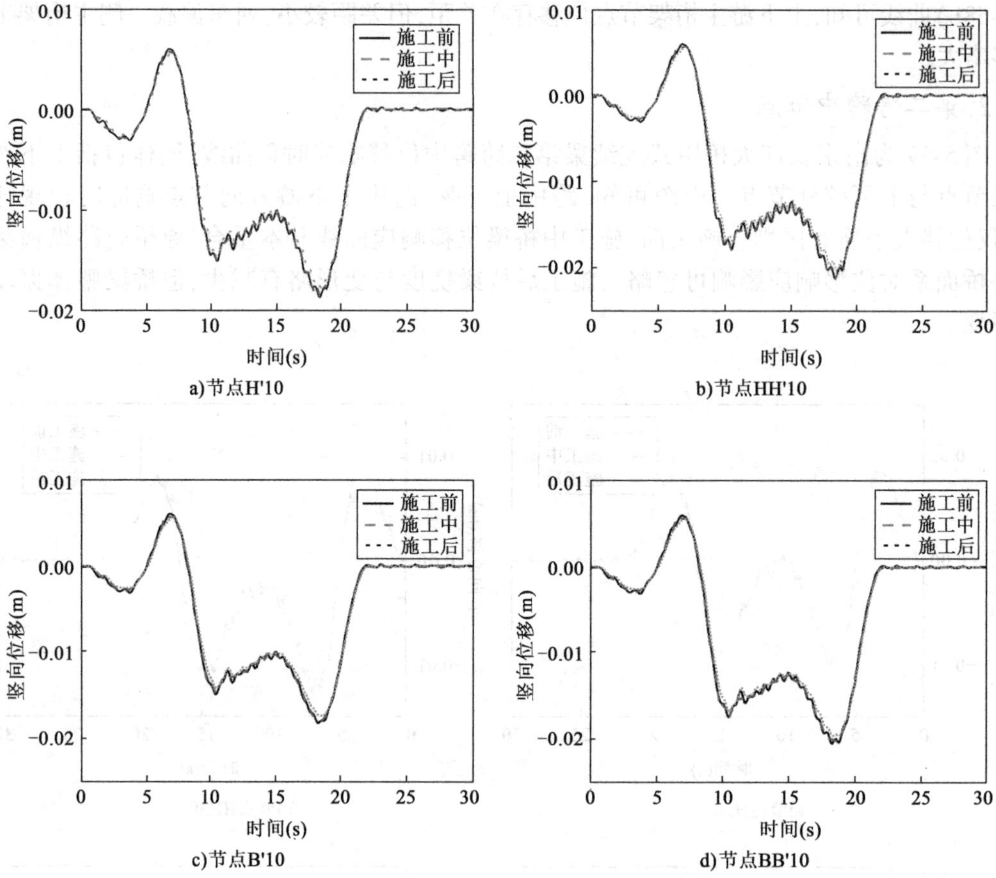

图 5-60　第三跨跨中节点位移响应

三、加速度时程分析

在 ANSYS 中导出连续梁三跨跨中节点的竖向加速度响应数据,并对比三个不同施工阶段,观察施工前后列车驶过时桥梁的振动规律。

1. 第一跨跨中节点

图 5-61 为南京长江大桥甲式连续梁第一跨跨中竖向加速度随车辆行驶时间的变化曲线。由图可知,对于列车通行时桥梁跨中振动加速度幅值,施工前大于施工后。南京长江大桥主桥铁路桥面为明桥面,无砟轨道,《公路钢结构桥梁设计规范》(JTG D64—2015)规范要求桥面竖向振动加速度须小于 0.5g,三个施工阶段均满足规范要求。

2. 第二跨跨中节点

图 5-62 为甲式连续梁第二跨跨中加速度响应时程曲线,桥梁振动加速度同样满足《公路钢结构桥梁设计规范》(JTG D64—2015)要求。

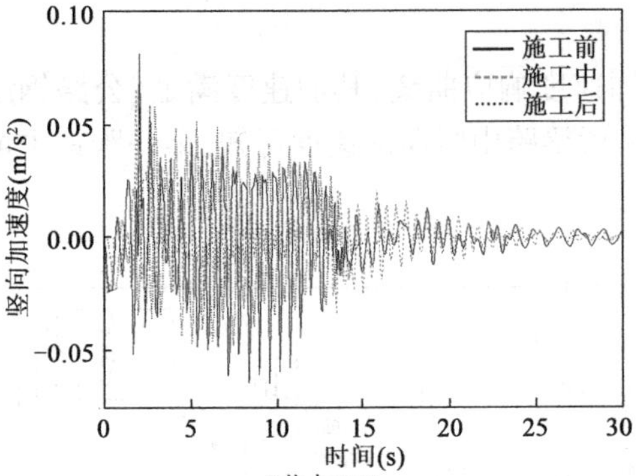

a)节点H10

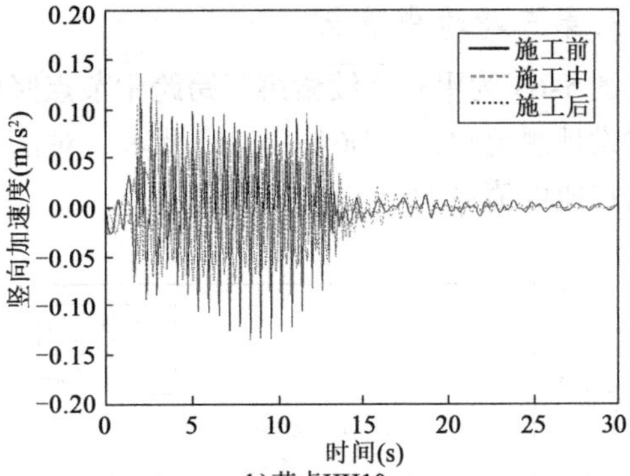

b)节点HH10

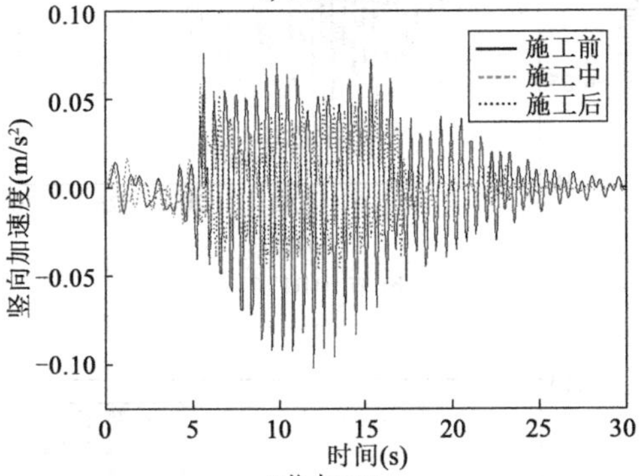

c)节点B10

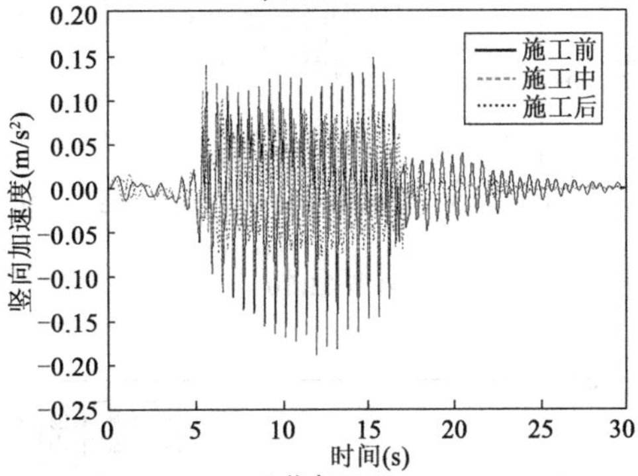

d)节点BB10

图 5-61 第一跨跨中节点位移响应

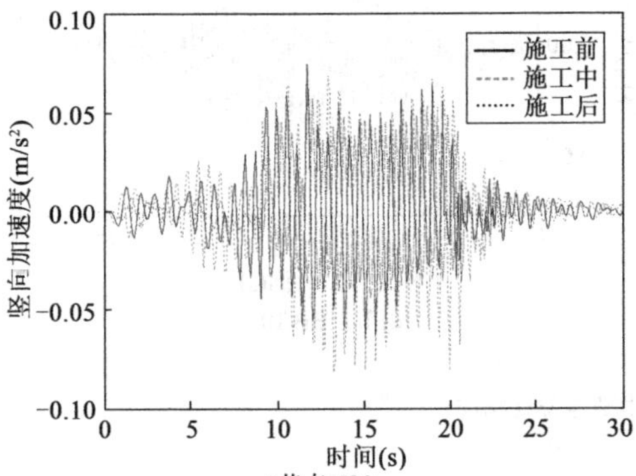

a)节点H30

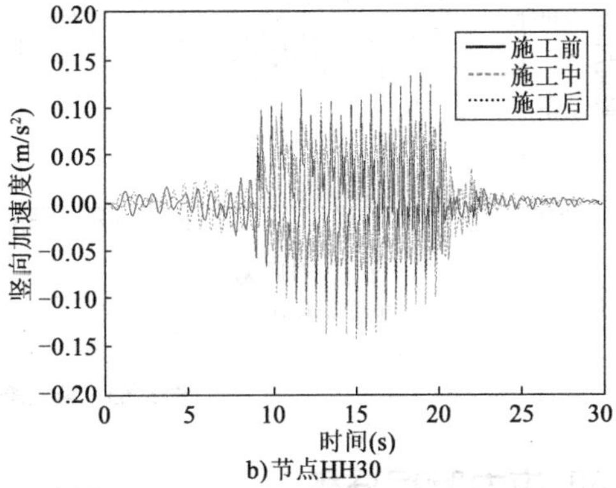

b)节点HH30

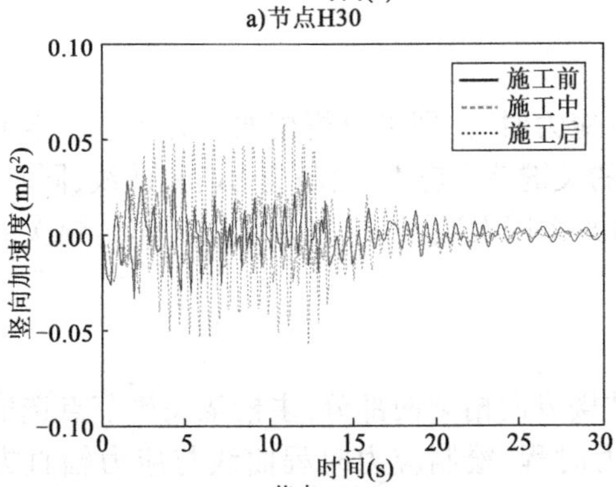

c)节点B10

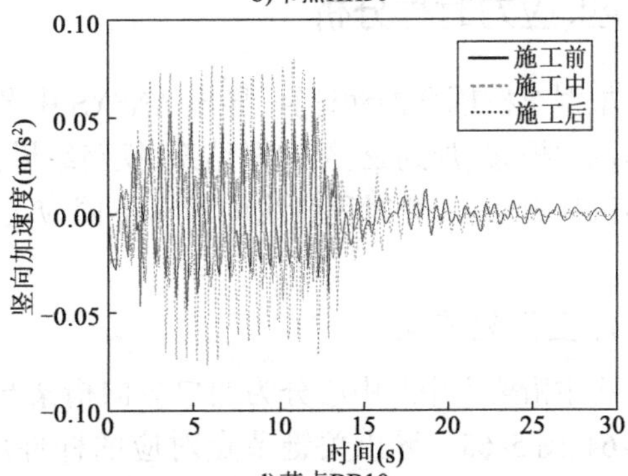

d)节点BB10

图 5-62 第二跨跨中节点位移响应

3. 第三跨跨中节点

图 5-63 为甲式连续梁第三跨跨中节点竖向加速度响应曲线,其加速度满足《公路钢结构桥梁设计规范》(JTG D64—2015)要求。对比三跨桥梁跨中竖向加速度可知,第一跨跨中最大竖向加速度值最大。

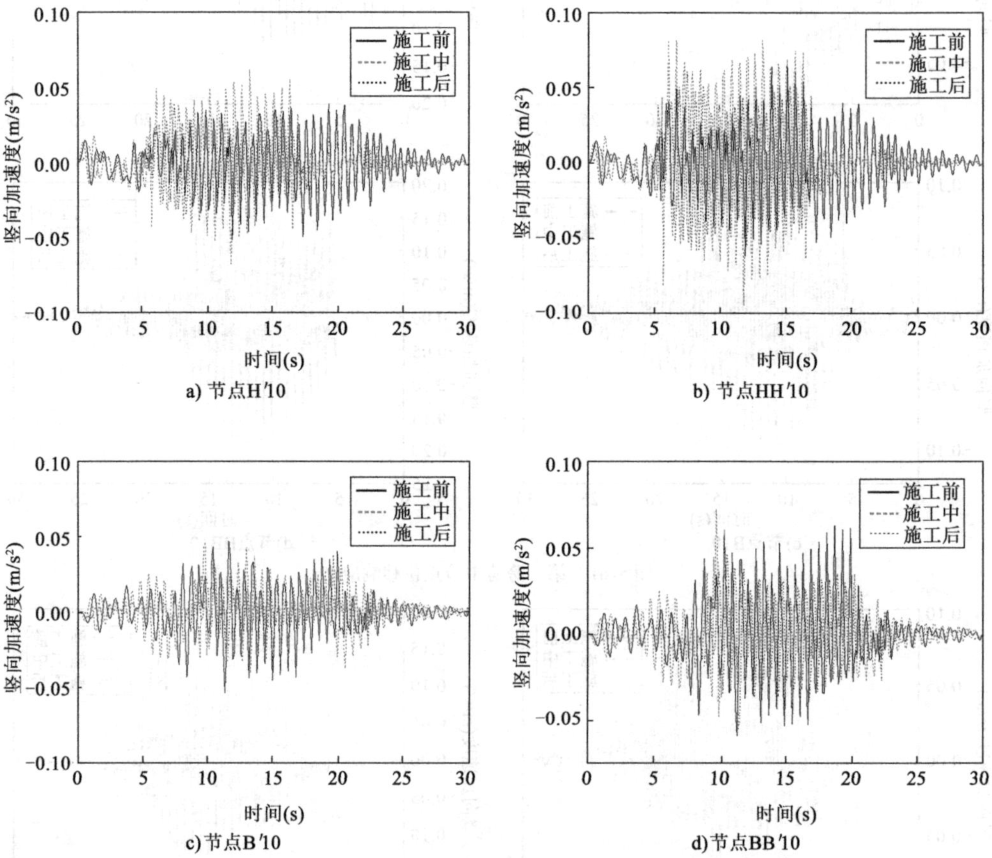

图 5-63 第三跨跨中节点位移响应

四、应力时程分析

根据车桥耦合振动计算,导出 ANSYS 中节点应力时程,即可分析桁架动力响应。本节分别提取主桁架、加劲弦、纵向联结系、铁路纵横梁的关键节点应力,绘制应力时程曲线,同时,使用雨流计数法,计算时程曲线中所有不同应力幅的作用次数,绘制应力幅与其作用频次的直方图。

1. 主桁架节点

将主桁架沿中跨中心分为浦口方向桁架与鼓楼方向桁架两部分,主桁架关键节点选取见图 5-64、图 5-65。导出关键节点对应的杆件应力时程,绘制应力时程曲线与应力幅直方图(图 5-66 ~ 图 5-93)。注意,主桁架杆件以受轴向拉压作用为主,图中绘制的应力为轴向应力。

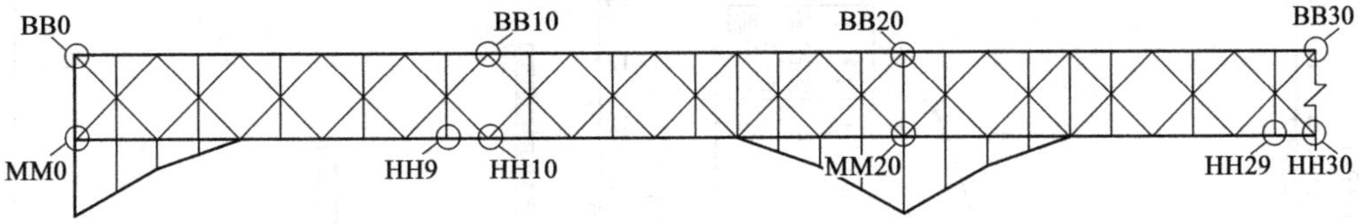

图 5-64　浦口方向主桁架关键节点

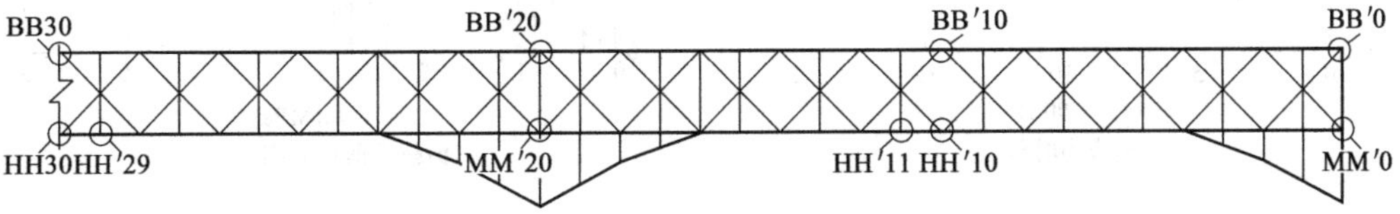

图 5-65　鼓楼方向主桁架关键节点

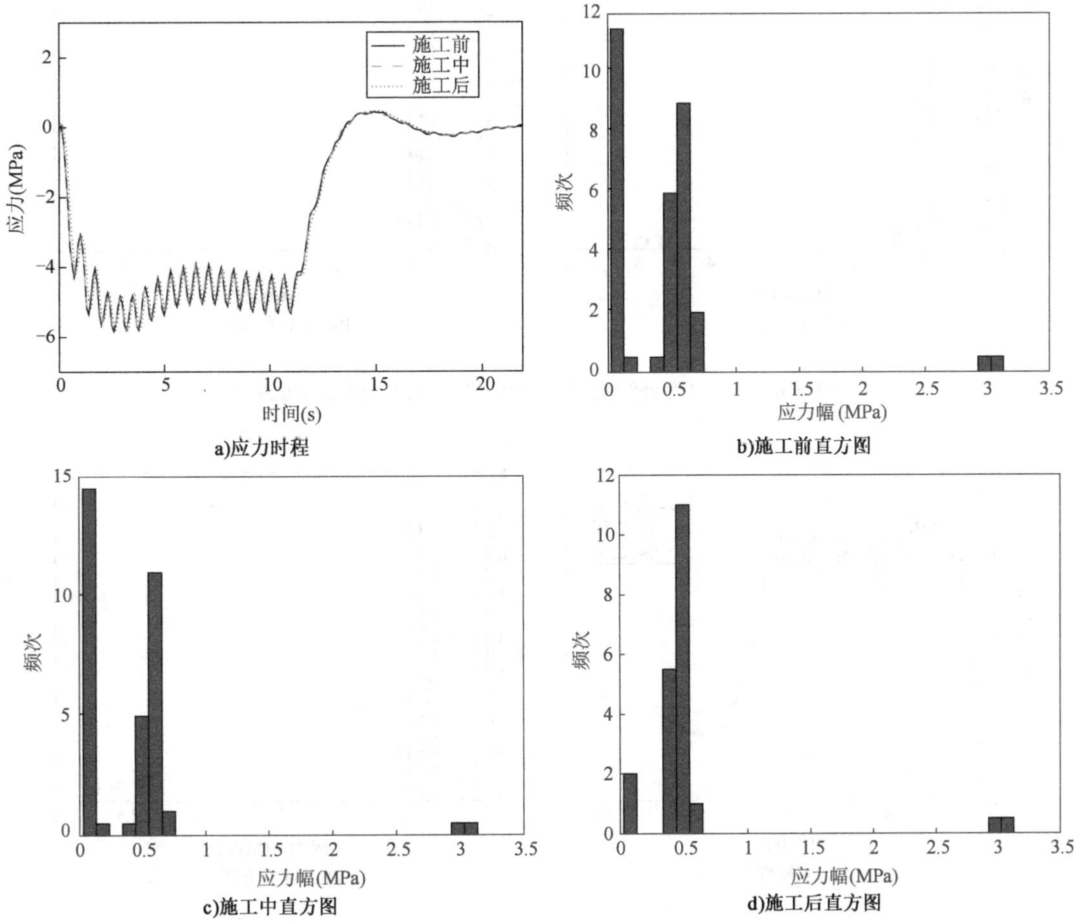

a)应力时程　b)施工前直方图　c)施工中直方图　d)施工后直方图

图 5-66　支座 1 号处竖杆节点 MM0 应力时程与应力幅直方图

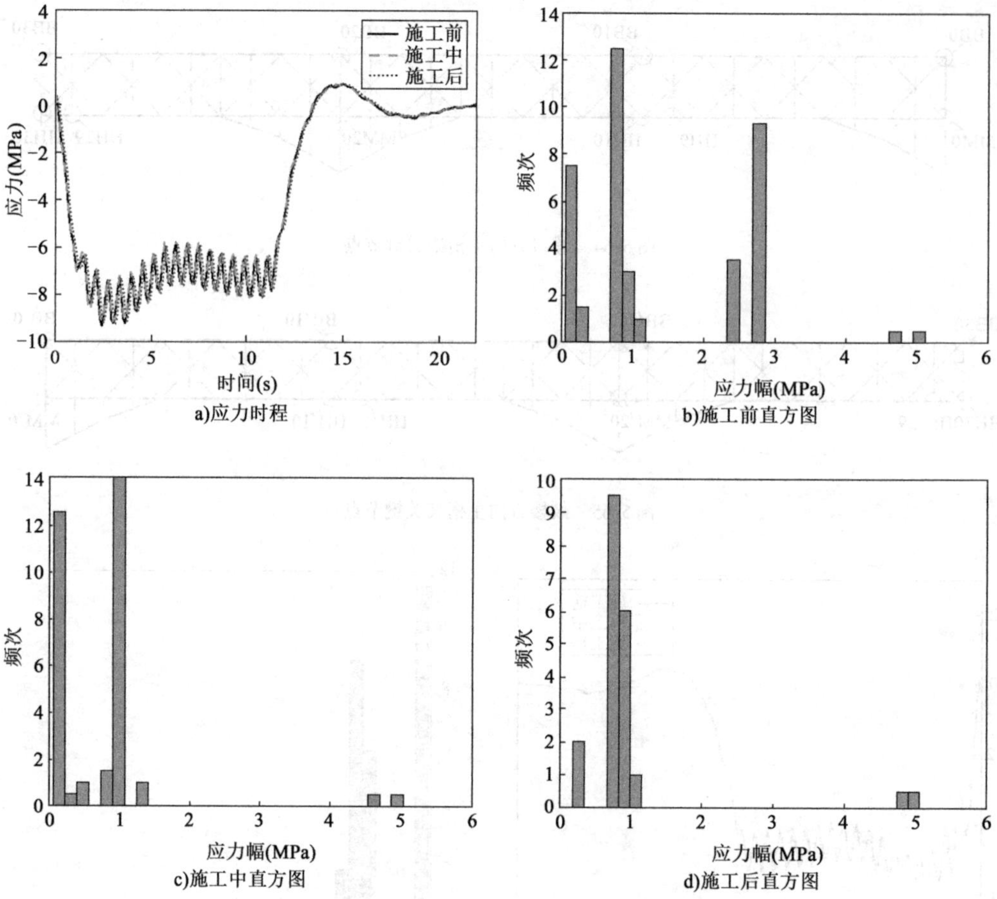

图 5-67　支座 1 号处斜腹杆节点 MM0 应力时程与应力幅直方图

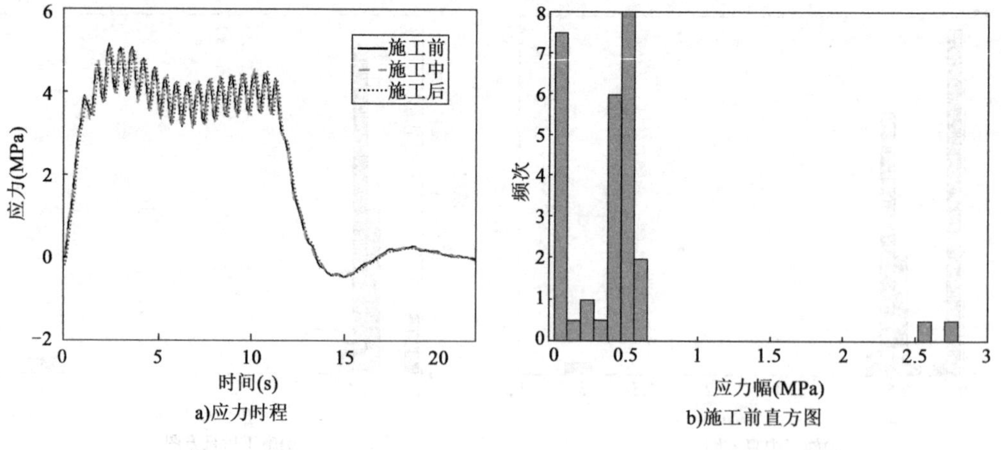

图　5-68

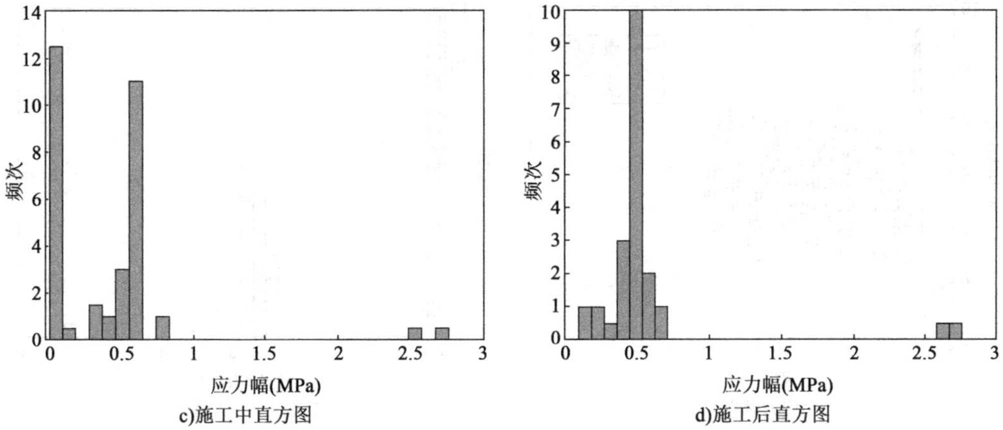

图 5-68　支座 1 号处下弦杆节点 MM0 应力时程与应力幅直方图

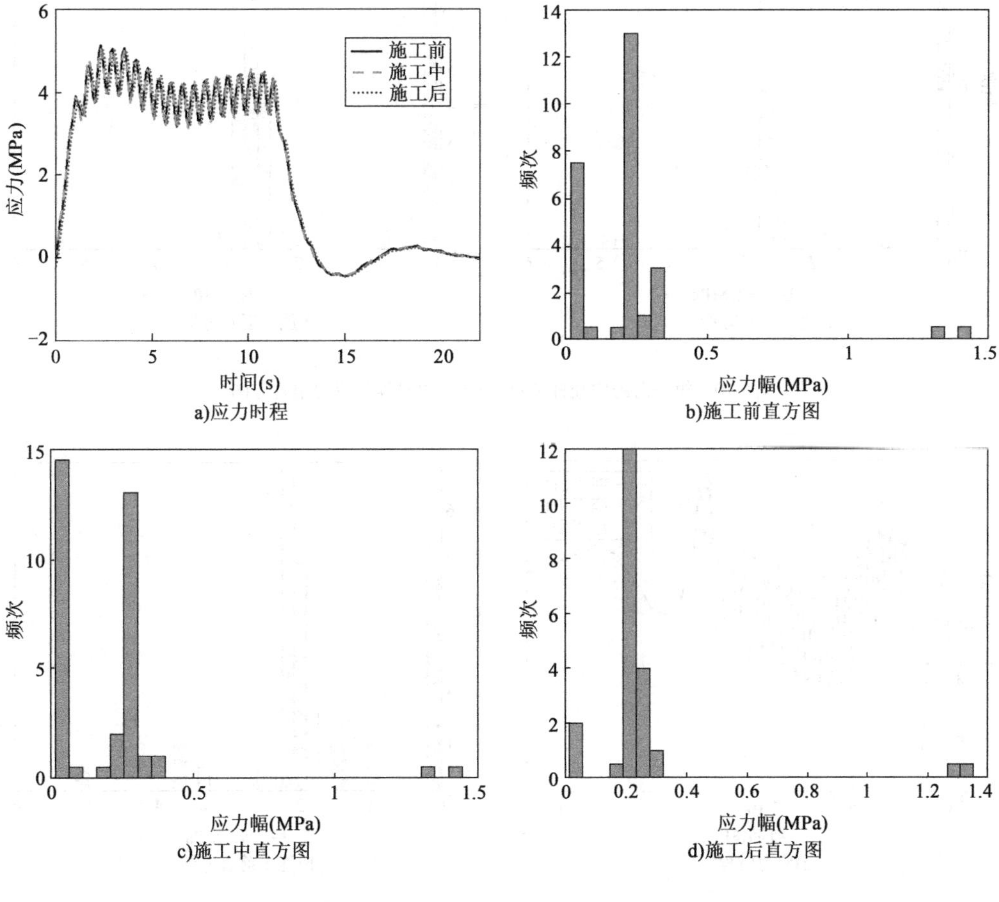

图 5-69　支座 1 号处上弦杆节点 BB0 应力时程与应力幅直方图

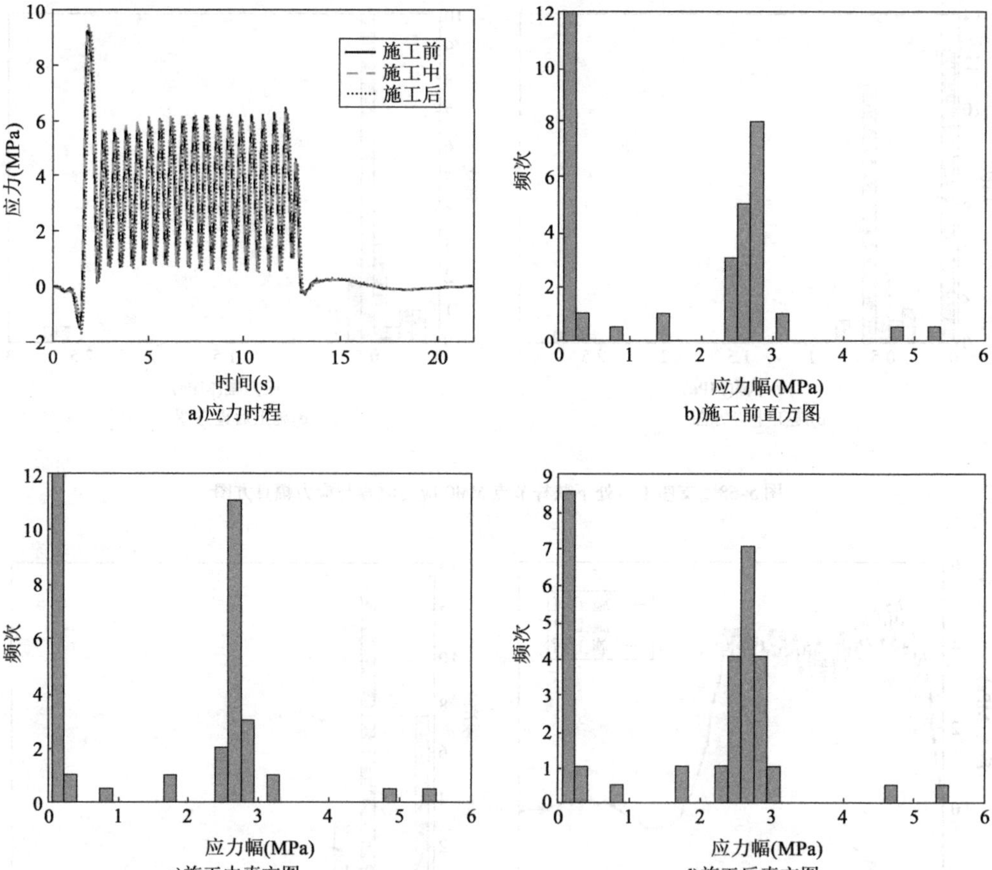

a)应力时程　b)施工前直方图

c)施工中直方图　d)施工后直方图

图 5-70　第一跨跨中竖杆节点 HH9 应力时程与应力幅直方图

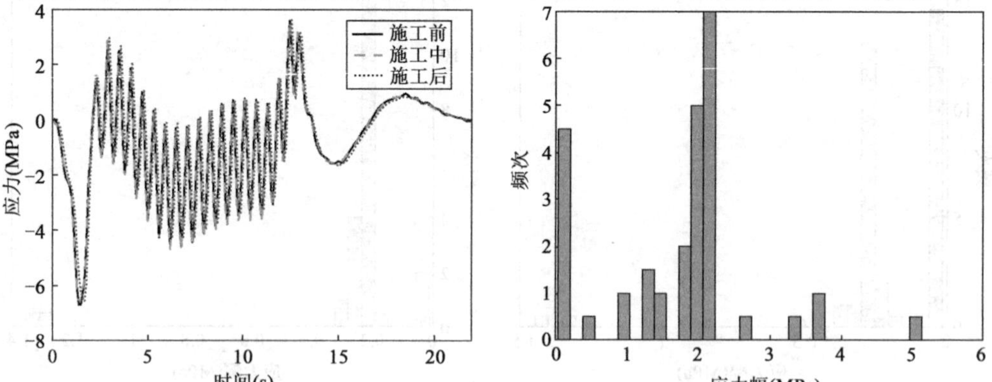

a)应力时程　b)施工前直方图

图　5-71

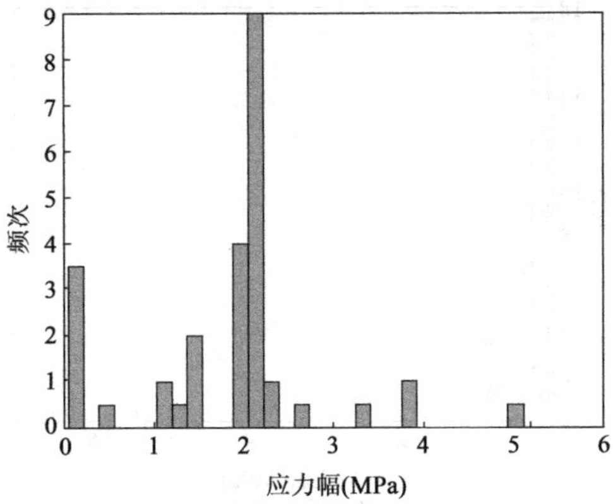

c)施工中直方图

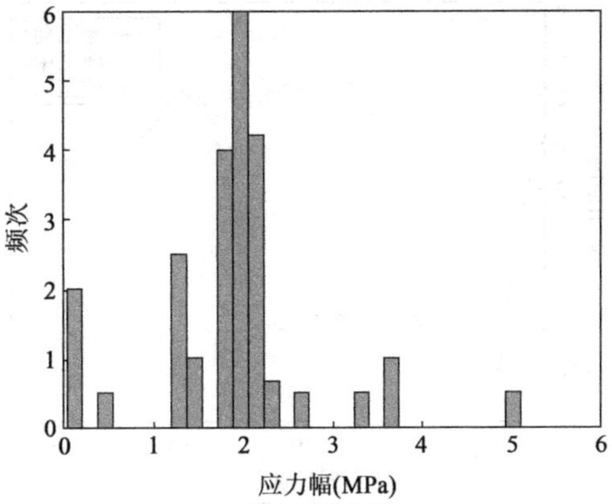

d)施工后直方图

图 5-71　第一跨跨中斜腹杆节点 HH10 应力时程与应力幅直方图

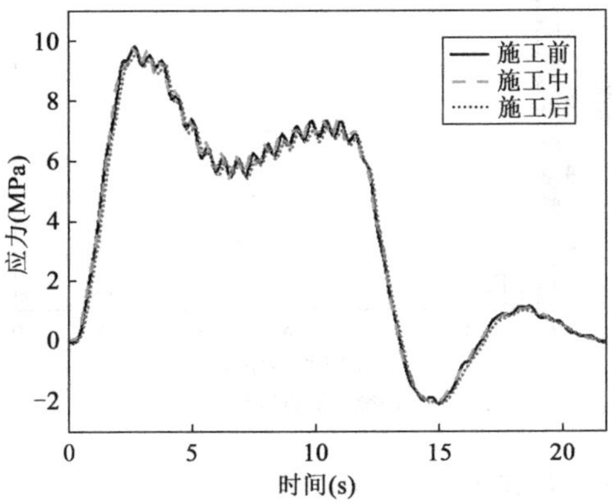

a)应力时程

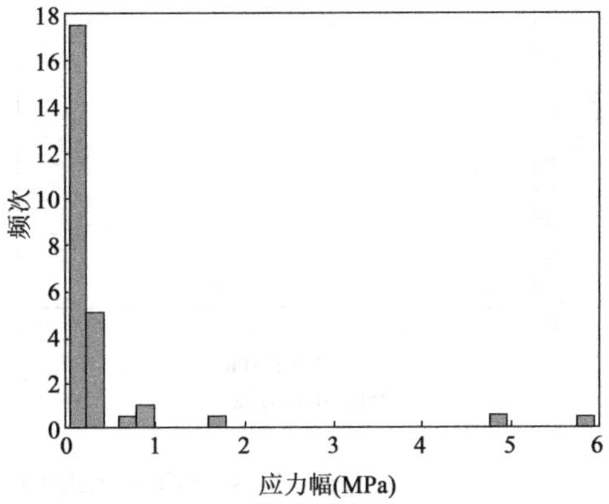

b)施工前直方图

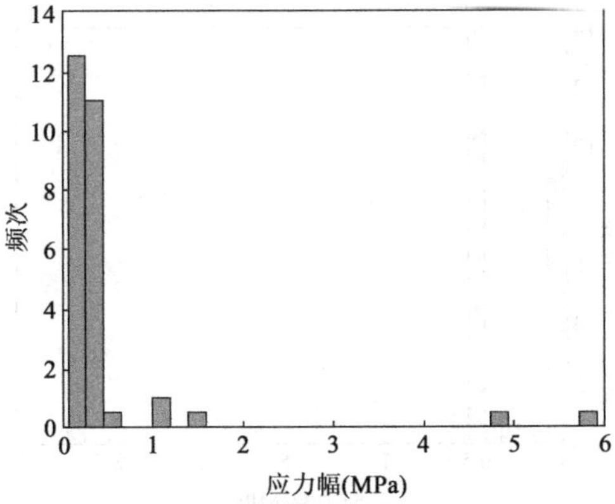

c)施工中直方图

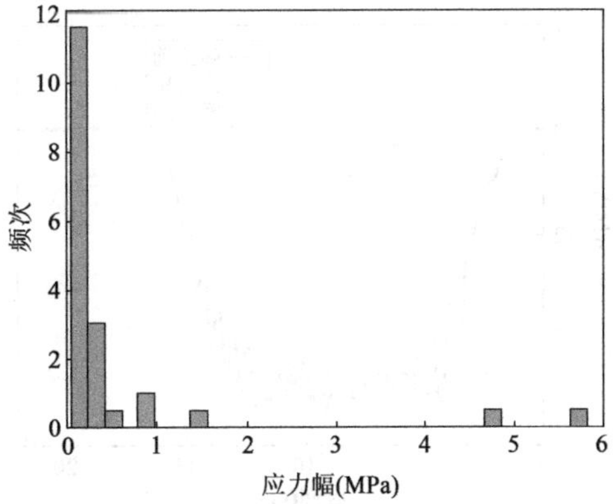

d)施工后直方图

图 5-72　第一跨跨中下弦杆节点 HH10 应力时程与应力幅直方图

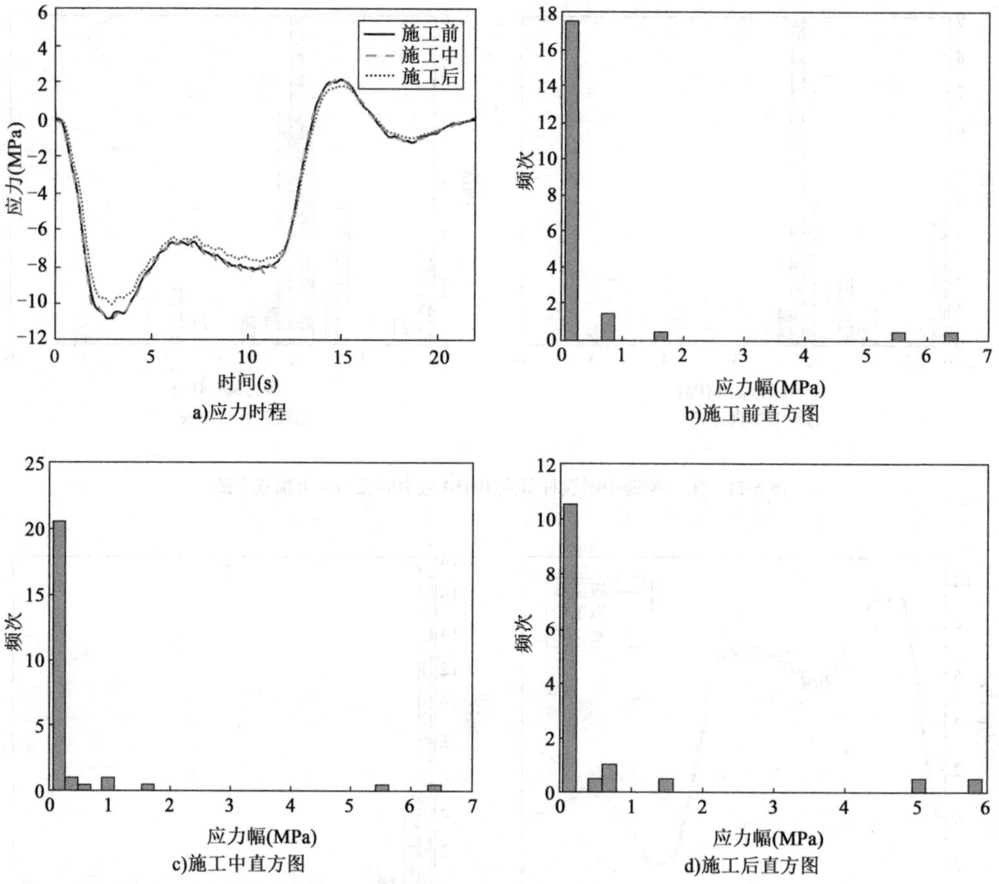

a)应力时程　b)施工前直方图　c)施工中直方图　d)施工后直方图

图 5-73　第一跨跨中上弦杆节点 BB10 应力时程与应力幅直方图

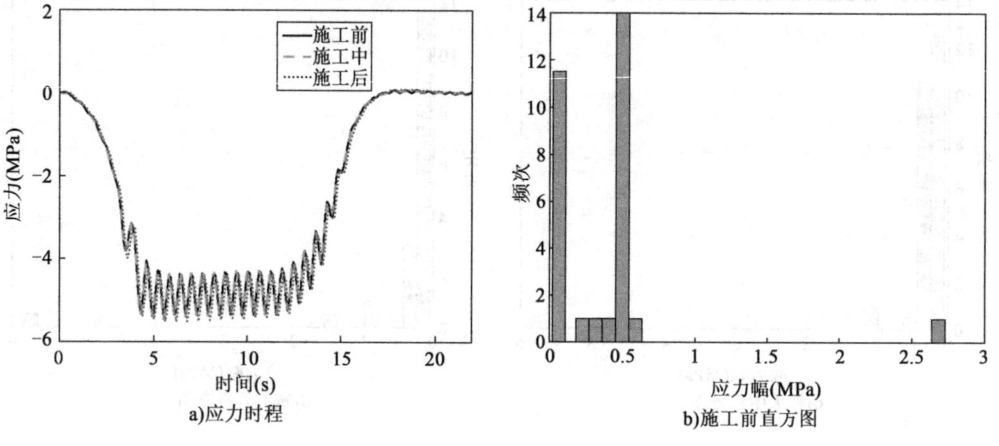

a)应力时程　b)施工前直方图

图　5-74

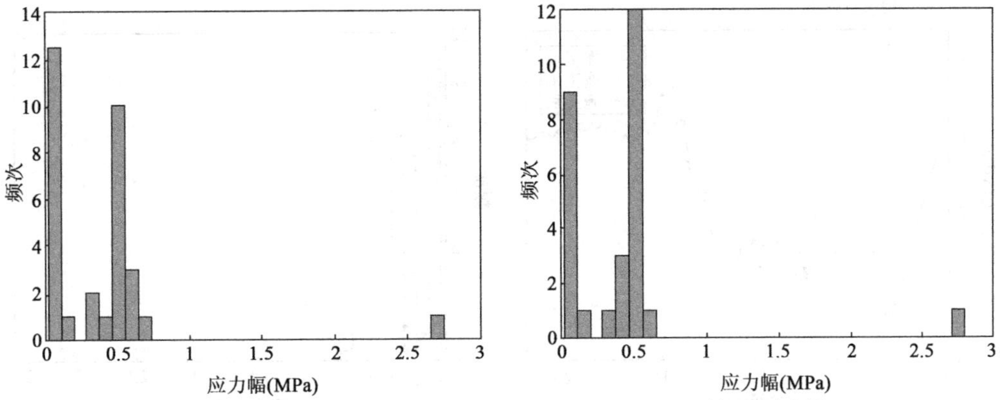

c)施工中直方图　　d)施工后直方图

图 5-74　支座 2 号处竖杆节点 MM20 应力时程与应力幅直方图

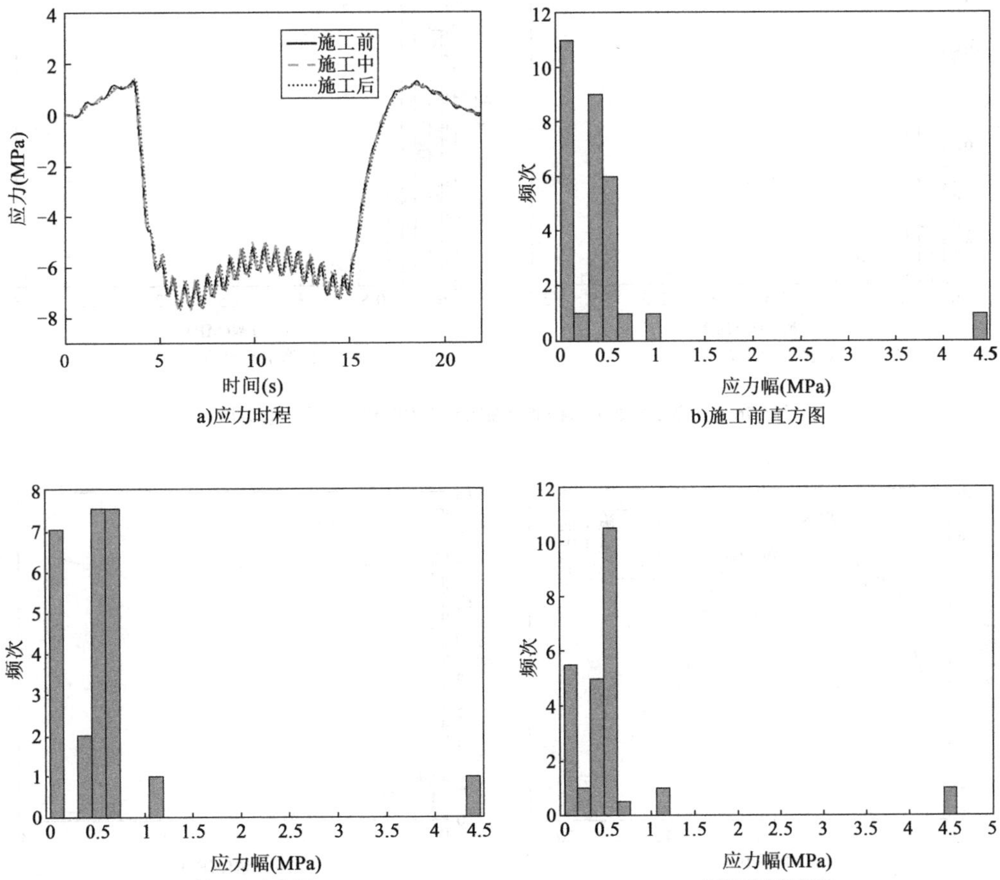

c)施工中直方图　　d)施工后直方图

图 5-75　支座 2 号处斜腹杆节点 MM20 应力时程与应力幅直方图

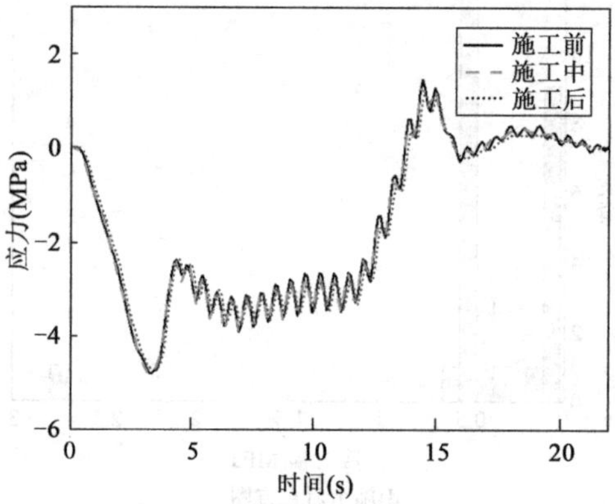

a)应力时程

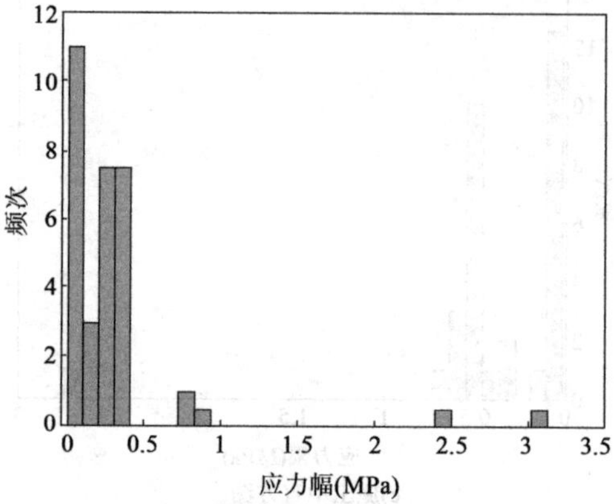

b)施工前直方图

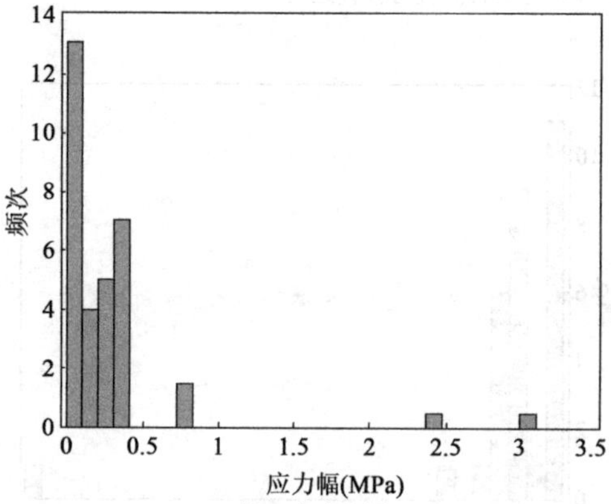

c)施工中直方图

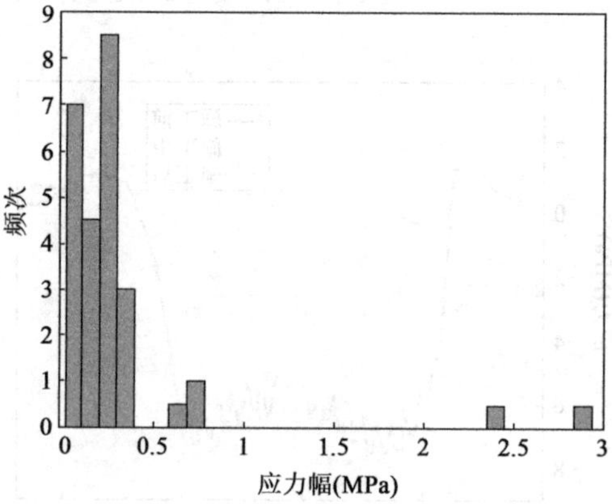

d)施工后直方图

图 5-76　支座 2 号处下弦杆节点 MM20 应力时程与应力幅直方图

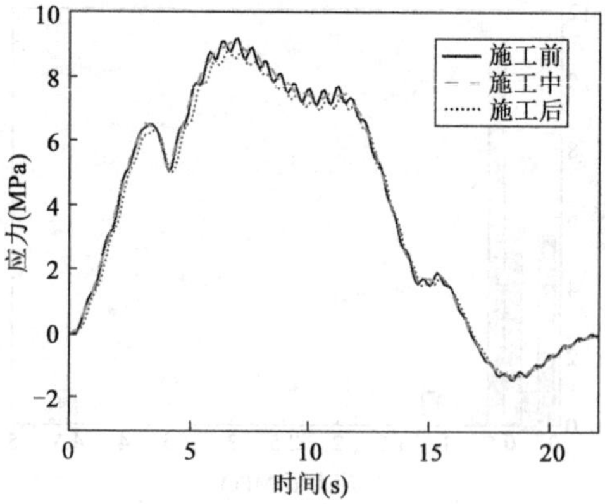

a)应力时程

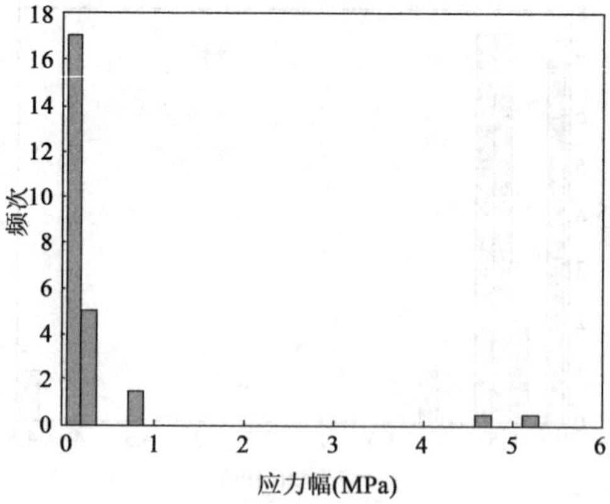

b)施工前直方图

图　5-77

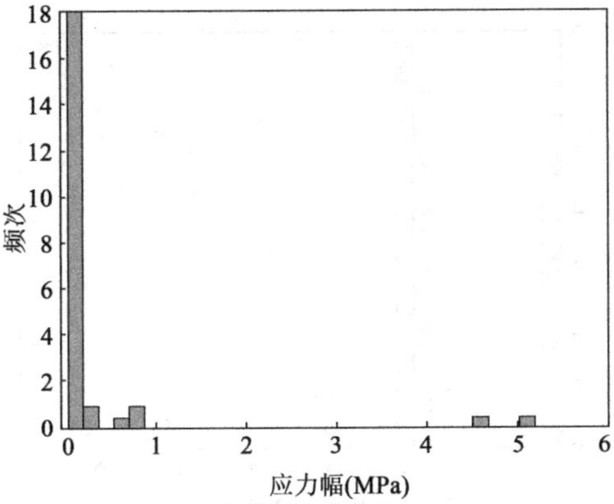

c)施工中直方图

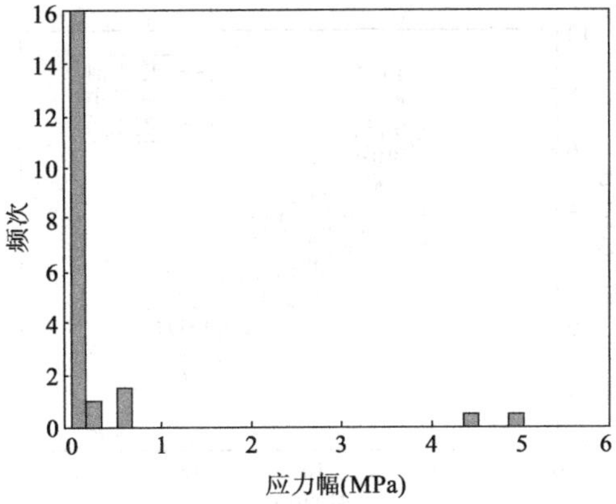

d)施工后直方图

图 5-77 支座 2 号处上弦杆节点 BB20 应力时程与应力幅直方图

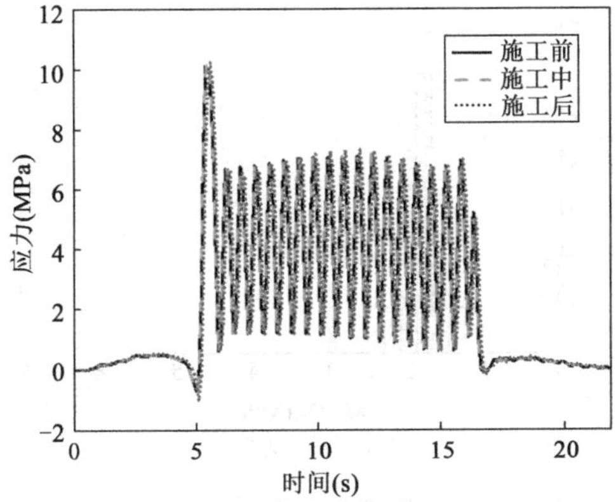

a)应力时程

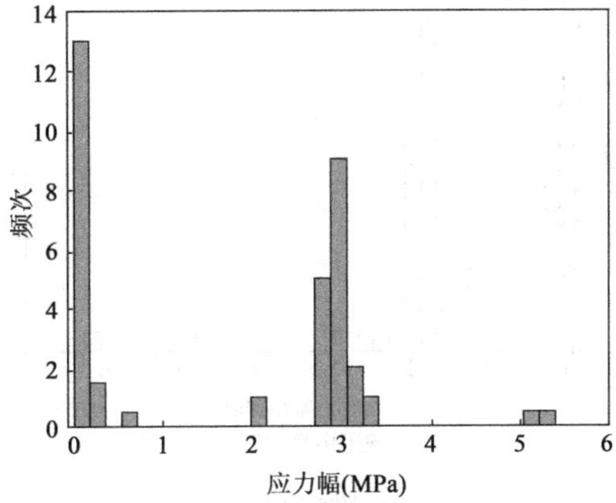

b)施工前直方图

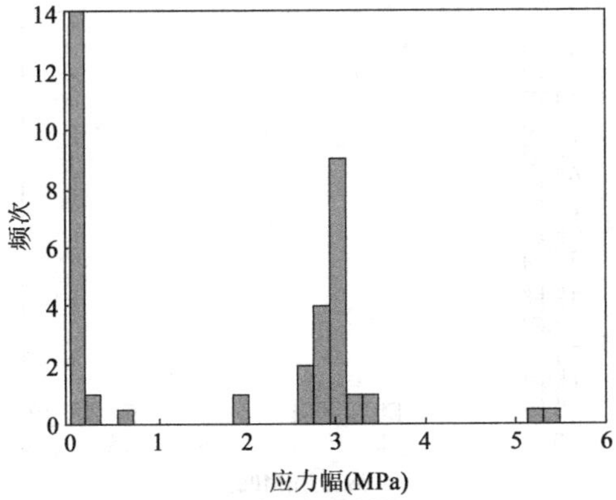

c)施工中直方图

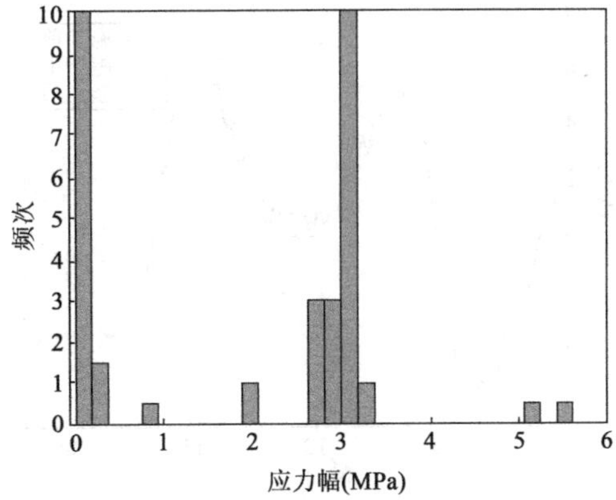

d)施工后直方图

图 5-78 第二跨跨中竖杆节点 HH29 应力时程与应力幅直方图

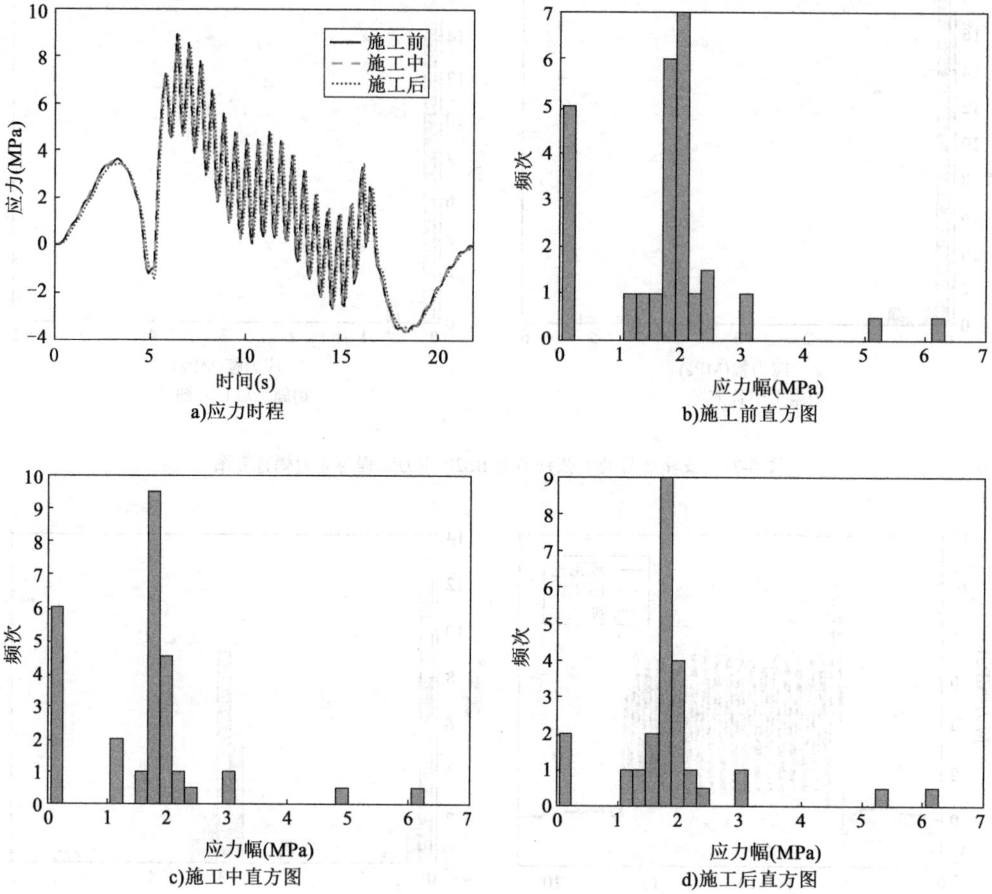

图 5-79　第二跨跨中斜腹杆节点 HH30 应力时程与应力幅直方图

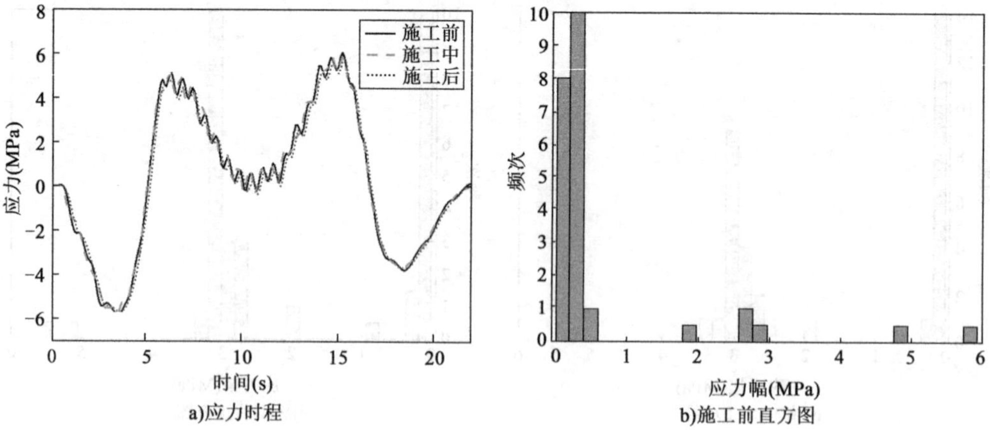

图　5-80

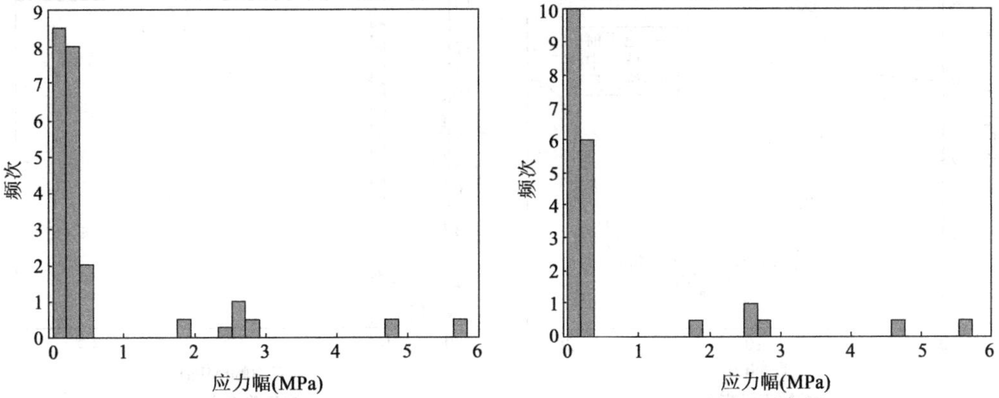

c)施工中直方图　　d)施工后直方图

图 5-80　第二跨跨中下弦杆节点 HH30 应力时程与应力幅直方图

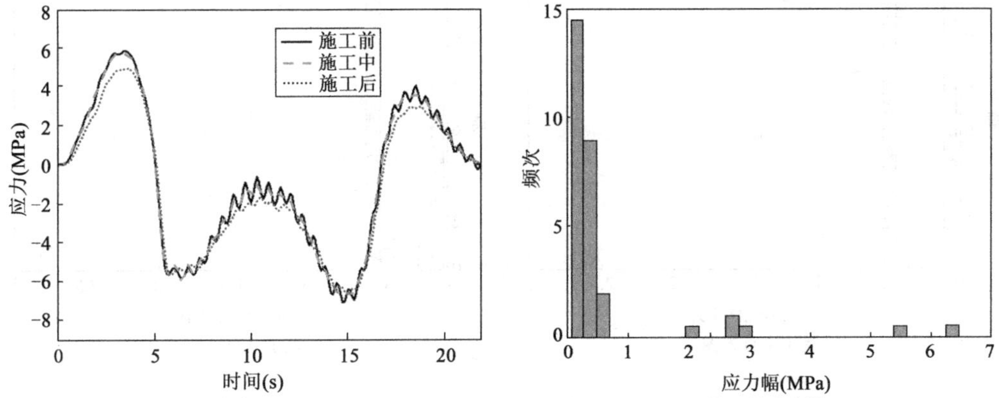

a)应力时程　　b)施工前直方图

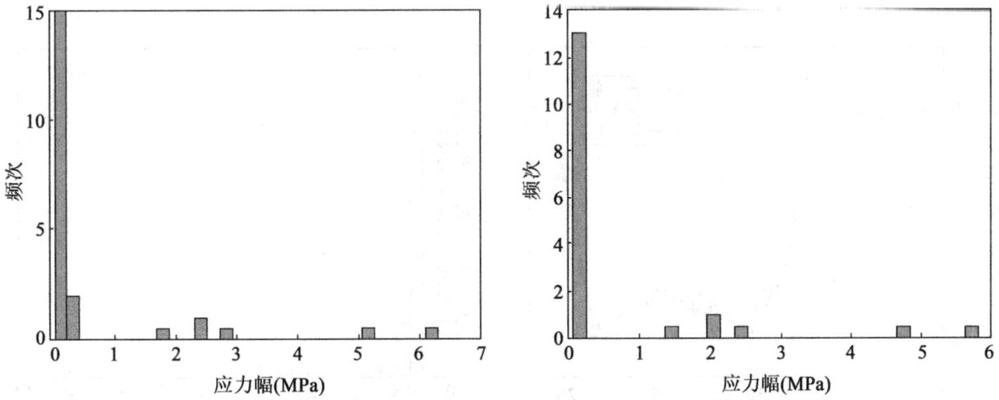

c)施工中直方图　　d)施工后直方图

图 5-81　第二跨跨中上弦杆节点 BB30 应力时程与应力幅直方图

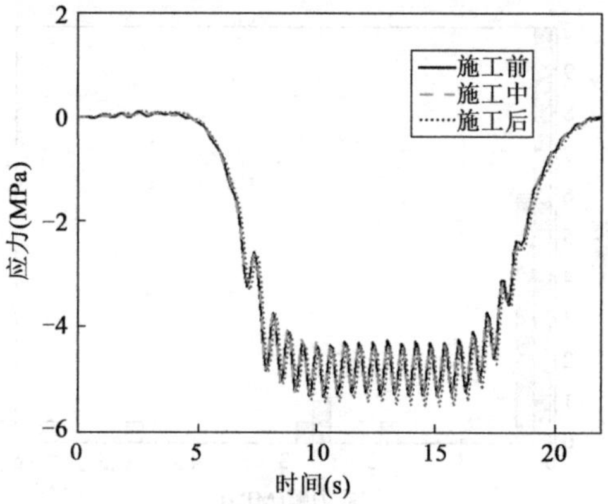

a)应力时程

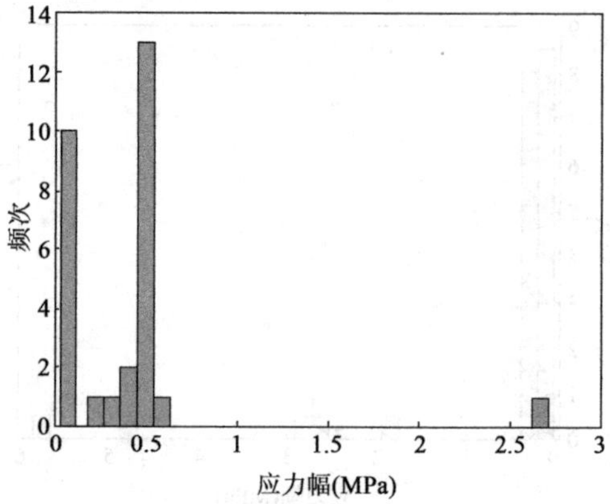

b)施工前直方图

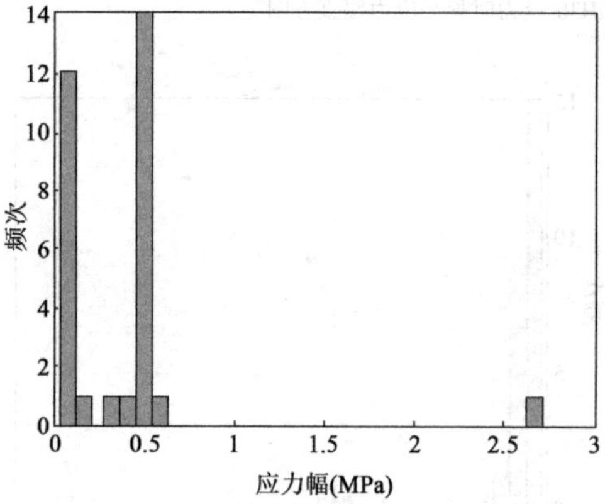

c)施工中直方图

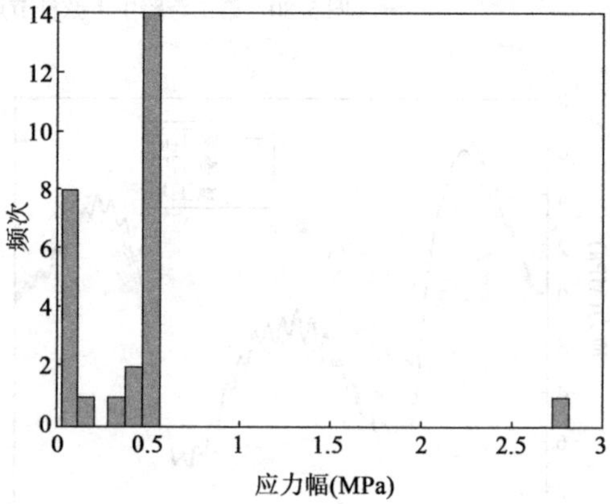

d)施工后直方图

图 5-82　支座 3 号处竖杆节点 MM20′应力时程与应力幅直方图

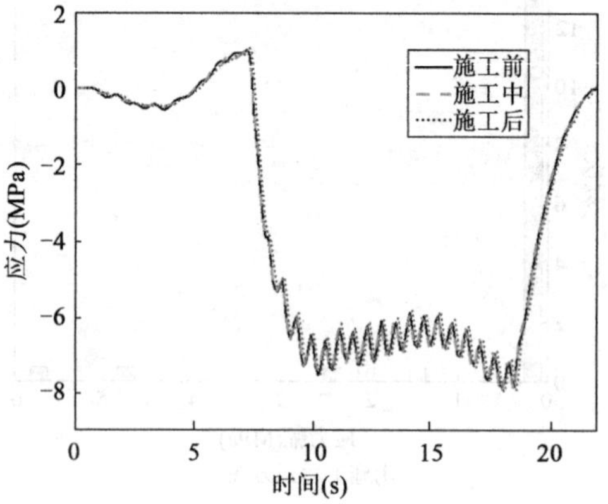

a)应力时程

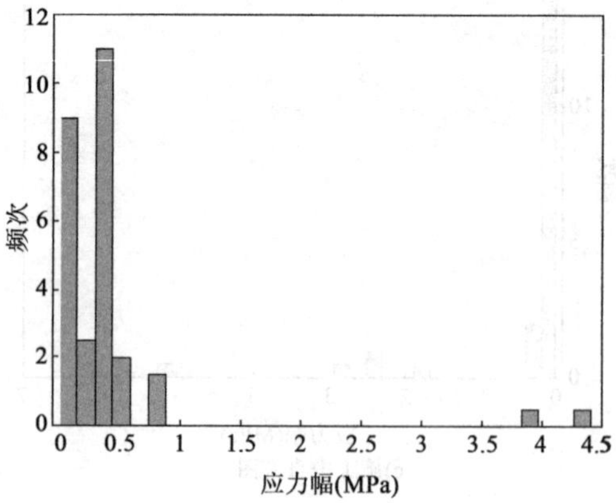

b)施工前直方图

图　5-83

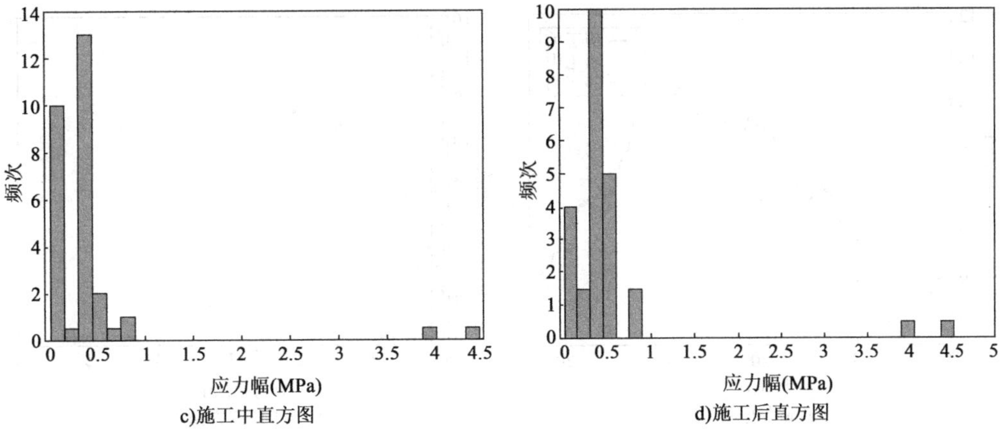

图 5-83　支座 3 号处斜腹杆节点 MM20′应力时程与应力幅直方图

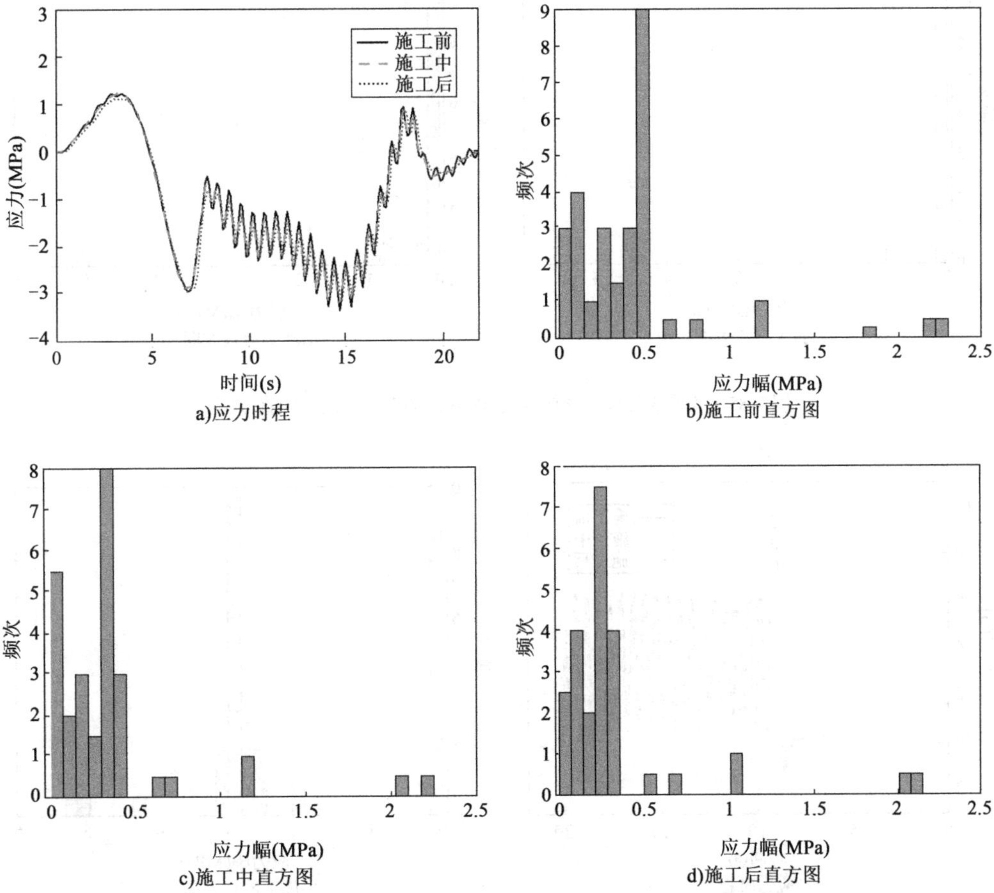

图 5-84　支座 3 号处下弦杆节点 MM20′应力时程与应力幅直方图

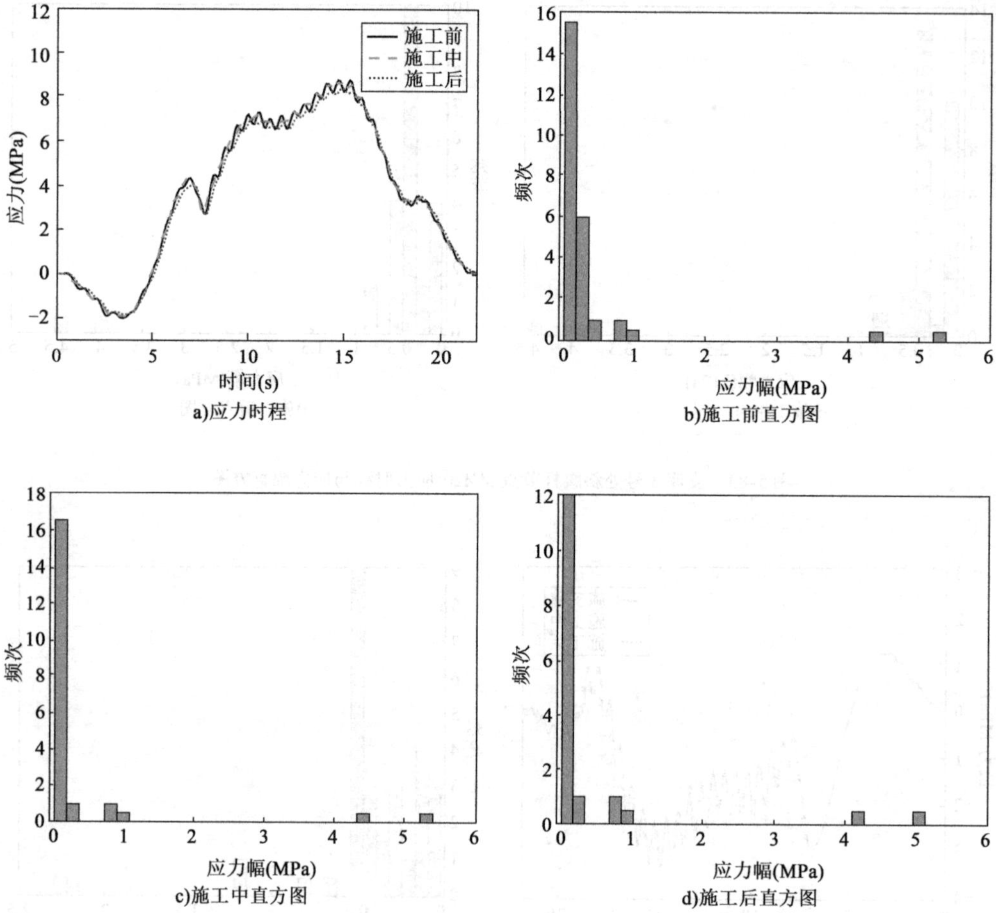

a)应力时程　b)施工前直方图

c)施工中直方图　d)施工后直方图

图 5-85　支座 3 号处上弦杆节点 BB20′应力时程与应力幅直方图

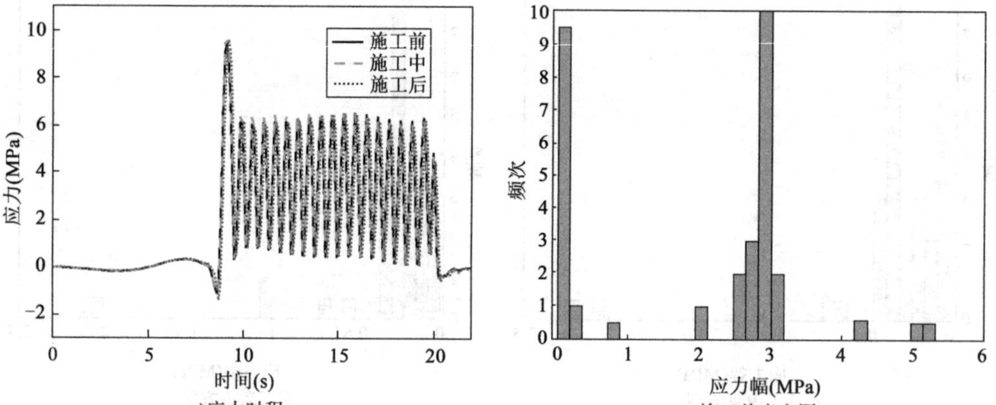

a)应力时程　b)施工前直方图

图　5-86

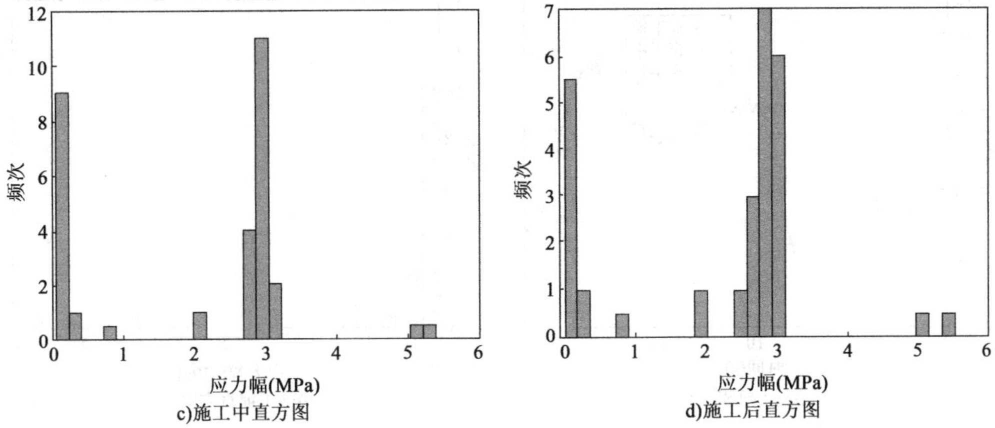

图 5-86　第三跨跨中竖杆节点 HH11′应力时程与应力幅直方图

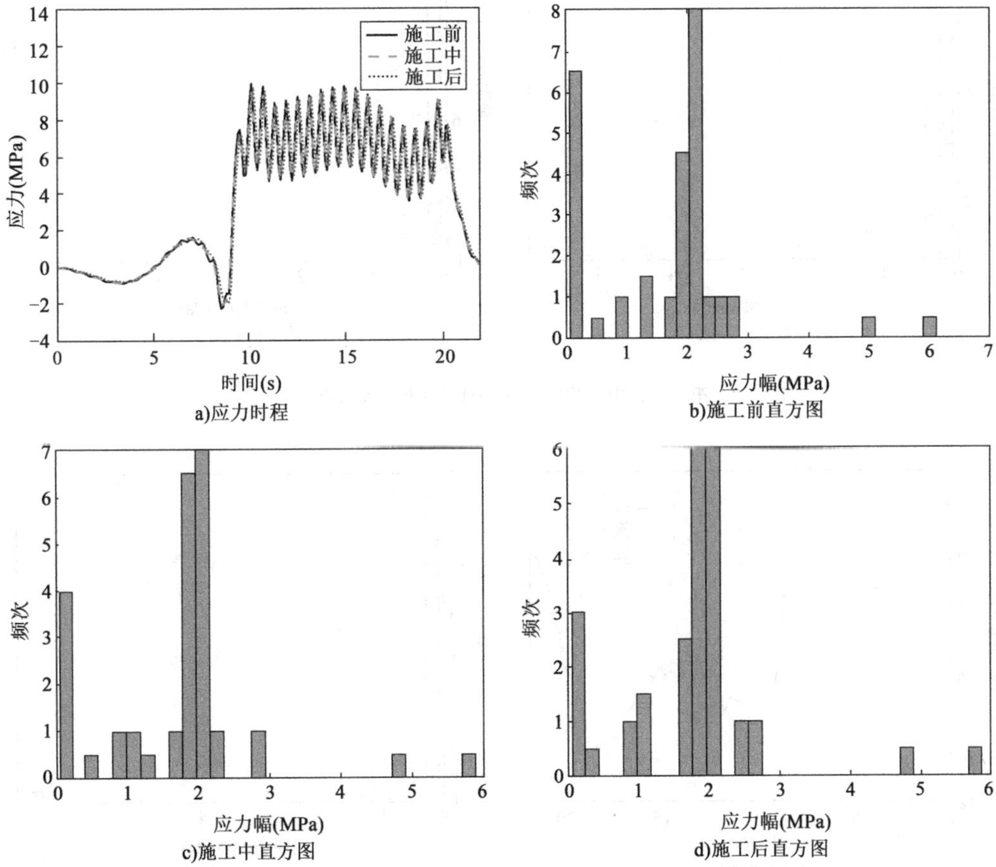

图 5-87　第三跨跨中斜腹杆节点 HH10′应力时程与应力幅直方图

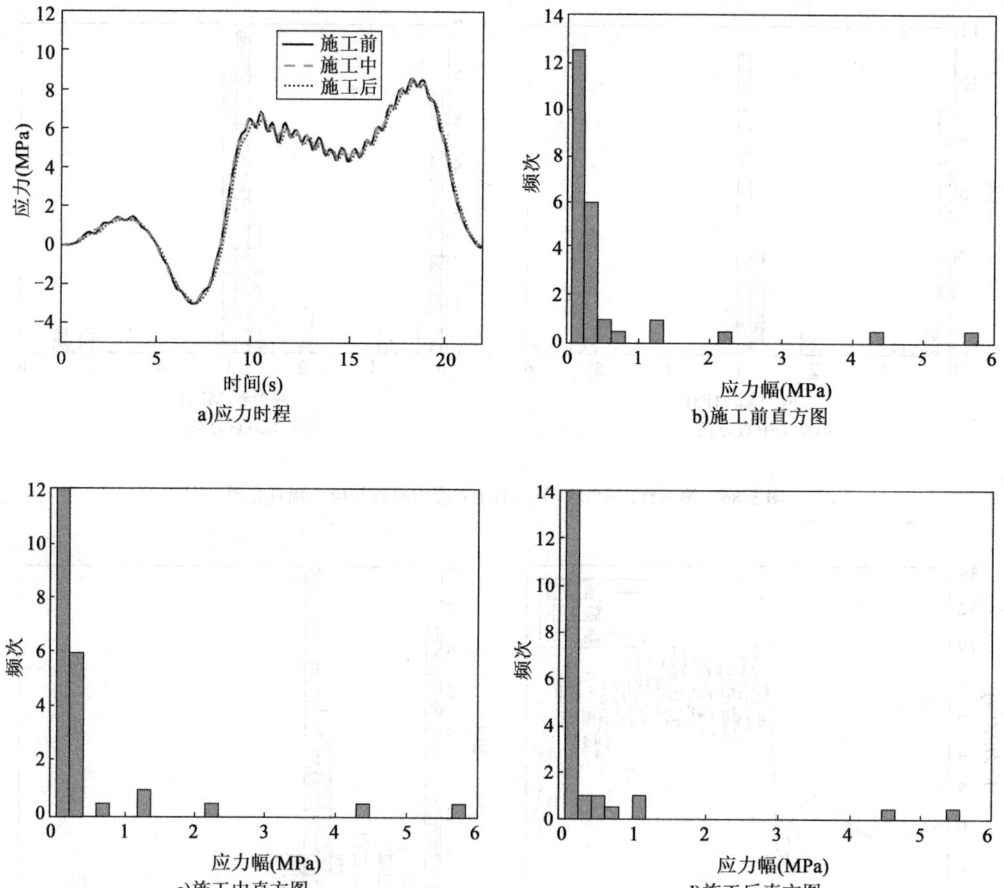

a)应力时程　b)施工前直方图　c)施工中直方图　d)施工后直方图

图 5-88　第三跨跨中下弦杆节点 HH10′应力时程与应力幅直方图

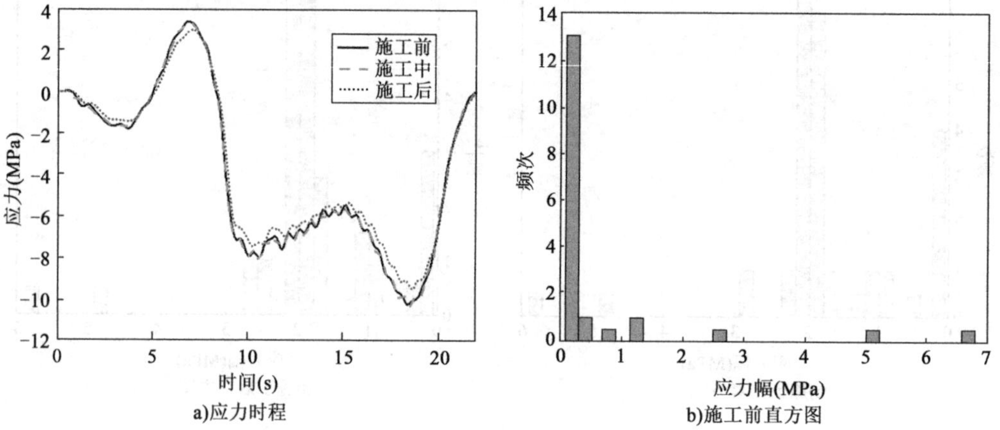

a)应力时程　b)施工前直方图

图　5-89

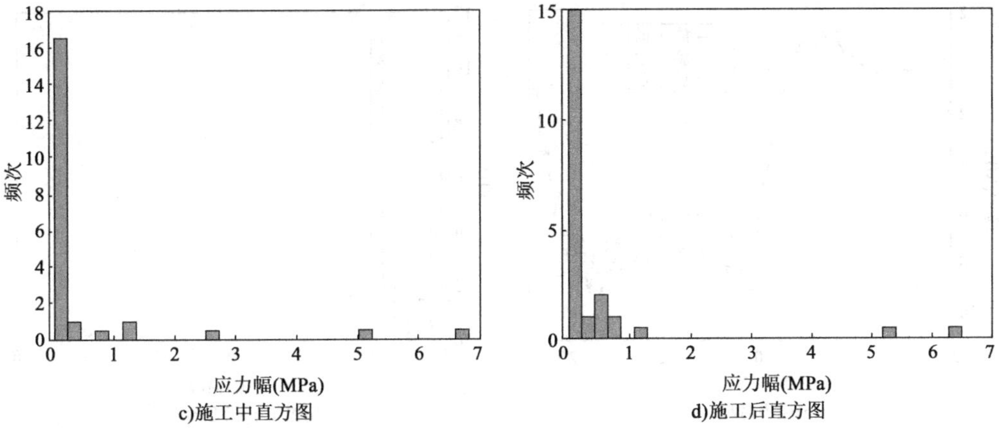

图 5-89　第三跨跨中上弦杆节点 BB10′应力时程与应力幅直方图

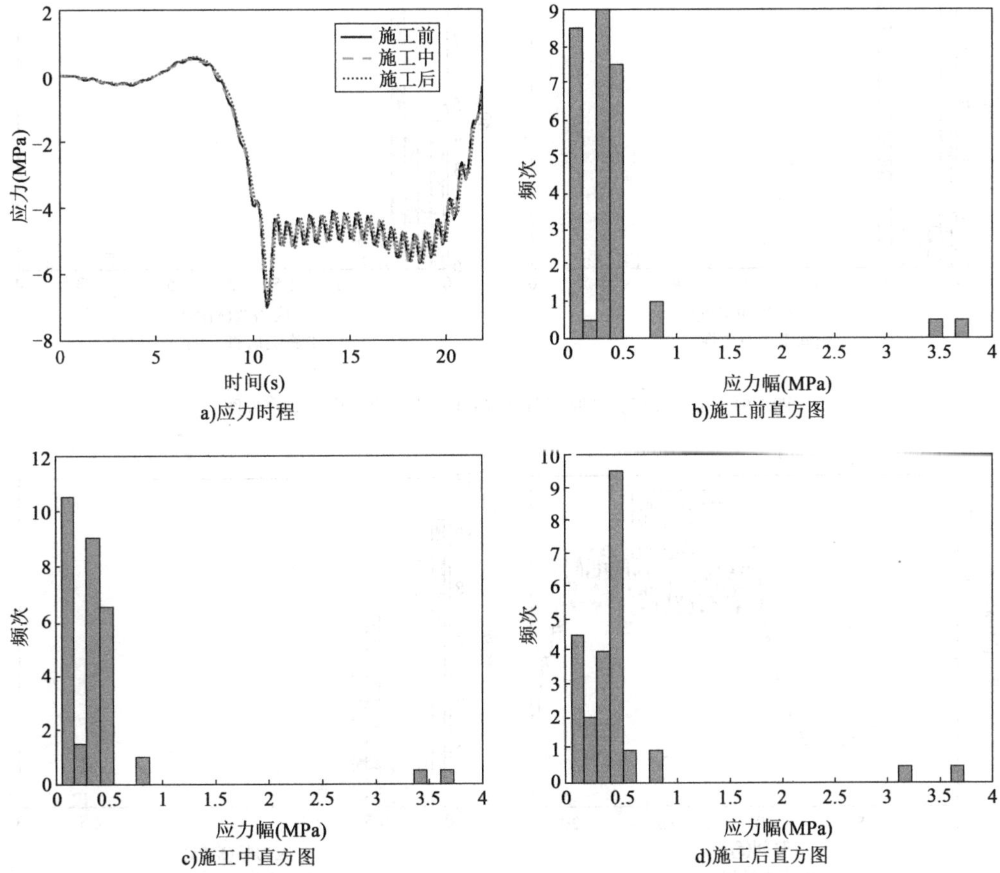

图 5-90　支座 4 号处竖杆节点 MM0′应力时程与应力幅直方图

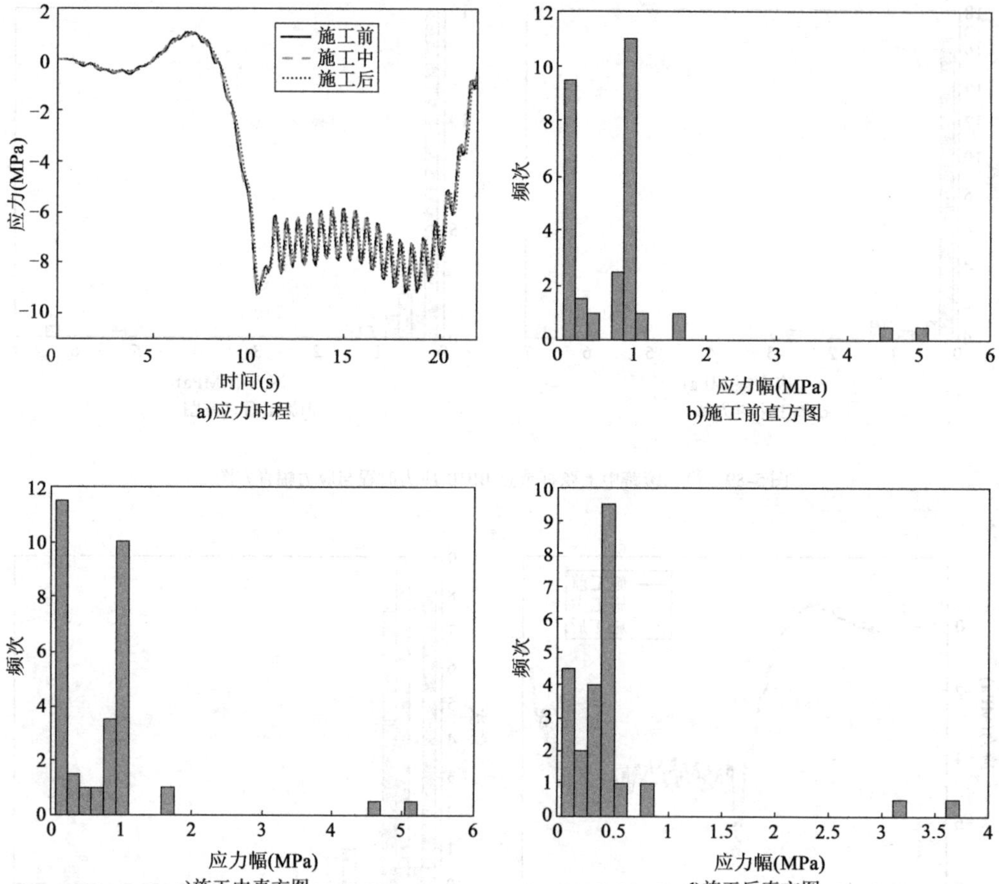

a)应力时程　b)施工前直方图

c)施工中直方图　d)施工后直方图

图 5-91　支座 4 号处斜腹杆节点 MM0′应力时程与应力幅直方图

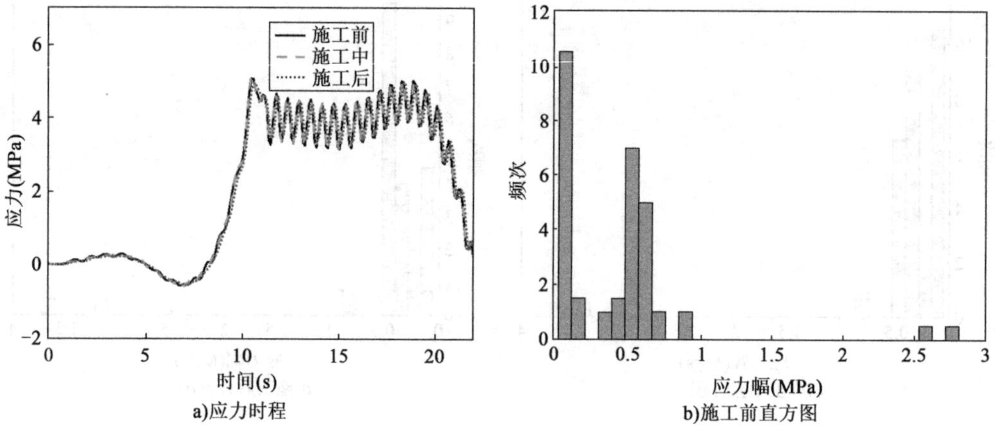

a)应力时程　b)施工前直方图

图　5-92

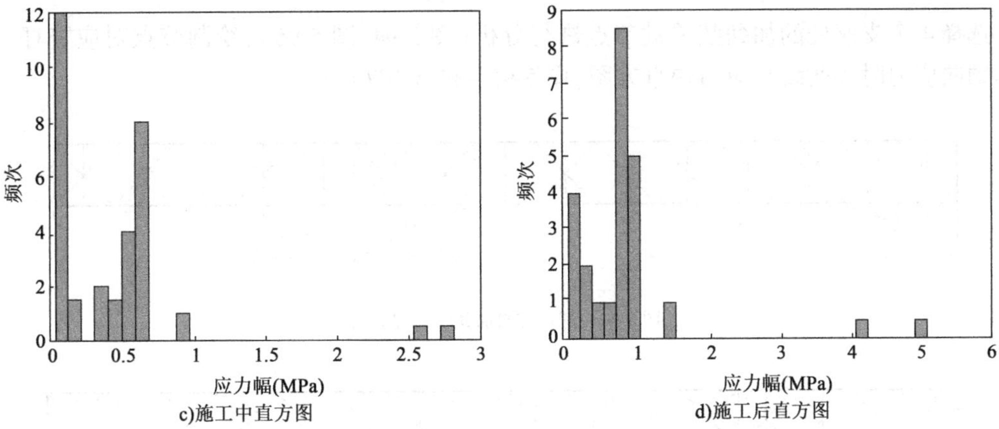

图 5-92　支座 4 号处下弦杆节点 MM0′应力时程与应力幅直方图

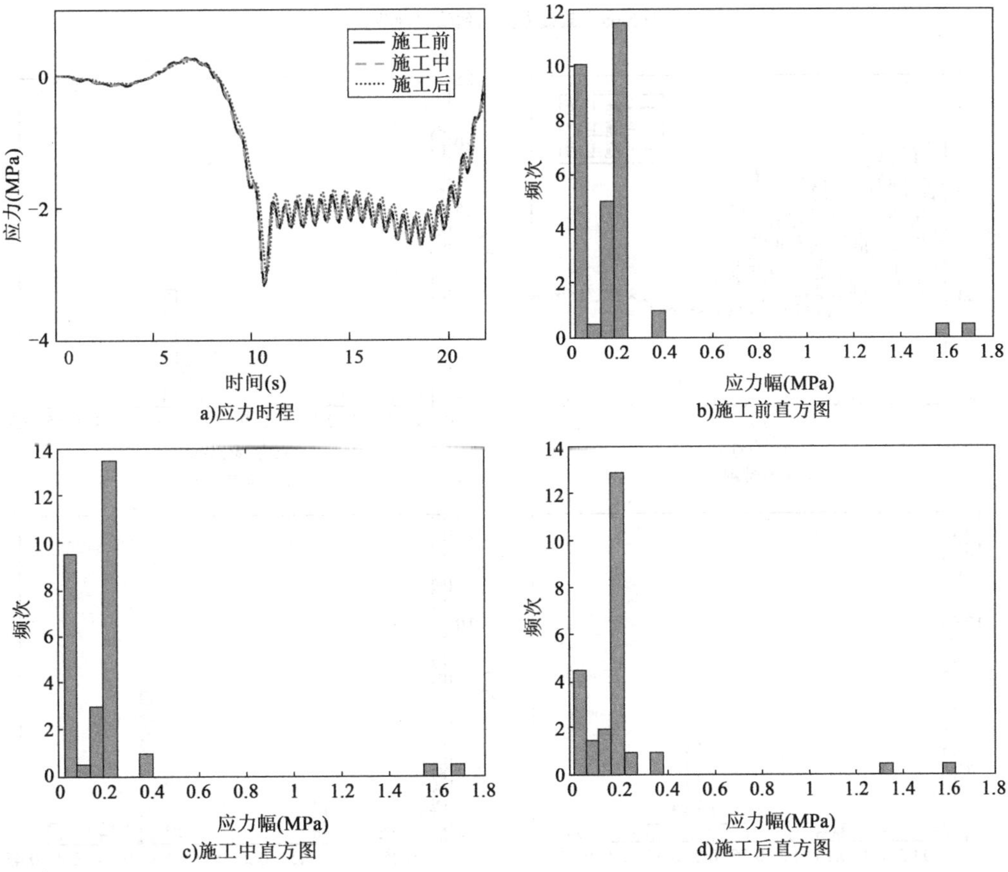

图 5-93　支座 4 号处上弦杆节点 BB0′应力时程与应力幅直方图

2. 加劲弦节点

选择 4 个支座处的加劲弦关键节点进行分析(图 5-94、图 5-95),绘制节点对应竖杆与斜杆的轴向应力时程曲线与应力幅直方图(图 5-96 ~ 图 5-107)。

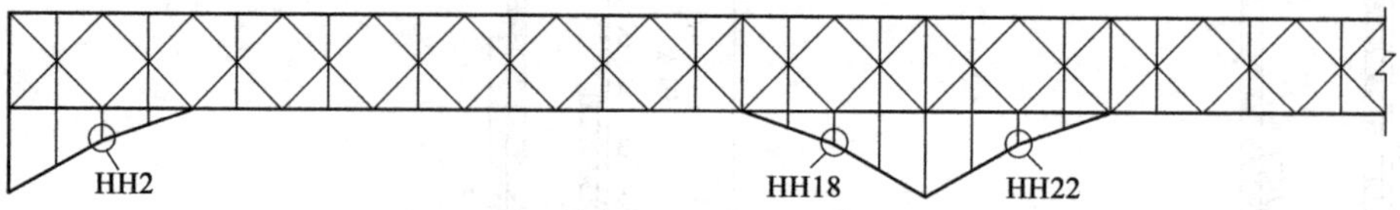

图 5-94　浦口方向加劲弦关键节点

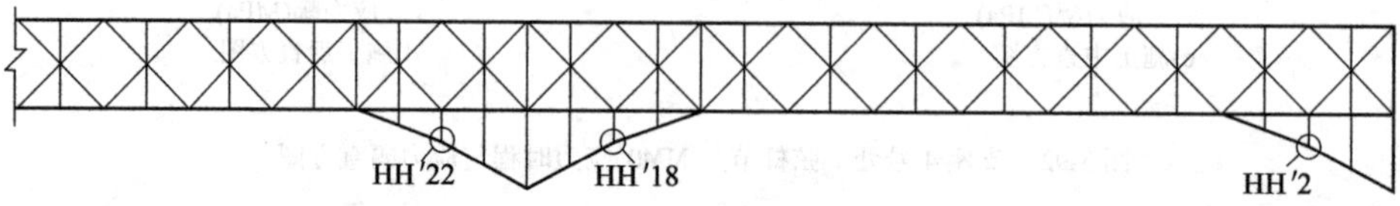

图 5-95　鼓楼方向加劲弦关键节点

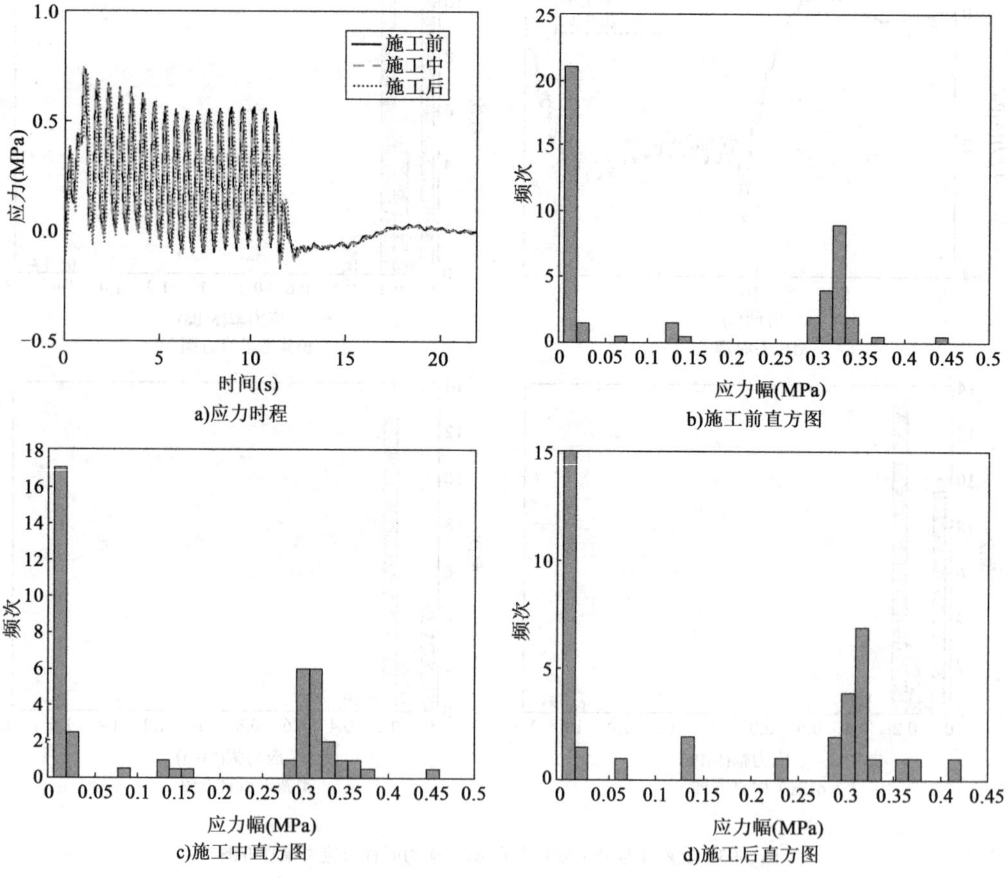

图 5-96　支座 1 号处加劲弦竖杆节点 HH2 应力时程与应力幅直方图

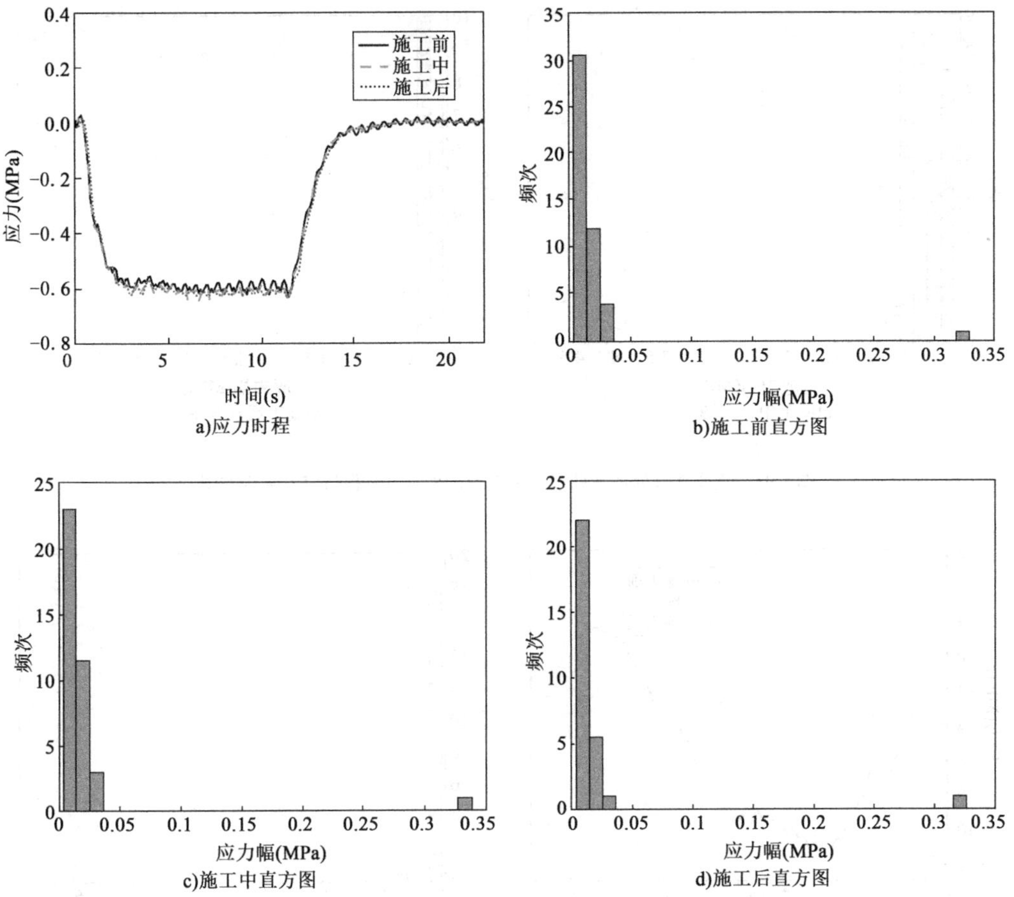

图 5-97　支座 1 号处加劲弦斜杆节点 HH2 应力时程与应力幅直方图

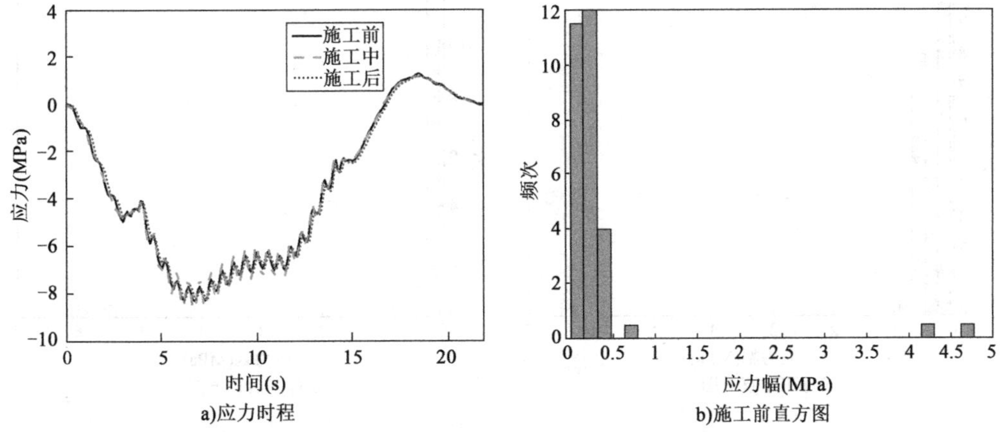

图　5-98

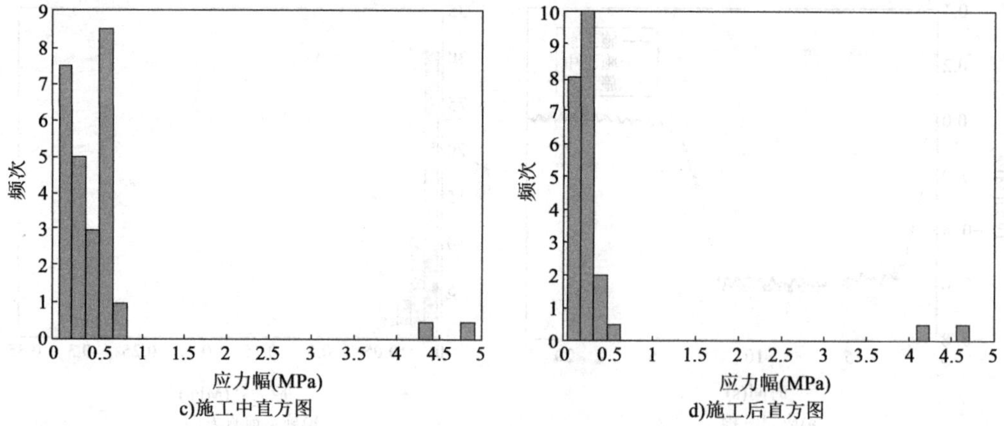

图 5-98　支座 2 号处加劲弦竖杆节点 HH18 应力时程与应力幅直方图

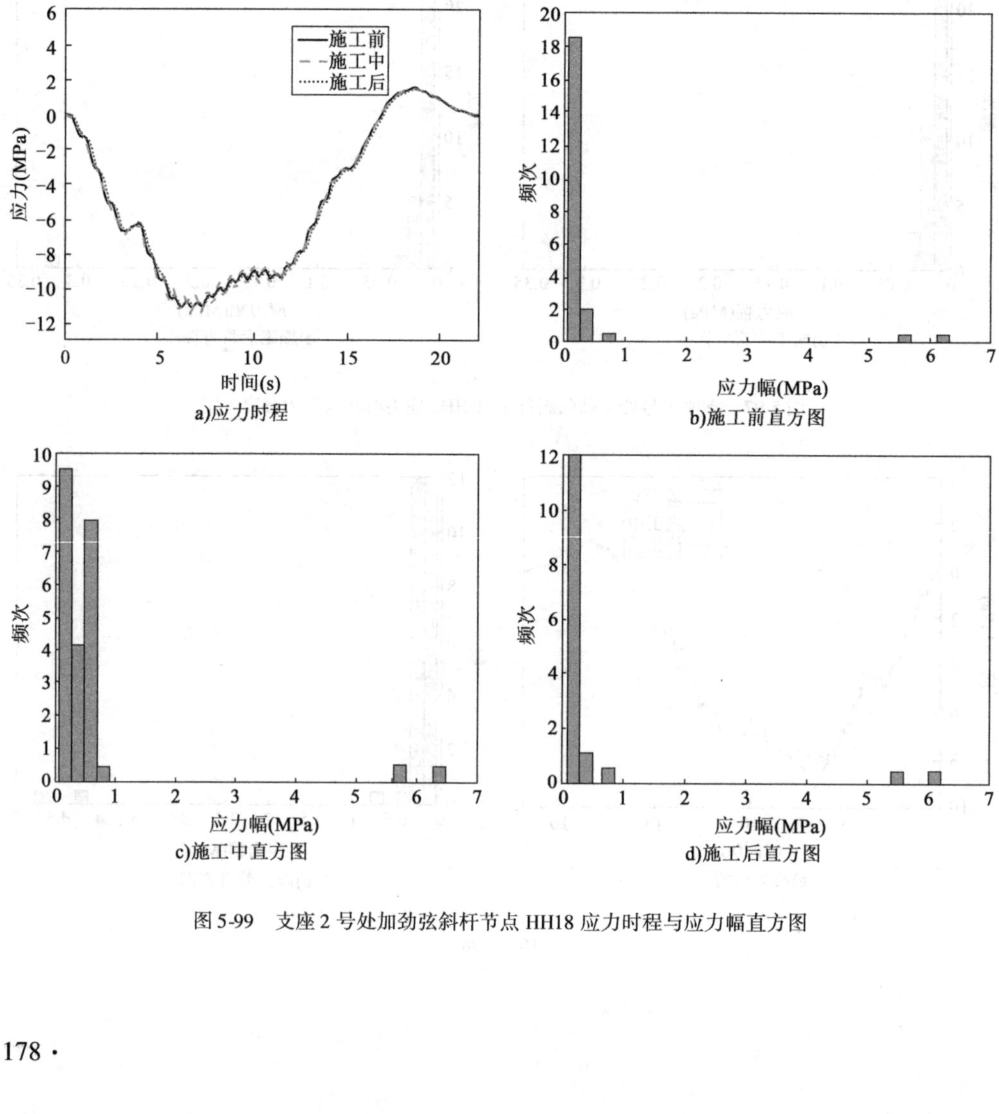

图 5-99　支座 2 号处加劲弦斜杆节点 HH18 应力时程与应力幅直方图

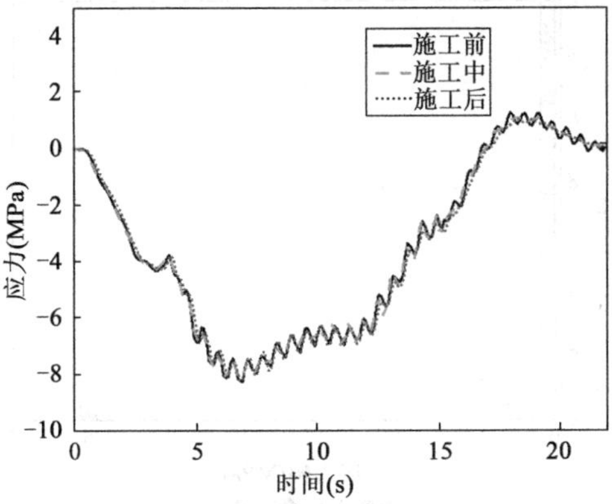

a)应力时程

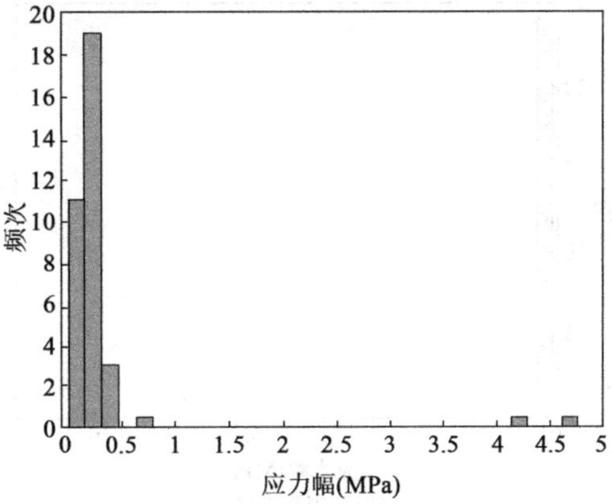

b)施工前直方图

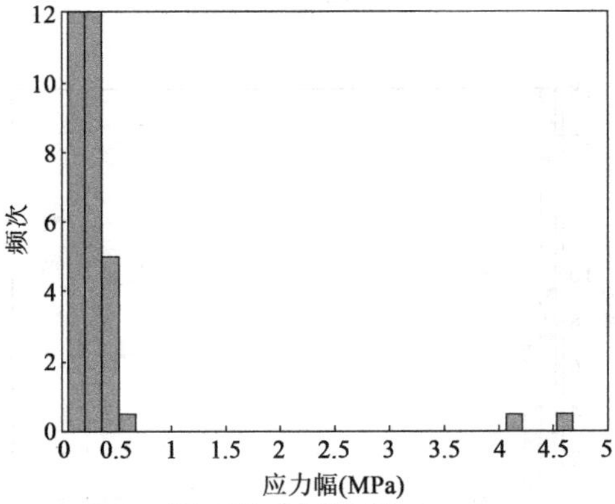

c)施工中直方图

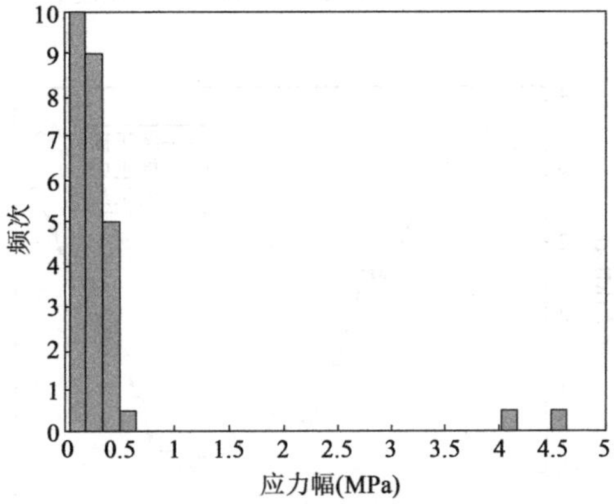

d)施工后直方图

图 5-100　支座 2 号处加劲弦竖杆节点 HH22 应力时程与应力幅直方图

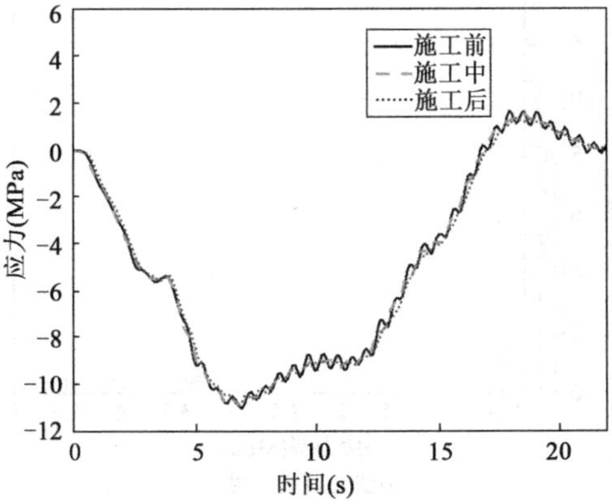

a)应力时程

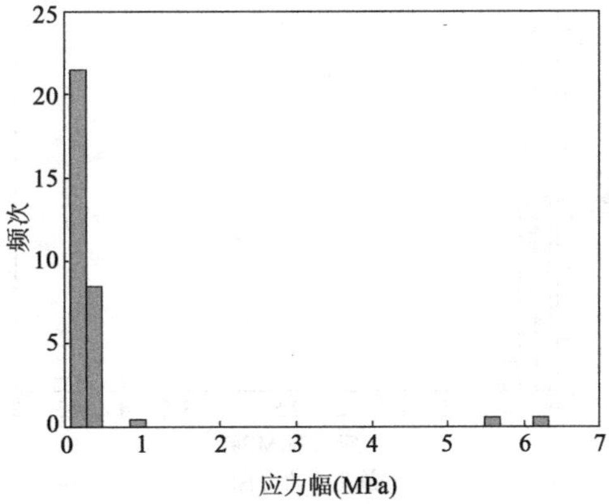

b)施工前直方图

图　5-101

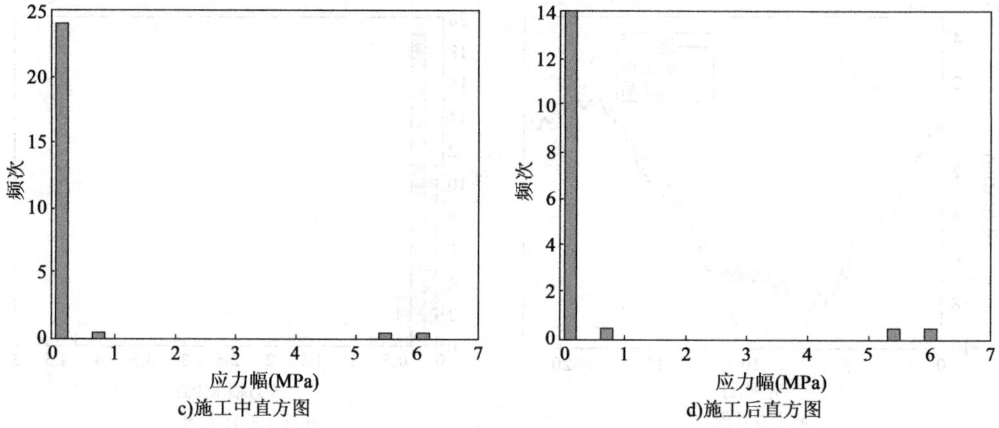

图 5-101　支座 2 号处加劲弦斜杆节点 HH22 应力时程与应力幅直方图

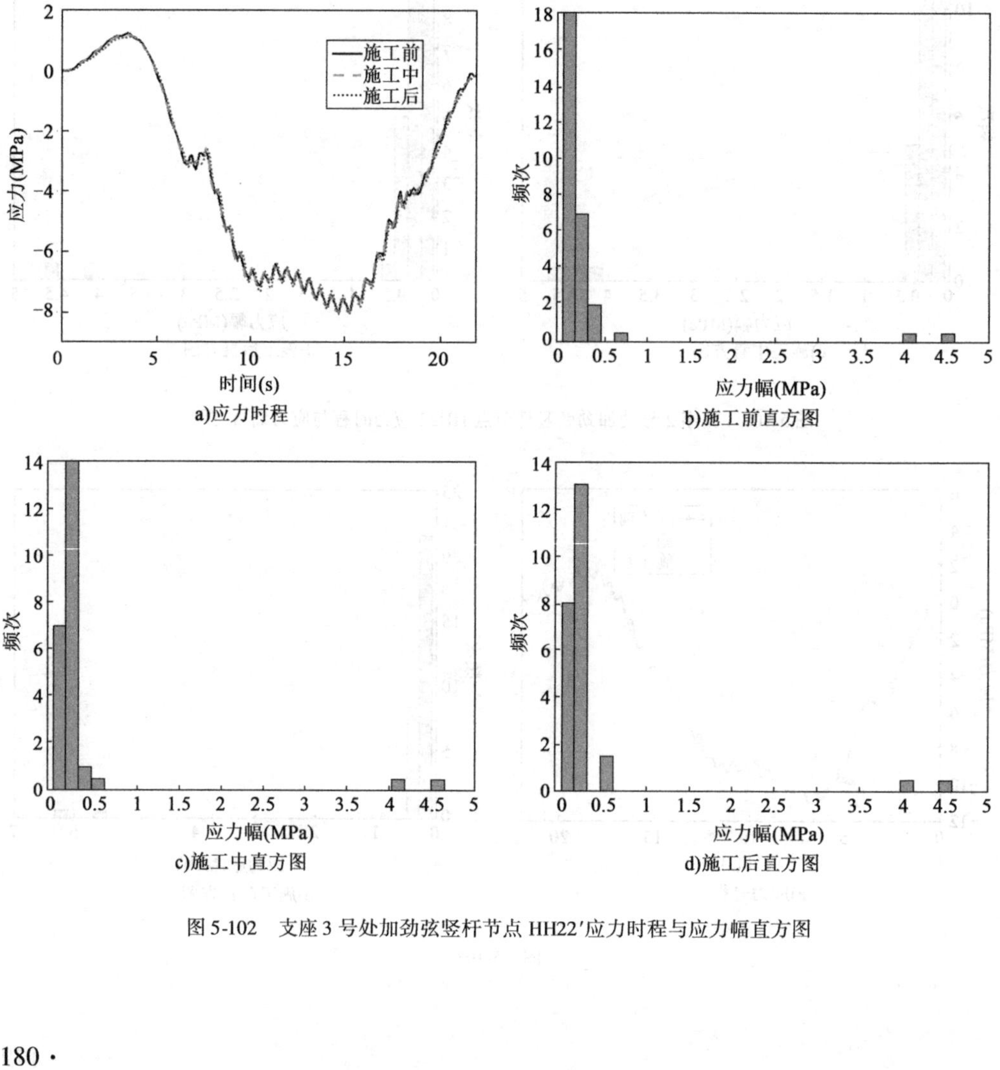

图 5-102　支座 3 号处加劲弦竖杆节点 HH22′应力时程与应力幅直方图

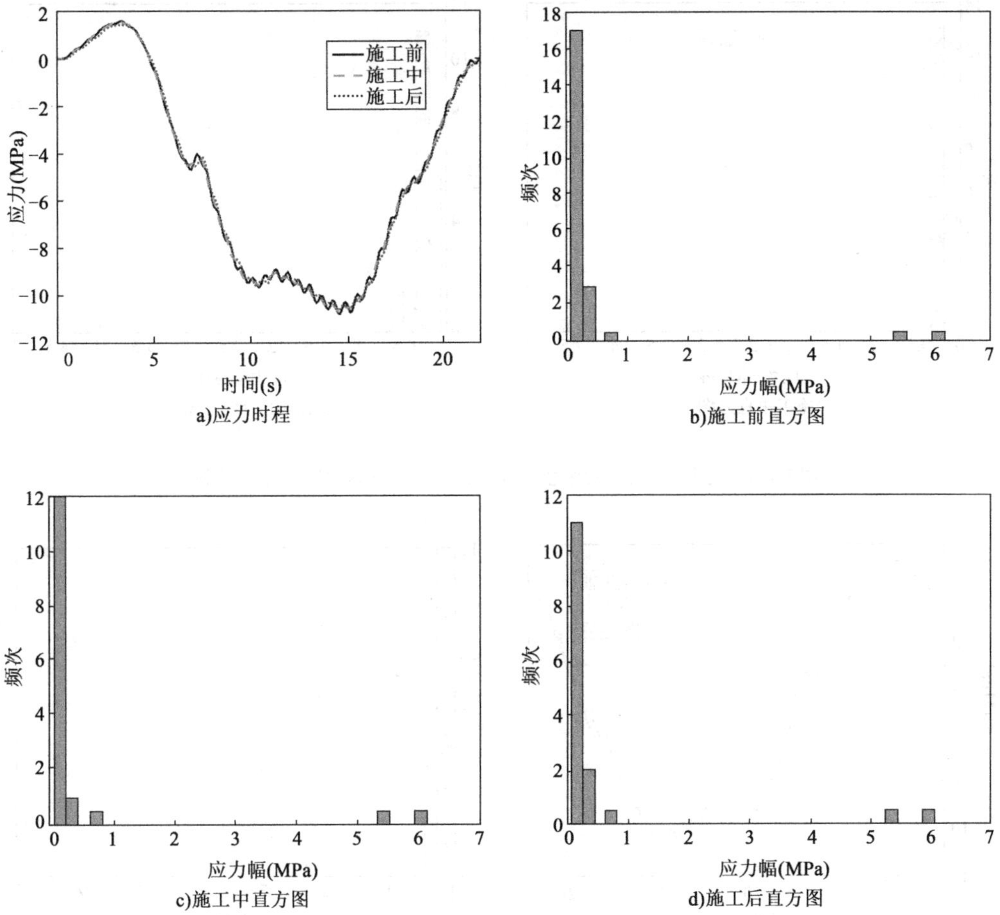

图 5-103　支座 3 号处加劲弦斜杆节点 HH22′应力时程与应力幅直方图

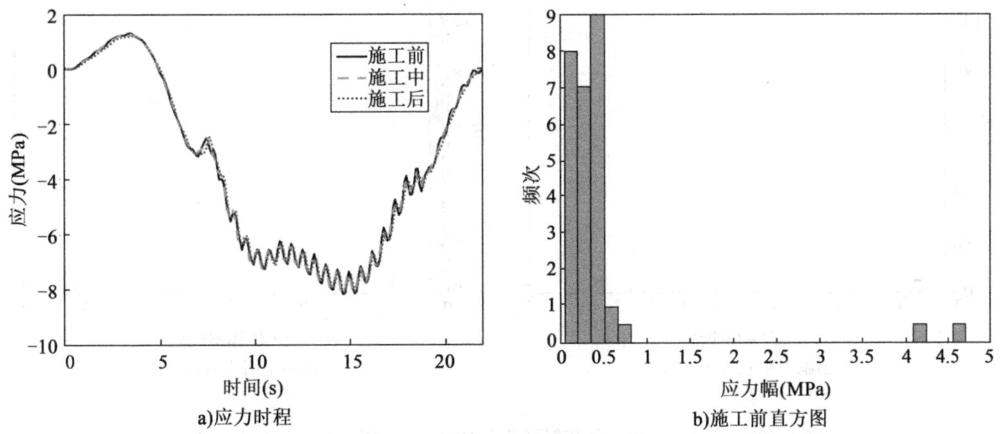

图　5-104

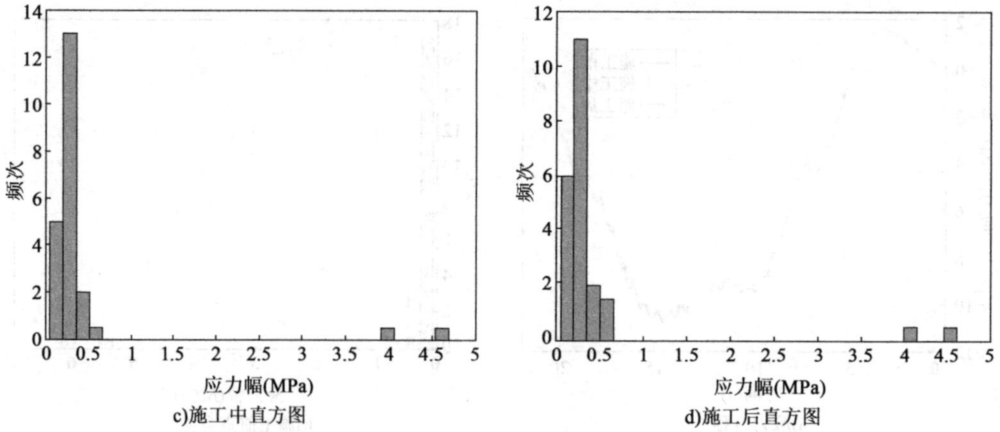

图 5-104　支座 3 号处加劲弦竖杆节点 HH18′应力时程与应力幅直方图

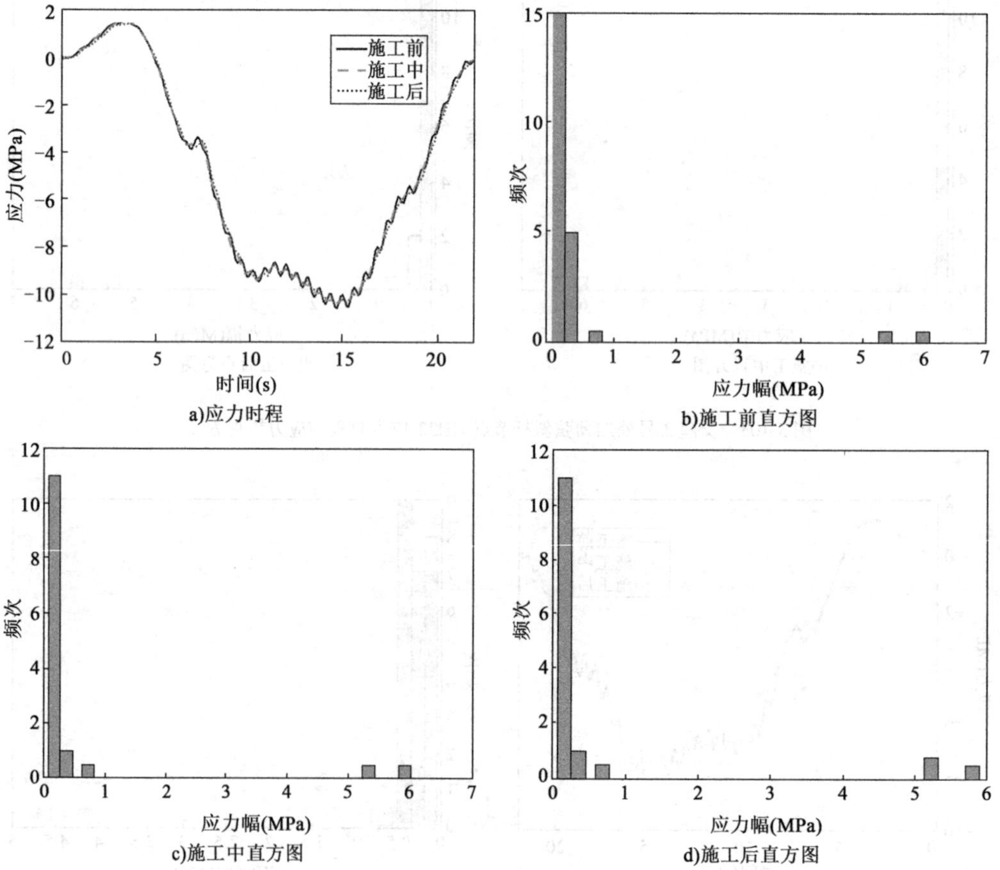

图 5-105　支座 3 号处加劲弦斜杆节点 HH18′应力时程与应力幅直方图

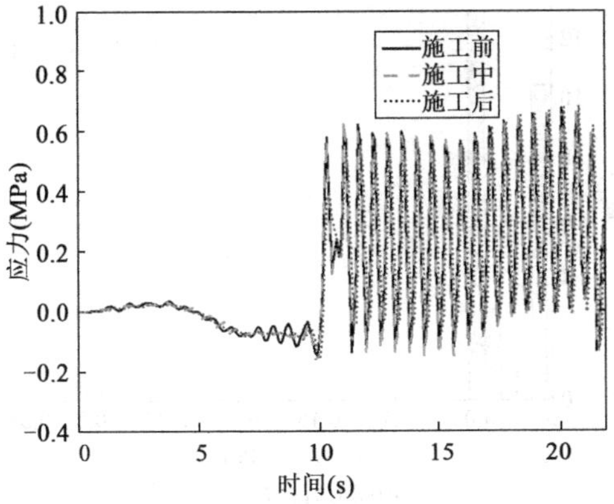

a)应力时程

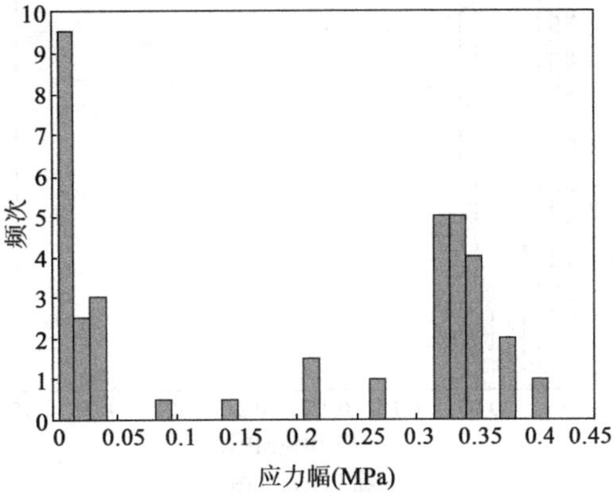

b)施工前直方图

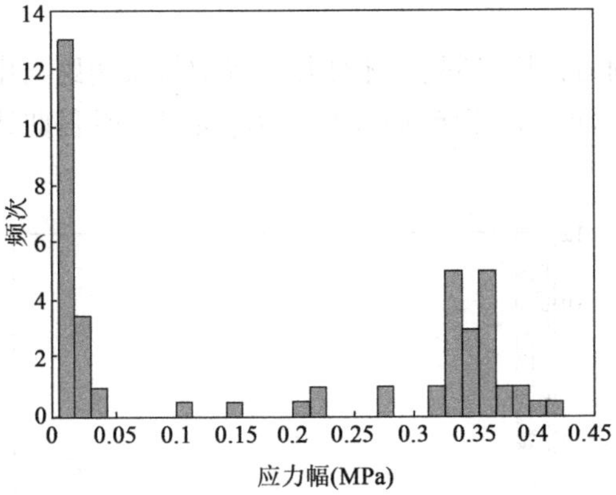

c)施工中直方图

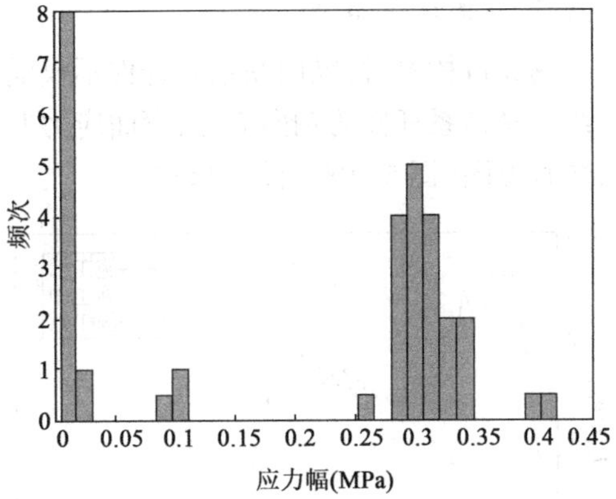

d)施工后直方图

图 5-106　支座 4 号处加劲弦竖杆节点 HH2′应力时程与应力幅直方图

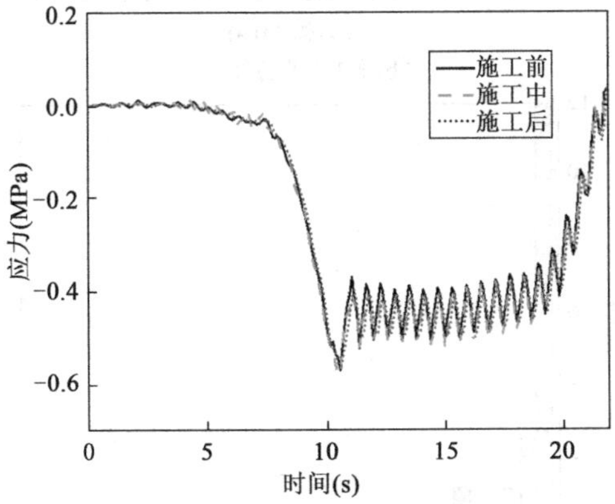

a)应力时程

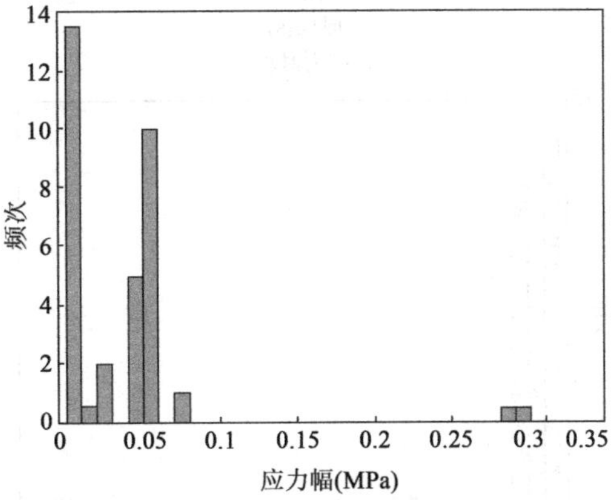

b)施工前直方图

图　5-107

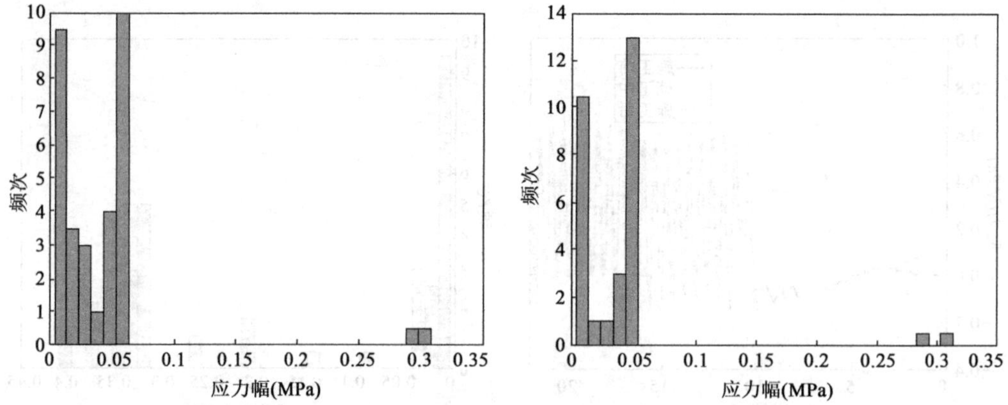

c)施工中直方图　　d)施工后直方图

图 5-107　支座 4 号处加劲弦斜杆节点 HH2′应力时程与应力幅直方图

3. 纵向联结系节点

车辆驶过桥梁时，纵向联结系杆件不仅受轴力作用，还受弯矩作用。提取桥梁边跨与中跨跨中纵向联结系杆件的轴向应力、弯曲应力并进行叠加，得到截面总应力，绘制其时程曲线与应力幅直方图（图 5-108 ~ 图 5-113）。

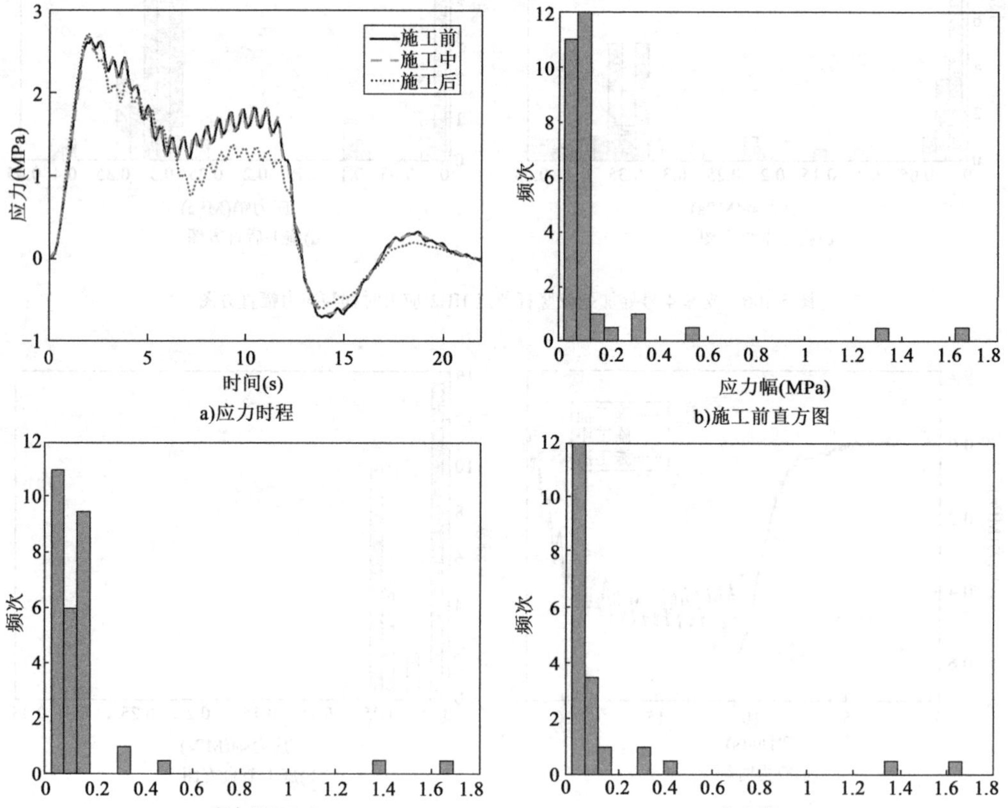

a)应力时程　　b)施工前直方图

c)施工中直方图　　d)施工后直方图

图 5-108　第一跨跨中下平纵联节点应力时程与应力幅直方图

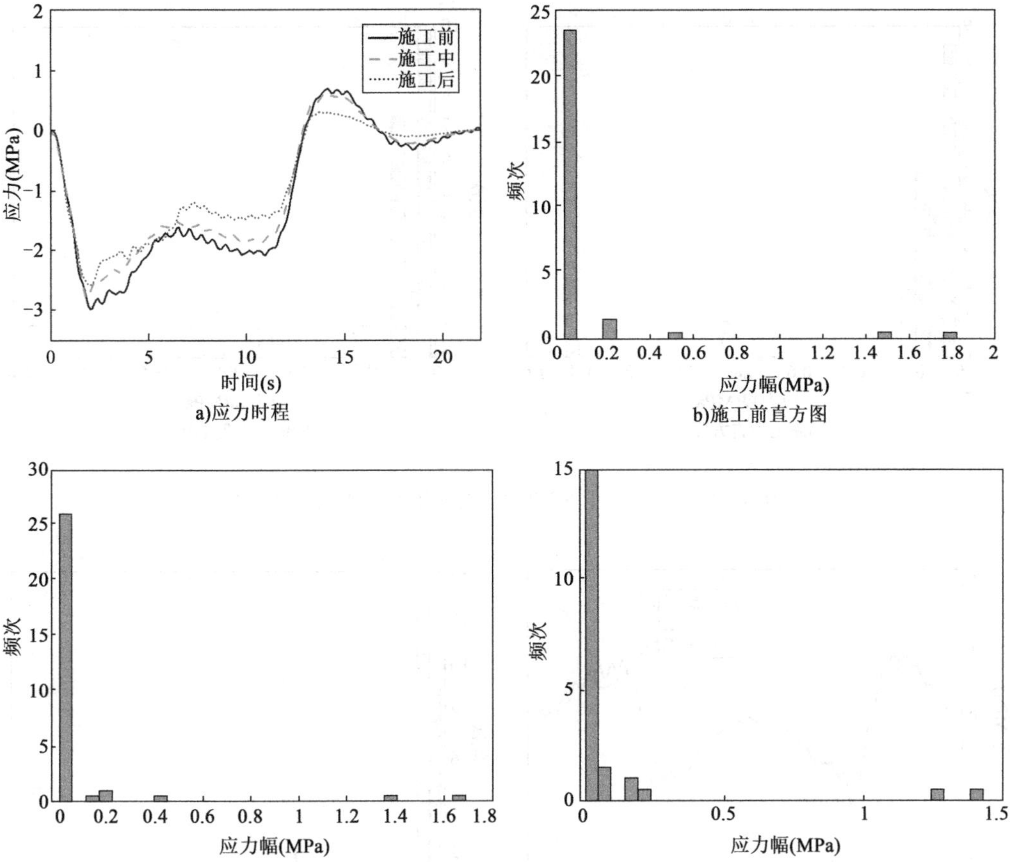

a)应力时程 b)施工前直方图

c)施工中直方图 d)施工后直方图

图 5-109 第一跨跨中上平纵联节点应力时程与应力幅直方图

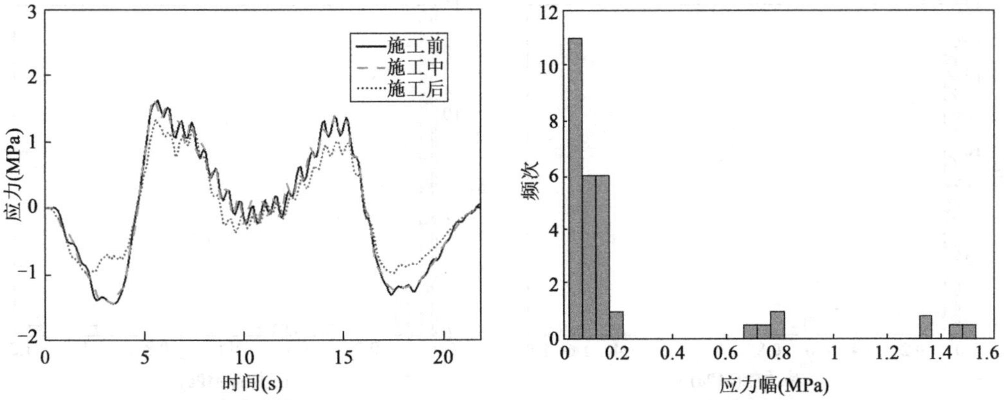

a)应力时程 b)施工前直方图

图 5-110

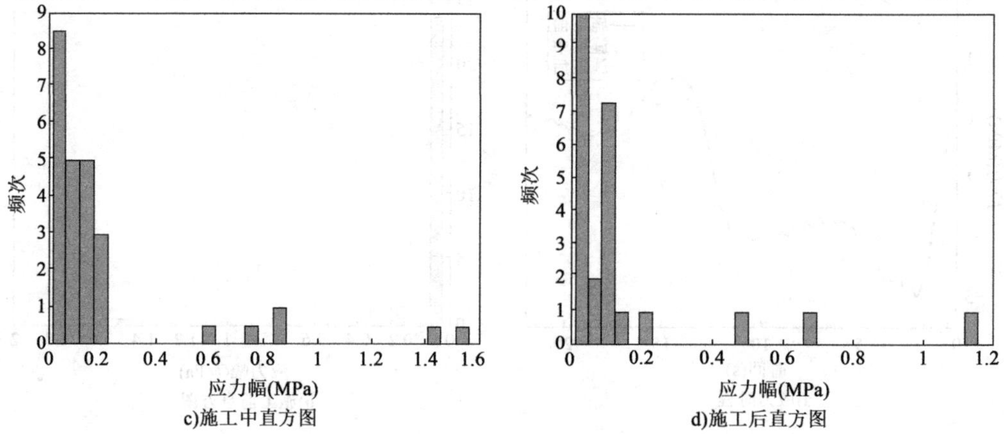

图 5-110　第二跨跨中下平纵联节点应力时程与应力幅直方图

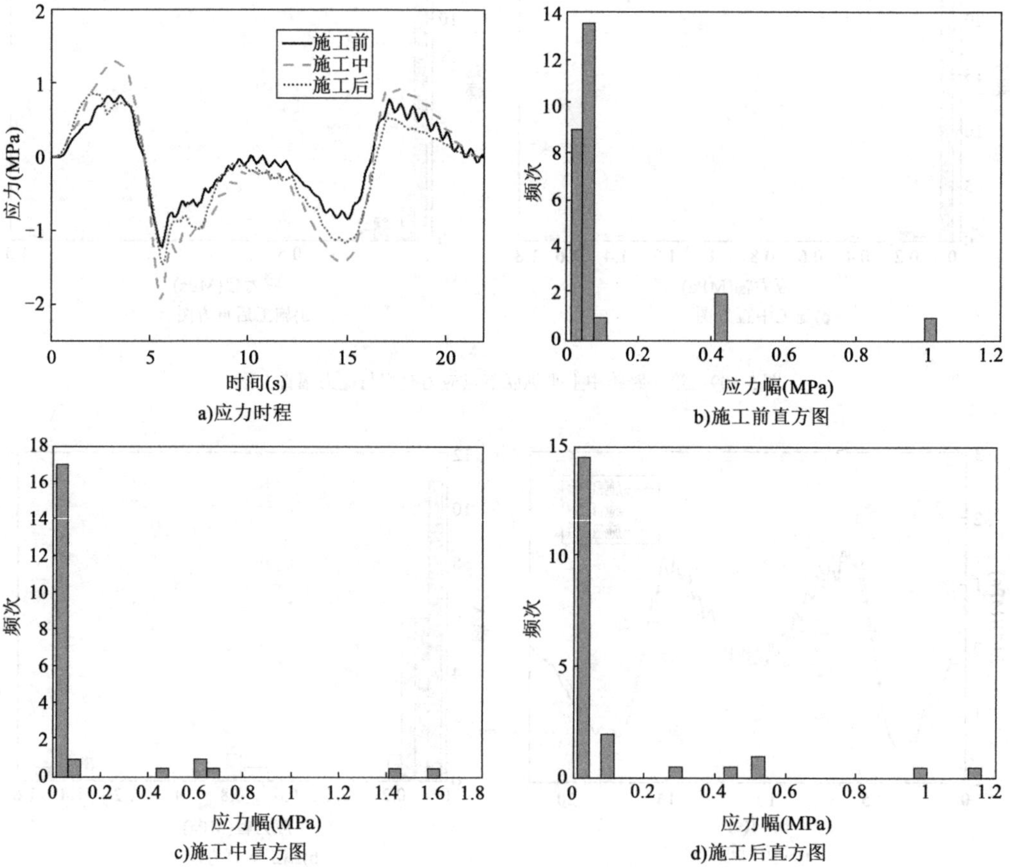

图 5-111　第二跨跨中上平纵联节点应力时程与应力幅直方图

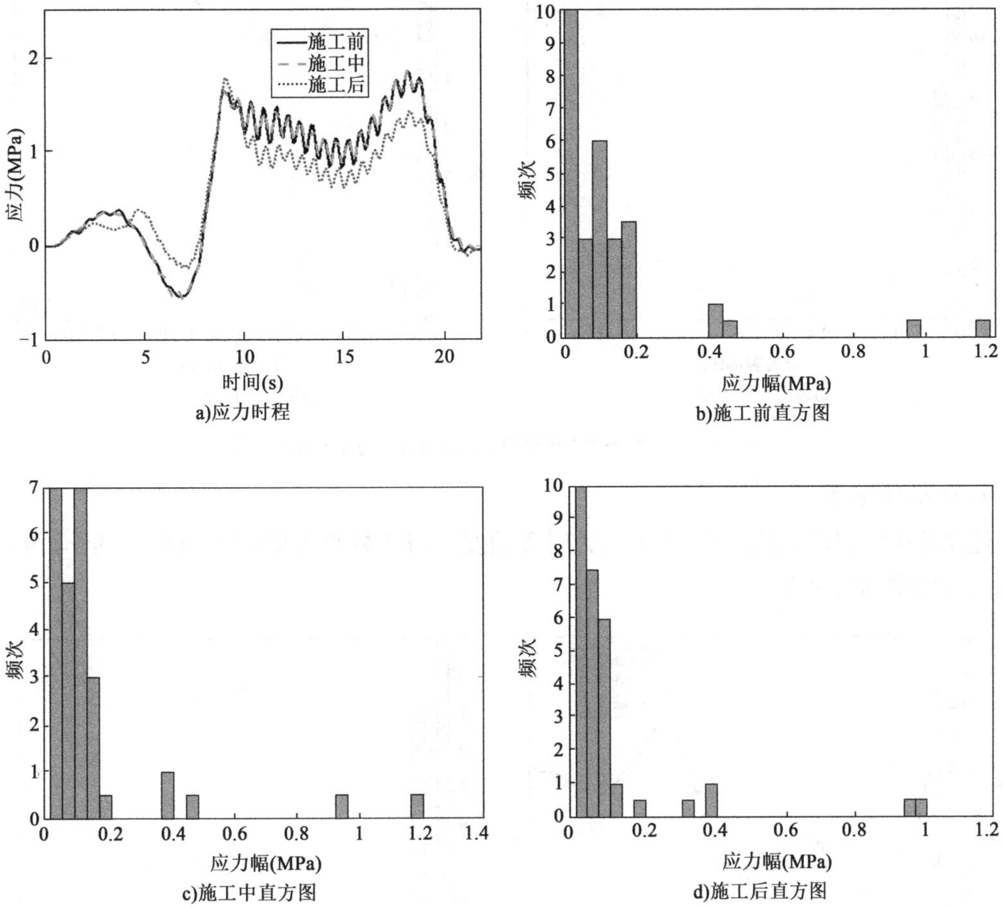

a)应力时程　b)施工前直方图

c)施工中直方图　d)施工后直方图

图 5-112　第三跨跨中下平纵联节点应力时程与应力幅直方图

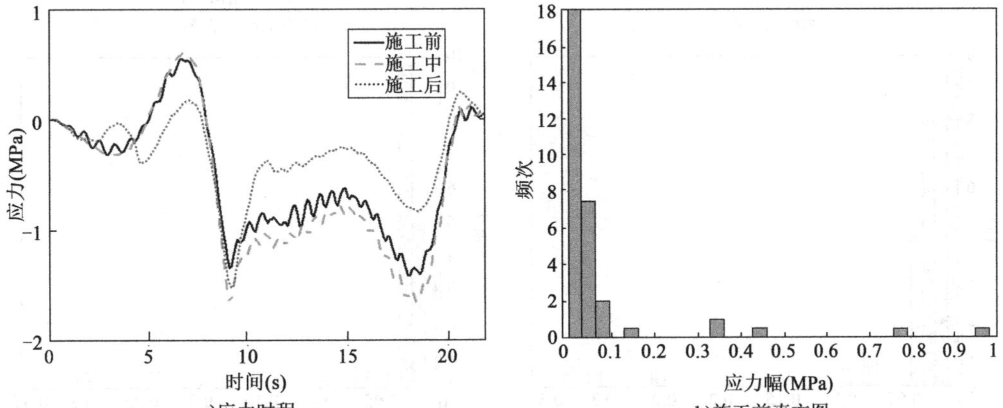

a)应力时程　b)施工前直方图

图　5-113

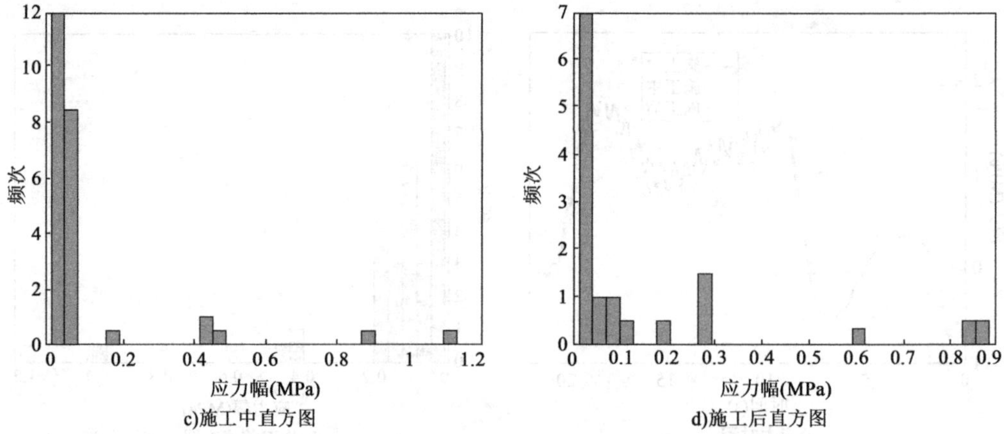

图 5-113　第三跨跨中上平纵联节点应力时程与应力幅直方图

4. 铁路横梁节点

绘制跨中铁路横梁的梁端、梁中应力时程曲线与应力幅直方图(图 5-114 ~ 图 5-119),图中应力为横梁轴向应力。

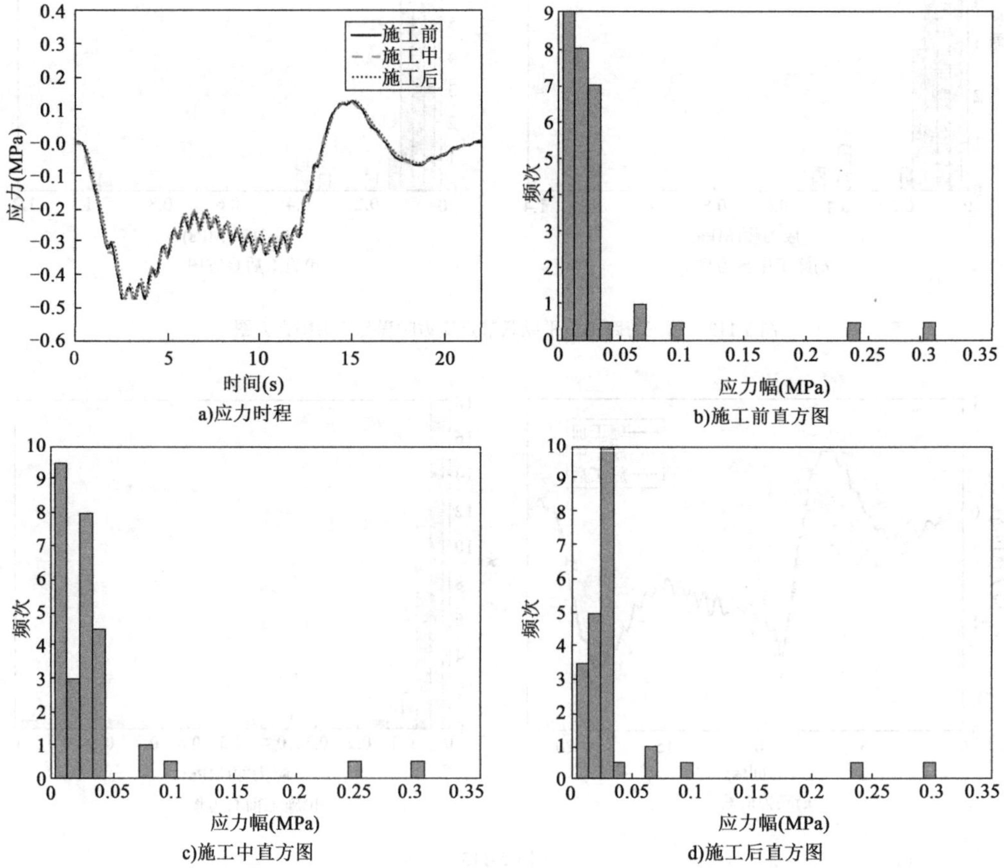

图 5-114　第一跨跨中横梁梁端节点应力时程与应力幅直方图

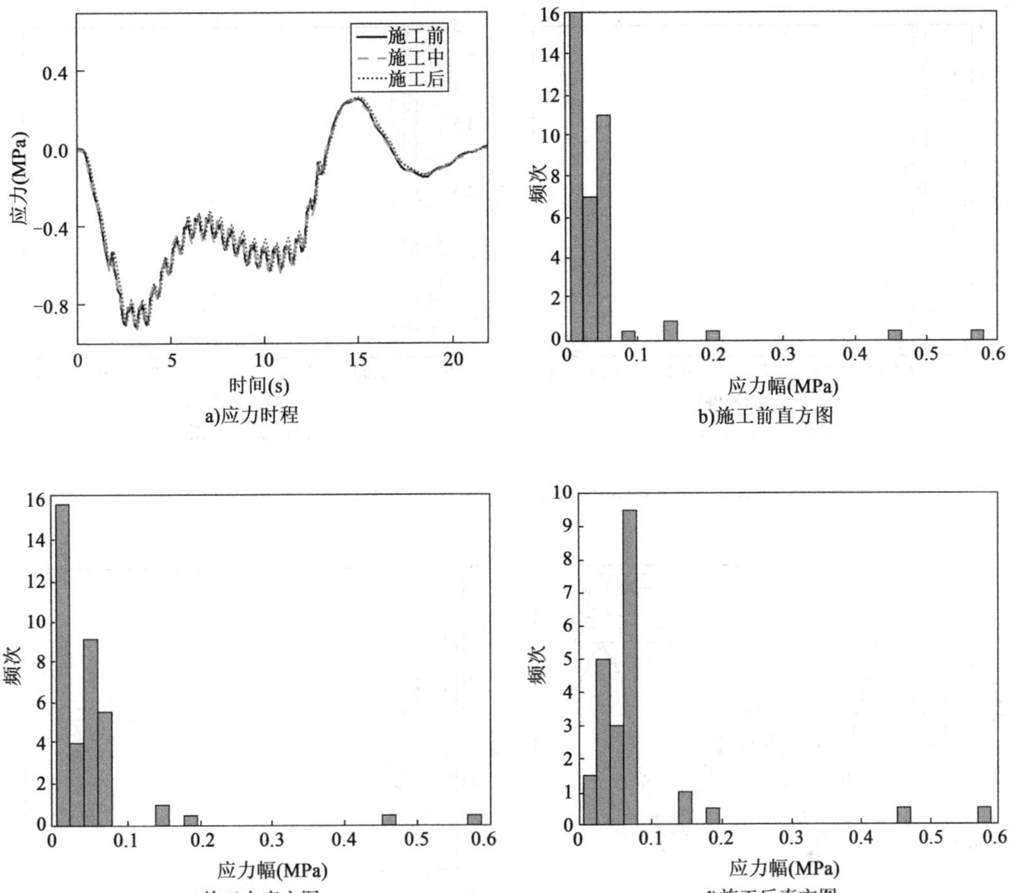

a)应力时程　b)施工前直方图

c)施工中直方图　d)施工后直方图

图 5-115　第一跨跨中横梁梁中节点应力时程与应力幅直方图

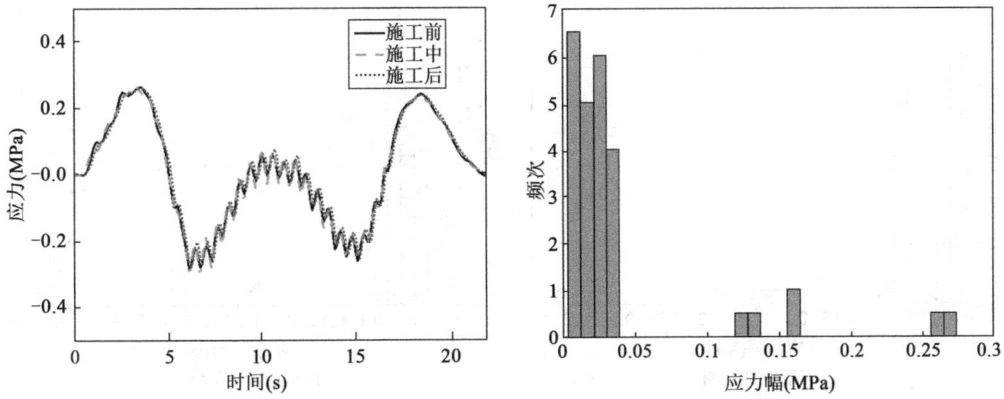

a)应力时程　b)施工前直方图

图　5-116

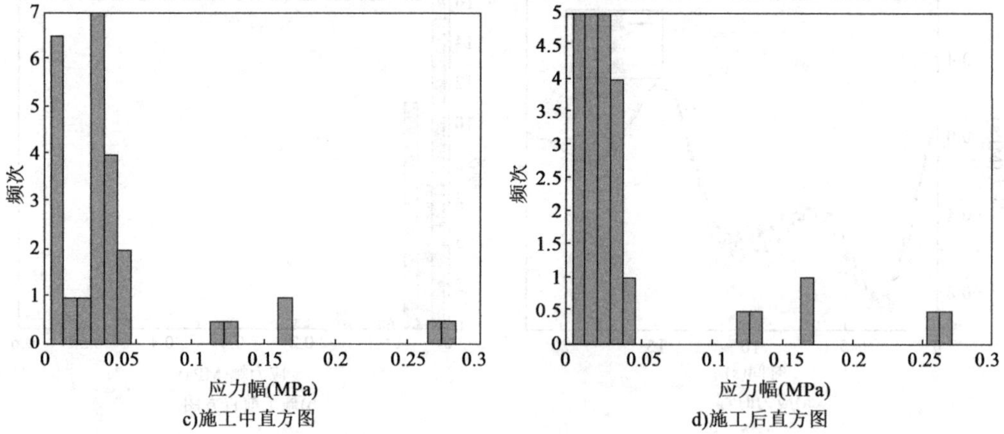

图 5-116　第二跨跨中横梁梁端节点应力时程与应力幅直方图

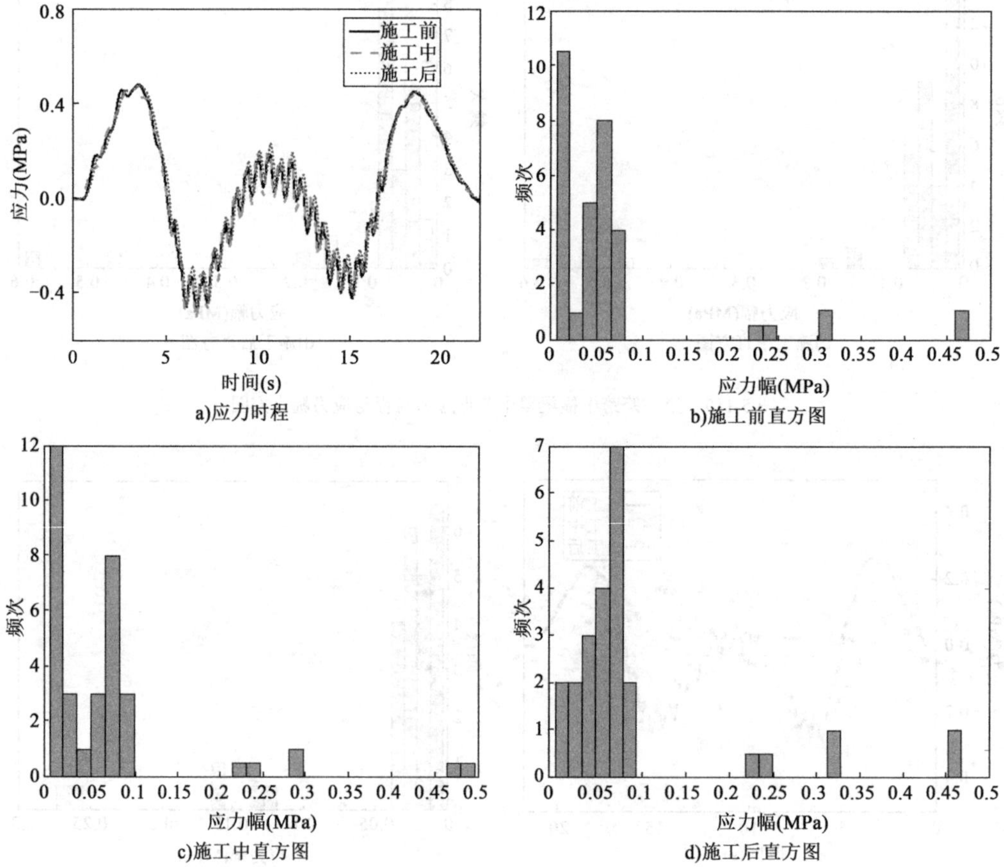

图 5-117　第二跨跨中横梁梁中节点应力时程与应力幅直方图

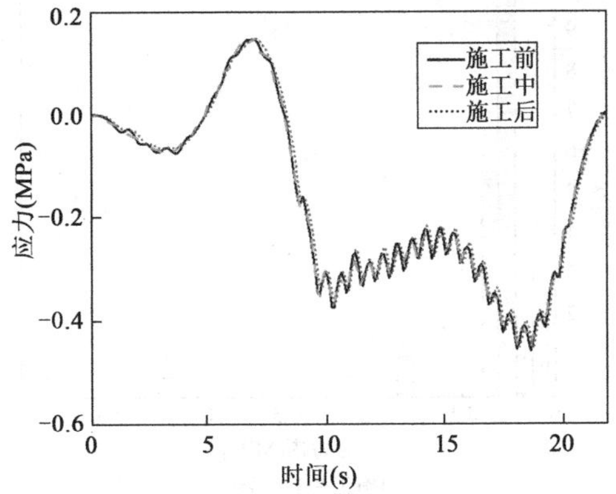

a)应力时程

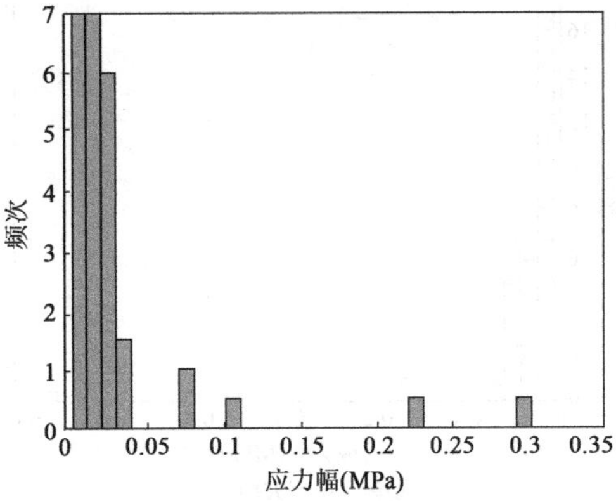

b)施工前直方图

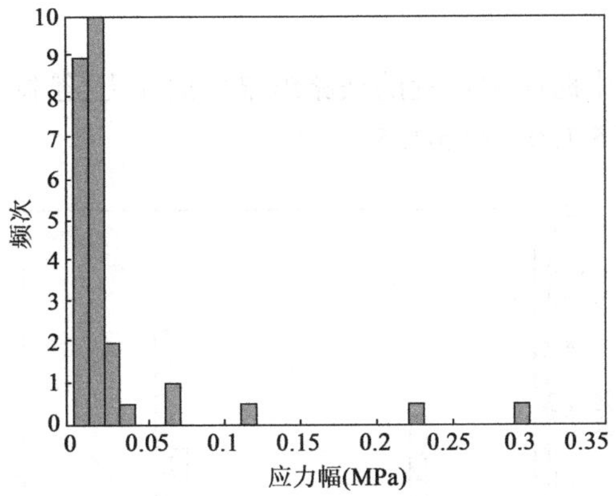

c)施工中直方图

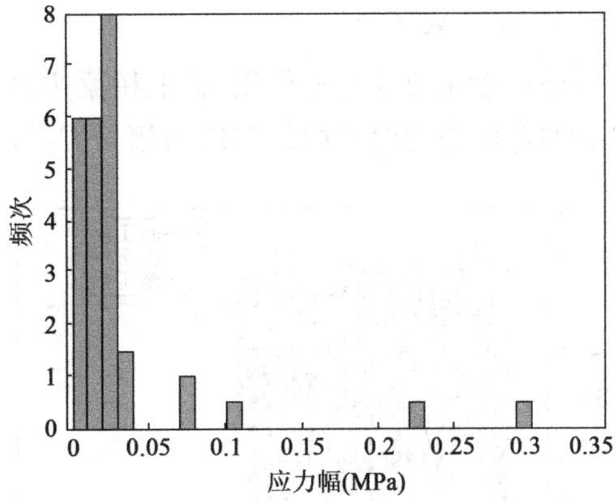

d)施工后直方图

图 5-118 第三跨跨中横梁梁端节点应力时程与应力幅直方图

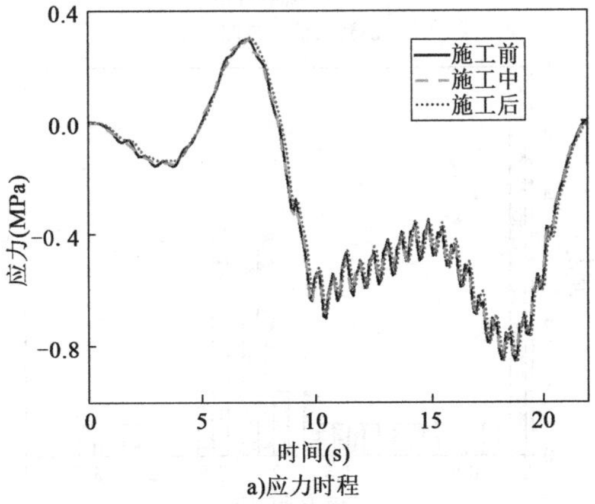

a)应力时程

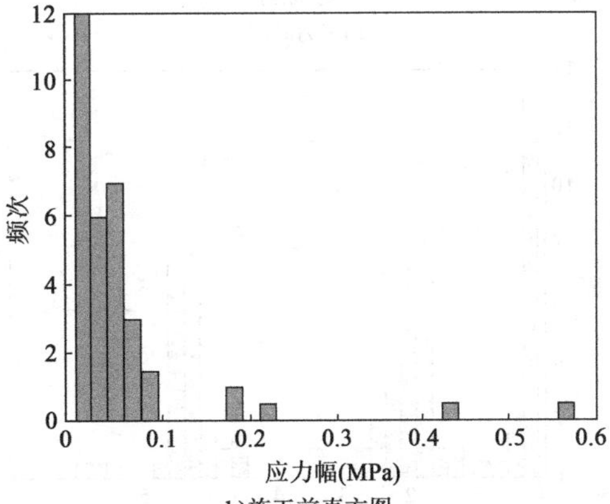

b)施工前直方图

图 5-119

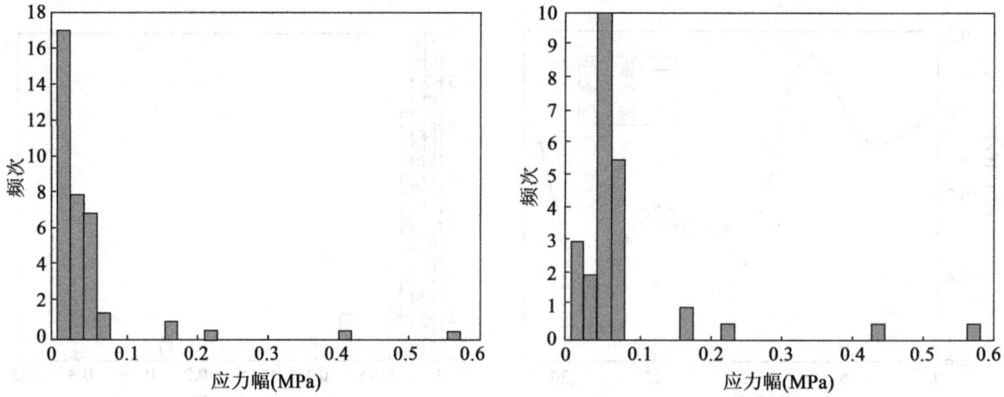

c)施工中直方图　　d)施工后直方图

图 5-119　第三跨跨中横梁梁中节点应力时程与应力幅直方图

5. 铁路纵梁节点

铁路纵梁主要受弯矩作用，提取桥梁边跨与中跨跨中位置的铁路纵梁弯曲应力，绘制左、右纵梁的弯曲应力时程曲线与应力幅直方图(图 5-120 ~ 图 5-125)。

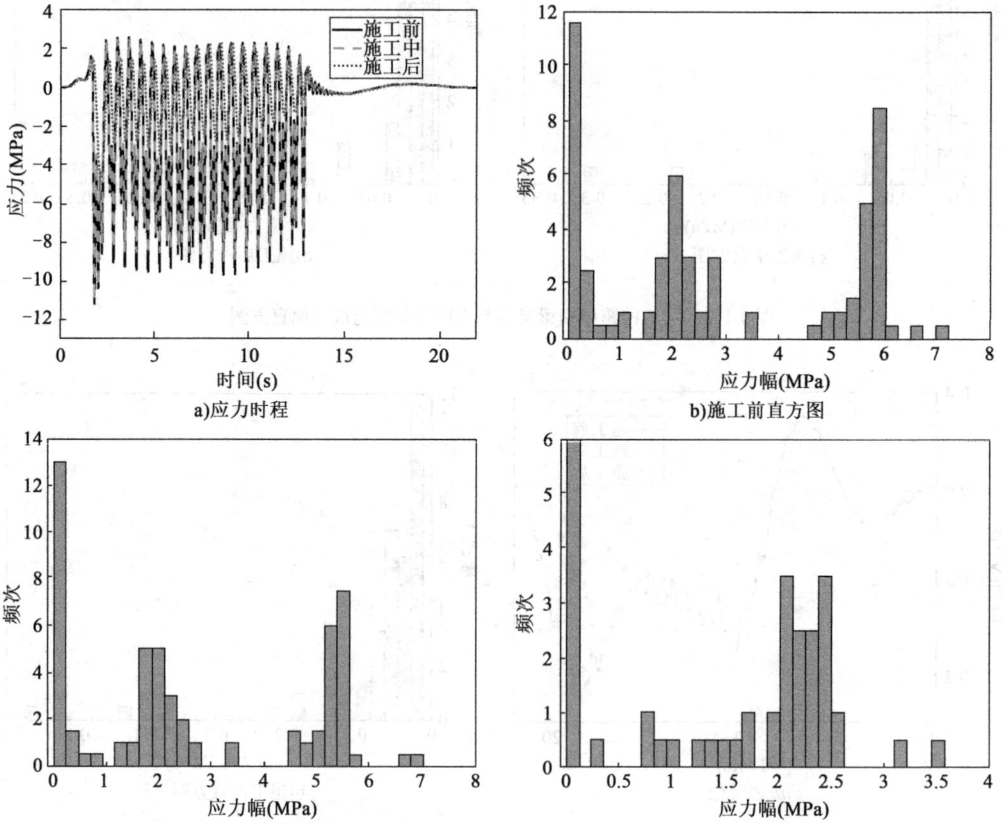

a)应力时程　　b)施工前直方图

c)施工中直方图　　d)施工后直方图

图 5-120　第一跨跨中右纵梁节点应力时程与应力幅直方图

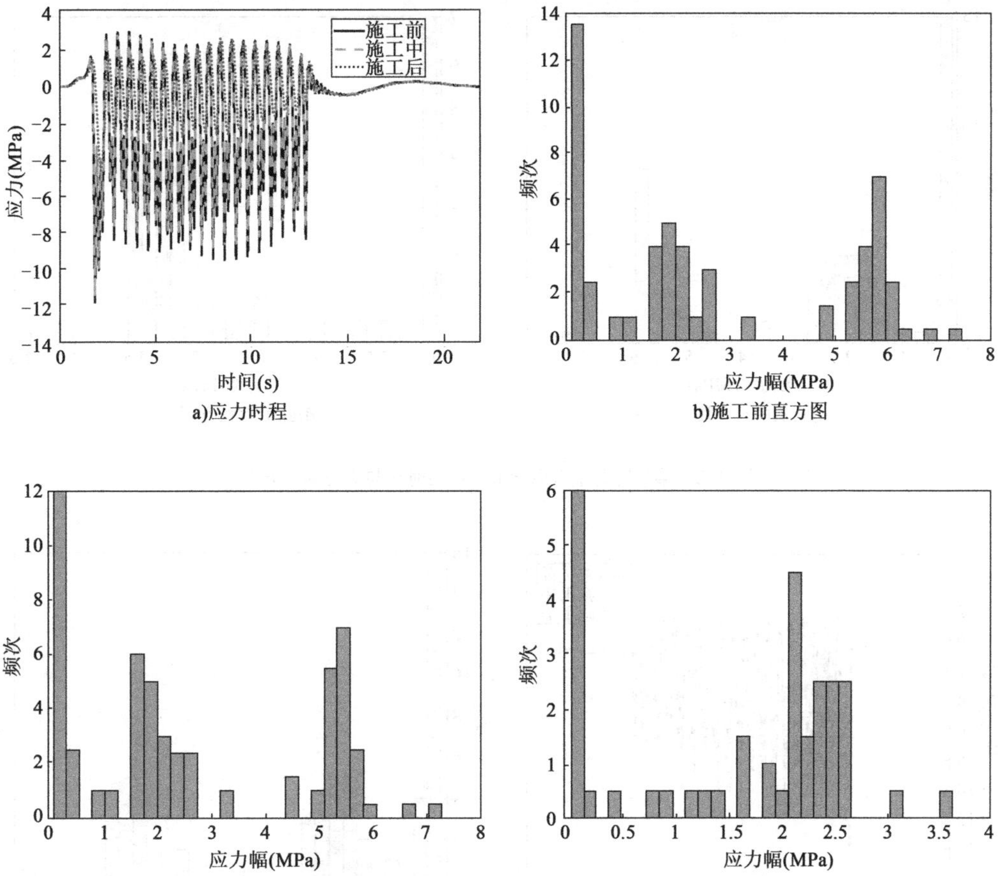

a)应力时程　b)施工前直方图

c)施工中直方图　d)施工后直方图

图 5-121　第一跨跨中左纵梁节点应力时程与应力幅直方图

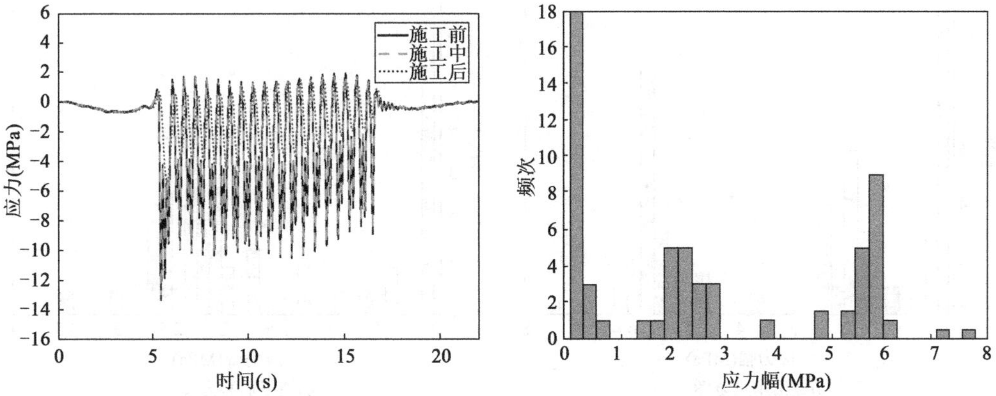

a)应力时程　b)施工前直方图

图　5-122

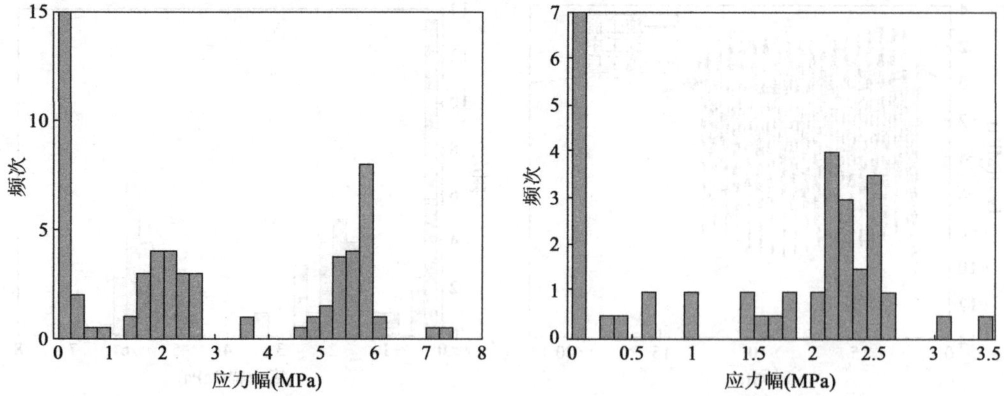

c)施工中直方图　　d)施工后直方图

图 5-122　第二跨跨中右纵梁节点应力时程与应力幅直方图

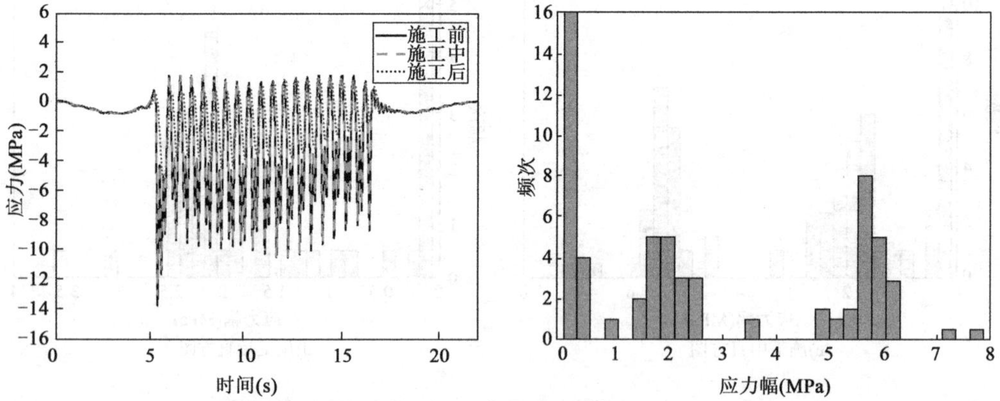

a)应力时程　　b)施工前直方图

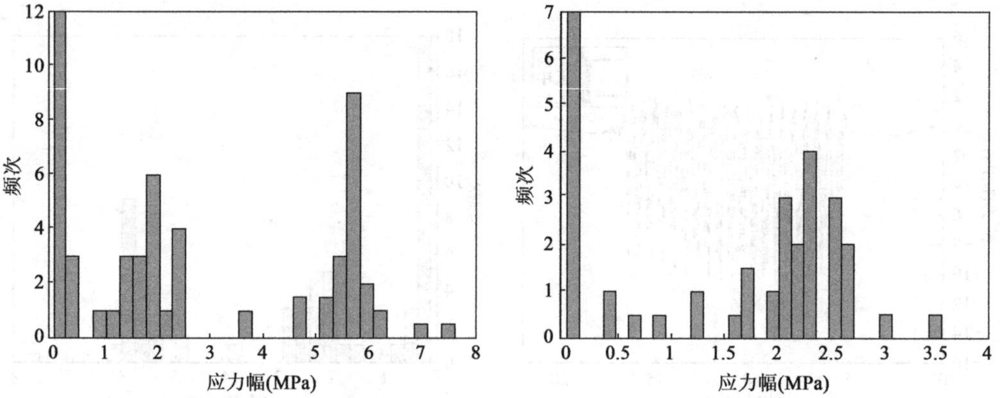

c)施工中直方图　　d)施工后直方图

图 5-123　第二跨跨中左纵梁节点应力时程与应力幅直方图

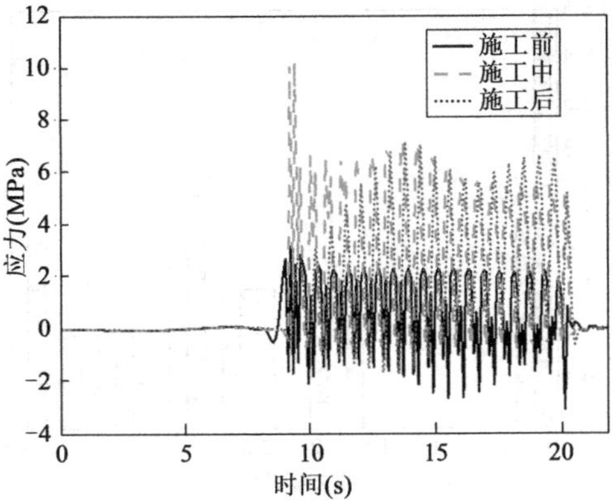

a)应力时程

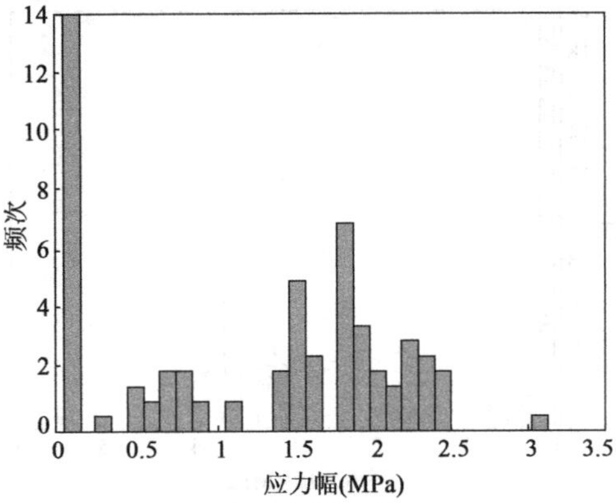

b)施工前直方图

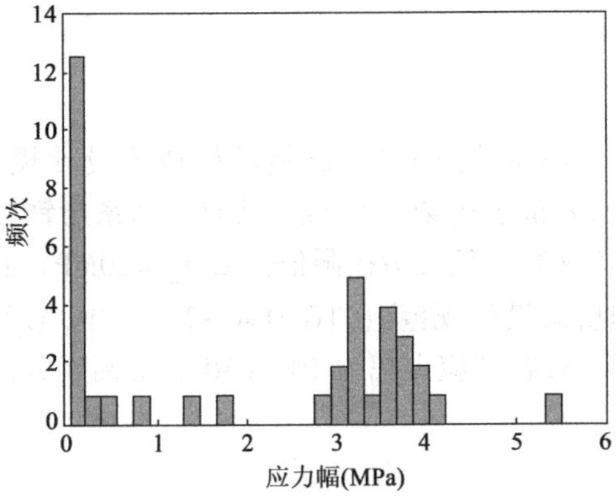

c)施工中直方图

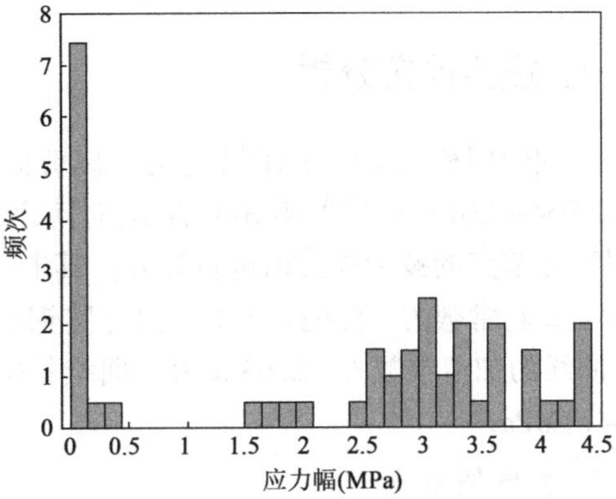

d)施工后直方图

图 5-124　第三跨跨中右纵梁节点应力时程与应力幅直方图

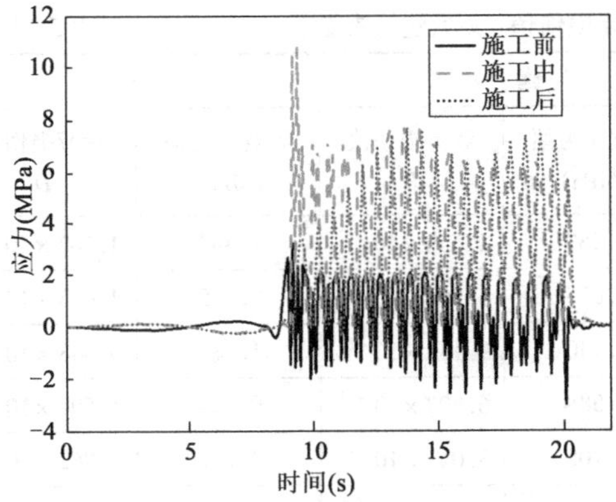

a)应力时程

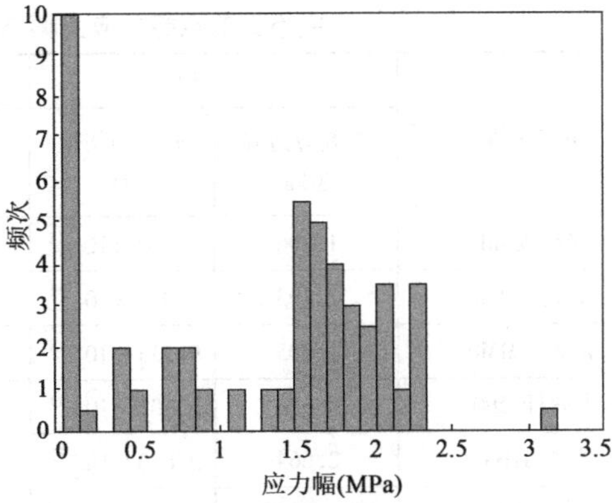

b)施工前直方图

图　5-125

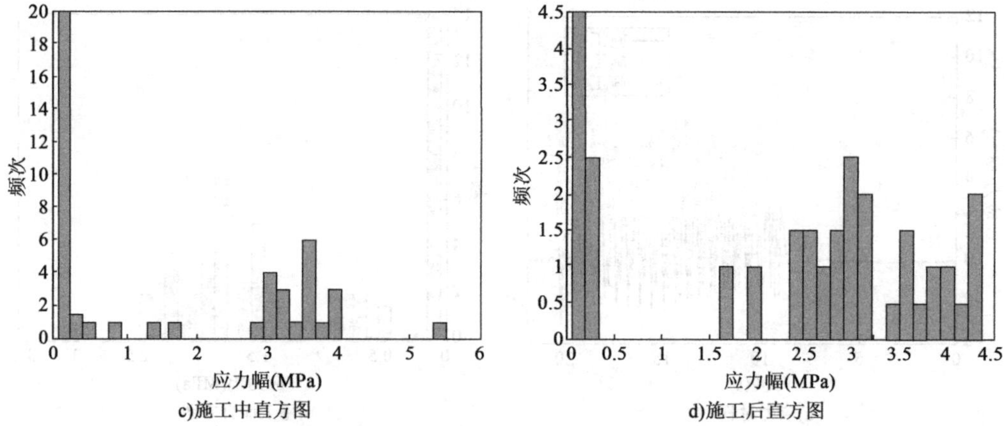

图 5-125　第三跨跨中左纵梁节点应力时程与应力幅直方图

五、疲劳损伤分析

分别使用相关文献中建议使用的疲劳曲线(S-N 曲线)和《公路钢结构桥梁设计规范》(JTG D64—2015)中第Ⅴ类 S-N 曲线,对南京长江大桥主桁架、加劲弦、纵向联结系与铁路纵横梁部分节点的疲劳损伤值进行计算。其中,相关文献建议疲劳极限值为 $\Delta\sigma_0 = 20$MPa,曲线斜率 $m = 4$,常数 $C = 5.6338 \times 10^{13}$;《公路钢结构桥梁设计规范》(JTG D64—2015)中,第Ⅴ类 S-N 曲线的细节常数 $C = 2.63 \times 10^{12}$,曲线斜率 $m = 3$,容许应力幅为 109.6MPa,常幅疲劳极限为 64.1MPa。

1. 主桁架节点

表 5-11、表 5-12 分别列出文献建议参数与《公路钢结构桥梁设计规范》(JTG D64—2015)建议参数计算所得的主桁架部分节点等效应力幅值与疲劳损伤值。由表可知,施工前、中、后疲劳损伤值最大处均为主桁架竖杆 HH_{29} 节点,即中跨跨中竖杆节点。

主桁架节点等效应力幅与疲劳损伤值(文献建议参数)　　表 5-11

节点位置	施工前		施工中		施工后	
	等效应力幅(MPa)	疲劳损伤值 D	等效应力幅(MPa)	疲劳损伤值 D	等效应力幅(MPa)	疲劳损伤值 D
竖杆 MM0	1.306	1.549×10^{-12}	1.280	1.550×10^{-12}	1.440	1.567×10^{-12}
斜腹杆 MM0	2.193	1.047×10^{-11}	2.075	1.004×10^{-11}	2.355	1.065×10^{-11}
下弦杆 MM0	1.205	9.535×10^{-13}	1.140	9.138×10^{-13}	1.289	9.548×10^{-13}
上弦杆 BB0	0.620	6.701×10^{-14}	0.588	6.892×10^{-14}	0.624	5.507×10^{-14}
竖杆 HH9	2.664	2.860×10^{-11}	2.705	3.041×10^{-11}	2.731	2.862×10^{-11}
斜腹杆 HH10	2.434	1.525×10^{-11}	2.504	1.639×10^{-11}	2.453	1.446×10^{-11}
下弦杆 HH10	2.475	1.633×10^{-11}	2.447	1.624×10^{-11}	2.635	1.498×10^{-11}
上弦杆 BB10	2.874	2.362×10^{-11}	2.744	2.366×10^{-11}	2.889	1.669×10^{-11}

续上表

节点位置	施工前		施工中		施工后	
	等效应力幅（MPa）	疲劳损伤值 D	等效应力幅（MPa）	疲劳损伤值 D	等效应力幅（MPa）	疲劳损伤值 D
竖杆 MM20	1.168	9.750×10^{-13}	1.164	1.027×10^{-12}	1.213	1.077×10^{-12}
斜腹杆 MM20	1.916	7.051×10^{-12}	1.999	7.086×10^{-12}	2.025	7.316×10^{-12}
下弦杆 MM20	1.208	1.154×10^{-12}	1.201	1.125×10^{-12}	1.200	9.383×10^{-13}
上弦杆 BB20	2.257	1.082×10^{-11}	2.285	1.016×10^{-11}	2.258	9.001×10^{-12}
竖杆 HH29	**2.824**	$\mathbf{3.728\times10^{-11}}$	**2.826**	$\mathbf{3.848\times10^{-11}}$	**2.922**	$\mathbf{4.011\times10^{-11}}$
斜腹杆 HH30	2.779	2.593×10^{-11}	2.689	2.413×10^{-11}	2.822	2.534×10^{-11}
下弦杆 HH30	2.633	1.790×10^{-11}	2.595	1.649×10^{-11}	2.602	1.546×10^{-11}
上弦杆 BB30	2.676	2.550×10^{-11}	2.822	2.194×10^{-11}	2.722	1.560×10^{-11}
竖杆 MM′20	1.170	9.490×10^{-13}	1.156	9.517×10^{-13}	1.233	1.107×10^{-12}
斜腹杆 MM′20	1.859	5.513×10^{-12}	1.855	5.776×10^{-12}	1.959	6.015×10^{-12}
下弦杆 MM′20	1.005	4.888×10^{-13}	0.983	4.230×10^{-13}	0.971	3.628×10^{-13}
上弦杆 BB′20	2.228	1.071×10^{-11}	2.368	1.088×10^{-11}	2.382	8.855×10^{-12}
竖杆 HH′11	2.861	3.449×10^{-11}	2.895	3.617×10^{-11}	2.954	3.514×10^{-11}
斜腹杆 HH′10	2.688	2.408×10^{-11}	2.652	2.106×10^{-11}	2.639	2.024×10^{-11}
下弦杆 HH′10	2.417	1.333×10^{-11}	2.474	1.362×10^{-11}	2.462	1.239×10^{-11}
上弦杆 BB′10	3.091	2.594×10^{-11}	2.927	2.607×10^{-11}	2.838	1.841×10^{-11}
竖杆 MM′0	1.592	3.135×10^{-12}	1.542	2.961×10^{-12}	1.583	2.562×10^{-12}
斜腹杆 MM′0	2.126	1.033×10^{-11}	2.117	1.088×10^{-11}	2.132	8.614×10^{-12}
下弦杆 MM′0	1.160	9.468×10^{-13}	1.166	1.016×10^{-12}	1.147	7.829×10^{-13}
上弦杆 BB′0	0.715	1.346×10^{-13}	0.712	1.300×10^{-13}	0.686	9.219×10^{-14}

主桁架节点等效应力幅与疲劳损伤值　　表 5-12

[《公路钢结构桥梁设计规范》(JTG D64—2015)建议参数]

节点位置	施工前		施工中		施工后	
	等效应力幅（MPa）	疲劳损伤值 D	等效应力幅（MPa）	疲劳损伤值 D	等效应力幅（MPa）	疲劳损伤值 D
竖杆 MM0	1.011	1.177×10^{-11}	0.985	1.179×10^{-11}	1.141	1.159×10^{-11}
斜腹杆 MM0	1.711	4.857×10^{-11}	1.614	4.880×10^{-11}	1.881	4.935×10^{-11}
下弦杆 MM0	0.945	8.178×10^{-12}	0.893	8.271×10^{-12}	1.035	8.217×10^{-12}
上弦杆 BB0	0.486	1.115×10^{-12}	0.454	1.155×10^{-12}	0.497	9.585×10^{-13}
竖杆 HH9	2.459	1.809×10^{-10}	2.494	1.887×10^{-10}	2.533	1.791×10^{-10}

续上表

节点位置	施工前		施工中		施工后	
	等效应力幅(MPa)	疲劳损伤值 D	等效应力幅(MPa)	疲劳损伤值 D	等效应力幅(MPa)	疲劳损伤值 D
斜腹杆 HH10	2.221	1.021×10^{-10}	2.307	1.097×10^{-10}	2.248	9.713×10^{-11}
下弦杆 HH10	1.898	6.369×10^{-11}	1.871	6.349×10^{-11}	2.077	5.959×10^{-11}
上弦杆 BB10	2.244	8.375×10^{-11}	2.110	8.389×10^{-11}	2.324	6.447×10^{-11}
竖杆 MM20	0.906	8.348×10^{-12}	0.902	8.791×10^{-12}	0.943	8.923×10^{-12}
斜腹杆 MM20	1.458	3.475×10^{-11}	1.553	3.559×10^{-11}	1.569	3.597×10^{-11}
下弦杆 MM20	0.916	8.924×10^{-12}	0.909	8.703×10^{-12}	0.921	7.574×10^{-12}
上弦杆 BB20	1.733	4.654×10^{-11}	1.772	4.441×10^{-11}	1.761	4.051×10^{-11}
竖杆 HH29	**2.625**	**2.270×10^{-10}**	**2.616**	**2.313×10^{-10}**	**2.722**	**2.376×10^{-10}**
斜腹杆 HH30	2.416	1.313×10^{-10}	2.312	1.222×10^{-10}	2.451	1.260×10^{-10}
下弦杆 HH30	2.118	7.583×10^{-11}	2.095	7.166×10^{-11}	2.111	6.798×10^{-11}
上弦杆 BB30	2.089	9.710×10^{-11}	2.264	8.606×10^{-11}	2.204	6.512×10^{-11}
竖杆 MM'20	0.909	8.135×10^{-12}	0.895	8.186×10^{-12}	0.962	9.148×10^{-12}
斜腹杆 MM'20	1.424	2.853×10^{-11}	1.414	2.958×10^{-11}	1.518	3.059×10^{-11}
下弦杆 MM'20	0.813	5.525×10^{-12}	0.786	4.714×10^{-12}	0.778	4.110×10^{-12}
上弦杆 BB'20	1.703	4.600×10^{-11}	1.844	4.646×10^{-11}	1.891	3.984×10^{-11}
竖杆 HH'11	2.687	2.140×10^{-10}	2.720	2.218×10^{-10}	2.785	2.135×10^{-10}
斜腹杆 HH'10	2.355	1.291×10^{-10}	2.338	1.166×10^{-10}	2.316	1.110×10^{-10}
下弦杆 HH'10	1.876	5.525×10^{-11}	1.929	5.599×10^{-11}	1.930	5.193×10^{-11}
上弦杆 BB'10	2.461	9.067×10^{-11}	2.286	9.085×10^{-11}	2.255	6.977×10^{-11}
竖杆 MM'0	1.217	1.883×10^{-11}	1.171	1.803×10^{-11}	1.227	1.616×10^{-11}
斜腹杆 MM'0	1.665	5.000×10^{-11}	1.645	5.165×10^{-11}	1.679	4.226×10^{-11}
下弦杆 MM'0	0.913	8.537×10^{-12}	0.912	8.953×10^{-12}	0.902	7.116×10^{-12}
上弦杆 BB'0	0.545	1.786×10^{-12}	0.543	1.737×10^{-12}	0.532	1.346×10^{-12}

2. 加劲弦节点

表 5-13、表 5-14 分别列出使用相关文献建议参数与《公路钢结构桥梁设计规范》(JTG D64—2015)建议参数计算所得的加劲弦部分节点等效应力幅值与疲劳损伤值。由表可知,施工前、施工中、施工后疲劳损伤值最大处均为加劲弦斜杆 HH18 节点,即支座 2 号处靠近浦口方向的加劲弦斜杆节点。

与主桁架杆件的疲劳损伤值对比可知:中间支座处,两者疲劳损伤值相近,数量级均为 $10^{-12}\sim10^{-11}$;两端支座处,加劲弦疲劳损伤较小,但两者均小于中间支座处杆件的疲劳损伤值。

加劲弦节点等效应力幅与疲劳损伤值(文献建议参数)　　表 5-13

节点位置	施工前		施工中		施工后	
	等效应力幅(MPa)	疲劳损伤值 D	等效应力幅(MPa)	疲劳损伤值 D	等效应力幅(MPa)	疲劳损伤值 D
竖杆 HH2	0.264	3.628×10^{-15}	0.267	3.531×10^{-15}	0.271	3.580×10^{-15}
斜杆 HH2	0.124	2.017×10^{-16}	0.135	2.214×10^{-16}	0.139	1.937×10^{-16}
竖杆 HH18	1.945	7.244×10^{-12}	2.068	8.276×10^{-12}	2.070	7.008×10^{-12}
斜杆 HH18	**2.769**	$\mathbf{2.242\times10^{-11}}$	**2.819**	$\mathbf{2.521\times10^{-11}}$	**3.011**	$\mathbf{2.116\times10^{-11}}$
竖杆 HH22	1.864	7.184×10^{-12}	1.890	6.790×10^{-12}	1.961	6.694×10^{-12}
斜杆 HH22	2.534	2.231×10^{-11}	2.624	2.104×10^{-11}	2.932	2.034×10^{-11}
竖杆 HH′22	1.886	6.288×10^{-12}	1.996	6.485×10^{-12}	1.970	6.276×10^{-12}
斜杆 HH′22	2.733	2.080×10^{-11}	2.988	1.981×10^{-11}	2.930	1.898×10^{-11}
竖杆 HH′18	1.962	6.838×10^{-12}	2.045	6.669×10^{-12}	2.021	6.366×10^{-12}
斜杆 HH′18	2.676	1.910×10^{-11}	2.952	1.819×10^{-11}	2.907	1.711×10^{-11}
竖杆 HH′18	0.291	4.481×10^{-15}	0.294	5.031×10^{-15}	0.284	3.348×10^{-15}
斜杆 HH′18	0.124	1.381×10^{-16}	0.128	1.510×10^{-16}	0.129	1.467×10^{-16}

加劲弦节点等效应力幅与疲劳损伤值　　表 5-14
[《公路钢结构桥梁设计规范》(JTG D64—2015)建议参数]

节点位置	施工前		施工中		施工后	
	等效应力幅(MPa)	疲劳损伤值 D	等效应力幅(MPa)	疲劳损伤值 D	等效应力幅(MPa)	疲劳损伤值 D
竖杆 HH2	0.245	2.362×10^{-13}	0.250	2.304×10^{-13}	0.253	2.322×10^{-13}
斜杆 HH2	0.090	1.328×10^{-14}	0.100	1.423×10^{-14}	0.105	1.286×10^{-14}
竖杆 HH18	1.471	3.446×10^{-11}	1.587	3.875×10^{-11}	1.602	3.359×10^{-11}
斜杆 HH18	**2.140**	$\mathbf{8.014\times10^{-11}}$	**2.175**	$\mathbf{8.798\times10^{-11}}$	**2.406**	$\mathbf{7.677\times10^{-11}}$
竖杆 HH22	1.390	3.424×10^{-11}	1.423	3.286×10^{-11}	1.497	3.251×10^{-11}
斜杆 HH22	1.903	7.990×10^{-11}	2.003	7.642×10^{-11}	2.330	7.458×10^{-11}
竖杆 HH′22	1.427	3.093×10^{-11}	1.536	3.168×10^{-11}	1.513	3.098×10^{-11}
斜杆 HH′22	2.118	7.581×10^{-11}	2.394	7.300×10^{-11}	2.341	7.077×10^{-11}
竖杆 HH′18	1.496	3.310×10^{-11}	1.582	3.239×10^{-11}	1.564	3.130×10^{-11}
斜杆 HH′18	2.073	7.110×10^{-11}	2.372	6.848×10^{-11}	2.336	6.544×10^{-11}
竖杆 HH′18	0.276	2.796×10^{-13}	0.276	3.048×10^{-13}	0.272	2.223×10^{-13}
斜杆 HH′18	0.096	1.083×10^{-14}	0.098	1.143×10^{-14}	0.099	1.085×10^{-14}

3.纵向联结系节点

表5-15、表5-16分别列出使用相关文献建议参数与《公路钢结构桥梁设计规范》(JTG D64—2015)建议参数计算所得的纵向联结系部分节点等效应力幅值与疲劳损伤值。

纵向联结系节点等效应力幅与疲劳损伤值(文献建议参数) 表5-15

节点位置	施工前		施工中		施工后	
	等效应力幅(MPa)	疲劳损伤值 D	等效应力幅(MPa)	疲劳损伤值 D	等效应力幅(MPa)	疲劳损伤值 D
第一跨下弦	0.678	9.932×10^{-14}	0.669	1.030×10^{-13}	**0.736**	$\mathbf{9.904\times10^{-14}}$
第一跨上弦	**0.743**	$\mathbf{1.407\times10^{-13}}$	**0.674**	$\mathbf{1.065\times10^{-13}}$	0.653	6.135×10^{-14}
第二跨下弦	0.682	1.017×10^{-13}	0.699	1.041×10^{-13}	0.541	3.656×10^{-14}
第二跨上弦	0.451	1.981×10^{-14}	0.730	1.058×10^{-13}	0.527	2.666×10^{-14}
第三跨下弦	0.474	2.563×10^{-14}	0.495	2.670×10^{-14}	0.429	1.649×10^{-14}
第三跨上弦	0.386	1.184×10^{-14}	0.477	2.154×10^{-14}	0.464	1.029×10^{-14}

纵向联结系节点等效应力幅与疲劳损伤值 表5-16
[《公路钢结构桥梁设计规范》(JTG D64—2015)建议参数]

节点位置	施工前		施工中		施工后	
	等效应力幅(MPa)	疲劳损伤值 D	等效应力幅(MPa)	疲劳损伤值 D	等效应力幅(MPa)	疲劳损伤值 D
第一跨下弦	0.517	1.392×10^{-12}	0.507	1.436×10^{-12}	**0.576**	$\mathbf{1.382\times10^{-12}}$
第一跨上弦	**0.566**	$\mathbf{1.794\times10^{-12}}$	0.509	1.451×10^{-12}	0.511	9.623×10^{-13}
第二跨下弦	0.543	1.618×10^{-12}	**0.562**	$\mathbf{1.653\times10^{-12}}$	0.436	7.589×10^{-13}
第二跨上弦	0.354	4.536×10^{-13}	0.581	1.566×10^{-12}	0.424	5.636×10^{-13}
第三跨下弦	0.367	5.346×10^{-13}	0.385	5.442×10^{-13}	0.332	3.837×10^{-13}
第三跨上弦	0.297	2.982×10^{-13}	0.374	4.676×10^{-13}	0.382	2.646×10^{-13}

使用文献建议参数计算,施工前与施工中疲劳损伤值最大位置为第一跨上弦杆节点,施工后疲劳损伤值最大位置为第一跨下弦节点。

使用《公路钢结构桥梁设计规范》(JTG D64—2015)建议参数计算,施工前疲劳损伤值最大处为第一跨上弦杆节点,施工后疲劳损伤值最大处为第一跨下弦节点,施工中疲劳损伤值最大处为第二跨下弦节点。

4.铁路横梁节点

表5-17、表5-18分别列出使用相关文献建议参数与《公路钢结构桥梁设计规范》(JTG D64—2015)建议参数计算所得的铁路横梁部分节点等效应力幅值与疲劳损伤值。由表可知,施工前、中、后杆件疲劳损伤值最大处均为第一跨跨中横梁的梁中节点。

铁路横梁节点等效应力幅与疲劳损伤值(文献建议参数) 表5-17

节点位置	施工前		施工中		施工后	
	等效应力幅(MPa)	疲劳损伤值 D	等效应力幅(MPa)	疲劳损伤值 D	等效应力幅(MPa)	疲劳损伤值 D
第一跨梁端	0.122	1.075×10^{-16}	0.122	1.093×10^{-16}	0.129	1.057×10^{-16}
第一跨梁中	**0.216**	**1.419×10^{-15}**	**0.219**	**1.503×10^{-15}**	**0.250**	**1.500×10^{-15}**
第二跨梁端	0.126	1.083×10^{-16}	0.129	1.188×10^{-16}	0.127	1.065×10^{-16}
第二跨梁中	0.208	1.056×10^{-15}	0.212	1.182×10^{-15}	0.225	1.049×10^{-15}
第三跨梁端	0.124	9.978×10^{-17}	0.123	9.651×10^{-17}	0.123	9.807×10^{-17}
第三跨梁中	0.219	1.310×10^{-15}	0.211	1.262×10^{-15}	0.240	1.358×10^{-15}

铁路横梁节点等效应力幅与疲劳损伤值 表5-18
[《公路钢结构桥梁设计规范》(JTG D64—2015)建议参数]

节点位置	施工前		施工中		施工后	
	等效应力幅(MPa)	疲劳损伤值 D	等效应力幅(MPa)	疲劳损伤值 D	等效应力幅(MPa)	疲劳损伤值 D
第一跨梁端	0.093	8.372×10^{-15}	0.094	8.574×10^{-15}	0.101	8.305×10^{-15}
第一跨梁中	**0.161**	**5.867×10^{-14}**	**0.164**	**6.164×10^{-14}**	**0.196**	**6.172×10^{-14}**
第二跨梁端	0.102	9.757×10^{-15}	0.104	1.054×10^{-14}	0.104	9.706×10^{-15}
第二跨梁中	0.167	5.563×10^{-14}	0.169	6.047×10^{-14}	0.186	5.633×10^{-14}
第三跨梁端	0.096	7.993×10^{-15}	0.095	7.727×10^{-15}	0.095	7.869×10^{-15}
第三跨梁中	0.167	5.622×10^{-14}	0.158	5.408×10^{-14}	0.187	5.735×10^{-14}

5.铁路纵梁节点

表5-19、表5-20分别列出使用相关文献建议参数与《公路钢结构桥梁设计规范》(JTG D64—2015)建议参数计算所得的铁路纵梁部分节点等效应力幅值与疲劳损伤值。由表可知,施工前与施工中疲劳损伤值最大处为第二跨跨中位置右端纵梁节点,施工后疲劳损伤值最大处为第三跨跨中位置右端纵梁节点。

铁路纵梁节点等效应力幅与疲劳损伤值(文献建议参数) 表5-19

节点位置	施工前		施工中		施工后	
	等效应力幅(MPa)	疲劳损伤值 D	等效应力幅(MPa)	疲劳损伤值 D	等效应力幅(MPa)	疲劳损伤值 D
第一跨右梁	4.518	3.920×10^{-10}	4.233	3.048×10^{-10}	2.125	9.599×10^{-12}
第一跨左梁	4.466	3.884×10^{-10}	4.232	3.047×10^{-10}	2.162	1.027×10^{-11}
第二跨右梁	**4.440**	**4.036×10^{-10}**	**4.417**	**3.782×10^{-10}**	2.103	9.717×10^{-12}
第二跨左梁	4.428	3.993×10^{-10}	4.454	3.772×10^{-10}	2.157	1.076×10^{-11}
第三跨右梁	1.758	9.078×10^{-12}	3.184	6.839×10^{-11}	**3.105**	**4.539×10^{-11}**
第三跨左梁	1.701	7.433×10^{-12}	3.004	6.504×10^{-11}	3.093	4.224×10^{-11}

铁路纵梁节点等效应力幅与疲劳损伤值 表 5-20

[《公路钢结构桥梁设计规范》(JTG D64—2015)建议参数]

节点位置	施工前		施工中		施工后	
	等效应力幅(MPa)	疲劳损伤值 D	等效应力幅(MPa)	疲劳损伤值 D	等效应力幅(MPa)	疲劳损伤值 D
第一跨右梁	4.192	1.484×10^{-9}	3.921	1.226×10^{-9}	2.023	8.348×10^{-11}
第一跨左梁	4.121	1.463×10^{-9}	3.909	1.215×10^{-9}	2.064	8.864×10^{-11}
第二跨右梁	**4.082**	$\mathbf{1.512\times10^{-9}}$	**4.073**	$\mathbf{1.438\times10^{-9}}$	1.998	8.495×10^{-11}
第二跨左梁	4.059	1.488×10^{-9}	4.108	1.424×10^{-9}	2.056	9.254×10^{-11}
第三跨右梁	1.656	9.246×10^{-11}	2.984	3.790×10^{-10}	**2.954**	$\mathbf{2.695\times10^{-10}}$
第三跨左梁	1.611	7.944×10^{-11}	2.769	3.631×10^{-10}	2.948	2.533×10^{-10}

六、剩余寿命分析

对比主桁架节点、加劲弦节点和纵向联结系节点、铁路纵横梁节点的疲劳损伤可知，施工前和施工中，第二跨跨中铁路纵梁的疲劳损伤值最大；施工后，第三跨跨中铁路纵梁的疲劳损伤值最大。疲劳剩余寿命的估计，需综合考虑施工前与施工中杆件已造成的疲劳损伤、施工后计算所得的疲劳损伤结果，单个施工阶段的杆件疲劳损伤不能代表其疲劳剩余寿命。本节采用《公路钢结构桥梁设计规范》(JTG D64—2015)建议参数的计算结果，分别计算第二跨跨中纵梁、第三跨跨中纵梁与主桁架第二跨跨中竖杆 HH29 节点的疲劳剩余寿命，取较小值作为南京长江大桥桁架杆件剩余寿命的估计值。按南京长江大桥每天通行 250 趟列车进行计算，原桥工作年限设为 50 年，施工所需年限设为 2 年。

1. 第二跨跨中位置的铁路纵梁剩余使用寿命

施工前杆件每年的疲劳损伤值：

$$D_{f1}=365\times250\times1.512\times10^{-9}=1.380\times10^{-4} \tag{5-146}$$

施工中杆件每年的疲劳损伤值：

$$D_{m1}=365\times250\times1.438\times10^{-9}=1.312\times10^{-4} \tag{5-147}$$

施工后杆件每年的疲劳损伤值：

$$D_{l1}=365\times250\times8.495\times10^{-11}=7.752\times10^{-6} \tag{5-148}$$

根据第二跨跨中位置的铁路右端纵梁节点的疲劳损伤，计算得到南京长江大桥的剩余寿命为：

$$A_1=\frac{1-50\times D_{f1}-2\,D_{m1}}{D_{l1}}=128075(\text{年}) \tag{5-149}$$

2. 第三跨跨中位置的铁路纵梁剩余使用寿命

施工前杆件每年的疲劳损伤值：

$$D_{f1}=365\times250\times9.246\times10^{-11}=8.437\times10^{-6} \tag{5-150}$$

施工中杆件每年的疲劳损伤值：

$$D_{m1}=365\times250\times3.790\times10^{-10}=3.458\times10^{-5} \tag{5-151}$$

施工后杆件每年的疲劳损伤值：

$$D_{l1}=365\times250\times2.695\times10^{-10}=2.460\times10^{-5} \tag{5-152}$$

根据第三跨跨中位置的铁路右端纵梁节点的疲劳损伤，计算得到南京长江大桥的剩余寿命为：

$$A_1=\frac{1-50\times D_{f1}-2D_{m1}}{D_{l1}}=40630(\text{年}) \tag{5-153}$$

3. 主桁架第二跨跨中竖杆 HH29 节点疲劳损伤

施工前杆件每年的疲劳损伤值：

$$D_{f1}=365\times250\times2.270\times10^{-10}=2.071\times10^{-5} \tag{5-154}$$

施工中杆件每年的疲劳损伤值：

$$D_{m1}=365\times250\times2.313\times10^{-10}=2.111\times10^{-5} \tag{5-155}$$

施工后杆件每年的疲劳损伤值：

$$D_{l1}=365\times250\times2.376\times10^{-10}=2.168\times10^{-5} \tag{5-156}$$

根据主桁架第二跨跨中竖杆 HH29 节点的疲劳损伤，计算得到南京长江大桥的剩余寿命为：

$$A_1=\frac{1-50\times D_{f1}-2D_{m1}}{D_{l1}}=46075(\text{年}) \tag{5-157}$$

由上述分析可知，虽然在施工阶段主桁架竖杆的疲劳损伤值比纵梁小，但其疲劳剩余寿命却短于纵梁。总体而言，动荷载引起的疲劳损伤值较小，单纯考虑铁路动荷载作用时的杆件剩余使用寿命充足。注意，该剩余寿命仅为根据杆件疲劳损伤计算的理论估计值，实际使用过程中桥梁钢结构还会受其他因素影响并产生损伤。

本章小结

借助 MATLAB 与 ANSYS 平台，自编南京长江大桥维修改造的车致振动分析程序，针对公路层不同改造阶段，分析列车驶入铁路层时结构振动响应与疲劳特性，所得结论如下：

(1)改造过程中，列车过桥结构动载响应规律无明显变化，但改造后其位移量降低，新安装正交异性钢桥面板的轻质高强特性将改善全桥动力行为。

(2)改造过程中，铁路层列车通行所引起的桥梁振动加速度始终满足《公路钢结构桥梁设计规范》(JTG D64—2015)规范限值要求。因此，原桥桥面系拆除与新桥桥面系安装过程中，列车通行不会对结构安全产生影响。

(3)列车通行时,按原桥工作50年、维修改造2年为计,主桥纵向联结系与铁路横梁关键节点的应力幅与疲劳损伤值相对较小,主桁架、加劲弦与铁路纵梁的等效应力幅与疲劳损伤值相对较大,但其最大疲劳损伤值数量级仅为10^{-9},计算所得理论剩余寿命远超其服役年限。

(4)列车通行时,各跨跨中竖杆处疲劳损伤值相对较大,且中跨跨中竖杆处大于边跨。因此,在南京长江大桥维修改造以及后续运营阶段中,应特别关注竖杆疲劳损伤,尤其中跨跨中位置,结合桥检报告,重点关注已出现疲劳损伤累积及疲劳裂纹的杆件。

第六章　主桥维修改造施工设计与现场实施

第一节　维修改造施工总体设计

一、设计依据

1. 原设计及竣工文件

(1)原铁道部大桥工程局勘测设计院(现中铁大桥勘测设计院集团有限公司):南京长江大桥原设计图;

(2)原铁道部大桥工程局(现中铁大桥局集团有限公司):南京长江大桥原竣工图;

(3)原铁道部大桥工程局(现中铁大桥局集团有限公司):南京长江大桥技术总结(1983)。

2. 检测试验报告及技术资料

(1)同济大学桥梁工程系:南京长江大桥公路桥现状评估试验报告(2008)。

(2)上海铁路局工务检测所: 京沪线南京长江大桥常规检定评估试验报告(2013)。

(3)南京市住房与城乡建设委员会, 东南大学, 中铁大桥(南京)桥隧诊治有限公司, 南京市政设计研究院有限责任公司。南京长江大桥保护及功能提升方案研究报告(2011)。

(4)中铁大桥(南京)桥隧诊治有限公司: 南京长江大桥公路桥改造工程检测评估项目检测试验报告(2016)。

(5)中铁大桥勘测设计院集团有限公司:南京长江大桥公路桥维修改造工程项目建议书(2016)。

(6)中铁大桥勘测设计院集团有限公司:南京长江大桥公路桥维修改造工程项目建议书(2016)。

(7)中铁大桥勘测设计院集团有限公司:南京长江大桥公路桥维修改造工程可行性研究报告(2016)。

3. 参考现行标准及规范见参考文献

二、技术标准

1. 设计活载

铁路为双线,主桥部分设计载重为中－24 级,引桥部分设计载重为中－26 级。

公路为双向四车道，主桥、引桥设计载重均为汽－18级，并以拖－80t检算，人群荷重为3kN/m^2（仅承受人群质量结构设计为4kN/m^2）。

2. 线形

桥上铁路线最大坡度0.4%，最小弯道半径1200m；公路桥面最大坡度3.17%，最小弯道半径250m。

3. 横断面布置

公路桥面净宽19.5m，行车道宽15m，两侧各另设人行道净宽2.25m。

4. 设计速度

根据目前横坡、桥面宽度、行车道数量等参数，改造后设计速度为40km/h。

5. 主桥主体结构

主桥为10孔公路、铁路共用钢桁梁。浦口岸第1孔为128m简支钢桁梁，其余9孔为三联三等跨的160m连续钢桁梁。

主桥水中桥墩共9个，基础深为施工水位＋7.5m以下60～77.13m，分为四类：①号墩为重型混凝土沉井基础；②、③号墩为钢沉井加管桩基础；④～⑦号墩为浮式钢筋混凝土沉井基础；⑧、⑨号墩为钢板桩围堰管桩基础。

6. 通航

桥下通航净空宽120m，高度为最高通航水位＋8.27m以上24m。

7. 船舶撞击力

顺桥向船舶撞击力为317t，侧向为158.5t。

三、设计原则与总体思路

综合考虑南京长江大桥的历史意义、文物属性、病害特点、结构及运营现状、经济及交通发展等多角度因素，大桥维修改造加固的设计原则如下：

（1）"消除结构安全隐患"原则。该原则为维修改造工程的基本原则。

（2）"修旧如旧"原则。该原则为前期方案研究阶段多次评审后得出的总体原则，在维修大桥时，既要保持大桥原有使用功能，又要保持大桥原有的风貌。

（3）"满足文保要求"原则。南京长江大桥为"不可移动文物"，设计方案服从文物保护相关要求，维持结构建筑外观特色，满足文物保护专项评审要求。

（4）"满足铁路需求"原则。设计方案须充分考虑铁路需求，公铁共用范围内公路桥维修改造方案必须满足铁路安全需要，获得铁路部门认可。

（5）"降低养护成本"原则。设计方案应充分考虑管养事宜，特别是产权移交后，公铁共用范围内公路桥维修养护由铁路部门配合实行的难度，维修改造方案应尽量减少维修养护工作量。

在此原则下，设计思路如下：

（1）保持外观风貌不变，遵循"修旧如旧"原则。

（2）消除结构安全隐患，提高结构耐久性能，改善行车舒适性。

（3）维持原设计荷载标准汽－18级，本次维修改造不提高荷载等级。

(4)维持桥面现有横断面布置,保持四车道和双侧人行道布置不变。

(5)维持结构受力体系基本不变。主桥及双曲拱桥主体结构保持现有受力体系,研究引桥 T 梁结构简支、桥面连续的可行性。

(6)维修改造不增加结构恒载。

(7)维修改造过程中,公路与铁路完全隔离,确保铁路的安全运营。

第二节　维修改造实施方案

基于第 4 章与第 5 章的静动力响应与变化过程分析,南京长江大桥公路维修改造最终实施方案得以确定。

一、对象与内容

改造后大桥维持原设计技术指标与横截面布置,根据 2016 年检测报告及桥梁病害问题,综合考虑施工安全、运营期间健康监测、管养维护便利程度等方面,主桥维修改造内容见表 6-1。本维修改造方案可以在不影响原有传力途径的基础上,实现公铁桥梁双层协同受力,消除了原有公路层桥面系自身安全隐患与铁路层桁架结构长期运营安全问题。

主桥维修改造内容　　表 6-1

部位	维修改造内容	备注
主桁及托架	杆件更换	锈蚀严重杆件,主要为托架杆件
	钢杆件涂装防护	防护棚架以上部分
行车道结构	行车道板改造	正交异性钢结构行车道板
	拆除公路钢纵梁	
	桥面铺装及标志标线改造	详见交通工程分册*
横梁	横梁增加制动撑架	每联固定支座所在横梁
桥面系及附属设施	人行道改造	改为钢结构
	人行道栏杆改造	本册仅包括踢脚改造*
	防护隔离栏改造	
	排水系统改造	
	检修小车改造	
安全监测系统	健康监测系统	
	施工监控系统	

注:* 维修改造方案共分 7 册,本册仅针对主桥维修改造内容。

二、桥式布置

南京长江大桥公路主桥位于跨江区域,全长 1576m,位于两大桥头堡之间,由四联组成,共有 10 孔钢梁。

主桥桥式组成如下(由北向南):128m 简支钢桁梁 + 3 × 160m 甲式连续钢桁梁 + 3 × 160m 甲式连续钢桁梁 + 3 × 160m 乙式连续钢桁梁(见图 6-1)。公路桥面系横断面见图 6-2。

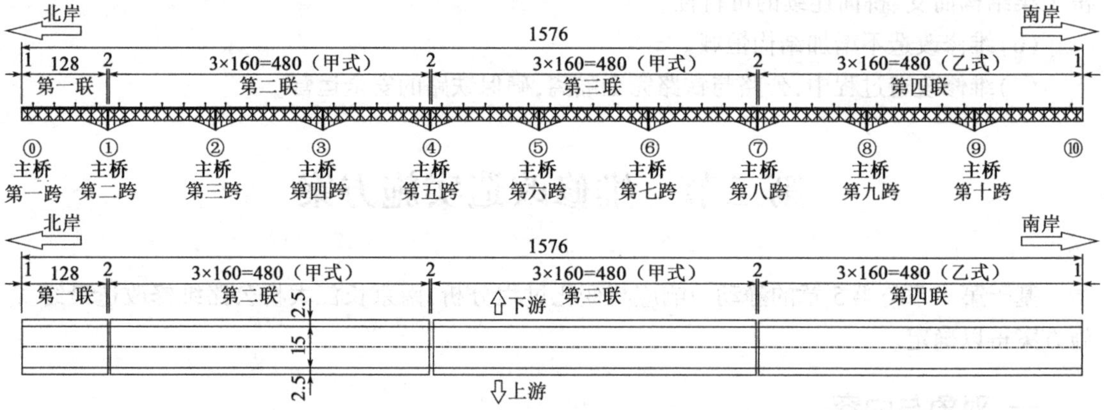

图 6-1　主桥总体布置图(单位:m)

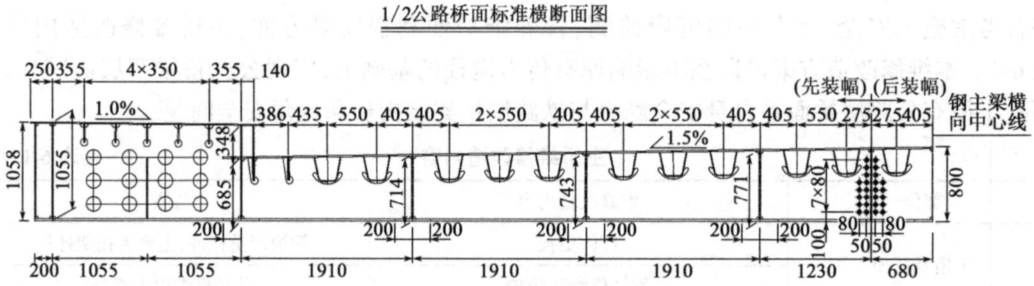

图 6-2　公路桥面系横断面图(单位:mm)

1. 钢主梁设计

利用正交异性钢桥面板和钢主梁整体更换原桥面系,在满足受力和构造要求的前提下,桥面系极大轻型化,总体恒载降低 8%,有效减轻了主桁结构和下部墩台基础的恒载受力。

公路钢主梁纵桥向一联内设计为连续结构,可增大桥面系整体刚度,改善桥面板与横梁受力,提高桥面铺装耐用性。改造后,桥面结构由纵梁、横梁(肋)与包括加劲肋、开口肋的钢桥面板组成,其中纵梁布置及纵梁间距与原设计保持一致。

钢主梁跨中梁高 800mm,桥面板顶板厚 16mm,板顶设 1.5% 的双向排水坡,下部设置间距 U 型纵肋及板肋。U 型纵肋间距为 550mm、板厚 8mm,U 肋顶宽 300mm、底宽 196mm、高 260mm。板肋包括 120 × 8、240 × 20 两种,板肋间距为 350mm ~ 386mm。倒 T 形纵梁与横梁的下翼缘板底面平齐,纵梁腹板厚 16mm,底板宽 400mm,厚 20mm。U 肋、板肋与纵梁的跨距均为 2.667m,且全桥连续。横梁、横肋腹板遇纵梁腹板断开,与纵梁腹板焊接连接。顺桥向每隔 2.667m 设 1 道倒 T 形横梁(肋),横梁跨中高 0.82m,横肋跨中高 0.8m,纵横梁下缘与球形钢支座采用高强螺栓连接。

桥面板连接方式为:纵横向分块,整体制造、运输与安装,现场栓焊结合。桥面板纵桥向的标准节段长度为 8m,伸节间长 8.016m,缩节间长 7.984m。桥面板横向全宽 20.0m,分为两块,先装幅宽9.32m,后装幅宽10.68m,全桥共计400块。最大分块预制正交异性钢桥面板重29.6t。

工地安装时,桥面板纵横向连接为熔透焊接,纵横梁腹板及底板采用高强螺栓现场拼接,板肋及U肋采用嵌补段现场焊接。为适应主桁拱度,纵梁腹板及底板拼接板在工厂钻一侧孔,另一侧孔、板肋及U肋嵌补段长度均根据现场实际情况调整。

公路钢主梁采用Q345qD材质的钢材,加固改造后公路钢主梁横断面图见图6-3。

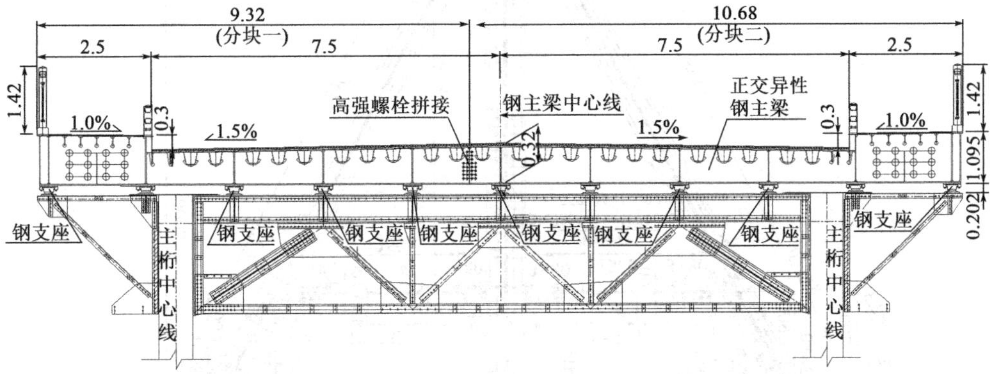

图6-3　改造后公路钢主梁标准横断面图(单位:m)

2. 公路横梁增设制动支撑架

改造后桥面系采用固定钢支座,并在每联(128m简支钢桁梁、3×160m连续钢桁梁)中跨跨中设置一排5个约束。受车辆荷载的启动、制动以及温度等作用影响,行车道板受水平力并传递至固定支座及公路横梁,需对固定支座横梁增设制动支撑架,用于保障公路横梁受力安全。制动支撑架横杆及纵杆采用工字形截面,斜杆采用T形截面,制动支撑架结构见图6-4。

3. 支座

公路纵横梁间采用抗拉拔钢支座更换原钢垫块,两者布置位置相同,纵桥向布置间距为8m,横桥向每排布置11套,每联正中间横梁设5个固定支座。铸钢拉压支座适用于公路与铁路两类荷载,可与钢桁梁整体同步变形。

拉拔支座布置于公路钢横梁顶面。公路钢横梁顶面需现场拆除既有钢垫板及铆钉,根据抗拉拔钢支座需求现场钻制螺栓孔,重新设置垫板并安放、锚固支座。

4. 桥面铺装

钢桥面铺装要求具有变形随从性、抗疲劳开裂性能、耐高温性能以及优良的力学性能等。对于大跨径钢桥桥面铺装设计,铺装下面层要求具有良好的黏结性能与优良的密实度,以保证防水需要与层间黏结需要;铺装上面层要求具有良好的路用性能。

5. 人行道改造

人行道更换为整体钢结构形式。人行道结构与行车道板结构由工厂整体制造,外侧支撑于人行道纵梁位置。

人行道板厚12mm,铺装采用耐涂ET黏结层+红缸砖面层,其下设置横梁(肋)及纵肋。横肋与行车道板横肋间距相同,间距为2.667m+2.666m+2.667m。纵肋采用开口肋,横桥向标准间距为350mm。

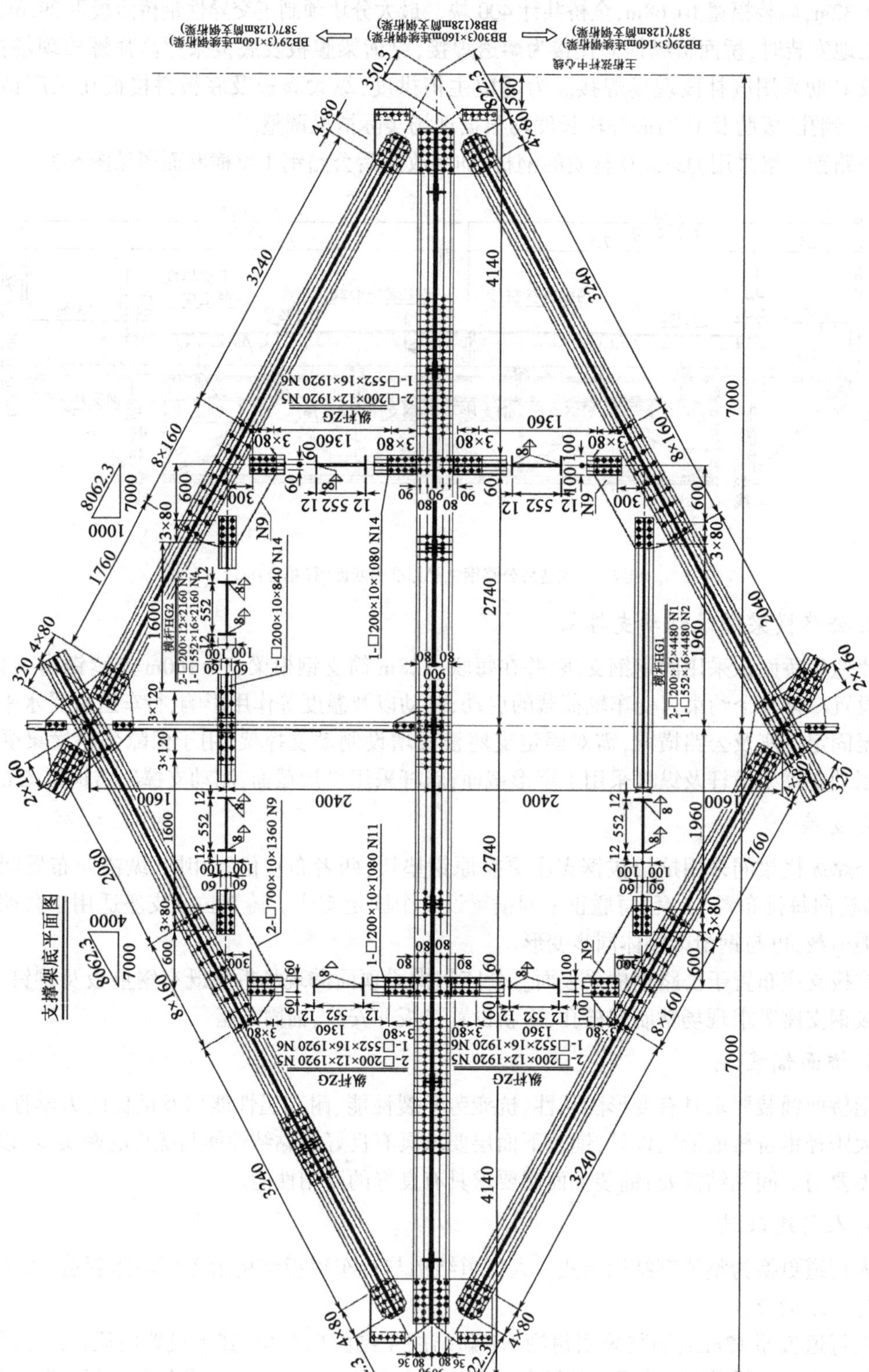

图6-4　横梁加固支撑架结构图(单位：mm)

三、钢结构关键杆件

1. 钢杆件更换

2016 年检测报告提到："两侧人行道下方的纵梁(Z1、Z9),上、下翼缘板均有起皮锈蚀现象,部分锈蚀严重;伸缩装置渗水处人行道托架存在轻微锈蚀;其余钢纵梁(Z2 ~ Z8)在桥面板承托位置渗水处均存在轻微锈蚀的现象。"由报告可知,主桥部分杆件存在耐久性病害。

桥面系的拆除改造为进一步详细检测提供了条件。全面检测后,须对杆件锈蚀状态、变形等展开评估,确定杆件是否进行更换或加固。根据检测报告,锈蚀杆件主要为非主要受力杆件,可进行局部的杆件更换。

2. 钢杆件涂装防护

在横梁上搭设防护棚架时对既有钢桁梁涂层存在破坏;伸缩装置附近托架构件等均存在轻微锈蚀;同时行车道板及人行道板下方构件由于日常维护难度大,可能存在锈蚀现象。因此本次维修改造对防护棚架以上部分杆件重新进行喷砂除锈、涂装防护。主要包括防护棚架以上部分的主桁腹板、横梁、托架、平面联结系及日常检修系统等。

防腐涂装体系采用《铁路钢桥保护涂装及涂料供货技术条件》(TB/T 1527—2011)中钢桥涂装体系 7,见表 6-2。

钢桥涂装防护体系 7　　表 6-2

涂层	涂料品种	干膜厚度(μm)	道数
底涂层	特制环氧富锌底漆	80	2 × 40
中间涂层	棕红云铁环氧中间漆	40	1 × 40
面涂层	氟碳面漆	70	2 × 35
合计		190	5

高强度螺栓拼接处防滑摩擦面涂层采用《铁路钢桥保护涂装及涂料供货技术条件》(TB/T 1527—2011)中钢桥涂装体系 3。

四、桥面系与附属设施

桥面系附属设施包括人行道栏杆、路灯、防护隔离栏、桥面排水系统、检查小车、伸缩装置等。其中,人行道栏杆、路灯等被纳入文物保护设计范围,交通标志标线被纳入交通标志范围。因此,本书中桥面系附属设施维修仅包括防护隔离栏、桥面排水系统、检查小车、伸缩装置等。

1. 防护隔离栏

桥梁防护隔离栏参照现行规范要求设计,综合考虑南京长江大桥的城市桥梁功能与美观效果,护栏样式与桥梁建筑风格协调一致。

2. 排水系统改造

为适应现有桥面系结构形式,主桥排水系统需进行全面改造。全面更换桥面排水孔、排水管道、管卡等构件,但排水管道材料、布置位置仍与改造前相同。

3. 检查小车改造

主桥现有检查小车 12 台,每联各有 3 台。由于存在锈蚀严重、前端导梁刚度低等问题,检查小车行动笨拙,效率低下。本次维修改造需对 12 台主桥检查小车进行全面改造。

4. 伸缩装置改造

拆除原桥 45 道小型伸缩缝,仅在主体结构联间保留 5 道大型伸缩缝,显著提高其整体性。大型伸缩装置布置位置及型号见表 6-3。

伸缩装置型号统计表　　表 6-3

序号	部位	伸缩装置型号	备注
1	0 号墩顶	改造后为 120 型	按公路钢结构桥梁设计规范考虑 30% 富余量
2	1 号、4 号、7 号墩顶	改造后为 720 型	
3	10 号墩顶	改造后为 640 型	

第三节　维修改造施工流程

一、总体施工流程

南京长江大桥公路桥维修改造工程,从工程角度,工期紧张、工程复杂,从社会角度,市民关注程度高、社会舆论压力大、社会影响力显著。因此,施工过程中各分部分项工程应紧密衔接,有序开展,以保证工程在规定工期内保质保量完成。南京长江大桥维修改造工程总体施工流程建议见图 6-5,施工方应在此基础上进行优化与调整,进行严密的施工组织设计,紧凑各工序衔接流程。

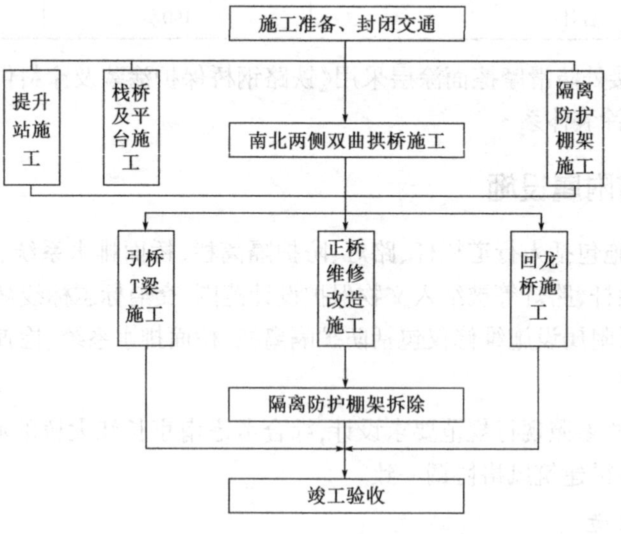

图 6-5　维修改造工程总体施工流程图

南京长江大桥维修改造工程总体步骤如下。

(1)全桥封闭交通、施工准备。

(2)隔离防护棚架搭设、双曲拱桥加固(不含回龙桥)。

公铁隔离防护棚架搭设期间,同时完成北岸双曲拱桥(4 跨)、南岸双曲拱桥的维修加固(18 跨),以回龙桥为材料运输及施工车辆通行通道。

(3)主桥、引桥 T 梁及回龙桥部分维修施工。

以主桥维修改造为主线,兼顾引桥 T 梁及回龙桥维修施工,以双曲拱桥为材料及施工车辆通行通道。

施工过程中,与桥面交通相关的维修内容为首要任务,如主桥行车道板改造、引桥桥面铺装改造、人行道改造等。

(4)隔离防护棚架拆除

引桥 T 梁及回龙桥区域的维修工作在隔离防护棚架拆除期间完成。

(5)竣工验收

现场施工图片见图 6-6。

a)维修改造初期

b)维修改造中期

图　6-6

c)维修改造后期

图 6-6　现场施工图

二、主桥施工步骤

为避免主桥与引桥施工交叉干扰，分别在桥头建筑大小堡之间设置提升站，分别在北岸下游侧、南岸上游侧设置施工栈桥，作为钢结构正交异性板钢桥面系的垂直运输通道与水路运输通道，保证运输过程无缝对接。

根据本项目总体施工组织及工期需求，主桥桥面系改造拟考虑全断面进行，施工步骤如下：

(1)步骤一

①封闭交通，施工准备及相关审批手续办理。

②搭设隔离防护棚架。

③在南、北岸大小堡之间设置提升站。

④在北岸下游、南岸上游侧顺桥向设置施工栈桥及平台。

(2)步骤二

①主桥隔离防护棚架施工完成约 90% 时，桥面系及附属设施由中心往两侧对称拆除并运输至桥下指定位置，包括人行道栏杆、防护隔离栏、人行道板、混凝土行车道板、钢纵梁等。拆除范围内隔离防护棚架应搭设完毕。

②钢横梁制动横梁加固、锈蚀钢构件加固或更换。

③继续搭设隔离防护棚架至完成。

(3)步骤三

①拆除原桥面系，加固钢横梁、更换或加固钢构件，处理并检查验收。

②隔离防护棚架，进行棚架以上钢结构的防护涂装。

③船舶运输钢结构行车道板至栈桥平台，通过施工栈桥运输至提升站位置，由提升站垂直提升至桥面进行安装。钢结构行车道板的安装由⓪号、⑩号墩开始向桥梁中间方向进行。

(4)步骤四

①利用施工栈桥、提升站、架板机等，运输、安装正交异性钢结构行车道板，至全部安装完成。

②拆除架板机。

③钢结构正交异性板在⓪号、⑩号墩附近安装约 10 个节间时，开始拆除隔离防护棚架，由两端往中间方向对称拆除。具体作业面根据现场实际情况灵活确定，但应保证隔离防护棚架拆除区以上的钢结构行车道板已安装并检查验收完毕。

(5)步骤五

①拆除提升站、拆除施工栈桥、拆除隔离防护棚架。

②安装人行道栏杆、防护隔离栏、路灯等。

③桥面铺装施工准备工作。

(6)步骤六

①桥面铺装施工。

②安装伸缩装置,施工标志标线等。

③验收。

第四节　现场实施关键环节

一、桥面系拆除

桥面系拆除共分为人行道与行车道两个区域,按人行道部分、行车道部分及纵梁的顺序依次进行,拆除作业区段呈梯形布置。

首先拆除人行道部分,包括栏杆、人行道板、防护隔离栏、路缘石等,并加强对人行道下有无管线、结构状态等的检查与检测。拆除人行道后,铣刨桥面铺装层,检查行车道板完整程度并放样行车道板划分板块,按放样的板块大小、位置、重心等设置吊点并切割。然后,以隔离防护棚架为施工平台,解除行车道板与公路纵梁间锚固连接。利用桥面吊装设备,将行车道板吊离桥面并运输至桥下指定位置。最后,同样以隔离防护棚架为施工平台,解除公路纵梁与横梁间螺栓锚固连接,利用桥面吊装设备将公路纵梁吊离桥面应运输至桥下。拆除桥面系总体流程见图6-7。

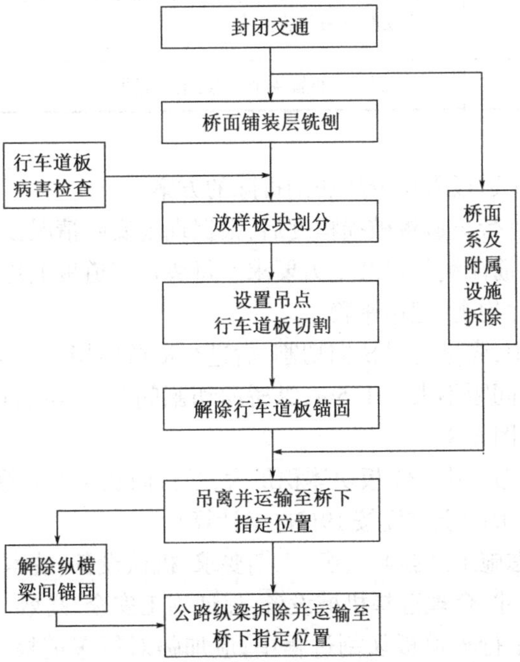

图6-7　桥面系拆除总体流程图

拆除行车道板及公路钢纵梁后,应及时检查公路横梁及平联的结构尺寸、病害情况等。

1. 人行道拆除

人行道部分拆除作业建议采用人工与小型机械设备相结合的方式,其中人行道栏杆的拆除全部采用人工作业。拆除施工时应对构件进行编号识别,尽可能保持人行道结构完整以便后期能够恢复利用。

主要工作内容如下:

(1)凿除人行道板表面镶嵌瓷砖;

(2)拆除人行道栏杆、路灯;

采取保护性拆除。拆除前进行编号并记录位置等信息;拆除过程中注意加强保护,不得野蛮作业;拆除后将其运输至桥下妥善存放,并按照要求进行修缮、恢复。

(3)逐块拆除人行道板;

(4)拆除路缘石、防护隔离栏。

2. 行车道板拆除

(1)桥面铺装铣刨

使用铣刨机清除沥青混凝土桥面铺装后,须对行车道板进行病害检查,确认是否存在影响吊装的病害,根据病害情况确定吊装方案与处理措施(表6-4)。

陶粒轻质混凝土行车道板吊装方案及处理措施　　表6-4

桥面板破损程度	吊装方案及处理措施
严重	底部加设安全网等防护措施,并在桥面板底部设置吊装扁担
较严重	对局部开裂较严重的部位,底部加设安全网等防护措施,对裂缝进行注浆补强后,再切割分块吊装拆除
一般	在桥面板上布置4个吊点,正常起吊

(2)行车道板切割

陶粒轻质混凝土行车道板采用分块切割拆除的方案。

铣刨桥面铺装并检查行车道板破损程度后,根据现场实际情况设置吊点,可采用植入钢筋的方式进行设置,植入钢筋需满足吊装受力要求。每块行车道板上均需设置足够数量的吊点,以保证每块行车道板受力均衡、起吊平稳。

行车道板切割过程中,先进行纵桥向切割,后进行横桥向切割。综合考虑吊装质量及施工的操作性,建议横向切缝间距不大于1.5m,纵桥向切割间距为4m,注意保持切割后各分块的稳定性,建议切割分块见图6-8。

由图可知,纵向切缝布置中,B3板块体积最大,横桥向长4.5m,纵桥向宽1.5m,最大吊装质量约为2.3t(陶粒轻质混凝土重度按19kN/m^3计算)。

施工单位应综合考虑施工经验与组织、工期要求、机械设备、技术力量、行车道板完好程度等因素,优化调整分块尺寸、合理选择机械设备,保证施工安全、高效、可靠。

既有陶粒轻质混凝土行车道板切割过程中,应加强对行车道板结构尺寸的复核,主要包括:桥面横坡、行车道板厚度、行车道板承托处结构尺寸、行车道板总宽度等。根据复核结果精确计算各分块质量,以便于进一步优化调整施工组织方案。

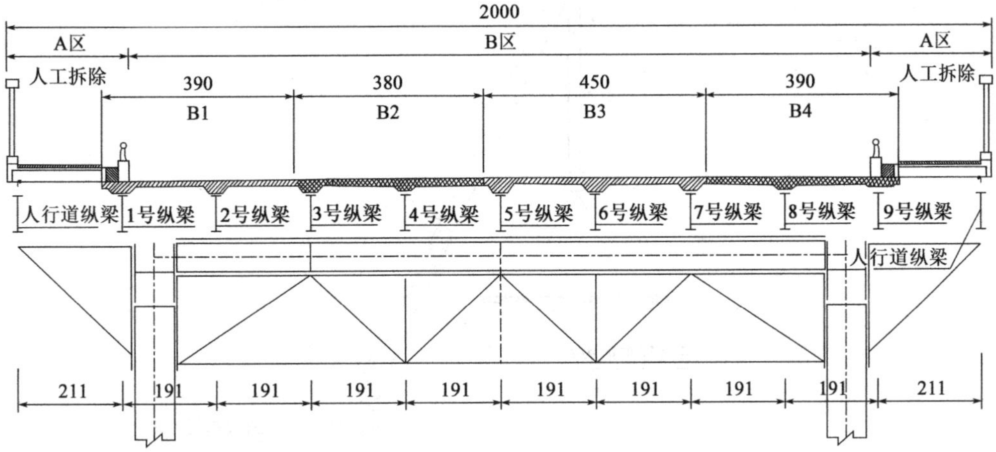

图6-8　陶粒轻质混凝土行车道板建议切割分块示意图(单位:cm)

(3)解除锚栓连接

行车道板切割完成后,利用隔离防护平台,人工局部凿除砂浆垫层,采用适当的机具设备拆除锚固螺栓。切割机拆除过程中严禁野蛮作业,尽量采用小型机械设备。

(4)桥面板吊离

切割分块后,理论上最大质量为2.3t,建议采用额定起质量不小于25t的汽车起重机。桥面板所设置的吊点应保证吊装平衡稳定,确保桥面板重心位于起吊钢丝绳的垂线上。汽车起重机支腿下方应采用不小于1.5m×0.5m的组合型钢或枕木进行抄垫,起重机吊装作业横断面布置见图6-9。

行车道板拆除完成后,利用既有隔离防护平台解除公路钢纵梁与公路横梁间、公路钢纵梁间连接,利用汽车起重机依次将钢纵梁及平面连接系等吊离桥面。

吊装过程中,应加强对吊离板块的防护,严禁出现板块破碎、坠落等现象(严禁任何器物坠落至铁路桥面),必要时应另外增设安全防护网以保证吊装安全。

总体上,主桥行车道板、钢纵梁的拆除由桥梁中间往两端方向(⓪号墩、⑩号墩)进行,拆除施工平面布置示意见图6-10。

二、正交异性钢行车道板制造

正交异性钢结构行车道板采用工厂预制、预拼装,最大限度保证制作精度、焊接质量,加快制造速度。

正交异性钢桥面板下料尺寸及加工精度直接影响结构组装、焊接质量,进而对钢结构行车道板疲劳性能产生影响。组装精度为确保焊接质量、提高抗疲劳性能的主要因素之一,主要包括组装间隙、组装位置、垂直度等。因此,下料尺寸、加工及组装精度均须严格满足制造要求,工厂应重视制造细节与处理工艺,加强监理及施工工序的检查与验收工作。

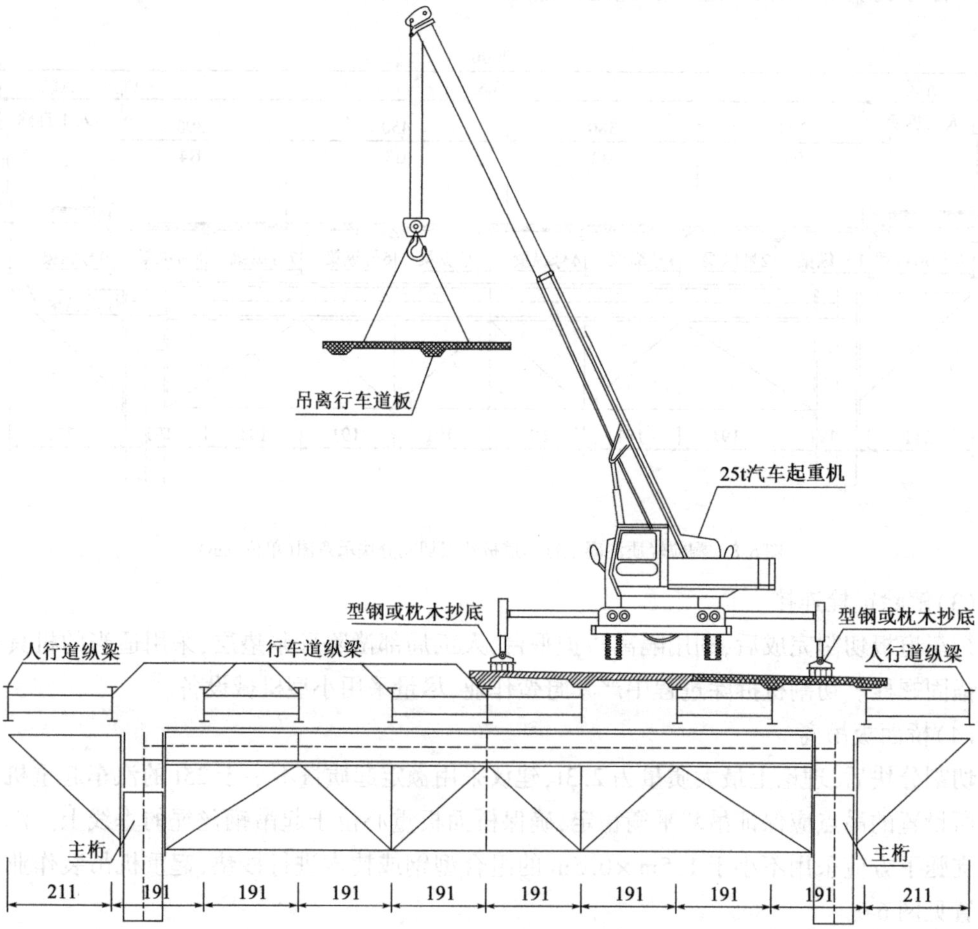

图 6-9　起重机吊装作业横断面布置示意图(单位:cm)

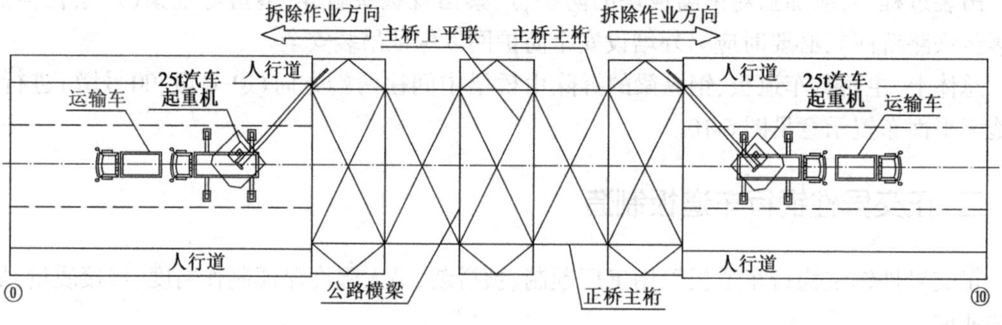

图 6-10　行车道板拆除平面布置示意图

正交异性钢结构行车道板横桥向划分 2 块,人行道与机动车道整体制造;纵桥向节段长度 8m,为与原设计预拱度一致,设置 16mm 伸长量;最大分块尺寸 8m × 10.68m,最大吊装质量约 29.6t。分块情况见图 6-11。

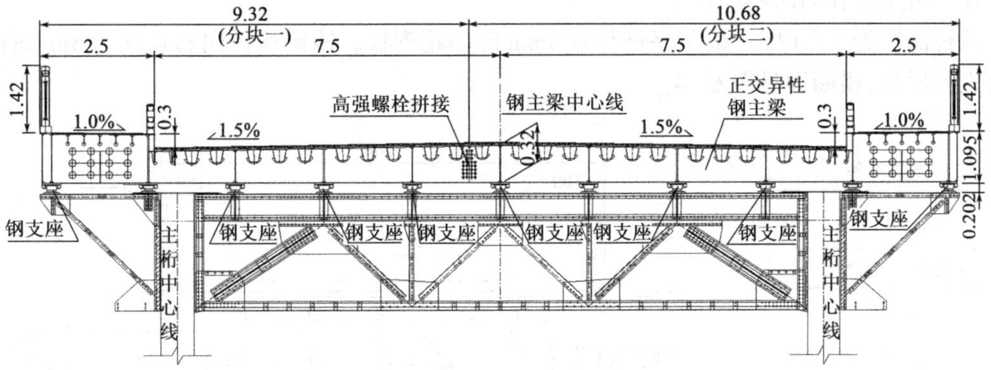

图 6-11 正交异性钢结构行车道板横向分块示意图(单位:m)

三、正交异性钢行车道板运输

水路运输费用相对低廉,且能最大限度地适应制造构件大小,主桥钢结构行车道板建议采用水路运输的方式。

正交异性钢结构行车道板需在工厂内完成钢结构制造与预拼装。预拼装检验合格后,采用水路运输至桥址处。由于制造块件体量较大,考虑到公路运输时不可避免的临时道路封闭、交通疏导等问题,在大桥的南北两端分别建立施工平台与施工栈桥作为船舶停靠、块件运输的场地与通道。

南岸施工栈桥设于上游侧,北岸施工栈桥设于下游侧,两者均平行于桥梁结构,其设置位置见图 6-12。北岸施工栈桥长度约为 432m,南岸施工栈桥长度约为 300m。

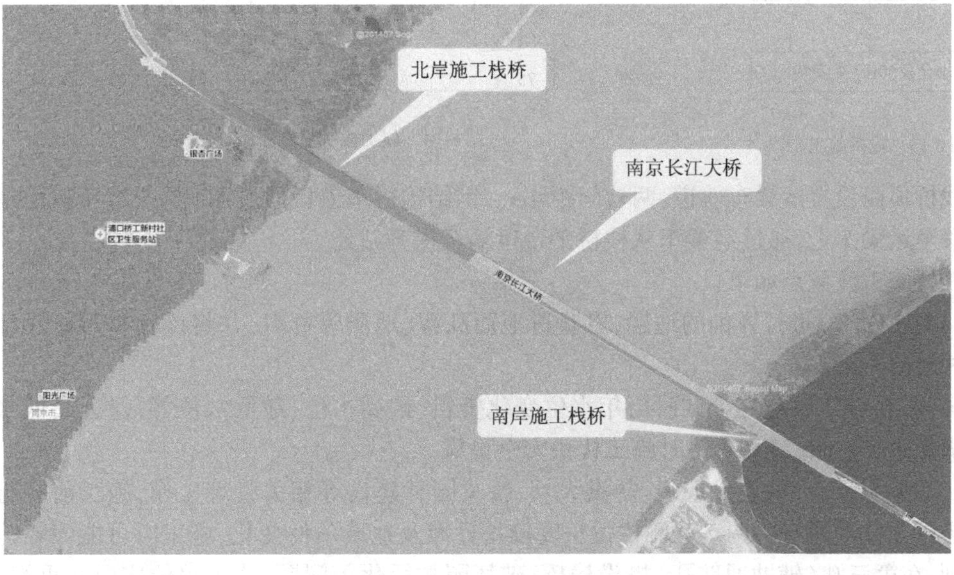

图 6-12 施工栈桥布置图

施工栈桥采用钢管打入桩基础,顺施工栈桥方向间距为 6m,施工步骤见图 6-13。钢管桩间设置联结系,以保持结构稳定及整体性。桩顶设置分配梁,以保证钢管桩受力均衡,分配梁上支撑贝雷梁片作为跨越结构。

栈桥面层为“工 12.6”型工字钢与厚 6mm 的印花钢板。栈桥横桥向总宽度为 6m，每侧均设有人行栏杆，横断面见图 6-14。

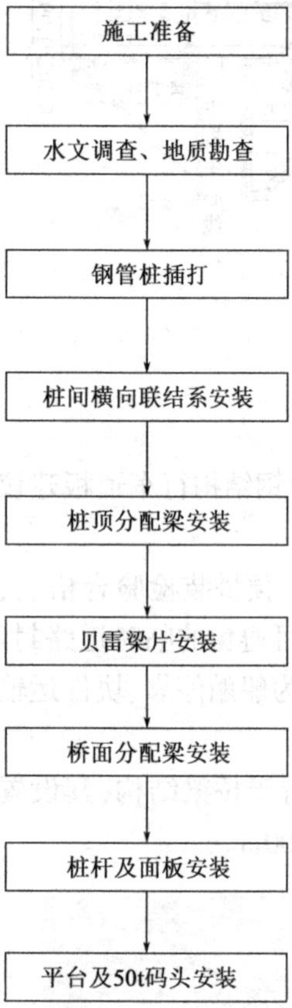

图 6-13　栈桥施工步骤

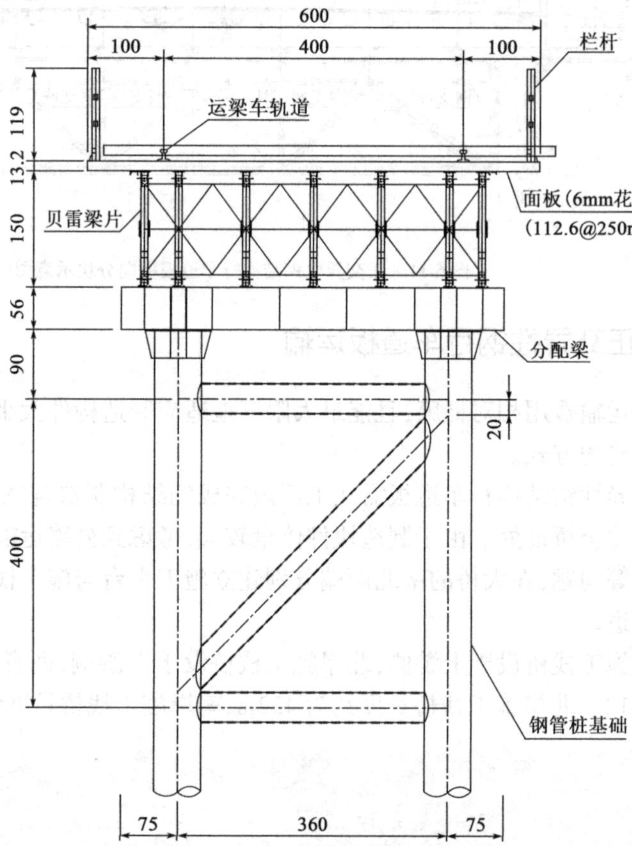

图 6-14　施工栈桥横断面(单位:cm)

栈桥顶面设置运梁车轨道，两轨间距 4m。钢结构行车道板通过 50t 码头起重机由运输船舶转移至运梁车上，通过运梁车从栈桥平台运输至提升站处。

栈桥施工注意点如下：

(1)施工前应进行详细的地勘，以获得地面高程、地质等资料，并将该资料与原设计相关资料相对应。

(2)栈桥施工时应充分调研历年水位变化资料、最高水位、最低水位等，保证最低水位时栈桥满足吊装要求，最高水位时施工栈桥安全可靠。

(3)栈桥施工涉及辅助航道、防洪大坝、桥头园林建设等相关管理工作，施工前应与相关部门进行充分沟通与协调。北侧栈桥长度较长且涉及地质条件变化，施工时可能面临跨越防洪大坝、在第三孔(辅助通航孔)搭设栈桥、破坏园林绿化等问题，施工单位应引起重视，提前做好相关部门协调工作。

四、提升站上桥

钢结构行车道板采用提升站垂直提升至公路桥面，避免了对引桥施工作业的干扰，且施工速度快、工期有保障。南北岸两侧各设置大型提升站一座，分别位于桥头建筑大小堡之间。提升站施工前应进行地质资料勘查，实测桩位地质资料及相应地质参数，以进一步调整优化钢管桩设计。提升站施工的主要步骤见图6-15。

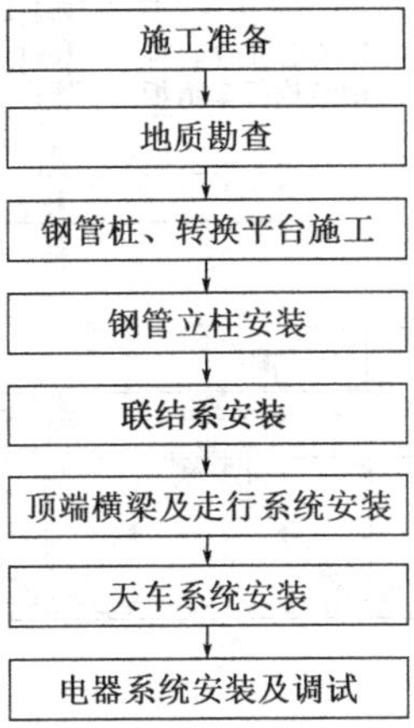

图6-15　提升站施工步骤

正交异性钢结构行车道板通过施工栈桥直接运输至提升站内，通过提升站天车系统垂直提升至桥面以上高度后，通过走行系统进行横桥向移动至指定位置，通过桥面架板机械设备进行纵桥向运输至安装位置。利用提升站进行垂直提升及横向移动时，注意点如下：

(1)吊装作业应在无风或风速较小的情况下进行，严禁在大风天气下作业。

(2)进行垂直提升时严禁进行横桥向移动作业。

(3)吊装施工过程中应由专人负责指挥。

五、正交异性钢行车道板安装

正交异性钢结构行车道板由两端(⓪号墩、⑩号墩)向跨中方向安装，安装平面布置示意见图6-16。

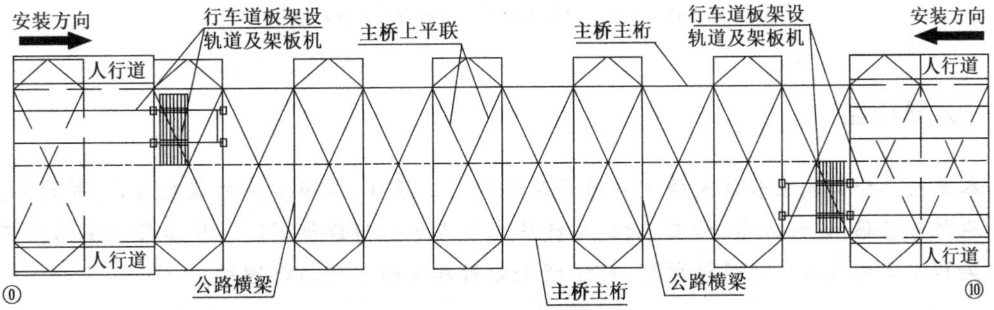

图6-16　正交异性钢结构行车道板安装示意图

安装时，按设计位置于横梁顶部开支座锚固螺栓孔，完成支座组装及固定后进行正交异性钢结构行车道板安装。

施工单位须结合本单位施工经验与设备情况，合理制订相应施工组织设计，精准、快速安装正交异性钢结构行车道板。安装横断面及立面示意图见图6-17、图6-18。

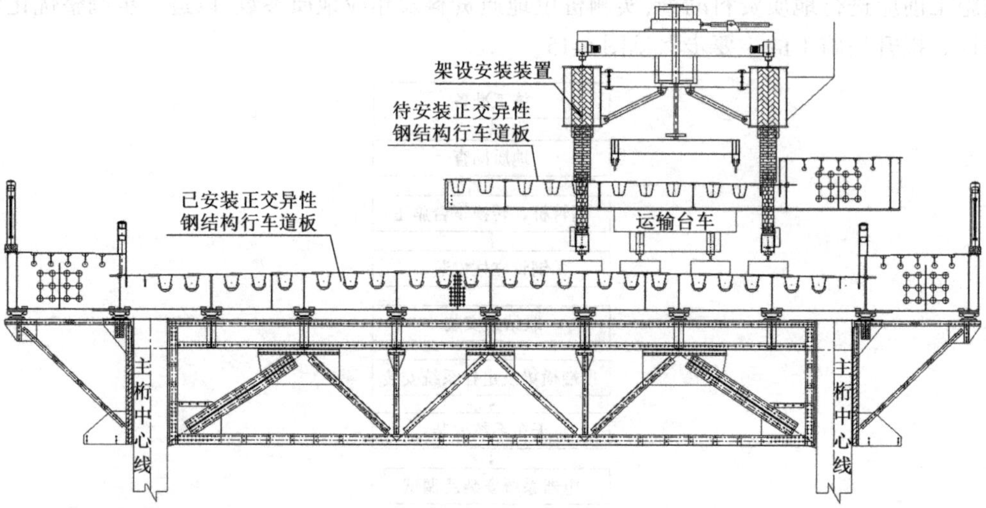

图6-17　正交异性钢结构行车道板安装横断面示意图

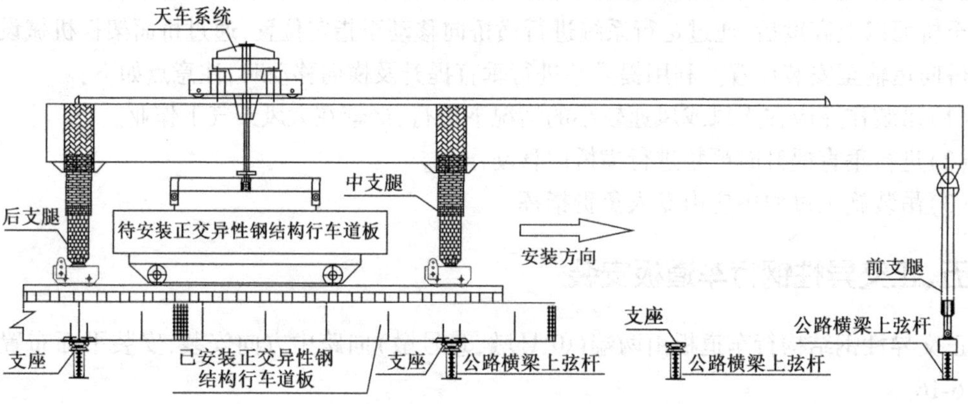

图6-18　正交异性钢结构行车道板安装立面示意图

本章小结

本章主要介绍南京长江大桥主桥维修改造的施工设计、现场实施过程及成效，并对其总体设计原则与思路、设计方案、施工流程、关键技术要点等进行详细阐述。从实际应用结果可知，该方案具体实施效果已达设计预期，前述理论分析具备科学性与合理性。

第七章　结论与展望

本书系统介绍了连续钢桁架结构体系的双层式公铁两用桥上层公路混凝土桥面系维修改造的最新研究成果，并成功应用于南京长江大桥服役性能维持与提升，为我国同类桥梁类似工作提供理论支撑与技术参考。主要结论如下：

（1）桥面系病害为南京长江大桥既有病害中亟待解决的首要问题，主要存在于桥面板与钢纵梁。考虑到公路主桥维修改造实施过程中的客观条件与困难，在改造设计中尽可能减少对后期施工可能产生的负面影响，在具体方式上尽量选择简便施工工艺、缩短施工工期，充分利用大桥空间进行作业。改造方案充分考虑路面改造施工区段的连续性，单幅构造物改造过程将不会对另一幅运营路段的交通安全产生影响。

（2）在主桥桥面系的更换过程中，采用对称拆卸或安装的施工方法以保持主桁架杆件受力均匀。更换过程中，主桁架轴力变化整体呈平稳状态，加劲肋附近杆件轴力变化为小范围轻微波动，各跨跨中杆件轴力变化随施工进行而变化幅度明显，部分杆件存在受拉-受压状态转化。在恒载、列车荷载、施工过程中变化桥面系荷载等作用下，主桁架轴力分布及各杆件强度、稳定性均处于安全状态。

（3）南京长江大桥原公路桥面系在维修改造后将为正交异性钢桥面板钢主梁，从根本上改造了桥面结构体系，且无须中断铁路列车正常营运，不仅能有效减轻主桁结构和下部墩台基础的恒载受力，消除原公路桥面系自身安全隐患与铁路层桁架结构长期运营安全问题，还能提高桥面系整体性、构件连接性、结构稳定性以及整体刚度，充分发挥正交异性钢桥面系轻质、高强的特点。但仍存在局部复杂受力，需特别注意行车道板与人行道板交会处边梁位置等涉及结构交叉或相接的区域。

（4）南京长江大桥改造过程中，列车过桥结构动载响应规律始终保持一致，但改造后其位移量降低，说明新安装正交异性钢桥面板的轻质高强特性将改善全桥动力行为。另外，铁路层列车通行所引起的桥梁振动加速度始终满足《公路钢结构桥梁设计规范》（JTG D64—2015）规范限值要求。因此，原桥桥面系拆除与新桥桥面系安装过程中，列车通行不会对结构安全产生影响。

（5）从振动分析角度进行评估，桁架杆件关键节点疲劳损伤与剩余寿命均满足安全要求，南京长江大桥上层公路桥面系改造方案具备可行性与合理性，铁路不中断运营下施工全程桥梁整体静动力响应安全可控。其中，各跨跨中（尤其中跨跨中位置）纵梁与竖杆疲劳损伤值需在维修改造及后续运营阶段中特别注意，结合桥检报告，重点关注已出现疲劳损伤累积及疲劳裂纹的杆件。

（6）基于实桥应用效果，维修改造方案具体实施已达到设计预期。

病害检测与维修改造工作是桥梁建设工程的重要一环。利用数字化手段,对现有桥梁的固有病害、施工过程、改造后桥体力学特性等进行系统分析,对现代桥梁及其附属设施的设计、改造进行仿真模拟,是传统桥梁设计建造与数字化思想、通用计算机技术相辅相成的必然趋势,为我国同类桥梁类似工作提供理论支撑与技术参考。

参考文献

[1] 向俊,周智辉,曾庆元. 南京长江大桥 128m 钢桁梁上列车走行安全性分析[J]. 铁道科学与工程学报,2006,3(2):26-29.

[2] 郁新新. 南京长江大桥研究[D]. 南京:南京大学,2014.

[3] ZHOU H B,GUO G P,WU B. Nanjing Yangtze River Bridge transit capacity based on queuing theory[C]//Procedia-Social and Behavioral Sciences,13th COTA International Conference of Transportation Professionals,Shenzhen,China,2013,96(2013):2546-2552.

[4] 王剑. 基于 ANSYS 的桥梁施工扣件式支架系统计算分析研究[D]. 长沙:中南大学,2012.

[5] 高立强,施洲,韩冰. 设置纵肋小隔板对正交异性钢桥面板疲劳性能的影响研究[J]. 铁道标准设计,2013(3):66-70.

[6] 王兴奎. MIDAS 与 ANSYS 在桥梁检测中的应用实例[M]. 北京:人民交通出版社股份有限公司,2015.

[7] 王新敏. ANSYS 工程结构数值分析[M]. 北京:人民交通出版社,2007.

[8] 中华人民共和国铁道部. 铁路桥梁钢结构设计规范:TB 10002. 2—2005[S]. 北京:中国铁道出版社,2005.

[9] 中华人民共和国交通运输部. 公路桥涵设计通用规范:JTG D60—2015[S]. 北京:人民交通出版社股份有限公司,2015.

[10] 中华人民共和国交通运输部. 公路钢结构桥梁设计规范:JTG D64—2015[S]. 北京:人民交通出版社股份有限公司,2015.

[11] XIONG W,CAI C S,YE J S,et al. Analytical solution on highway U-shape bridges using isotropic plate theory[J]. KSCE Journal of Civil Engineering,2015,19(6):1852-1864.

[12] 熊文,刘华,郭建,等. 南京长江大桥桥面体系改造方法与力学行为分析[J]. 东南大学学报(自然科学版),2018,48(2):350-356.

[13] 翟婉明. 车辆-轨道耦合动力学(上册)[M]. 4 版. 北京:科学出版社,2014.

[14] 岳效穆. 30m 简支梁桥墩车桥耦合动力仿真分析[J]. 铁道标准设计,2013(1):57-61.

[15] 李小珍,晋智斌,朱艳. 车辆-桥梁时变系统随机振动:理论与工程应用[M]. 北京:科学出版社,2017.

[16] IYENGAR R N,JAISWAL O R. Random field modeling of railway track irregularities[J]. Journal of Transportation Engineering,1995,121(4):303-308.

[17] BOWE C J,MULLARKEY T P. Wheel-rail contact elements incorporating irregularities[J]. Advances in Engineering Software,2005,36(11-12):827-837.

[18] YANG Y B,CHANG C H,YAU J D. An element for analysing vehicle-bridge systems considering vehicle's pitching effect[J]. International Journal for Numerical Methods in Engineering,1999,46(7):1031-1047.

[19] 何旭辉. 南京长江大桥结构健康监测及其关键技术研究[D]. 长沙:中南大学,2004.

[20] WILLIS R. Experiments for determining the effects produced by causing weights to travel over

bars with different velocities[J]. Report of the Commissioners Appointed to Inquire Into the Application of Iron to Railway Structures, G. Grey et al., eds., W. Clowes and Sons, London, 1849.

[21] TIMOSHENKO S P. CV. On the forced vibrations of bridges[J]. The London, Edinburgh, and Dublin Philosophical Magazine and Journal of Science, 1922, 43(257): 1018-1019.

[22] WEN ROBERT K. Dynamic response of beams traversed by two-axle loads[J]. Journal of the Engineering Mechanics Division, 1960, 86(5): 91-112.

[23] 松浦章夫,周德珪. 高速铁路上桥梁动力性能的研究[J]. 国外桥梁,1980(2):45-62.

[24] BHATTI M H. Vertical and lateral dynamic response of railway bridges due to nonlinear vehicle and track irregularities[D]. Chicago: Illinois Institute of Technology, 1982.

[25] 曾庆元,杨平. 形成矩阵的"对号入座"法则与桁梁空间分析的桁段有限元法[J]. 铁道学报,1986,8(2):48-59.

[26] 李小珍. 高速铁路列车-桥梁系统耦合振动理论及应用研究[D]. 成都:西南交通大学,2000.

[27] 李永乐. 风-车-桥系统非线性空间耦合振动研究[D]. 成都:西南交通大学,2003.

[28] 夏禾,张楠,郭薇薇,等. 车桥耦合振动工程[M]. 北京:科学出版社,2014.

[29] 高芒芒. 高速铁路列车-线路-桥梁耦合振动及列车走行性研究[D]. 中国铁道科学,2002,23(2):135-138.

[30] 翟婉明. 非线性结构动力分析的 Newmark 预测-校正积分模式[J]. 计算结构力学及其应用,1990,7(2):51-58.

[31] 费腾. 高速列车过桥走行性的解耦分析理论[D]. 成都:西南交通大学,2017.

[32] 朱玉龙. 基于并行算法和有限元法的车-线-桥耦合振动分析[D]. 长沙:中南大学,2013.

[33] 陈敦. 铁路大跨度简支钢桁梁桥车-桥耦合振动研究[D]. 兰州:兰州交通大学,2015.

[34] 杨吉忠,赵鑫,胡连军,等. 40t 轴重重载铁路扣件刚度研究[J]. 铁道工程学报,2016(10):55-60.

[35] 段玉振,张丽平,杨荣山. 城际高铁各种运行速度下扣件刚度的选取研究[J]. 铁道建筑,2012(3):103-106.

[36] 王会利,殷洪建,秦泗凤. 基于多尺度有限元的钢桁架整体节点疲劳性能分析和试验研究[J]. 世界桥梁,2016,44(6):46-49.

[37] 霍智宇. 基于断裂力学的钢桥面板疲劳裂纹扩展研究[D]. 北京:北方工业大学,2016.

[38] 王春生,翟慕赛,唐友明,等. 钢桥面板疲劳裂纹耦合扩展机理的数值断裂力学模拟[J]. 中国公路学报,2017,30(3):82-95.

[39] 刘嘉,季则亮,瞿伟廉,等. 铁路钢桥节点既有腐蚀疲劳裂纹扩展寿命[J]. 长安大学学报(自然科学版),2018,38(2):69-77.

[40] 任尊松. 车辆系统动力学[M]. 北京:中国铁道出版社,2007:29-31.

[41] 陈宪麦. 轨道不平顺时频域分析及预测方法的研究[D]. 北京:中国铁道科学研究院,2006.

[42] LAW A M, KELTON W D. Simulation modeling and analysis[M]. New York: McGraw-

Hill,2007.
[43] 许昭鑫. 随机振动[M]. 北京:高等教育出版社,1990.
[44] 钱雪军. 轨道不平顺的时域模拟法[J]. 铁道学报,2000,22(4):94-98.
[45] 陈春俊,李华超. 频域采样三角级数法模拟轨道不平顺信号[J]. 铁道学报,2006,28(3):38-42.
[46] 刘寅华,李芾,黄运华. 轨道不平顺数值模拟方法[J]. 交通运输工程学报,2006,6(1):29-33.
[47] 李奇. 车辆-桥梁轨道系统耦合振动精细分析理论及应用[D]. 上海:同济大学,2008.
[48] ZHAI W M. Two simple fast integration methods for large-scale dynamic problems in engineering [J]. International Journal for Numerical Methods in Engineering, 1996, 39 (24): 4199-4214.
[49] 董乐义,罗俊,程礼. 雨流计数法及其在程序中的具体实现[J]. 航空计测技术,2004,24(3):38-40.